과학기술정책론

현상과 이론

Science and technology policy: phenomenon and theory

이장재 · 현병환 · 최영훈

KM 경문사

머리말

고려대학교의 석박사 과정인 과학기술협동과정에서 수년간 '과학기술정책' 과목을 강의하면서 저자가 경험했던 가장 큰 애로사항은 적절한 교재의 선택문제였다. 강의를 요청받을 때마다 한 학기 기간 중에 과학기술혁신과 정책 양자간의 균형을 유지하면서 현상과 이론을 전달하고자 계획했으나 학기말이 되면 아쉬움으로 강의를 마무리하곤 했다. 과학기술혁신과 정책을 체계적으로 연계하여 현상과 이론을 서술한 적절한 교재가 없었기 때문이다. 특히, 강의 중 느낀 점은 과학기술정책론이 학제간 또는 다학제간 학문이라는 점에는 모든 학생들이 동의하고 있으나, 다수 학생들의 경우 동 과목에 접근할 수 있는 방법론조차 알지 못하고 있다는 사실이었다. 과학기술정책론을 학습하기 위해서는 기본적으로 과학기술 및 혁신과 정책에 대한 선행학습이 요구된다. 다수의 학생들이 이러한 선행학습의 부족으로 인해 과학기술정책론이라는 큰 그림 속에서 방황하고 있었다.

《과학기술정책론: 현상과 이론》은 이와 같은 현실적 수요를 반영하여 집필하게 되었다. 과학기술혁신과 정책을 균형 있게 결합하여 양자의 현상과 이론을 체계적으로 설명하고 전달하고자 노력하였다. 이를 위해 제1부에서는 '과학기술정책의 기초'를 설명하였다. 과학기술정책을 공부하는데 도움이 되는 기초적인 개념과 수단, 주요 행위자, 그리고 과학기술정책의 근거가 되는 과학기술에 대한 정부 개입의 논리를 안내하였다. 제2부는 '과학기술정책의 과정과 이론'을 소개하였다. 과학기술정책의 토대를 구축하고 있는 기술혁신이론을 살펴본 후, 과학기술정책의 진화과정과 전개과정을 체계적으로 고찰하였다. 그리고 지금까지 논의되고 있는 과학기술정책연구의 접근방법과 이론에 대해 안내하였다. 제3부는 '과학기술정책 과정: 절차이론'을 서술하였다. 정책의 절차적 관점에서 과학기술이 어떻게 작용하고 다루어지는가를 정책행위자간의 상호작용, 정책형성, 정책집행, 정책평가와 변동 그리고 조정 측면에서 다룬 후 정책과정에 대한 사례분석을 시도하였다. 제4부는 '주요국의 과학기술정책'을 소개하였다. 미국, EU,

일본, 그리고 중국의 과학기술정책을 개괄적으로 살펴보았다. 각 국가의 과학기술행정시스템, 예산편성 절차, R&D 투입, 연구시스템, 인적자원, R&D 산출, 그리고 주요 정책이슈 등을 소개하였다. 제5부에서는 '한국 과학기술정책의 위상과 미래'를 다루었다. 과학기술 투입과 산출, 과학기술정책의 전개과정과 방향 분석을 통해 우리의 과학기술정책 위상을 살펴보고 이를 통해 과학기술정책의 미래와 과제를 도출하였다.

본서는 총 17개의 장으로 구성하여 한 학기 기간 중에 과학기술정책의 현상과 이론에 대한 체계적이고 균형감 있는 강의와 학습이 가능하도록 편집하였다. 본서의 집필 중 가장 아쉬움이 남는 점은 과학기술정책론이 다른 학문들과는 달리 일반화 수준이 미흡하다는 사실이었다. 교재의 특성상 객관화되고 일반화된 현상과 이론을 다루어야 하나 본서는 과학기술정책론의 일천한 역사로 인해 이러한 수준에 미치지 못하고 있다는 점에 대해 사전에 독자의 양해를 구하고자 한다. 그럼에도 불구하고 본서는 과학기술정책을 절차이론 관점에서 접근하는 새로운 시도를 추구하였다는 점에서 큰 의미를 담고 있다. 과학기술정책이 실질적 내용을 다루는 정책만이 아니라 절차적 관점에서도 경험과 지식을 축적하고 이를 통해 최적 또는 최상의 정책과정과 정책결과를 도출할 수 있는 사실을 강조한 것이다. 절차이론은 일종의 메타이론으로 이론의 과학적 성격을 규명하는 연구방법이다. 절차이론을 통하면 실질이론의 전개과정과 특성 그리고 결과 등을 예측할 수 있게 된다. 향후 절차이론으로서의 과학기술정책에 대한 다양한 경험적 연구와 지식의 축적, 그리고 이론화가 전개되기를 기대하고자 한다.

본서의 저자들은 동 집필과정이 지식경제부에서 추진한 기술경영 교재 발굴사업의 일환으로 진행되었다는 사실에 감사를 표한다. 아울러 동 사업의 출범을 성사시킨 한국기술경영경제학회 회장인 송종국 박사님께도 깊은 감사를 드리고자 한다. 특히 동 사업의 총괄 책임자의 역할을 담당한 고려대학교 박원구 교수님과 동 사업 과정에서 이루어진 한국산업기술진흥원의

머리말

지원에 대해 깊은 감사의 뜻을 전하고자 한다. 그리고 '기술혁신 과정과 이론'의 길로 본 저자를 이끌어 주신 김병목 박사님, 양희승 교수님(세종대), 이태식 교수님(한양대), 황용수 박사님(STEPI), 김갑수 박사님(KAIST), 그리고 국민대의 고 이가종 교수님, 목진휴 교수님, 김병준 교수님, 김종범 교수님께도 깊은 감사를 드리고자 한다. 또한 많은 논의시간을 함께 했던 동료 정선양 교수(건국대), 이찬구 교수(부경대), 그리고 본 책자의 주요 내용을 검토해 주신 민철구 박사님(STEPI)과 서상혁 교수님(호서대), 그리고 조성복 회장님 (기업기술가치평가협회), 설성수 교수님(한남대)께도 깊은 감사를 드린다. 아울러 녹색성장과 과학기술정책의 내용과 주요국의 과학기술정책 정리에 많은 기여를 해준 중소기업연구원의 김선우 박사, 원고 정리 및 참고문헌 작성에 많은 도움을 준 이강춘 박사, 최나린 씨에게도 깊은 감사를 드리고자 한다. 마지막으로 본서를 출판하는 과정에서 많은 지원을 아끼지 않은 경문사 편집부와 임직원분들의 진실한 노력에 감사드리고자 한다.

본서는 과학기술정책 분야에서 이루어진 주요 연구자들의 집단적 연구업적을 기반으로 하여 저자들의 지금까지의 연구와 경험을 포함시켜 완성한 것이다. 본서에 있는 오류는 전적으로 저자들의 책임임을 밝히며, 독자들의 아낌없는 질책과 권고를 기대하고자 한다.

대표저자 이 장 재

차례

PART I _ 과학기술정책의 기초

차례

PART II _ 과학기술정책의 과정과 이론

Chapter 4 과학기술정책을 위한 기술혁신이론

Chapter 5 과학기술정책의 진화와 전개

차례

PART IV _ 주요국의 과학기술정책

Chapter 12 미국의 과학기술정책

Chapter 13 유럽연합(EU)의 과학기술정책

Chapter 14 일본의 과학기술정책

차례

PART Ⅰ

과학기술정책의 기초

'과학기술정책의 기초'에서는 과학기술정책을 학습하는데 도움이 되는 기초적인 개념과 수단, 주요 행위자, 그리고 과학기술정책의 근거가 되는 과학기술에 대한 정부 개입의 논리를 안내하고자 한다.
Part Ⅰ 의 내용 구성은 다음과 같다.

제 1장 과학기술정책의 개념과 수단	제 2장 과학기술정책의 행위자	제 3장 과학기술과 정부 개입
1.1. 정책연구 대상으로 과학기술 1.2. 과학기술정책의 특성과 개념 1.3. 과학기술정책의 유형과 수단	2.1. 공식 행위자 2.2. 비공식 행위자	3.1. 정부 개입의 논리 3.2. 새로운 정부 개입의 논리 3.3. 과학기술과 정부 개입

CHAPTER 1

과학기술정책의 개념과 수단

제1장에서는 과학기술정책에 대한 이해를 돕기 위한 개념과 수단을 다룬다. 이를 위해 첫째, 정책연구의 대상으로 과학기술 현상을 살펴보고, 과학기술이 정책의 대상으로 등장한 요인을 살펴본다. 둘째, 과학기술정책이 갖는 특성 분석과 개념 정의를 시도하고 과학기술정책 사례를 고찰하고자 한다. 셋째, 과학기술정책의 유형 구분과 함께 유형적 특성, 그리고 과학기술정책수단을 분류하고 이를 설명하고자 한다.

1.1 정책연구 대상으로 과학기술

인류의 역사는 과학기술의 역사라 할 수 있다.[1] 구석기, 신석기, 청동기, 철기시대를 거치는 인류역사의 과정에서 과학기술은 인류의 생존과 번영 및 비교우위를 확보하는 수단으로 활용되어 왔다. 불의 발견과 활용, 종이와 인쇄술, 나침반과 화약, 수레바퀴, 풍차, 증기기관, 컴퓨터, 자동차, 바이오 칩, 나노기술의 발명 등이 그러한 예이다. 즉, 과학과 기술은 인류의 역사와 떼어 놓을 수 없는 관계를 유지해 오고 있다.

세계 4대 문명의 발상지인 이집트, 메소포타미아, 인더스, 황하 문명, 그리고 마야, 아즈텍, 잉카 문명의 유적에서 우리는 당시 고도의 과학기술이 활용되었음을 발견할 수 있다. 특히 고대 이집트 문명의 경우 나일 강의 범람에 대비한 치수(治水) 사업과 피라미드 등 대형 조형물의 건축시 과학기술이 체계적으로 활용되었다는 증거가 다양한 연구에서 나타나고 있다.[2]

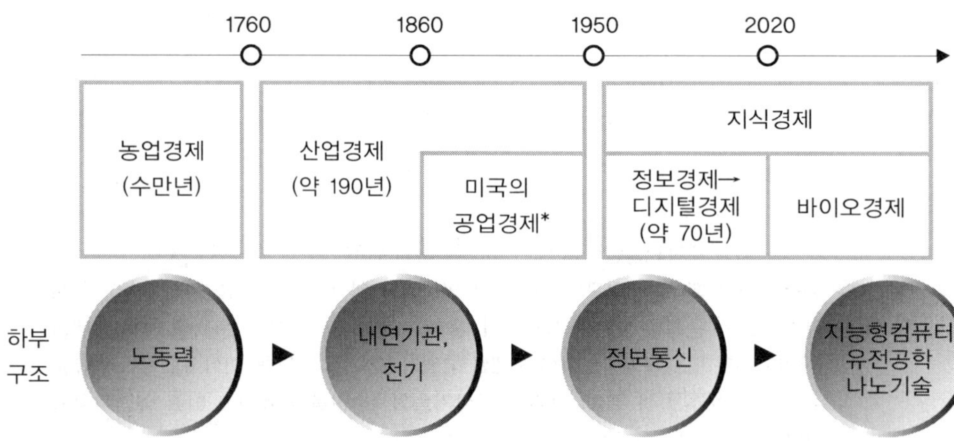

* 제2차 대전 이후 미국이 세계산업의 변화 트렌드를 주도하던 시기를 의미
출처: 과학기술부·KISTEP(2007), 국가R&D사업 Total Roadmap, p.7 재인용

〈그림 1-1〉 경제의 진화과정과 과학기술

1) 여기서 과학기술은 주로 기술을 의미한다. 일반적으로 기술(技術: technology)은 '과학을 실지로 응용하여 자연의 사물을 개변(改變)·가공하고 인간생활에 이용하는 체계적 방법(systematic methodology)'으로 규정되고 있으며, 기술은 인류 탄생 이래 사용되어온 오랜 역사를 가진다. 따라서 기술은 검증 가능한 방법으로 얻은 지식 체계를 의미하는 과학(科學: science)보다 역사가 길다.

2) 피라미드 건축과 관련해서는 이종호(1999), 《피라미드의 과학》 참고.

우리의 경우 고구려와 가야의 건국 일화에서 과학기술의 중요성을 엿볼 수 있다. 건국 당시 고구려의 전신인 부여는 한사군(漢四郡)과의 전쟁에서 승리하기 위한 강력한 무기가 절실했다. 초기 제철 기술을 기반으로 한 부여는 당시 세계 최고 수준인 한(漢)의 제철 기술을 활용한 한사군과의 전쟁에서 번번히 패할 수밖에 없었다. 이러한 무기의 열세를 극복하기 위해 부여는 강철검과 철갑옷 등을 만들고자 선진 제철기술 도입에 특별한 노력을 기울였다.[3] 가야의 건국 과정에서도 야철장(冶鐵場)의 확보는 당시 한 부족국가의 흥망성쇠를 좌우하는 주요한 수단이었다.[4]

〈표 1-1〉 세계를 바꾼 100대 과학(기술) 사건

1. 불의 이용	26. 갈릴레이 <두 개의 우주체계에 대한 대화> 출간	51. 전동기 발명	76. 방사능 발견
2. 바퀴의 발명	27. 수은온도계 등장	52. 다윈의 진화론 등장	77. 인간의 혈액형 발견
3. 그리스 자연철학의 시작	28. 토리첼리의 대기압 실험	53. 사진술의 등장	78. 플랑크의 양자가설
4. 피타고라스 정리의 발견	29. 파스칼의 원리 정립	54. 탄소14연대측정법 등장	79. 프로이트의 무의식의 심리학
5. 금속의 발견	30. 미적분법의 발견	55. 외과수술의 시행	80. 진공관 발명
6. 고대 원자론	31. 세포의 발견	56. 절대온도 개념 성립	81. 라이트 형제의 최초의 비행
7. 히포크라테스의 의술	32. 뉴턴 고전역학의 성립	57. 엔트로피 법칙의 발견	82. 상대성 이론 등장
8. 아리스토텔레스의 자연철학	33. 증기기관의 탄생	58. 베서머 제강법 등장	83. 라디오 방송의 시작
9. 유클리드의 기하학 원론	34. 린네의 생물의 분류체계 확립	59. 내연기관의 등장	84. 모건의 초파리 돌연변이 실험
10. 종이의 발견	35. 아크라이트 방적기의 등장	60. 멘델의 유전법칙 등장	85. 초전도 현상의 발견
11. 프톨레마이오스의 알마게스트	36. 라부아지에와 화학혁명	61. 대형발전기의 등장	86. 대륙 이동설 등장
12. 나침반의 발명	37. 연소 원리 규명	62. 다이너마이트의 발명	87. 냉장술의 발달
13. 0의 발견	38. 갈바니의 동물전기 출간	63. 대서양횡단 해저전선 부설	88. 텔레비전의 개발
14. 금속활자 등장	39. 쿨롱의 법칙 발견	64. 주기율표 완성	89. 양자역학의 성립
15. 콜럼버스의 항해	40. 지층의 원리 정립	65. 맥스웰 방정식 성립	90. 플레밍의 페니실린 발견
16. 삼차방정식의 일반 해법 발견	41. 종두법 시행	66. 타자기의 발명	91. 우주의 팽창 발견
17. 코페르니쿠스의 지동설 등장	42. 볼타전지의 발명	67. 전화의 발명	92. 입자가속기 건설
18. 베살리우스의 새로운 해부학	43. 기체팽창법칙 발견	68. 전등의 발명	93. 컴퓨터의 발명
19. 그레고리오력의 반포	44. 기차의 등장	69. 전자 발견	94. 원자로 건설
20. 현미경의 발견	45. 돌턴의 원자설 등장	70. 영화의 등장	95. 최초의 원자탄 폭발
21. 길버트 <자석에 대하여>	46. 아보가드로 가설	71. 헤르츠에 의한 전자기파 확인	96. DNA구조 규명
22. 천체망원경 제작	47. 뵐러의 요소유기합성 성공	72. 자동차 발명	97. 최초의 인공위성 발사
23. 케플러의 1,2법칙 발견	48. 콘크리트 제조	73. 에너지 보존의 법칙 성립	98. 인류의 달 착륙
24. 하비의 혈액순환이론	49. 비유클리드 기하학의 탄생	74. x선 발견	99. 시험관 아기 탄생
25. 데카르트와 베이컨의 과학철학	50. 패러데이의 전자기 유도법칙	75. 무선통신의 등장	100. 복제양 돌리 탄생

출처: 장수하늘소(2009), 세계를 바꾼 100대 과학사건, 키즈조선

3) 이러한 과정은 모 방송국에서 방영한 드라마 '주몽(2006년 5월 15일 방영 시작)'에서 잘 나타내고 있다.
4) 자세한 내용은 드라마 '김수로(2010년 5월 29일 방영 시작)'를 참고.

대표적인 과학기술과 산업간의 관계는 18세기 후반 영국을 중심으로 출현한 산업혁명에서 나타났다. 1764년 하그리브스(James Hargreaves)의 제니방적기[5], 1769년 아크라이트(Richard Arkwright)의 수력방적기, 1779년 크롬프턴(Samuel Crompton)의 물방적기 발명 등은 면공업에서 요구되는 기계의 생산을 촉진하였다. 이로 인해 면공업은 수공업 형태에서 기계공업으로 변화하게 되었다. 이러한 추세는 1769년 제임스 와트(James Watt)가 증기기관의 발명으로 특허를 취득한 후 1785년 증기기관이 생산과정에 도입됨으로써 더욱 촉진되었다. 약 100년 동안 등장한 각종 기계들에 힘입어 종래의 수공업적인 소규모 생산은 대량생산의 공장제 기계공업으로 전환됐다. 이 같은 과학기술의 발전에 의한 공업화는 자본주의 확립이라는 사회 · 경제체제의 변화로까지 이어졌다.

과학사학자 버널(J. D. Bernal)에 따르면 영국 산업혁명의 초기 출발은 과학기술에 의한 것이 아니었으나, 후반기에 과학기술이 산업혁명을 주도한 것으로 나타난다.[6] 18세기 후반기에 이루어진 영국에서의 산업혁명은 첫째, 항해의 확대, 식민지의 개척 등에 따른 섬유 수요의 증대라는 환경과 영국이라는 사회에서 준비되고 있었던 자본과 노동이라는 경제 변혁으로 인해 가능하였다. 경제적 요인에 의해 시작된 산업혁명은 과학기술활동을 새로이 자극하고 촉진하게 되었다. 과학기술과 생산의 결합은 과학기술이 산업으로부터 배워 얻는 것이 더 많았던 산업혁명 초기를 거쳐 점차 과학기술과 생산간 상호작용의 균형기로 이행한 후 산업이 과학기술에 기초를 두게 되는 시대로 전환하게 되었다.

현대사회의 과학기술시스템을 유발한 많은 발명들은 19세기 후반과 20세기 초에 주로 나타났다. 강철, 인공섬유, 자동차, 전기, 전신, 전화, 라디오 등이 대표적인 예이다. 이러한 기술들은 섬유산업이나 철강산업 등과 같은 기존의 산업을 크게 변혁시키거나 전기산업, 통신산업, 자동차산업 등과 같은 새로운 산업을 창출함으로써 당대의 산업발전과 경제성장에 커다란 영향을 미쳤다. 이러한 변화는 대략 1760년부터 1830년까지 영국을 중심으로 진행되었던 산업혁명(제1차)과 비교하여 제2차 산업혁명(the Second Industrial Revolution)이라고 불린다. 제2차 산업혁명을 계기로 근대적 대기업이 산업 및 기술의 핵심주체로 부상하였으며, 과학기술의 주도권은 영국에서 독일과 미국으로 이

5) '제니방적기(Spinning Jenny)'란 하그리브스의 딸 이름을 붙인 방적기이다.
6) J. D. Bernal(1954), *Science in History*, Vol. II.

동하였다. 특히, 제1차 산업혁명에서는 과학기술이 직접적인 영향력을 행사했다고 평가하기 어려운 반면, 제2차 산업혁명은 새로운 과학기술에 의해 추동되었다고 할 만큼 과학기술이 당시 산업 및 경제의 변화에 커다란 영향을 미쳤다.[7] [8]

오늘날 한 국가의 과학기술 역량은 경제성장과 밀접한 관계를 가지는 것은 물론 깨끗한 식수, 양질의 보건의료, 안전한 식품 등의 제공과 더불어 에너지 문제 해결 여부에 까지 영향을 미치고 있다. 또한 과학기술은 국가의 안정성 유지 및 국제 안보를 향상시키는 역할을 수행하고 있다.[9]

20세기 이후 나타나는 과학기술 발전은 과거와는 다른 양상을 갖는다. 이는 19세기 중엽부터 새로운 화학제품을 개발하기 위해 처음으로 활용했던 체계적이며, 조직적인 연구방법을 통해 과학기술의 진보가 이루어지고 있다는 사실이다. 선진국과 여러 기업들은 연구의 결과를 이용하여 기술진보를 이룩하려는 여러 가지 형태의 조직적 노력을 시도해 왔다. 개인 또는 소수의 과학자에 의해 이루어진 새로운 원리의 발견과는 달리, 최근 나타난 과학기술적 성과들은 대부분 집단적인 연구 및 기술개발의 결과이다. 이로 인해 과거 상당한 시차가 있었던 과학적 발견 및 기술적 성과와 이의 상업화 시기가 점차 단축되고 있으며, 이를 위한 노력이 국가적 혹은 기업 차원에서 정책적으로 전개되고 있다(〈표 1-2〉 참고).

이는 과학기술이 점차 개인적 차원에서 사회적 차원 그리고 국가적 차원으로 역할이 커지고 있다는 사실을 의미하고 있다. 초기에는 개인 발명가에 의해 다루어졌던 과학기술이 점차 다수 또는 국가의 이익, 즉 정책적 관점에서 다루어지고 이용되고 있다는 것이다. 비록 고대 국가의 출현과 동시에 과학기술이 정책적으로 다루어지기는 했으나, 이를 국가적 차원에서 조직적, 제도적으로 활용하기 시작한 것은 20세기 이후라는 것은 흥미로운 사실이다.

---

7) David S. Landes(1969), *The Unbound Prometheus: Technological Change and. Industrial Development in Western Europe from 1750 to the Present*(Cambridge: University Press), chap. 5(pp. 231-358)는 제2차 산업혁명의 특징으로 ① 강철 및 화학물질과 같은 신소재의 등장, ② 전기 및 내연기관을 비롯한 새로운 동력원의 출현, ③ 공장의 기계화 및 분업의 진전을 들고 있으며, Cross and Szostak(1995), chap. 10(pp. 149-162)은 제2차 산업혁명의 돌파구를 내연기관, 전기, 화학에서 찾고 있다.

8) 송성수(1999). 현대 기술의 역사와 기술 변화의 쟁점, 〈과학기술은 사회적으로 어떻게 구성되는가〉, p. 313.

9) 과학기술혁신의 성공에 따른 경제성장은 국가의 사회적 유대, 안정성, 민주주의를 증대시키게 되고, 민주주의의 실행, 경제성장 등은 한 국가로 하여금 국제무역에 대한 참여를 증가시키는 경향으로 나타난다. 국제무역에 참여하는 교역국가들은 표준, 법규, 관세 등과 같은 광범위한 국제관례를 확립하여야 한다. 이러한 교역국가의 결속은 대체로 국가적 사이의 관계에 긍정적 효과를 미치는 것으로 나타난다. 자세한 내용은 UN Millenium Project(2005), Trade for Development 참고.

〈표 1-2〉 과학기술의 발견에서부터 상업화까지의 시차

과학기술	발견 시기	상업화 시기	시차(년)
전동기	1821	1886	65
진공관	1882	1915	33
라디오	1887	1922	35
X선	1895	1913	18
원자로	1932	1942	10
레이다	1935	1940	5
트랜지스터	1948	1951	3
태양전지	1953	1955	2
합성수지	1950	1958	8

출처: Choi, Hyung Sup(1983), Bases for Science and Technology Promotion in Developing Countries, Asian Productivity Organization, Tokyo, 이종욱(1989). 과학기술정책연구의 필요성과 역사적 의의, 과학기술정책, 1989.11 제1권 제2호, p.3에서 재인용.

이러한 맥락에서 20세기 이후 나타난 과학기술정책은 그 이전의 과학기술 활용정책과 구분된다.[10] 과거의 과학기술 활용정책은 국부 및 국가 안보 등을 위해 기술적 성과를 활용하기 위한 목적을 가지는 정책인 반면, 20세기 이후의 과학기술정책은 과학기술의 성과를 촉진하기 위한 과학기술 육성에 초점을 둔 정책이다. 따라서 국가적 차원에서 경제성장과 국민복지, 국가안보 등을 위한 목적하에 과학기술을 체계적, 제도적으로 육성하기 시작한 역사는 불과 100여 년밖에 되지 않는다.

이러한 짧은 과학기술정책의 역사와 함께 이 분야에 대한 정책연구가 체계적으로 시작된 것은 1960년대로 과학기술정책연구는 불과 50여년의 역사를 가지고 있다. 과학기술정책에 대한 연구는 한정된 재원 하에서 인류의 지식 증진과 부의 창출, 복지를 향상시키기 위한 체계적인 과학기술 육성, 과학과 기술혁신을 촉진하기 위한 최적의 기술혁신 생태계 구축(〈그림 1-2〉 참고), 지속가능한 발전 등을 추구하기 위한 목적 등에서 매우 중요하다.

최근 과학기술정책은 지식기반경제의 출현, 글로벌화, 고령화 현상들을 중요한 정책

10) 과학기술 활용정책은 구체적으로는 기술 활용정책을 의미하며, 20세기 이후 전개된 과학기술정책과는 다음과 같은 점에서 구분된다. 현재적 의미의 과학기술정책, 즉 경제성장과 복지, 국가안보를 추구하면서 체계적·제도적인 관점에서 과학기술을 육성하고자 하는 정책, 즉 과학(science) 육성, 국가적 차원의 연구개발(R&D) 수행, 과학기술에 대한 자원배분 추구 등을 위한 정책과 달리 과학기술 활용정책은 국가안보와 국부 향상 등의 목적을 위해 기술을 이용하고자 하는데 초점을 둔 정책을 가리킨다.

대상으로 다루기 시작하고 있다. 또한 핵무기 개발, 방사능 누출, 유전자 조작, 배아 복제 등 사회에 부정적 영향을 미치는 사안들도 과학기술정책의 대상에 포함되고 있다. 인류 및 사회 발전과 과학기술의 발전 간에 적절한 균형이 요구되는 현실에서 과학기술정책 연구의 중요성은 아무리 강조해도 지나치지 않는다.

그럼에도 불구하고 과학기술정책연구는 아직 초보 단계에 있다. 과학기술정책에 대한 체계적 연구는 최근 들어 선진국에서 대학연구소 및 정부기관을 중심으로 활발하게 이루어지고 있다. 우리나라의 경우도 국책 과학기술정책연구기관이 설립되는 등 과학기술정책연구의 제도화 현상이 나타나고 있어 과학기술정책연구의 활성화가 기대된다.[11)]

미국의 부시(Bush) 행정부에서 대통령 과학자문관이었던 마버거(John Marburger) 교수가 2005년 전미 과학기술자협회(AAAS) 총회에서 과학기술정책의 과학화(SciSIP: Science of Science and Innovation Policy)를 주창한 것도 과학기술정책연구의 중요성을 역설한 대표적

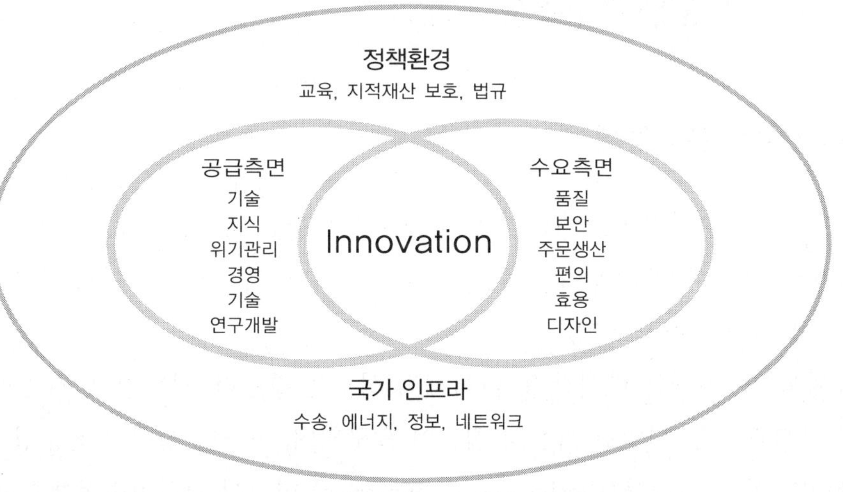

출처: 미국경쟁력위원회(2004), Innovate America

〈그림 1-2〉 기술혁신 생태계 개념도

11) 기술경제의 관점에서 과학기술정책을 다루는 기관으로는 영국 Sussex 대학의 SPRU(Science Policy Research Unit: 1966년 설립), 미국 Rennselaer Polytechnic Institute의 CSTP(Center for Science and Technology Policy), 일본의 NISTEP(National Institute of Science and Technology Policy), 독일의 ISI(Fraunhofer Institute for Systems and Innovation Research), 스웨덴의 RPI(룬드 대학의 Research Policy Institute) 등이 있다. 우리나라의 경우 과학기술정책연구원(STEPI)이 1987년에 설립되었고, 1999년에는 한국과학기술기획평가원(KISTEP)이 설립되어 과학기술정책에 대한 체계적인 연구를 수행하고 있다.

사례이다. 과학기술정책의 과학화는 지금까지의 과학기술정책들이 과학적 증거를 토대로 이루어지지 못한 결과 연구개발 투자에 대한 의사결정과 과학기술정책의 방향이 올바로 제시되지 못하고 있다는 판단하에 이를 해결하기 위한 방안으로 제시된 것이다.

이러한 노력의 결과에도 불구하고 점점 빨라지는 과학기술의 진보 속도, 기술혁신의 복잡성과 동태성(dynamics), 과학기술정책의 학제간(interdisciplinary) 및 다학제적(multidisciplnary) 성격 등이 과학기술정책연구의 장애요소로 작용하고 있다. 과학기술정책이 인류의 지식 증진과 동시에 치열한 글로벌 경쟁을 극복하기 위한 국가적 차원의 총체적 혁신과 기술혁신을 위한 장기적 자원배분을 강조하는 정책으로 자리잡고 있는 현실에서 과학기술정책에 대한 체계적 연구는 다양한 차원 및 각도에서 더 강화될 필요가 있다.

1.2 과학기술정책의 특성과 개념

1) 과학기술정책의 특성

정책 대상으로 과학기술은 기존의 정책 대상과는 다른 특성을 갖는다.[12)] 이로 인해 최근 과학기술정책은 정책의 한 분야로 인식되고 있으나, 기존의 정책들과 구분되는 다음과 같은 특성을 포함하고 있다.

첫째, 과학기술정책은 학제간 및 다학제적 성격을 갖는다. 과학철학, 자연과학, 공학은 물론 사회과학 등 다양한 학문적 접근이 요구되며, 이러한 성격의 전문성이 요구되는 정책이다. 특히 기술혁신(technological innovation) 현상이 과학기술정책의 주된 대상으로 등장하면서 학제간 및 다학제적 연구가 더욱 강조되고 있다.[13)] 결과적으로 과학기술정책 연구는 난해하고 복잡하며, 다루기 어려운 분야로 인식되고 있다. 짧은 역사와 함께 과학기술정책연구가 아직 초기단계 수준에 머물고 있다는 평가를 받는 것도 이러한 이유 때문이라고 할 수 있다.

12) 현재까지 발전되어온 정책의 분류 및 대상이라는 측면에서 다른 특성을 갖는다는 것을 의미한다.
13) 자세한 내용은 OECD(1992), *Technology and the Economy: The Key Relationships*, p.24 참고.

둘째, 과학기술정책은 정책 영역이 지속적으로 확대되고 있다. 과학기술정책이 과학기술 지식의 생산과 연구개발, 그리고 이들 성과의 사회경제적 활용을 의미하는 기술혁신을 포괄하게 됨에 따라 과학기술정책의 영역도 변화하고 있다. 과학적 지식의 생산과 기술 진보를 위한 정책에서 최근 과학기술정책은 기술혁신에 영향을 미치고, 기술혁신에 의해 영향을 받는 모든 경제 · 사회 분야로 정책 영역이 확대되고 있다. 이러한 결과로 최근 과학기술정책은 '과학기술혁신(STI: Science, Technology and Innovation)정책'으로 수렴되고 있다.[14) 15) 16)]

과학기술정책 영역의 확대는 필연적으로 기존 정책체계(policy system)에서 과거에는 없었던 긴장(tension)을 유발하게 된다. 다양한 부처와 조직이 과학기술정책에 참여하게 됨에 따라 정책의 수평화(horizontalization), 즉 범부처화가 필요하다. 이는 과학기술정책이 부처 차원보다는 범부처적 차원에서 기획 · 관리 · 추진되어야 함을 의미한다. 최근 나타나고 있는 정부부처들의 연구개발(R&D) 활동을 예로 들면 다음과 같다. 각 부처들은 각자가 담당한 기능 수행에 필요한 과학의 증진과 기술 향상 등을 추구하고자 연구개발 활동을 기획하고 지원하게 된다.

지식경제부는 산업육성을 위한 수단으로, 보건복지부는 보건과 복지를 더욱 증진시키기 위해, 농림수산식품부는 농수산 및 식품에 요구되는 과학기술의 발전을 위해 연구개발을 정책적으로 수행하고 있다. 이 경우 국가 차원에서 한정된 연구개발 예산을 부처별로 최적 배분해야 하는 과제에 당면하게 된다. 또한 유사한 연구개발 과제를 부처들이 각각 추진하게 되거나 기초연구를 여러 부처들이 지원하게 되는 경우 이를 어떻게 해결할 것인가가 과제로 등장하게 된다.

정책의 수평화, 즉 범부처화는 이러한 문제해결을 위한 노력이라 할 수 있다. 국가적 차원에서 부처별로 수행하고 있는 연구개발 활동의 조정 및 자원배분과 유사사업에 대

14) 이미 많은 선진국에서는 과학기술정책보다는 과학기술혁신정책(STI policy)이라는 용어를 더욱 빈번하고 사용하고 있다. 우리나라의 경우도 지난 정부 때 설치되었던 '과학기술혁신본부'가 그러한 흐름을 반영한 결과라 할 수 있다.

15) 우리에게는 과학기술혁신정책이라는 용어가 아직 생소하다고 판단하여 이 글에서는 과학기술정책이라는 용어를 그대로 사용한다. 따라서 이 글의 과학기술정책은 과학기술혁신정책을 가리킨다.

16) 기술혁신(technological innovation)과 혁신(innovation)은 엄밀한 의미로는 다음과 같이 구분할 수 있다. 일반적으로 기술혁신은 기술의 상업적 활용을 포함하는 경제적 현상을 나타내고 있으나, 혁신은 더 넓은 의미로써 기술 이외에도 정신적 학문적인 신사고가 사회·경제·정치·문화 등 모든 분야에 미치는 현상을 의미한다. 사회과학적 측면에서의 혁신에 관해서는 Rosenberg(1976), *Perspectives on Technology*, p.79-84 참고. 이 글에서 사용하는 혁신이란 용어는 기술혁신의 의미로 사용한다.

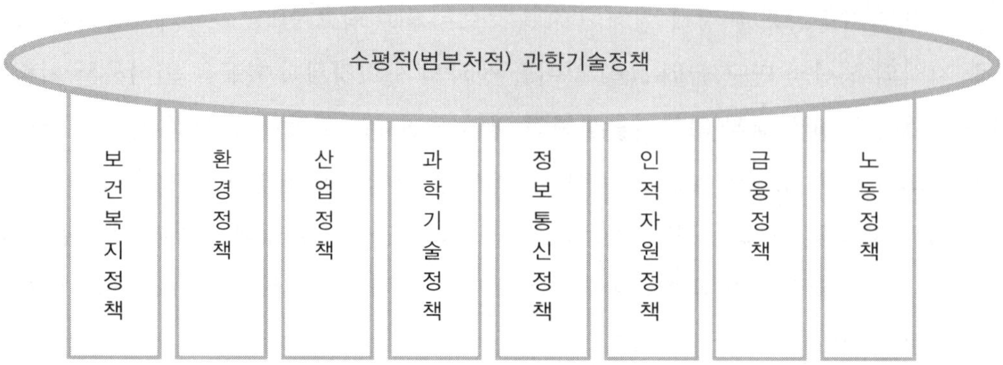

출처: 이장재 등(2007), '제3세대' 혁신정책 패러다임의 등장과 정책과제, Kistep Issue Paper, p.19

〈그림 1-3〉 수평적(범부처적) 과학기술정책 개념

한 중복 투자 방지, 그리고 기초연구의 공동 지원 추진 등을 추구하는 것이다. 궁극적으로 정책의 수평화란 연구개발을 둘러싼 각 부처간의 영역 및 경계를 극복하고 국가 차원에서 보다 나은 성과를 거두기 위해 다양한 부처의 연구개발을 둘러싼 정책을 조정하고 협력을 유도하는 노력을 의미한다.

정책 정합성(policy coherence) 문제도 과학기술정책 영역의 확대로 인해 발생한다. 이는 각 정책 및 정책수단들이 일관성 있게 조율된 상태를 유지하는가를 의미한다. 연구개발을 예로 들면, 각 부처들이 추진하는 연구개발 활동이 국가적 연구개발 목표에 부합하는가, 각 부처가 사용하고 있는 정책수단 및 하위조직의 활동들이 부처의 정책과 부합하는가, 그리고 각 부처의 연구개발 활동 방향과 제도 및 수단들이 상호 일관성을 갖고 있는가 등이 정책의 정합성에서 다루어야 할 문제이다. 전자는 수직적(vertical) 정합성이라 하고, 후자를 수평적(horizontal) 정합성이라 한다.[17]

셋째, 과학기술정책의 거버넌스(governance) 특성으로 정책과정에 다양한 전문가 및 이해관계자의 참여가 요구된다. 거버넌스란 '개방성, 참여, 책무성, 효과성, 정합성 등과 관련하여 권력이 행사되는 방법에 영향을 미치는 법칙, 과정, 행태'를 의미한다.[18] 정책의미에서 거버넌스란 지배구조와 관련된 정부수단의 변화를 가리키며, 이는 정책결정

17) 자세한 내용은 이장재 등(2007). '제3세대' 혁신정책 패러다임의 등장과 정책과제, Kistep Issue Paper 2007-02 참고.

18) "Governance means rules, processes and behavior that affect the way in which powers are exercised ⋯, particularly as regards openness, participation, accountability, effectiveness and coherence" (Commission of the European Communities, COM(2001) 428 final, Brussels, 25 July 2001)

을 포함하여 정책의 전주기에 영향을 미치는 요인으로 작용한다.

과학기술정책은 과학기술의 특성으로 인해 고도의 전문성이 요구되는 정책으로 의제 설정(agenda setting) 과정에서부터 많은 분야별 전문가들의 참여가 필요하다. 또한 원자력이나 배아복제 기술개발과 같은 환경 및 인류의 삶에 커다란 부정적 영향을 미칠 수 있는 정책의 경우 수립과정에서부터 다양한 이해관계자들의 참여가 필수적이다. 과학기술 발전이 더욱 빨라짐에 따라 과학기술정책은 관련 분야 전문가들에게 의존하는 비중이 더욱 커지고 있으며, 이해관계자들의 관심과 정책 참여도 활발해지고 있다. 과학기술정책의 영역이 확대됨에 따라 다양한 부처들이 관련 정책을 추진하게 되었고, 이러한 결과 과거와는 다른 새로운 형태의 조정방식 및 거버넌스를 필요로 하고 있다. 정책 영역의 확대에 따른 정책의 정합성, 조정, 통합 등의 문제와 정책 영역별로 요구되는 전문지식 등을 고려할 때 이에 적합한 거버넌스가 요구되는 것이다.

2) 과학기술정책의 개념과 정의

과학기술정책의 개념을 분명히 하기 위해서는 과학(science)과 기술(technology) 그리고 기술혁신(technological innovation) 등의 용어를 이해할 필요가 있다. 과학이란 '자연현상에 대한 일반적인 진리나 법칙을 체계화하여 확립한 지식'을 의미한다. 과학이라는 용어는 원래 지식을 뜻하는 라틴어의 scientia에서 유래된 것이다. 기술은 '과학을 활용하여 인간의 효용을 증가시킬 수 있는 물건을 생산하는 데 활용될 수 있도록 응용된 지식'을 의미한다. technology라는 단어의 logy는 원래 과학과 유사한 뜻을 갖는 그리스어의 logos에서 온 것이며 techno는 기능을 뜻하는 technique에서 온 것이다(이가종, 1990, 기술혁신전략). 기술혁신(technological innovation)이란 '기술이 체화(體化)된 제품 혹은 생산공정의 출현 과정 그리고 발전 과정'을 의미한다. 기술혁신의 개념은 새로운 생산공정과 신제품의 생산에 따른 단일 기술적 현상이라는 과거의 개념에서부터 최근에는 경제적 지향성에 따른 기술의 사회적 과정이라는 개념으로 변화되고 있다.[19]

19) 이장재 · 양희승(1992), "기술혁신과정과 이론 그리고 정책", 《과학기술정책》, 제4권 제2호, pp.13-15.

과학, 기술, 기술혁신 현상들은 명확하게 분리되거나 독립적으로 존재하는 것이 아니다. 이들은 서로 얽혀 있어서 실제로는 어느 것이 과학이며 어느 것이 기술인지 또 어느 것이 기술혁신인가를 구분하기 어렵다. 이들은 오랫동안 상호작용을 통하여 발전해 왔기 때문에 상호 의존적인 특징을 나타낸다. 과학은 기술을 토대로 발전해 왔고, 기술은 과학의 토대 위에서 발전할 수 있었다. 이 때문에 과학이나 기술을 독립적으로 사용하기보다는 이들을 포괄하는 '과학기술'이라는 용어가 보편적으로 사용되고 있다. 과학 지식의 생성과 발전이 신기술의 탄생에 영향을 준 것처럼 기술적 지식의 생성과 발전도 역시 과학의 발전에 많은 영향을 미쳤다. 과학과 기술이 상호작용을 거듭하면서 서로 영향을 받는 현상을 '과학과 기술의 공명(resonance of science and technology)'이라고도 한다. 이 현상은 과학적 발명이나 발견이 새로운 기술의 출현을 촉진하고 이에 따른 기술의 성과가 과학연구를 가속화시키는 일련의 인과관계를 의미한다. 과학 지식과 기술 지식의 상호작용과 중복현상은 최근에 와서 더욱 두드러지게 나타나고 있다. 이종기술간의 융합화가 확대되고 기술의 전자화가 진전되면서 기술진보 과정에서 과학의 역할이 제고되고 있기 때문이다.

정책이란 "문제를 해결하기 위해 정부가 달성하여야 할 목표와 그것의 실현을 위한 행동방안에 관한 지침" 혹은 "일관성 있는 행위들로 구성된 일련의 정부 결정들"을 의미한다.[20] 최근 들어 정책의 범위는 정부의 문제해결을 위한 개입뿐만 아니라 일정한 상태를 유지하기 위해 개입하지 않기로 한 결정 또는 정부가 회피하는 쟁점들도 일정한 조건이 충족되면 이를 정책에 포함시키고 있다.[21]

정책이론은 내용 혹은 실질이론(content or substantive theory)과 절차이론(procedural theory)이 존재한다. 전자는 어느 특정분야(경제정책, 외교정책 등)의 정책이론을 의미하며, 후자는 정책의 형태 및 절차에 대한 이론이다. 절차이론은 절차 및 제도의 개선방향에 관한 이론이므로 흔히 '상위정책이론(meta policy)' 혹은 '정책에 관한 정책이론'이라 지칭한다. 최근 정책이론의 주요관심은 실질이론에서 절차이론으로 전환되고 있다.[22]

20) 정정길 등에 따르면, "정책이란 바람직한 사회상태를 이룩하려는 정책목표와 이를 달성하기 위해 필요한 정책수단에 대하여 권위 있는 정부기관이 공식적으로 결정한 기본방침"이라 정의하고 있다(정정길 외, 2003:54).

21) Heidenheimer 등에 따른 견해이다. Heidenheimer et. al.(1993), p.9 참고.

22) 이가종(1989), "과학철학, 과학정책 그리고 과학적 정책", 《과학기술정책》 창간호 1989.2., pp.2-3 참고.

과거 실질이론의 관점에서 다루어졌던 과학기술정책도 이제는 절차이론 관점에서 고찰할 필요성이 커지고 있다. 이 책에서는 과학기술정책의 실질이론과 절차이론의 관점을 동시에 반영한다.

일반적으로 과학기술이 경제사회적 차원 혹은 경제사회에 미치는 영향에 관한 체계적 연구를 과학기술정책 혹은 과학정책이라 지칭한다. 정책이론 맥락에서 과학기술정책은 과학과 기술, 그리고 과학과 기술을 통한 혁신과정에 정부가 개입하거나 혹은 회피하고자 하는 일정한 조건을 갖춘 총체적 활동이라 할 수 있다. 이 책에서는 동 관점을 반영하여 과학기술정책을 '국민생활에 영향을 미치기 위해 정부가 과학과 기술, 그리고 기술혁신 과정에 개입하거나 혹은 회피하고 있는 일정한 조건을 갖춘 활동 전체'로 정의하고자 한다.[23] 일정한 조건이란 공공정책의 구성요소인 (1) 특정의 목표 또는 목적, (2) 바람직한 사건의 경로, (3) 선택된 행동노선, (4) 의도의 선언, (5) 의도의 집행을 의미한다.[24]

과학기술정책에 대한 수요와 관심의 증대는 정부의 과학기술 자원에 대한 효율적 배분 또는 적정배분에 관한 요구뿐만 아니라 학계의 과학기술과 경제사회의 관계에 대한 학문적 관심, 그리고 일반대중의 관심 증대에서 비롯된다. 과학기술정책이론은 과학기술의 영향을 경제사회 현상으로 분석하고 평가하는 것이므로 사회과학 정책이론의 영역에 포함된다. 따라서 과학기술 자체에 관한 연구를 대상으로 하는 자연과학과 구별된다. 그러나 사회과학 영역으로서의 과학기술정책은 과학기술에 관한 경제사회 현상을 연구하므로 과학기술 분야와 연계되지 않을 수 없으며, 따라서 다학제적 또는 학제간 종합학문적 성격을 띠게 된다(이가종, 1989: 2).

과학기술 및 기술혁신에 대한 정부 개입을 의미하는 과학기술정책은 다음과 같은 점을 유의하면서 수립되고 집행되어야 한다.[25] 첫째, 과학기술정책은 과학기술의 육성과 기술혁신 과정의 전주기를 포괄하여야 한다. 일반적으로 과학기술정책(S&T policy)은 과학기술적 능력을 향상시키기 위한 연구개발(R&D) 정책에 국한되는 경우가 많다. 그러나 최근 과학기술정책은 기술혁신 과정을 포괄하는 정책으로 진화되고 있어 기술혁신 과정은

23) 앞에서도 언급했듯이 이 글에서의 과학기술정책은 과학기술혁신정책(STI Policy)의 의미로 사용하고 있다.
24) Ranney(1968:8)에 따른 공공정책의 구성요소이다.
25) 이장재 · 양희승(1992), pp.13-33

과학기술정책에서 중요한 대상 영역이 되고 있다. 기술혁신 과정은 기술과 기업 그리고 경제적 환경의 상호작용 과정이다. 따라서 연구개발 중심의 과학기술정책은 때로는 기술혁신의 성과를 감소시키거나, 부적절한 자원배분의 결과를 가져오기도 한다.[26)]

둘째, 바람직한 과학기술정책을 위해서는 공급수단과 아울러 수요수단의 적절한 균형이 필요하다. 많은 경우 과학기술정책은 수요영역을 무시한 채 연구개발 자금지원과 같은 기술주도이론을 기반으로 한 공급 위주의 정책으로 구성되고 있다.[27)] 그러나 현실적으로 기술혁신이 새로운 과학기술의 출현뿐만 아니라 시장을 포함하는 사회경제적 수요에 의해서도 탄생 · 촉진되므로 이를 고려하여야 한다. 따라서 공공구매나 대형 프로젝트의 시행을 통한 적절한 공공시장의 조성과 시장 수요의 변화를 가져오는 수요 촉진 정책을 병행할 필요가 있다. 그리고 이들과 과학기술 공급정책과의 효율적인 연계가 필요하다.

셋째, 과학기술정책에 대한 논의는 산업의 발전단계, 즉 산업의 성숙도에 따른 정책적 대응과 산업의 특성에 따른 대응 그리고 기술혁신의 연속성과 불연속성에 따라 정책 대응이 달라져야 한다. 산업의 초기단계에서는 과학기술적 지식과 과학 및 기술인력의 교육과 훈련, 새로운 기업과 산업의 창출을 위한 시장 형성과 투자 촉진 등에 중점을 두어야 한다. 산업의 성숙 단계에서의 정책은 기술정보의 제공, 표준설정, 설비투자 촉진 등에 초점을 맞추어야 한다. 그리고 산업의 사양기에는 설비투자를 제한하는 정책과 함께 경쟁을 유지하는 정책이 중요하게 된다. 이와 함께 산업의 종류에 따라 혁신을 유발하는 조건이 다를 수 있다는 사실도 아울러 반영하여야 한다.[28)]

아울러 공공정책이 이미 정의된 기술경로를 따른 혁신을 목적으로 한 것인지 또는 새로운 기술경로를 탐색하기 위한 것인지에 따라 역할이 달라지게 된다. 전자, 즉 기술적 추격이나 기술의 연속적 진보에 목적을 둔 정책은 현존하는 과학과 기술의 이용과 개량 그리고 기업과 경제적 요소를 적절히 결합하여 기술혁신의 효과를 높이는데 두어야 한다. 후자 즉 새로운 기술경로를 탐색하기 위한 정책 방향은 장기적 관점에서 과학기술

26) Rothwell은 기술혁신 현상을 다루기 위한 정책으로 과학기술정책과 산업정책이 융합된 산업혁신정책(industrial innovation policy)을 주장하였다. Rothwell(1984), pp. 148-165 참고.

27) Rothwell and Zegveld(1985), p.50.

28) Pavitt은 경험적 연구의 결과로 혁신기업을 supplier-dominated, production-intensive, science- based 세 가지로 분류하고 있다. Pavitt(1984), "Sectoral patterns of technical change: towards a taxonomy and a theory", Research Policy 13, pp. 343-373 참고.

적 능력의 배양과 경제적 불확실성의 해소, 그리고 산업구조의 전환 등에 초점을 맞추어야 한다.

이와 같은 다원적 정책 대응은 산업의 발전단계나 과학기술의 발전형태에 대한 진단이 쉽지 않은 동시에 정책의 보편성을 저해할 가능성이 존재하고 있어 현실적으로 매우 어려운 것이 사실이다. 그러나 정책의 성과를 효과적으로 달성하기 위해서는 이러한 요소들이 고려되어야 한다.

넷째, 기술혁신 역량은 현재의 과학기술 수준보다도 과학기술적 잠재력을 경제적으로 이용하는 능력에 따라 결정된다. 따라서 국가 차원에서 기술과 기업 그리고 사회 · 경제 · 제도적 환경을 적절히 조합하여 과학기술적 잠재력을 이용하고 확산시킬 수 있는 국가 혹은 산업체제의 구축이 필요하다. 이는 장기적인 국가체제 혹은 산업구조의 전환을 통해서 가능한 것이므로 기업체제와 교육제도를 포함하는 사회제도와 경제적 환경의 변화를 전제로 하고 있다는 사실에 유의하여야 한다.

3) 공공정책 구성요소에 따른 과학기술정책 사례

최근 추진되고 있는 주요 과학기술정책의 사례로는 '신성장동력 육성정책', '세계 수준의 연구중심 대학(WCU) 정책'을 지적할 수 있다. 이들 정책을 래니(Ranney)의 5가지 공공정책의 구성요소 관점에서 분석하면 다음과 같다.

먼저, 신성장동력 육성정책은 대한민국의 미래를 이끌어 나갈 새로운 경제성장의 비전 달성을 위한 3대 분야 17개 신성장동력을 향후 10년간 육성하기로 한 정책으로 2009년 1월에 확정되었다.[29] 동 정책은 첫째, 대한민국의 미래를 이끌어 나갈 새로운 경제성장의 비전 달성을 위한 신성장동력 육성이라는 목표를 가지고 있다. 둘째, 국가의

29) 3대 분야 17개 신성장동력은 다음과 같다.

3대 분야	17개 신성장동력
녹색기술산업 (6)	신재생에너지, 탄소저감에너지, 고도 물처리, LED 응용, 그린수송시스템, 첨단 그린도시
첨단융합산업 (6)	방송통신융합산업, IT융합시스템, 로봇 응용, 신소재 · 나노 융합, 바이오제약(자원) · 의료기기, 식품산업
고부가서비스 산업 (5)	글로벌 헬스케어, 글로벌 교육서비스, 녹색 금융, 콘텐츠 · 소프트웨어, MICE · 융합관광

경제성장 및 미래 먹거리 창출 기회가 위기에 빠질 것으로 예상됨에 따라 이에 대비하고자 하는 바람직한 사건의 경로를 갖는다. 셋째, 신성장동력 창출을 위해 혁신주도 기술(killer application)을 통한 글로벌 경쟁력 강화, 기초원천기술 개발을 통한 미래 성장잠재력 확보, 시장창출을 위한 제도적 여건 및 초기 시장을 위한 공공수요 활동 등 행동노선이 채택되었다. 넷째, 이를 국가가 범부처적 사업으로 공개 추진하고자 선언했으며, 다섯째, 이러한 의도를 집행하고자 지식경제부를 비롯한 관계부처가 연도별 실행계획을 작성하여 추진하고 있다.[30)]

다음으로 세계 수준의 연구 중심대학(WCU: World Class University) 정책은 미래 국가 발전을 위한 핵심 분야의 연구 추진 및 학문 후속세대 양성을 통해 대학의 교육 · 연구 풍토를 혁신하고 세계 수준의 연구중심 대학을 육성하기 위한 목표하에 2008년 출범한 정책이다. 동 정책은 2012년까지 4년간 총 8,250억 원이 투입될 계획이다.[31)] 동 정책은 첫째, 핵심 분야의 연구 추진 및 학문 후속세대 양성을 통해 세계수준의 연구중심 대학을 육성하기 위한 목표를 가지고 있다. 둘째, 창의적 실용지식의 창출 역량을 제고함으로써 미래 국부의 원천을 확보하고, 최고 교수진 보유를 통한 대학 경쟁력을 제고하는 동시에 해외 인재 유치를 통한 우수두뇌의 확보가 필요하다는 바람직한 사건 경로를 갖는다. 셋째, 나노 · 바이오 · 정보 · 인지(NBIC: nano, bio, info, cogno) 융합기술 분야와 와해성 기술분야(disruptive technology) 등 신성장동력 창출 분야를 대상으로 전공 · 학과 개설 지원 과제와 개별학자 초빙 지원 과제, 그리고 세계적 석학 초빙 지원 과제로 구분하여 사업예산을 지원하는 행동노선이 채택되었다. 넷째, 동 정책은 교육과학기술부가 공개적으로 선언한 후 다섯째, 계획에 따라 추진하고 있다.

개입하지 않거나 회피한 대표적 과학기술정책 사례로는 '생명 윤리 및 안전에 관한 법률' 제정(2004. 1) 전의 생명공학 분야인 배아복제에 대한 과학기술정책을 지적할 수 있다. 생명공학 분야에서 배아복제 문제를 둘러싸고 세계적인 규제 흐름이 나타나고 있었으나, 우리나라의 경우 동 법이 제정되기 전까지는 체세포 배아복제에 대한 연구가 특별한 규제를 받지 않고 묵시적으로 허용되었다. 동 사례는 과학기술정책이 반드시 명

30) 자세한 내용은 국가과학기술위원회와 미래기획위원회가 2009년 1월 13일 공동 심의 · 의결한 '신성장동력 비전 및 발전전략' (1호 안건)을 참고.

31) 자세한 내용은 교육과학기술부가 발표한 '세계수준의 연구중심대학(WCU) 육성 사업계획(2008. 6.20)'을 참고.

시적으로 표현되지 않을 수도 있다는 것을 나타낸다.

1.3 과학기술정책의 유형과 수단

이 절에서는 일반론적 관점에서 정책 유형의 분류방식을 논의한 후 과학기술정책의 유형과 수단을 고찰하기로 한다. 정책 유형의 분류는 가장 전통적인 분류방식인 기능적 분류를 비롯하여 다양한 분류방식이 제시되고 있다. 이러한 분류방식의 차이는 연구자마다 관심 분야가 다르고 정책을 분류하는 기준이 다르기 때문이다.

1) 과학기술정책의 유형

과학기술정책의 유형은 다음과 같이 구분할 수 있다. 첫째, 기능적 분류 방법이다. 이는 전통적인 분류 방법으로 정책을 안보정책, 경제정책, 교육정책, 과학기술정책, 산업정책, 노동정책, 보건정책 등과 같이 기능별로 구분하는 방법이다. 동 분류 방법은 정부 기능에 대해 우리가 지니고 있는 경험과 사고를 정리한 상식적인 분류 방법일 뿐만 아니라, 입법부나 행정부 등 정책 담당기관의 편성체계를 반영하고 있다. 이러한 분류 방법은 최근 정부사업들이 복합적 또는 다목적적 성격을 가지게 됨에 따라 분류에 어려움이 따르고 있다. 예를 들면, 환경문제를 해결하기 위한 기술개발 정책이나 연구개발을 촉진하기 위한 세제정책(tax policy)의 경우 이를 어떤 기능의 정책으로 분류해야 하는가 하는 어려움에 봉착하게 된다. 이미 언급했듯이 과학기술정책은 학제간 및 다학제간 성격과 정책 영역의 확대 현상 등의 특성으로 인해 정책 영역의 구분은 물론 행정부의 정책 담당기관의 편성에도 어려움을 겪고 있다.

둘째, 정책 유형을 배분정책, 규제정책, 재분배정책, 구성정책으로 구분하는 로위(Lowi)의 분류에 따르는 방식이다.[32] 로위는 의사결정론에 입각하여 정책결정에 관여

32) Theodore J. Lowi(1972), "Four Systems of Policy and Choice", *Public Administration Review*, Vol.32, No.4(July/August 1972), pp.298-310.

하는 사람들 사이의 관계와 그 정책이 사회에 미치는 영향을 고려하여 배분, 규제, 재분배정책으로 구분했다가, 1972년 구성정책을 추가하여 4가지 유형으로 정책을 구분하였다. 배분정책(distributive policy)은 특정 대상집단에게 서비스나 이익을 제공하는 정책유형을 가리킨다. 배분정책은 일반적인 원칙 혹은 다른 부분과 관계없이 부분적으로 시행하기가 용이한 특성을 갖기 때문에 개별적인 결정으로서의 속성을 갖는다. 또한 정책에 드는 비용이 공공자금이기 때문에 수혜자와 비수혜자간의 직접적인 대립이 나타나지 않는다. 규제정책(regulative policy)은 개인 또는 기업의 활동이나 재산에 정부가 통제를 가하여 피규제자의 활동의 자유나 재량권을 감소시키는 정책 유형을 가리킨다. 규제정책의 구체적인 형태는 서비스, 활동, 운영 등의 기준설정, 허가, 가격통제, 생산규제, 재무통제 등으로 나타나고 있다. 재분배정책(redistributive policy)은 정부가 부나 재산, 소득, 권리 등의 분포상태를 사회 내 계급이나 집단 사이에서 변화시키는 정책 유형을 가리킨다. 고소득층에 대한 누진세정책이나 사회보장지출, 저소득층에 대한 각종 사회적 급부제공 등이 재분배정책의 사례이다. 구성정책(constituent policy)이란 정부기관의 신설 및 변경이라든가 선거구 조정 등과 같이 정부기구의 구조와 기능상의 변화를 목적으로 하는 정책을 가리킨다. 로위의 분류 방법에 따르면 과학기술정책은 대부분 배분정책에 속한다. 일부 과학기술정책들은 규제적 성격을 가지기도 하는데 배아줄기세포복제연구에 대한 허가와 원자력법에 의한 허가기준 등이 그러한 사례이다.

리플리와 프랭클린(Ripley & Franklin)은 로위의 분류를 세분화하여 정책을 배분정책, 경쟁적 규제정책, 보호적 규제정책, 재분배정책으로 구분하였다.[33)]

여기서 배분정책이란 사회 전체에 바람직스럽거나 이로운 상태가 정부보조와 같은 개입 없이는 불가능하다고 생각될 때 정부가 개입을 통해 사적 활동을 제고시키는 정책유형이다. 이러한 정책으로는 병원 건설, 지방자치단체에 대한 보조, 대학이나 민간연구기관에 대한 연구지원 등을 들 수 있다. 경쟁적 규제정책(competitive regulatory policy)이란 다수의 잠재적, 실제적 경쟁자 중 특정한 개인이나 집단에게 특정재화와 용역을 제공하는 정책 유형이다. 특정한 방송회사에 특정한 채널로 방송하도록 허가하는 경우가 대표적 예이다.

33) Randall B. Ripley and Grace A. Franklin(1982), *Bureacracy and Policy Implementation* (Homewood, Illinoise: Dorsey Press), pp.72-76.

〈표 1-3〉 로위의 정책 영역과 정치적 관계 요약

정책 영역	주요 정치단위	단위간 관계	권력구조	구조의 안정성	주요 결정장소	집행
배분정책	개인 기업 회사	결탁(log-rolling), 상호불간섭, 공통점이 없는 이해관계	지지집단을 가진 비갈등 관계의 엘리트	안정	의회의 위원회 또는 행정기관	기본적 기능단위로 집권화된 기관 (관청)
규제정책	집단	이해를 공유하는 집단의 '연합', 협상	다원적, 다중추적, 균형이론	불안정	고전적 의미의 의회	위임에 의하여 중앙으로부터 분권화된 기관, 혼합적 통제
재분배 정책	연합	정상연합, 계급, 이데올로기	갈등관계의 엘리트, 즉 엘리트와 대항엘리트	안정	대통령과 정상연합	정상으로 향하는 집권화된 기관(관청 이상), 상세한 기준

출처: Lowi(1964), American Business, Public Policy, Case-Studies and Political Theory, World Politics, 16. p.691. 당시 구성정책은 포함되지 않았음. 남궁근(2008), 《정책학: 이론과 경험적 연구》, p.112 재인용

보호적 규제정책(protective regulatory policy)이란 사적 활동에 대해 특정의 조건을 설정하여 일반국민을 보호하려는 정책 유형을 말한다. 최저임금제, 가격통제, 철도요금책정 등이 그러한 예이다. 재분배정책이란 한 사회적 계급이나 인종 사이의 부, 재산, 권리, 혹은 여타 가격 등의 할당을 재조정하려는 정책 유형이다. 누진소득세, 불우계급을 위한 직업교육사업 등을 예로 들 수 있다. 동 정책 유형 분류에 따르면 과학기술정책은 대부분 배분정책에 속하며, 일부 규제적 과학기술정책들은 보호적 규제정책의 범주에 속하고 있다. 기타 유사한 정책 유형의 분류기준으로는 알몬드와 포웰(Almond & Powell)의 분류, 미첼(Mitchell)의 분류, 윌슨(Wilson)의 분류 등이 있다.[34)]

대부분의 과학기술정책이 포함되는 배분정책의 특성은 다음과 같다.[35)] 첫째, 민간부

34) 자세한 내용은 Gabriel A. Almond and G. Bingham Powell, Jr.(1966), *Comparative Politics: A Developmental Approach*, pp.198-199와 Joyce M. Mitchell and William C. Mitchell(1966), *Political Analysis and Public Policy*, pp.97-101, 그리고 이장재(1988), 〈배분정책의 성공적 집행에 관한 연구: 사례분석을 중심으로〉, 서울대학교 행정대학원 석사학위 논문, pp.10-11, 그리고 Wilson(1995), *Political Organizations*, Princeton University Press를 참고.

35) Randall B. Ripley and Grace A. Franklin(1982), pp.72-73

문에 대한 지원의 형태가 자금, 현물, 권리 등 다양하다. 둘째, 일반적으로 개인이나 집단의 어떤 행위에 대한 반대급부로 이루어진다. 셋째, 정책결정단계에서는 수혜자들이 경쟁관계에 서지 않으나 집행단계에서는 경쟁관계에 서게 된다. 그리고 배분정책은 집행과정상 다음과 같은 특성을 갖는다.[36] 첫째, 배분정책은 안정적인 일상과정을 통한 원만한 집행이 이루어지며, 정책 관련자들이 동일성을 갖고 있으며, 그들간 관계는 안정성이 높다. 둘째, 배분정책은 집행에 대한 갈등과 논란이 적으며, 집행과정상 관료들의 의사결정에 대한 반발의 정도가 낮다. 셋째, 집행을 둘러싼 이념적 논쟁의 가능성이 적으며, 정부활동을 감축하기 위한 압력의 정도가 낮다.

이러한 관점에서 지금까지 실질이론 중심으로 전개되어온 과학기술정책을 절차이론 차원에서 다루어야 할 필요성이 커지고 있다. 과학기술정책을 절차이론 차원에서 다루게 될 때 과학기술정책 형성, 집행 그리고 평가과정에서의 행태적 특성에 대한 분석과 이를 통한 다양한 진단과 처방, 그리고 예측이 가능하게 된다.

2) 과학기술정책의 수단

정책수단(policy instrument)이란 정부 또는 정책결정자가 정책목적을 달성하기 위해 활용할 수 있는 도구를 말한다.[37] 정책도구(policy tools)라고도 불리는 정책수단은 정책을 집행하기 위하여 정부가 사용할 수 있는 실제수단 또는 장치(actual means or devices)이기도 하다(Howlett & Ramesh, 2003). 최근 정책수단에 관한 연구는 다양한 수단의 목록을 작성하고 각각의 장단점을 파악하면서 정책수단의 범주화를 위한 분류체계 개발 및 정부가 왜 특정 정책도구를 활용하는지를 이해하려는 방향으로 전개되고 있다.[38]

다양한 정책수단을 범주화하려는 노력은 정책목표를 달성할 수 있는 최선의 정책수단을 선택하려는 노력과 밀접한 관계를 갖는다. 지금까지 제시된 대표적 정책수단 분류방법을 살펴본 후 과학기술정책 수단을 고찰하고자 한다.

36) 앞의 책, pp.76-80
37) 남궁근(2008), 《정책학: 이론과 경험적 연구》, pp.89-90
38) 남궁근(2008), p.90

〈표 1-4〉 과학기술혁신을 위한 정책수단

정책수단	보 기	정책수단의 분류		
		환경	공급	수요
공 공 기 업	공공기업의 기술혁신, 새로운 기술의 시범적 사용, 새로운 산업의 개척		○	
연 구 개 발	연구기관, 연구조합에 대한 지원, 전문가집단 연구비지원		○	
교 육	일반교육, 대학, 기술교육, 도제교육, 계속교육, 재교육		○	
정 보	정보망 및 센터, 도서관, 자문서비스, 데이터베이스, 연결(liaison) 서비스		○	
금 융	보조금, 대여, 연구비공동부담계약, 설비·건물·서비스 제공, 보증대부, 수출금융	○	○	
세 제	각종 세제, 세제한도	○	○	
법률 및 규제	특허, 환경 및 보건에 대한 규제, 검사, 독점규제	○		
정 치	국가계획, 지역정책, 기술혁신에 대한 포상, 컨소시엄 촉진, 공공자문			○
구 매	정부구매 및 계약, 연구개발계약, 시제품 구매			○
공공서비스	보건 · 공공건물 · 건축 · 교통 · 통신분야에서의 구매, 관리유지, 기술혁신			○
통 상	무역협정, 관세, 통화규제			
해 외 판 매	무기판매조직	○		○

출처: Roy Rothwell & Walter Zegveld(1981), *Industrial Innovation and Public Policy*, Westport, Connecticut : Greenwood Press, p.61; 노화준 · 안해균(1991), "정부의 과학기술혁신정책이 중소기업의 연구개발활동에 미친 영향, 행정논총, 29-2, 행정대학원, p.197.

첫째, 전통적 3분법으로 권력을 강제적 권력, 보상적 권력, 규범적 권력으로 구분하고 이에 근거하여 정책수단을 규제, 인센티브, 설득이라는 세 가지로 구분하는 방법이다(정정길 외, 2003). 이와 유사하게 비둥(Vedung, 1998)은 채찍(sticks), 당근(carrots), 설교(summons)로 구분한다. 비둥은 규제도구, 경제적 도구, 정보도구를 각각 차별적 특성을 가진 독립된 도구의 범주로 구분하면서 이들을 채찍, 당근, 설교로 상징화하였다(남궁근, 2008). 이러한 분류 방법은 최근 정책수단들이 직접적 수단보다는 간접적 수단의 형태로 발전하고 있는 환경을 반영하지 못하고 있다는 결정적인 단점이 있다.

둘째, 전통적 3분법과 유사한 형태로 정책수단을 공급, 수요, 제도적 환경으로 구분하는 방법이다. 공급정책이란 정책목표와 관련된 급부를 직접적으로 정책대상자들에게 제공하는 정책수단을 의미한다. 주택정책에서 임대형 주택공급 확대정책, 과학기술정책에서 공공연구기관 설립정책 등이 대표적 예이다. 수요정책이란 정책목표와 관련된 시장을 정부가 창출함으로써 정책목표를 달성하는 정책수단을 가리킨다. 주택수요 촉진을 위한 양도세 감축 세제정책, 총부채상환비율(DTI) 규제 완화 정책, 일정한 기술수준을 갖춘 부품에 대한 공공구매 확대정책 등이 여기에 해당한다. 제도적 환경정책이란 공급 및 수요를 둘러싼 제도적 환경을 조성하여 정책목표를 달성하고자 하는 정책수단을 가리킨다. 특허정책, 각종 규제정책, 독과점 금지정책 등이 해당된다.

셋째, 통치자원 분류방식을 원용한 종합적 분류방식이다.[39] 정책수단을 조직에 기반을 둔 수단, 권위에 기반을 둔 수단, 자금에 기반을 둔 수단, 그리고 정보에 기반을 둔 수단으로 분류하고 있다. 조직에 기반을 둔 정책수단은 정부가 국민이 필요로 하는 재화와 서비스를 제공하는 조직의 유형에 관한 것이다. 정부기관이 직접 제공하는 방식, 공기업(state-owned enterprises, SOEs) 제공 방식, 자선단체 혹은 비정부기구(NGO) 제공 방식, 시장조직(market organization)을 통한 제공 방식 등이 있다. 권위에 기반을 둔 정책수단으로는 정부기관이 직접 규제정책을 집행하는 직접규제 방식, 규제권한을 위임하여 자율적으로 규제하도록 하는 방식(예를 들면, 의사협회에 면허권 관리를 위임하여 자율적으로 규제하도록 하는 방식), 그리고 자문위원회(advisory committee) 또는 공공—민간 파트너십(public-private partnership: PPP), 준자율적 비정부기구(Quangos) 등을 활용하는

39) 앞의 책, pp.95-104

방식 등이 있다. 자금에 기반을 둔 정책수단은 정부의 재정지원과 정부의 자금조달 및 지불능력을 활용하는 방식이다. 보조금, 대출, 지불보증, 조세지출과 같은 재정적 인센티브 부여와 사용료, 과징금, 조세 등 재정적 제재 방식이 있다. 정보에 기반을 둔 정책수단은 정부가 가지고 있는 정보를 활용하거나 정부가 정보네트워크에서 중심적 위치에 있다는 점을 활용하는 정책수단이다. 공공정보 캠페인, 권고 또는 설득, 정보공개, 조사위원회 활용, 정보공동이용시스템과 평가정보 활용 수단 등이 있다.

과학기술정책이 최근 들어 기술혁신 현상을 포괄하는 정책으로 전개됨에 따라 과학기술정책 수단들은 매우 다양해지고 있으며, 여러 정책분야와 긴밀하게 연계되어 실질적으로 명확한 구분이 어렵다. 이는 로스웰과 제그벨드(Rothwell & Zegveld, 1981)의 정책수단의 구분에서 잘 나타난다(〈표 1-4〉 참고).

〈표 1-5〉 과학기술기본계획(2008-2012)에 나타난 중점추진과제(50개)

부문		중점추진과제
점진적 과학기술 투자 강화	1. 과학기술 투자의 확대 및 효율화	• 연구개발투자의 지속적 확충 • 정부R&D투자의 전략적 배분 • R&D기획 및 성과확산 시스템 선진화 • 연구자 친화적 R&D관리 · 평가제도 구축
	2. 국가 중점과학기술 개발	• 주력 기간산업기술 고도화 • 신산업 창출을 위한 핵심기술 개발 강화 • 지식기반서비스 산업 기술개발 확대 • 국가주도기술 핵심역량 확보 • 현안관련 특정분야 연구개발 강화 • 글로벌 이슈 관련 연구개발 추진 • 기초 · 기반 · 융합기술 개발 활성화
점진적 과학기술 투자 강화	3. 기초 · 원천연구 진흥	• 기초 · 원천연구 투자의 전략적 확대 • 연구자 중심 기초연구지원사업 체계화 • 창의적 · 도전적 연구지원 강화 • 대학의 연구역량 강화 • 기초 · 원천연구의 사회적 역할 강화

연구주체의 핵심역량 강화	4. 세계적 과학기술 인재 양성, 활용	• 과학영재 발굴 · 육성 체계화 • 고등교육과 연구개발 연계를 통한 우수인재 양성 • 해외 우수 과학기술인력의 유치 · 활용 촉진 • 과학기술인력의 수요지향성 및 진로 다양화 강화 • 여성과학기술인 육성 · 지원 활성화 • 과학기술인력의 사기진작
	5. 중소 · 벤처기업 기술 혁신 지원	• 중소 · 중견기업의 R&D 지원 확대 • 신기술 벤처창업 지원 강화 • 기술금융활성화 및 역할 강화 • 기술이전 · 사업화 지원 확대
과학기술 시스템 선진화	6. 과학기술 하부구조 고도화	• 연구시설 · 장비의 전략적 확충 및 활용 • 생명자원 확보 및 관리의 체계화 • 과학기술정보 공유 및 활용체제 고도화 • 지식재산의 창출 · 활용 · 보호 체제 구축 • 국가표준체계 선진화 및 국제표준화 역량 강화
	7. 전략적 과학기술 국제화	• 글로벌 공동연구의 전략적 확대 • 권역별 과학기술협력 특화 추진 • 국제기구 및 국제 프로그램 참여 촉진 • 남북한 과학기술 교류 · 협력 확대 • 과학기술 국제화 투자 확충과 효율성 제고
	8. 지역 기술혁신역량 강화	• 지역 과학기술인력 유입 · 활용 촉진 • 지역 연구주체의 역량 강화 • 지역혁신거점과 클러스터 구축 강화 • 지자체의 연구개발사업 기획 · 관리 역량 제고 • 지역의 자발적인 연구개발투자 환경 조성

국민과 함께하는 과학기술	9. 과학기술문화 확산	• 창의적인 청소년 성장환경 조성 • 국민의 과학기술 생활화 촉진 • 타 분야 전문가 대상 과학기술문화 확산 • 민간 주도의 과학기술문화 산업기반 육성 • 전국적 과학관 확충 및 과학방송 활성화 • 과학기술문화 활동의 효율적 추진
	10. 과학기술의 사회적 역할 증대	• 공동체 문제 해결을 위한 과학기술과 사회 연구 강화 • 과학기술과 사회의 커뮤니케이션 체제 구축 • 과학기술인의 사회적 책임 강화

출처: 선진일류국가를 향한 이명박정부의 과학기술기본계획(2008-2012), 2008. 8.

이명박정부에서 작성된 577 구상(initiative)이라고도 불리는 '과학기술기본계획(2008~2012)에 나타난 과학기술정책 수단은 다음과 같다. 동 기본계획에서는 총 50개의 중점추진과제를 제시하고 있다. 이 중 연구개발 투자의 지속적 확충 과제와 신기술 벤처 창업 지원 강화 과제의 정책수단을 구체적으로 살펴보면 다음과 같다.

〈표 1-6〉 과학기술기본계획(2008-2012)에 나타난 정책수단과 분류

중점 추진 과제	추진내용	정책	정책수단	수단 분류*		
				환경	공급	수요
연구개발 투자의 지속적 확충	①정부R&D 투자의 지속적인 확충	정부 R&D투자를 현재의 1.5배 수준으로 확대하여 향후 5년간('08~'12) 총 66.5조원* 투입			○	
	②민간부문의 R&D투자 확대 지원	민간기업의 R&D투자 조세·금융 지원등 유인 체계를 검토하고 개선	대기업 당기분 방식(현행 6%) 및 R&D 설비투자 세액공제율(현행 7%)의 단계적 상향 조정 추진	○		

<table>
<tr><td rowspan="9">연구 개발 투자의 지속적 확충</td><td rowspan="9">②민간부문의 R&D투자 확대 지원</td><td rowspan="3"></td><td>R&D 세액공제 적용대상이 되는 연구개발비*의 범위 확대 및 제조업 중심에서 문화산업 등 서비스 산업 R&D까지 확대</td><td>○</td><td></td><td></td></tr>
<tr><td>중소기업 R&D투자에 대한 조세환불(Tax Rebate)제도* 도입 추진</td><td>○</td><td></td><td></td></tr>
<tr><td>대기업이 대학·중소기업에 지급한 외부위탁 연구개발비 세액공제율 상향조정 및 외부위탁 대상기관에 연구소를 포함시키는 방안 추진 검토</td><td>○</td><td></td><td></td></tr>
<tr><td rowspan="2">연구개발서비스업과 같은 지식기반 서비스 산업의 발굴 및 육성을 통해 민간 R&D수요의 확충과 투자 규모 증가 유도</td><td>서비스 R&D활동기준(컨설팅 방법론 개발 등을 포함)을 명확히 하여 기업의 서비스 R&D투자에 대한 재정·세제 지원제도 확대 추진</td><td>○</td><td></td><td></td></tr>
<tr><td>R&D서비스업, 소프트웨어 등 주요 지식기반 서비스 분야 전문기업의 정부 R&D과제 참여시 인건비 지원 확대(현재 50% 이내) 추진</td><td></td><td>○</td><td></td></tr>
<tr><td>대기업에 비하여 취약한 중소기업의 R&D 투자 확충 유도</td><td>현재 논의 중인 금융공기업의 민영화과정에서 발생하는 재원을 중소기업의 R&D분야에 '투자'펀드 방식으로 사용하는 방안 검토</td><td></td><td></td><td>○</td></tr>
<tr><td rowspan="2">기업부설연구소의 설립 및 운영 활성화를 저해하는 각종 규제 해소</td><td>기업연구소 설립 · 취득 시 토지이용 규제 완화 방안 추진
- 수도권에 연구소를 신축할 경우 건축비의 약 10%인 과밀부담금 경감 및 교통유발부담금 면제 추진 검토</td><td>○</td><td></td><td></td></tr>
<tr><td>기업부설연구소를 포함하여 연구개발을 위한 시설 및 공공연구소들에 대한 전력요금 혜택 적용 검토</td><td>○</td><td></td><td></td></tr>
<tr><td colspan="2">기업연구소 R&D역량강화 및 효율성 제고를 위한 진단 및 컨설팅 사업 추진</td><td>○</td><td></td><td></td></tr>
</table>

<table>
<tr><td>연구 개발 투자의 지속적 확충</td><td>②민간부문의 R&D투자 확대 지원</td><td colspan="2">현행 전문연구요원 T/O확대 및 운영제도 개선을 통해 효율적인 R&D 우수인력의 공급체제 확충: 전문연구기관의 조기선정 및 T/O의 조기배정검토(매년 11~12월 → 9~10월)를 통한 업체의 채용 편입률 제고 및 기업조직 내 자율적 T/O 배정권한 부여 검토</td><td>○</td><td></td><td></td></tr>
<tr><td rowspan="8">신기술 벤처 창업 지원 강화</td><td rowspan="6">① 기술 집약형 벤처 창업 지원 제도 확대</td><td>창업보육센터의 대형화·특성화와 전문인력 확충 등을 통한 서비스 역량 강화</td><td>창업보육센터의 기능별 특성화를 통한 인큐베이팅의 효율성 제고
- 최근 의대 · 한의대 · 약대 진학 붐을 BT산업 활성화로 연결히기 위해 의과대학 등에 창업보육센터를 설치하고, 기술창업 멘토링 프로그램운영</td><td></td><td>○</td><td></td></tr>
<tr><td colspan="2">기술혁신 초기창업기업에 대한 정책금융 공급 확대 및 정부의 민간투자촉진 지원정책 강화</td><td></td><td></td><td>○</td></tr>
<tr><td colspan="2">예비창업자의 아이디어를 사업화로 이어질 수 있도록 창업 진 과정을 일괄 지원하는 '아이디어 상업화센터' 설립: 사업타당성 평가 → 시제품 제작 지원 → 투 · 융자 연계와 같이 소요기술 및 기술개발자금, 마케팅, 기술경영 컨설팅, 인력 등 종합적인 창업 지원기능 수행</td><td></td><td>○</td><td></td></tr>
<tr><td colspan="2">기술창업 기업의 기술인력 확보를 위한 병역특례 전문연구요원 제도 확대 및 개선</td><td>○</td><td></td><td></td></tr>
<tr><td rowspan="2">예비창업자를 선발하여 대학 · 연구소 등에서 인턴으로 근무하는 '기술창업 인턴제'* 도입</td><td>인턴활동에 따른 인건비 일부 지원</td><td></td><td>○</td><td></td></tr>
<tr><td>인턴십 수료자가 창업할 경우 1억원 한도로 창업자금 지원</td><td></td><td></td><td>○</td></tr>
<tr><td rowspan="2">② 대학 · 연구기관의 신기술 창업 촉진</td><td rowspan="2">대학 · 연구소 교수(연구원), R&D전문기업 등의 창업촉진</td><td>2008년 중 3~4개의 대학(기술) · 기업(자본)의 공동출자로 대학보유기술의 사업화를 위한 산학협력기술지주회사 설립 추진 및 향후 확대</td><td>○</td><td></td><td></td></tr>
<tr><td>대학 · 연구기관의 신기술창업 전문회사설립 규정완화: 의무출자비율을 기존 30%에서 20%로 하향조정하고 대학의 현금 출자 허용</td><td>○</td><td></td><td></td></tr>
</table>

	② 대학 · 연구기관의 신기술 창업 촉진	기술사업화 전문회사의 육성 및 기술지주회사 제도 개선	벤처특별법상 기술지주회사 설립 가능 기관에서 제외되어 있는 출연(연), 전문생산(연), 대덕특구 기술지주회사 설립 허용추진	○		
	③ 창업단계의 각종 규제 완화 및 절차 간소화	온라인 법인설립시스템 구축, 1인 회사 감사 선임의무 면제 등 법인설립 절차간소화를 통한 창업기간 단축		○		
		추진중인 최저자본금제 폐지의 조속한 처리와 창업단계의 각종 행정 소요비용의 경감검토: 창업시 행정절차상 법인설립에 필요한 각종 사업계획서, 정관 등의 작성을 대행해 주는 '창업지원반'을 지방중기청에 설치		○		

* 이명박정부의 과학기술기본계획(2008-2012)을 대상으로 저자 분류.

첫째, 연구개발 투자의 지속적 확충을 위해 ① 정부 R&D 예산의 1.5배 확대와 ② 민간부문의 R&D 투자 확대 지원 수단으로 'R&D 설비투자 세액공제율 확대'와 '중소기업에 대한 R&D 투자에 대한 조세지원 확대'(구체적으로는 세액공제율 확대, 조세환불 제도 도입 등), 그리고 기업연구소 관련 규제완화 및 지원 확대를 위한 '기업연구소 설립 · 취득시 토지이용규제 완화 방안 추진'과 '기업부설연구소를 포함한 연구개발을 위한 시설 및 공공연구소들에 대한 전력요금 혜택 적용 검토' 등의 정책수단들이 선택되었다.

둘째, 신기술 벤처 창업 지원 강화를 위한 정책수단으로 ① 기술집약형 벤처창업 지원제도 확대를 위한 '창업보육센터의 대형화·특성화와 전문인력 확충 등을 통한 서비스 역량 강화'와 '예비창업자의 아이디어를 사업화로 이어질 수 있도록 창업 전 과정을 일괄 지원하는 아이디어 상업화센터 설립' 등과 ② 대학 · 연구기관의 신기술 창업 촉진을 위한 '대학 · 연구기관의 신기술창업 전문회사설립 규정완화'(의무출자비율을 기존 30%에서 20%로 하향 조정하고 대학의 현금 출자도 허용) 등과 ③ 창업단계의 각종 규제 완화 및 절차 간소화로 '온라인 법인설립시스템 구축', '1인 회사 감사 선임의무 면제 등 법인설립 절차간소화를 통한 창업기간 단축' 등의 정책수단이 제시되고 있다.

CHAPTER 2

과학기술정책의 행위자

제2장에서는 과학기술정책과정에서 활동하는 행위자를 구체적으로 다룬다. 첫째, 공식 행위자로 행정부, 입법부, 사법부가 주요 대상이 된다. 둘째, 비공식 행위자로 국민, 공공연구기관, 대학, 기업, 이익집단 및 시민사회단체, 언론, 그리고 국제기구 등에 대해 살펴본다.

과학기술정책 과정에는 다수의 다양한 행위자들이 참여하여 상호조정을 거쳐 정책의제를 발굴하고 정책을 결정하며, 이를 집행하고 평가 및 피드백 과정을 거치게 된다. 과학기술정책 과정을 이해하기 위해서는 정부정책의 결정이 이루어지는 무대의 구성원(행위자)이 누구이고 이들 행위자 사이의 상호관계가 어떠하며, 전체적인 정책과정이 어떤 방식으로 상호조정되고 절충되는지를 살펴보는 것이 중요하다. 정책문제는 해결방안에 따라 상대적으로 혜택을 보는 집단과 피해를 보는 집단이 달라질 수 있으며, 또한 문제 및 해결방안을 보는 관점이 행위자들에 따라 다를 수 있기 때문이다.[1] 또한 정책과정에는 국내 행위자들뿐 아니라 국제체제의 행위자도 참여하며, 세계화의 결과로 국제체제 행위자의 역할이 더욱 커지고 있다(Howlett & Ramesh, 2003: 54-60, 남궁근, 2008: 273).

일반적으로 과학기술정책 과정에 참여하는 국내행위자들은 정책과정에 참여할 수 있는 권한을 합법적으로 보유하고 있는 공식적 행위자 또는 공식 참여자와 정책과정에 실질적인 영향력을 미치고 있지만 합법적으로 권한을 가지지 못하는 비공식 행위자 또는 비공식 참여자로 구분된다(Kingdon, 1984; Anderson, 2002; 정정길 외, 2003: 137-215; Birkland, 2005: 52-95; 남궁근, 2008: 273-274). 국제체제 행위자들은 최근 역할이 확대되고 있으나 비공식 행위자에 속한다. 정책과정은 원래 공식 행위자들의 영역이나 1980년대 이후 비공식 행위자들이 정책과정에 참여하는 비중이 점차 확대되고 있다.[2][3]

과학기술정책 과정은 매우 빠른 과학기술의 진보와 커다란 파급효과, 그리고 전문성이 요구되는 정책적 특성으로 인해 비공식 행위자들의 참여가 특히 필요한 정책 영역으로 자리잡고 있다. 과학기술정책 과정의 공식 행위자는 헌법과 법률에 의해 동 정책과정에 참여할 권한과 책임이 부여된 공직자들이다. 행정부와 입법부, 사법부, 그리고 각종 정부위원회가 여기에 속한다.[4][5] 그리고 비공식 행위자들로는 국민, 공공연구기관(과

1) 남궁근(2008), p. 273.

2) 이는 1980년대에 출현한 '작지만 강한 정부'를 추구하는 신공공관리론(NPM: New Public Management)의 영향에 기인한 것으로 NPM에서는 정부활동들이 비효율적으로 추진되는 경향이 있으므로 활동을 효율화하는 동시에 국민의 지속적인 감시가 필요하다고 주장한다.

3) 신공공관리론은 작고 효율적인 정부에 대한 사회적 요구의 증가로 뉴질랜드, 영국, 미국, 캐나다 등의 서구 국가들에서 행정개혁이 진행되면서 과거 관료주의적 패러다임에 근거한 전통적 행정학의 대안으로 부상한 것이다(Gore, 1994; Mascarenhays, 1993). 관료주의적 패러다임은 계층제적 통제, 전문화, 명확한 규정과 절차 등을 통해서 '좋은 행정'을 구현할 수 있다고 주장하는 반면, 신공공관리론은 전통적인 행정학의 이러한 처방들이 오히려 정부의 많은 문제들을 초래하였다고 비판하고 있다. 이명석(2001), 신공공관리론, 신거버넌스론, 그리고 김대중정부의 행정개혁, 한국행정학회 2001년 춘계학술대회 발표논문집 참고.

학기술계 정부출연연구기관과 국공립연구기관으로 구분), 대학, 기업, 이익집단, 시민사회단체, 언론, 국제기구 등이 있다.

2.1 공식 행위자

과학기술정책 과정의 공식 행위자로 행정부는 가장 강력한 권한을 행사한다. 행정부 중 행정수반(대통령제의 경우 대통령, 의원내각제의 경우 수상)과 행정수반이 임명한 과학기술 분야 정무직 공무원은 최고의 과학기술정책 권한을 가지며, 정책을 수립하고 법률안을 의회에 제출하는 역할을 수행한다. 우리의 경우 행정부의 대표적 과학기술정책 행위자로는 대통령과 국가과학기술위원회, 기획재정부, 교육과학기술부, 지식경제부, 방위사업청, 중소기업청, 국토해양수산부 등 부처의 장관과 고위직 공무원들이 속한다.[6]

국가과학기술위원회(NSTC: National Science & Technology Council)는 과학기술정책의 최상위 조정기구로 대통령 소속 상설위원회이다. 동 위원회는 1999년 1월에 대통령을 위원장으로 하는 비상설위원회로 설립되어 과학기술 주요정책, 연구개발계획 및 사업과 과학기술혁신 관련 산업정책 · 인력정책 및 지역기술혁신정책을 조정하고, 각 부처별로 추진하고 있는 연구개발사업의 예산배분 방향 설정 및 조정과 효율적인 운영 등에 관한 사항을 심의하고 확정하는 기능을 수행해 왔다. 2011년 3월 장관급의 상설위원회로 위상이 바뀐 국가과학기술위원회는 국가과학기술정책의 수립과 조정, 국가 R&D 사업에 대한 분석 · 평가 그리고 예산배분 및 조정기능을 수행하고 있다.

기획재정부의 경우 자체적인 과학기술정책 기능은 거의 없으나 정부의 연구개발예산

4) 행정부는 행정수반과 정치 집행부–선출된 대통령과 임명된 정무직 공무원 또는 수상과 각료–와 같은 공직자와 신분보장을 받는 행정부처의 임명직 공직자로 구분된다(남궁근, 2008: 274). 그러나 구분의 실익이 크지 않아 같은 범주에서 다루기로 한다.

5) 사법부가 정책과정에서 공식 행위자에 속하느냐에 대해서는 논란이 있다. 최근 흐름은 사법부의 경우 구체적인 법 해석을 통해 정책에 영향을 미치게 되므로 정책과정의 행위자의 하나로 보는 시각이 지지를 받고 있다. 자세한 내용은 남궁근(2008). pp.282-284 참고.

6) 대통령은 대통령실의 미래전략기획관을 포함하며, 대통령 직속기구인 녹색성장위원회, 자문기구인 교육과학기술자문회의 등이 과학기술정책의 주요 행위자이다.

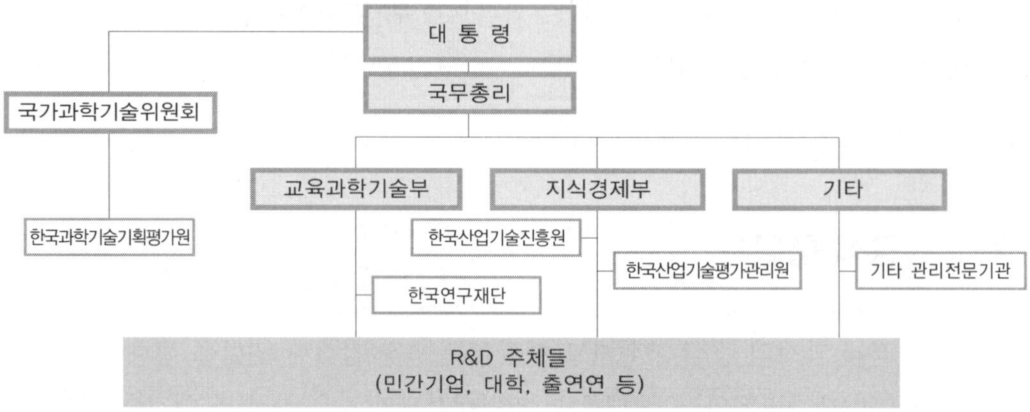

〈그림 2-1〉 과학기술정책의 공식 및 비공식 행위자들: 행정부 중심

편성을 통해 강력한 과학기술정책 권한을 행사하고 있다. 행정부의 각 부처가 갖는 과학기술정책 권한은 이들 부처가 행사하는 연구개발(R&D) 예산의 크기와 밀접한 관계를 가지고 있다. 정부부처의 연구개발 예산 규모는 〈표 2-1〉에 나타나 있다. 연구개발 예산은 과학기술정책을 추진하는 주요 수단의 하나이므로 과학기술정책을 추진하고 있는 부처들은 매년 연구개발 예산의 확대를 위해 다양한 과학기술정책을 개발하고 있다.

과학기술정책 과정에서 행정부는 다음과 같은 이유로 입법부 및 사법부와 비교할 때 강력한 권한을 행사하고 있다. 첫째, 과학기술정책의 전문성 때문이다. 매우 빠른 과학기술의 발전으로 인해 과학기술정책은 고도의 전문성이 요구되는 분야로 인식된다. 과학기술정책 과정에서 고도의 전문성을 갖추기 위해서는 이러한 역량을 갖춘 조직이 요구되며, 행정부는 예산, 인력, 정보 면에서 입법부나 사법부와 비교할 때 압도적 우위에 있다. 둘째, 과학기술정책의 장기적, 미래지향적 성격 때문이다. 과학기술정책은 주로 시장실패(market failure)를 보완하는 성격을 가지는 배분정책에 속하나 단기적 문제해결보다는 장기적인 미래의 문제에 초점을 두고 정책이 수립되고 집행된다.[7)]

과학적 지식의 증진이나 경제성장과 국민의 복지를 위한 기술개발, 우주선 발사 등이 현안 문제로 등장하는 경우는 매우 드물다. 국민의 대표로 선출되어 예산심의, 현안에 대한 입법화, 국정감사 등을 통해 정책기능을 수행하는 입법부나 구체적인 법 해석을

7) Chapter 1. 1.3 과학기술정책의 유형과 수단 〈표 1-3〉 참고

통해 동 정책과정에 참여하게 되는 사법부와 비교할때 행정부는 중장기적인 문제를 다루는데 보다 유리한 입장에 있다.

〈표 2-1〉 행정부의 부처별 연구개발 예산 현황: 2010년 (단위: 백만원)

	'08년 예산	'09년 예산 (A)	'10년 예산 (B)	비율	전년대비 증감 C=(B-A)	증감율 (C/A)
합 계	11,078,369	12,343,741	13,701,369	100%	1,357,628	11.0%
예 산	9,346,101	10,629,954	11,957.621	87.3%	1,327,667	12.5%
- 일반회계	7,570,485	8,585,669	9,771,149	71.3%	1,185,480	13.8%
- 특별회계	1,775,616	2,044,285	2,186,472	16.0%	142,187	7.0%
기 금	1,732,268	1,713,787	1,743,748	12.7%	29,961	1.7%
교 과 부	3,524,026	3,897,461	4,392,154	32.1%	494,693	12.7%
지 경 부	3,603,510	4,000,250	4,416,871	32.2%	416,621	10.4%
방 사 청	1,452,225	1,609,024	1,794,510	13.1%	185,486	11.5%
국 토 부	473,309	546,785	574,979	4.2%	28,194	5.2%
중 기 청	430,015	489,500	560,700	4.1%	71,200	14.5%
농 진 청	393,484	433,256	460,491	3.4%	27,235	6.3%
복 지 부	229,116	277,372	308,311	2.3%	30,939	11.2%
농 식 품 부	194,409	216,871	237,670	1.7%	20,799	9.6%
환 경 부	185,534	197,352	214,220	1.6%	16,868	8.5%
산 림 청	67,511	69,067	78,807	0.6%	9,740	14.1%
식 약 청	62,100	62,275	54,307	0.4%	△7,968	△12.8%
기 상 청	47,221	55,548	49,032	0.4%	△6,516	△11.7%
문 화 부	19,869	49,411	58,930	0.4%	9,519	19.3%
문 화 재 청	39,802	30,485	31,012	0.2%	527	1.7%
방 재 청	16,200	18,962	22,186	0.2%	3,224	17.0%
행 안 부	3,258	4,438	5,438	0.0%	1,000	22.5%
국 방 부	24,233	23,932	25,972	0.2%	2,040	8.5%
총 리 실	293,788	340,119	394,024	2.9%	53,905	15.8%
기 타	18,758	21,633	21,755	0.2%	122	0.6%

출처: 기획재정부·한국과학기술기획평가원(2010)

〈표 2-2〉 국회 과학기술관련 상임위원회의 법률(안) 처리 실적

구분		접수	가결		부결	폐기	철회	임기만료 (계류중)*
			원안	수정				
15대	의원발의	39 (100.0%)	9 (23.1%)	6 (15.4%)	-	15 (38.5%)	1 (2.7%)	8 (20.5%)
	정부제출	47 (100.0%)	11 (23.4%)	27 (57.4%)	-	8 (17.0%)	1 (2.1%)	
	계	86 (100.0%)	20 (23.3%)	33 (38.4%)	-	23 (26.7%)	2 (2.3%)	8 (9.3%)
16대	의원발의	25 (100.0%)	1 (4.0%)	4 (16%)		7 (28.0%)	1 (4.0%)	(12) (48.0%)
	정부제출	22 (100.0%)	7 (31.8%)	13 (59.1%)		1 (4.5%)	-	(1) (4.5%)
	계	47 (100.0%)	8 (17.0%)	17 (36.2%)		8 (9.2%)	1 (2.0%)	(13) (27.7%)

* 2002년 4월 20일 기준

출처: 권기창 등(2002), 과학기술진흥을 위한 국회의 역할제고 방안 연구, p.138

이러한 결과 과학기술정책 관련 입법(안)의 제출이나 의안 처리 실적을 살펴보면 15대 국회 과학기술정보통신위원회의 경우, 86건의 접수된 법률(안) 중 정부제출은 47건(54.7%), 의원발의는 39건(45.3%)으로 정부제출이 의원발의보다 다소 많은 것으로 나타난다. 또한 접수된 정부제출 법률안 47건 중 38건이 가결(80.8%), 폐기 8건(17.0), 철회 1건(2.1%)인 반면, 의원발의 법률(안) 39건은 15건만이 가결되었고(38.5%), 폐기 15건, 철회 1건 및 임기만료로 인한 폐기 8건(20.5%) 등으로 나타나고 있다. 16대 국회 과학기술정보통신위원회에서는 의원발의 법률(안)이 정부제출 건수를 추월하였으나, 가결율이 상대적으로 낮은 것으로 나타나고 있다. 접수된 전체 25건의 의원발의 법률(안) 중 5건(20.0%)만 가결(원안 및 수정가결) 되었고, 7건 폐기, 1건 철회 등으로 나타났다. 이는 정부제출 법률안 22건 중에서 20건이 가결(90.0%)된 것에 비하면 격차가 매우 크다(〈표 2-2〉 참고).

입법부는 과학기술정책과 관련하여 국민의 대표기능, 입법기능, 청원접수 및 처리기

능, 정통성 부여기능, 재정 심의기능, 정부통제기능, 사회통합기능 등을 갖는다. 이러한 기능들은 크게 대표기능과 정책결정기능, 그리고 행정통제 및 견제기능으로 구분할 수 있다. 이들 기능들은 서로 배타적이라기보다는 상호간 밀접하게 연계되어 있으며, 엄격히 구별하기 어렵다. 그렇지만 오늘날 행정부와 입법부의 상호관계에서 의회의 입법을 통한 정책결정권은 사실상 상당 부분 행정부에 의하여 행사되거나 행정부에 위임되고 있으며, 의회는 국민을 대표하고 있다는 상징적 기능과 행정부를 감독하고 견제하는 기능에 더 큰 비중을 두고 있다.[8] 현재 입법부에서 과학기술정책과 관련된 대표적 조직으로는 교육과학기술위원회, 지식경제위원회, 예산결산특별위원회 등을 들 수 있다.

사법부는 신분보장을 받는 법관들로 구성된다. 사법부가 정책과정의 행위자에 포함되는지에 관해서는 학자들 사이에 논란이 있다.[9] 사법부는 구체적인 법 해석을 통해 정책에 영향을 미치게 되므로 정책과정의 행위자 중의 하나로 보아야 할 것이다(남궁근, 2008). 사법부가 과학기술정책에 관여하게 되는 대표적 사례로는 특허권 침해 소송을 들 수 있다. 특허권 침해 소송에서 사법부의 판결은 특허권 정책의 방향이나 집행에 지대한 영향을 미치게 된다. 최근 서울반도체와 일본 니치아(Nichia) 간의 LED 특허 소송, LG전자와 대우일렉트로닉스 사이에 제기되었던 드럼세탁기 특허권 침해 소송, 삼성전자와 미국 반도체 기술업체인 램버스(Rambus)의 특허권을 둘러싼 법정다툼, 해외의 경우 마이크로소프트(MS)가 모토로라(Motorola)를 특허권 침해로 제소한 사례 등이 대표적이다.[10] 향후 특허권 분쟁은 국내는 물론 국제적 차원에서 더욱 빈번하게 발생될 것이

8) 권기창 등(2002), 과학기술진흥을 위한 국회의 역할제고 방안 연구, p.4

9) 초창기 대부분의 공공정책학자들은 법과 정치를 분리한다는 관념에 따라 사법부를 정책과정과는 독립적인 것으로 간주하였다. 윌슨(Woodrow Wilson)은 의회가 공공정책을 결정하고, 관료제는 그 정책을 재량의 여지가 없이 집행한다고 주장하였다. 이러한 윌슨주의자의 관점은 정책을 형성하는 정치와 그러한 정책이 공정하게 집행되었는지를 보장하는 법을 확실하게 구분하지는 것이다. 남궁근(2008), p.282.

10) ① 서울반도체와 일본 니치아 사례: 서울반도체와 일본 니치아 간 수년간 지속되어온 특허소송이 마침내 종지부를 찍는다. 2일 서울반도체는 니치아와 진행중인 미국, 독일, 일본, 영국, 한국에서 진행중인 모든 특허소생의 법적 분쟁에 합의했다고 발표했다. 이번 합의는 서울반도체가 니치아에 로열티를 지불하는 방식이 아닌 크로스 라이선스 계약을 체결했다는 데 의미가 있다. 대등한 입장에서 양사의 기술을 인정하고, 향후 이를 바탕으로 시장에서 협력하는 분위기를 조성했다는 데 관심이 모아지고 있다. 이번 라이선스 계약에는 LED 및 레이저 다이오드 관련 모든 기술이 포함됐다. 향후 양사는 모든 특허 기술을 자유롭게 사용할 수 있게 된다. 서울반도체에 따르면 양사는 특허 DE 691-07-630 T2(EP 0-437-385 B1)과 관련된 독일 소송을 제외한 모든 소송은 쌍방 취하에 의해 즉각적으로 종료될 예정이며, 독일 소송건은 올 2월 재판 후 해결점을 찾기로 했다(디지털 타임스, 2009.2.2, http://www.dt.co.kr/contents.html?article_no=20090203 02011132741002). ② LG전자와 대우일렉트로닉스 사례: 대우일렉트로닉스가 드럼세탁기를 둘러싼 LG전자와의 특허소송에서 승소했다. 서울고등법원(민사 4부)는 29일 LG전자가 자사 특허를 침해했다는 이유로 대우일렉트로닉스에 제기한 17억원의 손해배상 소송에서 '기각' 판결을 했다. 대우일렉트로닉스와 LG전자의 분쟁은 특허침해와 관련된 소송 및 여기서 파생된 손해배상 소송 등으로 나뉘어 진행됐다. '직

며, 이와 관련한 사법부의 역할도 확대될 것으로 예상된다.

2.2 비공식 행위자

과학기술정책의 비공식 행위자로는 국민과 공공연구기관, 대학, 기업, 이익집단 및 시민사회단체, 언론, 국제기구 등을 들 수 있다. 비공식 행위자로서의 국민은 개인이나 조직화되지 않은 대중으로 정책과정에 참여하게 된다. 국민은 과학기술정책의 결과에 의해 직간접적으로 긍정적 또는 부정적 영향을 받는 주체이기도 하다. 과학기술정책 과정에서 국민은 대부분 직접 참여하기 보다는 선거에서 투표를 통해 바람직한 정당과 후보자들을 선출함으로써 과학기술정책에 영향을 미친다. 또한 국민은 각종 과학기술정책 관련 여론조사에 직접 참여하거나 여론을 조성하는 역할을 수행한다.

공공연구기관, 특히 과학기술계 정부출연연구기관은 비공식 행위자로서 우리의 과학기술정책 과정에서 매우 중요한 역할을 수행하고 있는 행위자이다. 이는 우리의 과학기술정책이 정부출연연구기관의 육성과 맥락을 함께 해왔기 때문이다. 정부출연연구기관은 연구를 목적으로 하는 법인의 운영에 필요한 경비의 일부 또는 전부를 정부에서 출연한 기관을 가리킨다.

결식 드럼세탁기' 관련 기술을 특허 등록한 LG전자는 지난 2006년 대우일렉트로닉스의 클라쎄(Klasse) 드럼세탁기 모델 24개가 자사의 특허권을 침해했다며 특허권 침해금지 가처분 신청을 했다. 이후 지난 5년간 대우일렉트로닉스와 법정 공방을 이어왔다(파이낸셜 뉴스, 2010.9.30, http://www. fnnews.com/view?ra=Sent0701m_View&corp=fnnews&arcid=100929223257& cDateYear=2010&cDateMonth=09&cDateDay=30). ③ 삼성전자와 미국 램버스 사례: 특허권을 두고 수년간 법정다툼을 벌여온 삼성전자와 미국의 반도체 기술업체인 램버스가 극적으로 화해했다. 삼성전자는 20일 전일 열린 이사회의 승인을 거쳐 램버스와 특허라이선스 계약을 체결, 그동안 진행해온 관련 소송을 취하하기로 합의했다고 밝혔다. 삼성전자는 이를 위해 향후 5년간 총 7억 달러를 지불하기로 했다. 7억 달러 중 2억 달러는 선급금으로 지급되며 나머지 5억 달러는 5년간 매 분기 바다 2,500만 달러씩 추가 지급된다. 삼성전자는 이와 함께 램버스에 2억 달러를 투자해 신규 발행되는 신주를 인수키로 하는 계약도 체결했다. 삼성전자의 취득지분은 전체의 8% 수준이다. 램버스는 지난 2005년 미국 연방법원에 자사와 거래관계인 삼성전자가 계약 외 특허 18건을 침해했다며 소송을 제기, 지난해 11월에는 미국 캘리포니아의 새너제이 지방법원이 램버스의 컴퓨터 메모리 관련 특허 가운데 한 건을 침해 했다는 판결을 내리기도 했다(아시아경제, 2010.1.20, http:// www.asiae.co.kr/news/view.htm?idxno=20100120 0954 39 67947). ④ 마이크로소프트가 특허권 침해 혐의로 모토로라를 국제무역위원회(ITC)에 제소했습니다. 마이크로소프트는 특허권 침해 제소서류에서 모토로라가 안드로이드 OS탑재 스마트폰을 출시하면서 이메일 동기화, 달력기능, 약속 잡기 기능, 배터리와 안테나 신호 강도 표시 기능 등 총 9개의 특허권을 침해했다고 주장했다. 이 소식은 접한 미국 현지의 업계 관계자들은 마이크로소프트의 소송이 모토로라보다 스마트폰 OS 시장에서 급성장을 하고 있는 구글을 겨냥한 것이라 아니냐 하는 반응을 보이고 있다(http://kr.engadget.com/ 2010/10/02/Google-Motorola%20%20/).

선진국과는 달리 대학연구체제가 발전되지 않은 상황에서 1960년대 후반부터 시작된 우리의 과학기술정책은 기초과학 육성보다는 산업기술의 응용 · 개발을 위해 정부출연연구기관을 설립 · 운영하는 정책에 초점을 두었다. 1966년 한국과학기술연구원(KIST)의 설립을 계기로 정부출연연구기관은 과학기술 기반의 조성 및 정부의 연구개발 활동을 주도하였다. 정부출연연구기관은 외국기술의 도입과 소화 · 개량 그리고 자체 개발 과정을 통해 산업계로 기술확산을 도모하였고, 이러한 노력들은 점차 산업계와 대학의 연구개발 활동을 자극하는 계기가 되었다. 정부출연연구기관은 다양한 변천과정을 거쳐 현재는 기초기술연구회 소속 13개와 산업기술연구회 소속 14개가 운영되고 있다.[11] 정부출연연구기관은 현재 정부 연구개발 투자의 40.0%(4조 9,718억 원: 2009년 기준)를 사용하는 연구주체로서 주요한 과학기술정책의 비공식 행위자로 기능을 수행하고 있다.[12]

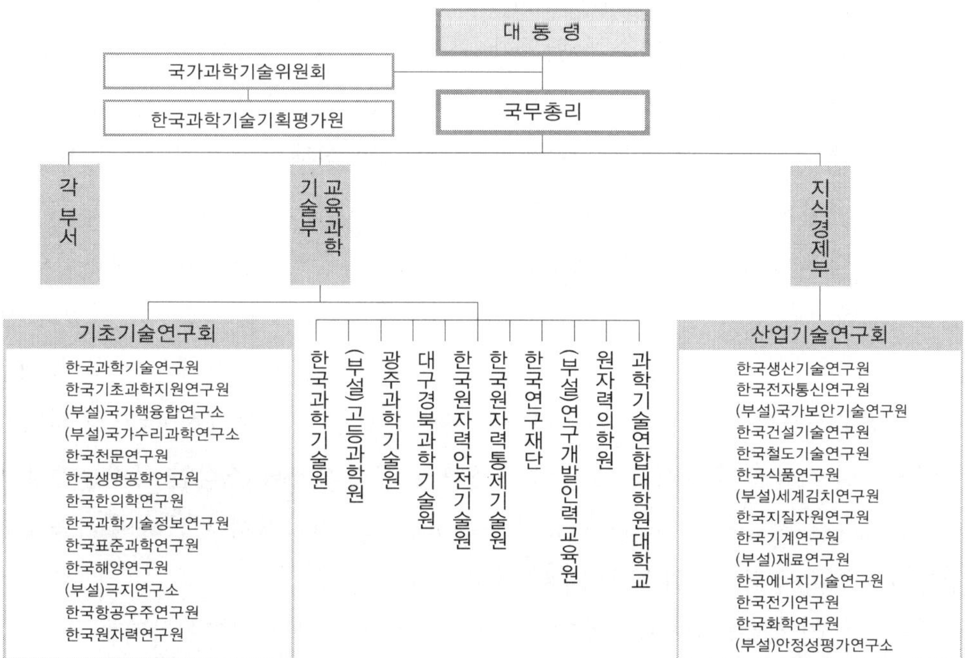

〈그림 2-2〉 과학기술계 정부출연연구기관 현황: 2011년 3월 현재

11) 이외에도 부처 직할 소속의 출연연구기관이 있다. 한편, 현재 2개의 연구회 형태로 구성된 정부출연 연구기관의 운영체계는 2011년 3월 국가과학기술위원회의 상설화에 따라 새로운 체계로 변화될 예정이다.

12) 2009년 정부 연구개발 예산이 사용주체별 규모는 출연연구기관 40.0%(4조 9,718억원), 대학 24.3%(3조 120억원), 중소기업 12.1%(1조 5,002억원), 대기업 10.6%(1조 3,183억원), 국공립연구소 5.4%(6,683억원) 순으로 나타났다. 자세한 내용은 국가과학기술위원회 · 교육과학기술부(2010). 2010년도 국가연구개발사업 조사 · 분석 보고서 참고.

아울러 정부출연연구기관들은 과학기술에 대한 전문성을 기반으로 국가 기술개발 수요 발굴 및 기술기획 과정에 참여하여 과학기술프로그램 개발 및 과제발굴에도 적극 기여하고 있다.

반면, 공공연구기관의 다른 유형인 국공립연구기관의 역할은 상대적으로 적은 편이다. 이는 국가의 필요에 의해 정부에서 직접 운영하는 연구기관으로 공무원의 신분을 갖는 조직이다. 1883년 전원국 분석시험소(국립공업기술원의 전신)가 최초로 설립된 이래 국공립연구기관은 주로 1차 산업 위주의 시험 · 연구활동을 수행해 온 연구주체로 1960년대까지 연구개발 활동의 중심이었다. 당시 국공립연구기관의 역할은 주로 검사 · 조사 · 분석업무를 통해 정부의 행정적 지원 역할을 담당하였다. 1918년 철도기술연구소와 지질연구소가 설립되었고, 1921년 국립수산진흥원, 1922년 임업시험장, 1937년 전매연구소, 1947년 국립종축원이 설립되었다. 그 이후 1960년대 초까지 국립농산물검사소, 국립생사검사소, 국립동물검역소, 국립과학수사연구소, 원예시험장, 가축위생연구소, 원자력연구소 등이 추가되었다. 이러한 국공립연구기관들은 1970년대 이후 정부 출연연구기관의 집중 육성정책으로 인해 기능이 위축된 결과 현재 공공부문에서 필요로 하는 연구를 제한적으로 수행하고 있다. 또한 일부 기관은 정부출연연구기관으로 확대 · 개편되었는데 대표적 예가 철도기술연구소가 한국철도기술연구원으로, 전매연구소가 한국인삼연초연구원으로, 국립원자력연구소가 한국원자력연구원으로 개편되었다. 현재 이들 기관이 국가의 전략적인 과학기술 개발에서 담당하는 비중은 매우 적으며, 대부분 정부출연연구기관이 없는 농림수산 분야와 건설 · 보건분야 등에서 국가의 과학기술 하부구조로서 기능을 수행하고 있다. 농촌진흥청 산하의 연구조직인 국립농업과학원, 국립식량과학원, 국립원예특작과학원, 국립축산과학원, 지식경제부 산하의 기술표준원, 행정안전부 소속의 국립과학수사연구원 등이 대표적이다.

대학도 역할이 확대되고 있는 과학기술정책의 중요한 비공식 행위자이다. 대학은 과학지식의 증진 및 기초과학 육성을 위한 연구주체로서의 역할과 과학기술 인력을 양성하는 기능을 수행하고 있다. 20세기 이후 기업부설연구소, 공공연구기관 등 다양한 형태의 연구기관이 설립되어 연구개발 활동이 목적 지향적으로 변화된 환경 하에서 대학은 사회적 차원에서 요구되는 기초연구의 수행주체로서 연구기능을 수행하고 있다. 대학은 또한 연구기능을 통해 과학적 표준의 유지, 산업과 사회의 각 부문에서 요구되는 과학기술 인력을 공급하는 역할도 수행하고 있다.[13] 우리의 경우 과학기술정책의 주요 행위자로 대학의 역할이 강조된 것은 1980년대 초 국가적 차원에서 기초연구의 중요성이 부각된 이후부터이다. 정부출연연구기관 중심의 과학기술 육성정책이 산 · 학 · 연 체제로 개편되면서 대학의 기초연구에 대한 지원이 확대 · 강화되었다. 현재 대학은 박사급 연구인력의 66.1% (2009년)가 소속되어 있으며, 정부 연구개발 예산의 24.3%를 사용하는 중요한 주체로서 기능을 수행하고 있다. 또한 대학은 정부출연(연)과 마찬가지로 각종 국가 기술개발 수요 발굴 및 과학기술 기획 과정에 전문가로 참여하여 과학기술프로그램 개발 및 과제발굴에도 적극 기여하고 있다.

기업은 과학기술정책을 활용하는 대표적 주체로 과학기술정책에 민감하게 반응한다. 기업은 과학기술의 개발에 직접 참여하거나 개발된 기술을 활용하여 신제품 생산, 공정 개선 그리고 기업의 경쟁력 제고를 추구한다. 기업은 이를 위해 자체 연구소를 설립하여 연구개발을 수행하거나 대학이나 공공부문에서 개발된 기술을 활용하여 상품생산 및 공정개선에 활용한다. 현대적 의미에서의 기업의 연구기관은 1840년대 중반에 설립된 독일의 전기 · 전자 분야의 기업인 지멘스가 설립한 지멘스연구소, BASF 연구소(1800년대 중반 독일), 웨스팅 하우스 연구소(1886년 미국) 등이 있다.

이러한 기업 연구소는 산업계의 독자적인 기술개발의 필요성이 반영된 것으로 20세기에 들어와 산업계 연구소는 급격히 확대되었고, 이 같은 추세는 21세기에도 지속되고 있다. 기업이 과학기술정책 과정에 개입하는 형태는 정부의 기술개발 수요 발굴 및 기획과정에 참여하거나, 기술개발과 관련된 각종 제도와 조세정책에 영향을 미치는 활동 등으로 나타난다. 기업은 또한 이익집단을 형성하여 과학기술정책 과정에 영향을 미치고 있다.

우리의 경우 기업연구소는 2010년 10월 말 현재 총 21,389개, 연구원 수는 234,379명에 이르고 있다.[14] 이들 기업은 정부 연구개발 예산의 22.7%(중소기업: 12.1%, 1조 5,002억 원, 대기업: 10.6%, 1조 3,183억 원)를 사용하고 있다. 기업과 관련된 주요한 과학기술정책으로는 연구개발에 대한 조세지원(연구 및 인력개발비 세액 공제 등), 관세지원(연구개발 등 기자재에 대한 관세감면), 자금지원(연구비 보조지원: 특정연구개발사업에 의한

13) 대학연구의 역할과 사명에 대한 자세한 내용은 이장재(1997), 대학연구의 현황과 미래를 참고.
14) 이중 중소기업의 경우 연구소 숫자는 20,268개, 연구원 수는 139,684명이다. 자세한 내용은 한국산업기술진흥협회 통계를 참고 (http://www.koita.or.kr/koita/information/institute.asp).

연구비 지원, 산업기반기술개발사업에 의한 기술개발비 지원 등), 투 · 융자 지원(산업기술자금에 의한 융자지원), 기술신용 보증지원(기술신용보증기금의 기술신용보증지원 등), 인력지원(사내기술대학(원) 육성 · 지원 제도, 전문연구요원제도 및 산업기능요원제도, 외국인 산업연수생 제도 등), 기술이전지원제도(직무발명활성화사업) 등이 있다.[15)]

대부분 국가의 경우 기업 관련 과학기술정책은 중소기업 육성에 초점을 맞추어 다양한 정책조치와 제도를 시행하고 있다. 이는 중소기업이 갖는 고용 효과와 산업에서의 기반 역할, 그리고 중소기업의 경우 자체 과학기술 역량을 갖추지 못하고 있기 때문에 정책을 통해 이를 지원하고자 노력하고 있다.

이익집단(interest group)은 집단구성원들의 공동 이익을 증진할 목적으로 결성된 단체를 가리킨다. 오늘날 이익집단은 정책과정에서 중요한 역할을 담당하고 있다. 과학기술정책 과정에서 행사하는 이익집단이 가지는 영향력의 원천은 다른 집단이 획득하기 어려운 지식과 정보를 가지고 있다는 점이다(Howlett & Ramesh, 2003: 83, 남궁근, 2008, 285). 과학기술정책 결정 및 집행 과정은 고도의 전문성과 정보가 요구되는 과정이므로 정보를 가진 행위자가 중요한 역할을 담당하게 된다. 과학기술정책 과정에서 공식 행위자들은 이익집단이 제공하는 정보에 의존하는 경우가 많다. 과학기술단체총연합회, 전국대학연구 · 산학협력관리자협의회, 전국경제인연합회, 상공회의소, 중소기업중앙회,

〈표 2-3〉 민간연구기관 지원을 위한 주요 과학기술정책

구분	신고요건	기업부실연구소	연구개발전담부서
조세	연구 및 인력개발비 세액공제	○	○
	연구 및 인력개발을 위한 설비투자에 대한 세액공제	○	○
	기업부설연구소용 부동산에 대한 지방세 감면	○	×
관세	학술연구용품에 대한 관세감면	○	○
자금	국가연구개발사업	○	△
병역특례	전문연구요원제도	○	×
범 례		○가능, △일부가능, ×불가능	

출처: 산기협, http://www.koita.or.kr/institute/support/postInstitute.asp

15) 자세한 내용은 한국산업기술진흥협회 홈페이지에서 R&D 자원제도를 참고 (http://www. koita. or.kr/institute/support/postInstitute.asp).

산업기술진흥협회, 각종 산업협회 및 연구조합 등은 관련 분야의 지식과 정보를 기반으로 과학기술정책 과정에서 중요한 영향력을 미치는 주체로 참여하게 된다.

이익집단은 제도적 이익집단(institutional interest group)과 회원제 이익집단(membership interest group) 또는 경제적 이익집단과 공익집단으로 구분되기도 한다.[16] 이익집단들은 구성원들을 위한 정책의제나 정책이슈 제기 또는 정책대안을 제시하면서 이를 정책과정에 반영하고자 다양한 활동을 하고 있다. 행정부 관료, 입법부의 의원 등 공식적 행위자들을 초청하는 간담회나 정책이슈와 관련되는 세미나 또는 워크숍 개최, 성명서 발표 등과 로비 활동을 통해 정책과정에 영향을 미치고 있다.

시민사회단체란 비정부, 비영리 영역에서 활동하는 조직들로 비정부기구(NGO), 비영리기구(NPO), 자발적 단체(VO), 시민사회단체(CSO) 등을 가리킨다.[17] 시민단체가 과학기술정책 과정에서 수행하는 주된 기능은 정책이슈 및 의제 또는 정책대안에 대한 주창(advocacy)과 서비스 제공이다. 전자는 주창형 시민단체(advocacy organization)라 하고 후자를 서비스형 단체라 한다. 주창형 단체는 과학기술정책 과정에서 공공이익을 수호하는 역할을 담당하면서 정책 영역별로 관련 정책이슈를 의제화하거나 정책대안을 제시한다. 우리의 경우 '바른 과학기술사회 실현을 위한 국민연합(과실연)'이 대표적 단체로 최근 과실연은 대토론회를 통해 정부가 주도하여 추진 중인 정부출연연구기관 법인 통합화에 대한 문제점을 지적하면서 정부에 개선을 요구한 바 있다.[18] 과학기술정책 과정에 참여하는 서비스형 시민사회단체로는 '신나는 과학을 만드는 사람들', '한국과학발명놀이연구회' 등이 있다. 이들 서비스형 과학기술정책 관련 시민사회단체들은 과학실험

16) 제도적 이익집단은 특정기관의 구성원이 회원이 되는 경우이며, 회원제 이익집단은 회원이 선택하여 가입할 수 있는 집단이다. 경제적 이익집단은 회원들의 경제적 이익을 보호하기 위해 형성된 집단이며, 공익집단은 일반대중의 이익을 추구한 조직을 가리킨다. 이 경우 공익집단은 시민사회단체의 범주에 속하게 된다. 자세한 내용은 남궁근(2008), pp.286-287 참고.

17) 시민사회단체란 시민사회 영역에서 주요 행위자로 활동하는 단체들을 지칭하는 포괄적인 개념으로 사용된다. 자세한 내용은 남궁근(2008), p.287 참고.

18) 바른 과학기술사회 실현을 위한 국민연합(이하 과실연)과 한국과학기자협회는 2010년 8월 17일 서울 모 호텔에서 '국가 연구개발 거버넌스의 발전 방향 대토론회'를 개최했다. 이날 과실연은 현재 정부 주도로 진행 중인 출연(연) 법인 통합화에 대한 문제점을 지적하며 정부에 개선을 요구했다. 참석자들은 현재 정부 추진 방식의 소통 부재에 대한 지적과 함께 지난 해부터 이와 관련해 개편안을 마련한 출연연발전민간위원회(이하 민간위) 안의 합리적 반영이 부족한 점을 중점 논의했다. 특히 정부의 출연(연) 법인 통합화 추진 시기에 대한 적정성 논란과 사후 문제 발생 시 미흡한 대비책에 대한 지적도 쏟아졌다. 과실연은 이에 대한 예방책으로 보다 다각적인 의견 교환과 함께 민간위가 마련한 통합안의 폭넓은 반영이 필요하다는 입장이다. 또 시기에 연연하지 말고 정권과 무관하게 국가 과학기술 발전을 위한 건설적 방향으로 신중하게 추진되어야 할 것을 주문하기도 했다(http://blog. ctoday.co.kr/10755).

활동 및 발명품의 원리와 제작 방법을 제공하는 동시에 과학놀이 실험자료 등을 제공하고 있다.[19)]

언론은 신문, 라디오, TV, 인터넷 등을 통해 정부에 대한 감시자(watchdog) 역할을 수행하면서 정책과정에서 중요한 기능을 담당하는 비공식 행위자이다. 과학기술정책 과정에서 언론의 역할은 국내외에서 발생하는 과학기술 관련 주요 이슈와 사건들을 국민들에게 전달하고 정부가 어떻게 대응하는지를 알려주는 역할을 수행한다. 언론은 때로는 잘 알려지지 않은 정부의 문제를 심층 추적하여 국민의 관심을 상기시키기도 한다. 과학기술정책의 경우 고도의 전문성으로 인해 일반국민들이 내용을 제대로 파악하기 어려운 경우가 많다. 이러한 경우 언론은 과학기술정책의 내용을 국민의 눈높이에서 제공하면서 동 정책의 방향을 긍정적 혹은 부정적으로 언급함으로써 영향력을 미치게 된다.[20)] 최근에는 인터넷 매체가 발달하면서 가상공간(cyberspace)에서 독자들이 특정 정책 문제에 관해 댓글 형태로 의견을 자유롭게 개진하고 이에 대한 다른 독자들의 반응이 추가되어 이슈를 폭발적으로 증폭시키는 경우도 나타나고 있다(남궁근, 2008: 292). 과학기술 분야에서의 대표적 사례로는 '생물학연구정보센터(BRIC)'의 소장 과학자들이 제기한 '줄기세포 복제' 연구논문 조작 사건을 들 수 있다.[21)] 우리의 경우 과학기술 분야에 특화된 언론매체인 전자신문, 동아사이언스, 사이언스 타임즈, 대덕넷 등이 운영되고 있다.

과학기술정책에서 국제기구도 최근 중요한 비공식 행위자로 역할을 수행한다. 경제

---

19) '신나는 과학을 만드는 사람들'의 공식페이지는 http://www.tes.or.kr이며, 한국과학발명놀이연구회의 공식페이지는 http://www.waterrocket.com/를 참고.

20) 나로호의 발사(2010년 6월 10일)를 둘러싸고 언론이 발사체의 기술도입을 통한 한국우주발사체 계획에 문제가 있다고 지적한 것이 그러한 사례이다. 이하는 조선일보 2010년 6월 11일자의 이 사건과 관련 보도 내용이다. 일부 과학계에서는 나로호 개발 및 발사를 추진하는 과정에서 첫 단추부터 잘못 끼워졌다고 지적한다. 1999년 정부는 한국우주발사체 계획을 세우고 발사체의 자력 개발을 추진했다. 하지만 2001년 이후 독자 개발보다는 이미 검증된 선진국의 우주기술을 도입하자는 주장이 힘을 얻었고, 결국 외국과의 협력으로 방향이 전환됐다. 협력 상대는 러시아로 결정됐다. 한국이 원하는 효율 좋은 액체산소 엔진을 갖고 있었고, 다른 나라에서는 협력을 거부했기 때문이다. 결국 2004년 한국항공우주연구원과 러시아 흐루니체프사의 계약이 체결됐다. 하지만 이후 계약 내용이 뒤틀어지기 시작했다. 러시아가 우주기술 이전을 금지하는 우주기술보안협정(TSA)을 요구하며 기술이전이 아닌 완제품 판매로 계약 내용 변경을 요구한 것. 논란이 있었지만 결국 우리는 또 다른 기술 습득 기회를 찾는 대신 기존 계약을 변경하는 방안을 택했다. 한 우주항공 전문가는 "1단 엔진 기술 접근이 원천적으로 차단됐고, 이번 실패 원인을 알아내는데도 어려움을 겪게 됐다"고 말했다(http ://biz.chosun.com/site/data/html_dir/2010/06/11/2010061100158.html).

21) 국내와 세계를 떠들썩하게 했던 이 사건은 황우석 교수의 줄기세포 복제 관련 논문이 미국의 과학저널 사이언스에 실리면서 발생한 건이다. 줄기세포 복제 논문의 조작 가능성에 대해서는 포항공대가 운영하는 '생물학연구정보센터(BRIC)'의 소장 과학자들이 동 센터가 운영하는 인터넷 커뮤니티를 통해 수차례 제기했고, 황 교수 연구팀 출신인 Y씨 부부의 제보를 받은 MBC PD 수첩에서 이러한 사실이 방영되면서 대중에게 공개되었다. 동 건의 최종 결정은 서울대학의 조사위원회가 최종 논문 조작으로 결정을 내리면서 일단락되었다.

개발협력기구(OECD)는 과학기술산업국(DSTI)와 과학기술정책위원회(CSTP)를 두어 각국의 과학기술정책 전문가를 파견받아 각 국가별 과학기술정책 보고서(country report)를 발간하는 한편, 국가혁신체제에 대한 진단 및 자문 등의 활동을 수행하고 있다. OECD는 우리 정부의 연구개발 프로그램에 대한 우선순위 설정 및 종합조정 메커니즘의 필요성을 권고한 바 있다(OECD Review, 1996). 최근에는 우리 정부의 요청에 의해 한국 국가기술혁신체계(NIS) 진단 보고회 및 관련 보고서를 발간한 바 있다. 유엔교육과학문화기구(UNESCO)에서도 과학기술정책에 대해 관심을 높이고 있다. 유네스코에서는 1999년 세계과학회의(World Conference on Science)를 개최하여 〈과학과 과학지식의 이용에 관한 선언〉 및 〈과학의제: 행동지침〉을 채택하고 이를 바탕으로 참여 국가가 후속 조치를 취할 것을 강력히 권고한 바 있다.[22] 동 세계과학회의는 2009년에 10주년 기념행사로 헝가리 부다페스트에서 다시 개최되었고, 동 회의에는 과학자, 과학행정가, 과학 저널리스트 등 500여 명이 참가하여 세계 과학계의 지난 10년을 돌이켜보고, 앞으로의 향방을 내다보기 위한 논의를 전개하였다. 또한 UNESCO에서도 각 국가별 과학기술정책 리뷰를 발간하고 있다.[23]

22) UNESCO의 세계과학회의는 헝가리 과학아카데미와 국제과학협의회(ICSU)가 공동으로 개최하였다. 동 회의에서는 전 세계 197개국 대표단을 포함해 2천여 명이 참가한 이 회의의 결과물로서 채택된 '과학과 과학지식의 이용에 관한 선언'은 과학이 인간 사회와 생태계의 관심사에 눈을 돌릴 것, 인문사회과학과의 학제적 활동을 강화할 것, 그리고 과학의 오용 가능성을 경계할 것을 강조했다. 헝가리 과학아카데미는 세계과학회의 이후 2003년부터 2년마다 세계과학포럼을 개최해왔다. 세계과학회의 10주년은 공동주최자인 헝가리 과학아카데미와 유네스코, 국제과학협의회(ICSU)가 다시 손을 잡고 지난 2010년 11월 5일부터 7일까지 헝가리 부다페스트에서 열렸다. 자세한 내용은 임현묵, '2009 세계과학포럼, 미래과학의 향방을 논하다'(http://www.unesco.or.kr/front/news_center/news_ center_01_view.asp?articleid=1420&cate=news01)를 참고.

23) 2010년에는 'UNESCO Science Report 2010: The Current Status of Science around the World' 발간을 통해 한국을 비롯한 20개국의 과학기술정책 동향을 소개하고 있다.

CHAPTER 3

과학기술과 정부 개입

제3장에서는 과학기술에 대해 정부가 개입하게 되는 논리를 다룬다. 첫째, 전통적인 정부 개입의 논리인 '시장 실패'와 정부로 인해 발생하는 '정부 실패' 양 논리의 배경과 근거를 설명한다. 둘째, 기술혁신에 대한 체계적 접근방법에서 나타난 '시스템 실패'를 새로운 정부 개입의 논리로 고찰한다. 셋째, 과학기술에 대한 정부 개입의 기준과 정부 개입이 요구되는 대상영역을 살펴본다.

3.1 정부 개입의 논리: 시장 실패와 정부 실패

정책은 국민생활에 직간접적으로 밀접한 영향을 미치는 정부의 활동이다. '문제 해결을 위해 정부가 달성하여야 할 목표와 이를 실현하기 위한 행동방안에 관한 지침' 혹은 '일관성 있는 행위들로 구성된 일련의 정부 결정들'을 정책이라 할 때, 정부 혹은 국가가 왜(why) 이러한 활동을 결정하고 추진해야 하는가 하는 의문이 제기된다. 정부 개입 문제는 바로 왜(why)에 대한 논의로 정부 개입의 정당성 문제를 다룬다. 아무리 잘 구성되어 훌륭하게 추진된 정책이라 하여도 정당성이 없으면 정책으로서 의미가 상실되는 것이다.

정부가 국민생활, 즉 사회생활과 경제활동에 개입하게 되는 대표적인 논리가 '시장 실패(market failure)'이다. 그리고 시장 실패에 대한 정부 개입의 반발에서 나타난 '정부 실패(government failure)' 주장은 정부가 시장 실패를 쉽게 교정하기 못하고 오히려 사태를 악화시킨다는 것이다. 정부 실패 주장에 따르면 정부의 시장에 대한 개입은 축소되어야 한다. 최근에는 이러한 논리와는 별도로 혁신체제의 관점에서 정부 개입의 필요성을 주장하면서 제시된 논리가 바로 '시스템 실패(system failure)'이다.

1) 시장 실패(market failure)와 정부 개입

'시장 실패'란 '시장경제 시스템이 특정재화나 상품을 적정(optimal) 수준에 공급하지 못하거나 전혀 공급하지 못하는 상태(Pearce, 1986)'를 의미한다. 시장 실패는 광범위한 영역에서 정부가 정책적으로 개입하는 근거를 이론적으로 제시하고 있으며, 과학기술 분야도 이러한 정부 개입이 필요한 분야의 하나로 제시되어 왔다.[1)]

정부 개입을 정당화하는 논리로 시장 실패를 제시한 학자들은 후생경제학자들로 피구(A.C. Pigou), 보몰(William Baumol), 새뮤얼슨(Paul Samuelson) 등을 들 수 있다.[2)] 후생

1) 이우성(2005), 혁신정책의 범위설정과 분석체계 정립에 관한 연구, p.40.

2) Pigou는 1920년대에 사회적 편의시설을 공급하는데 시장의 성과가 만족스럽지 못하다는 점을 지적하였고, 이러한 Pigou의 주장은 1952년 Baumol의 저서 *Welfare Economics and the Theory of the State*에서 구체화되었다. Baumol의 업적은 경제학 분야에서의 시장 실패 연구의 기준이 되었고, 시장을 개선하기 위한 정부 프로그램 설계의 지적인 기초를 제공하였다. 자세한 내용은 남궁근(2008), p.47. 참고.

〈표 3-1〉 배제성과 경합성에 의한 재화의 분류

	배제성	비배제성
경합성	I. 순수 사유재(private goods) - 배제비용 낮음 - 민간기업 생산 - 시장에 의한 배분 - 판매로부터 재원 조달 예: 라면, 구두, 자동차	II. 공유재(common pool goods) - 집합적 소비, 혼잡 발생 - 민간기업 또는 공공부문 생산 - 시장 또는 정부예산을 통한 배분 - 판매 또는 조세로 재원 조달 예: 공원, 출근길 도로
비경합성	III. 요금재(toll goods) - 외부효과 존재 - 민간기업(보조금 지급) 생산 - 판매로부터 재원 조달 예: 케이블 TV, 고속도로	IV. 순수 공공재(public goods) - 배제비용이 높음 - 정부 직접생산 또는 계약생산 - 공공예산을 통한 배분 - 조세수입을 통한 재원 조달 예: 국방, 치안, 등대, 일기예보

출처: 남궁근(2008), p.49

경제학자들은 시장에서 모든 유형의 자원을 만족할 만한 방식으로 배분할 수 있다면, 정부가 개입을 통해 자원배분에 영향을 미치는 기능은 필요하지 않다고 주장한다. 시장에서는 '보이지 않는 손'이 작용하여 자원배분이 이루어지게 되는데, 이것이 바로 스미스(Adam Smith)가 주장한 가격(price)이다. 가격을 매개로 재화와 서비스가 수요자와 공급자의 선택에 의해 배분되면 파레토(Pareto)의 최적 배분이 이루어 지고, 이때 파레토 효율(Pareto efficiency)이 달성된다. 파레토 효율이란 다른 경제주체의 후생을 손상시키지 않고서는 한 경제주체의 후생을 증가시킬 수 없는 상태를 가리킨다. 시장 실패가 발생하는 요인으로는 (1) 공공재, (2) 외부효과, (3) 독과점, (4) 정보의 비대칭성을 들 수 있다(Levy, 1995; Wining, 2005: chap. 5).[3)]

(1) 공공재

우리가 사용하는 재화나 서비스는 배제성(excludability)과 경합성(rivalry)의 여하에 따라 사유재(private good)와 공공재(public good), 그리고 공유재, 요금재로 구분할 수 있

3) 남궁근(2008), p.47

다. 배제성은 대가를 지불하지 않은 사람의 재화나 서비스에 대한 소비를 배제할 수 있는 여부를 가리키며, 경합성은 다른 사람과 같이 사용할 경우 소비의 몫이 줄어드는지의 여부를 가리킨다. 배제성과 경합성 양자를 가지지 않는 재화나 서비스가 공공재이며, 배제성과 경합성이 있는 재화나 서비스는 사유재이다. 즉, 공공재(public goods)는 비배제성(non-excludability)과 비경합성(non-rivalry)을 갖는 재화나 서비스로써, 어떤 사람이 더 소비한다고 해서 다른 사람의 소비 가능성이 줄어들지 않으므로(비경합성) 추가적인 사용에 따른 한계비용이 영(0)에 가깝고, 대가를 치르지 않고 소비하려는 사람을 배제할 수 없으므로(비배제성) 가격을 매길 수 없다.

공공재의 대표적인 예는 국방, 치안, 일기예보, 가로등, 공원 등을 들 수 있다. 그러나 완전한 비경합성을 가지는 재화나 서비스는 매우 드물다. 국방이나 치안 등이 전형적인 순수 공공재에 해당한다. 최근 기술의 발달로 인해 과거에는 배제성을 갖기 어려웠던 재화나 서비스들도 배제성을 갖게 되는 경우가 많아졌는데 케이블 방송이나 위성방송 및 민자도로 등이 여기에 해당한다. 경합성과 배제성이 없는 경우 소비자들은 무임승차자(free rider)의 유인을 갖게 되며, 공급자는 재화나 서비스의 판매를 통한 수입을 기대하기 어렵다. 그러므로 공공재는 과소공급의 상태, 즉 비효율적인 자원배분에 이르게 된다. 공공재를 시장원리에 의해 공급한다고 할 경우, 사람들은 공공재에 대한 자신의 수요를 정직하게 밝히려 하지 않을 것이다. 이러한 경우 실제로 공급되는 공공재의 양은 적정 수준보다 적게 나타나게 된다.

(2) 외부효과

외부효과(external effects) 또는 외부성(externality)이란 재화나 서비스의 생산, 분배 또는 소비에 있어서 직접 참여하지 않은 제3자에게 아무런 대가가 오가지 않는 상태에서 의도하지 아니한 유리하거나 불리한 효과를 미치는 것을 의미한다. 유리한 효과를 미치면 외부경제(external economy)라 하고, 불리한 효과를 미치면 외부불경제(external diseconomy)라 한다.

외부경제의 경우 제3자는 이익을 취하지만 이에 대한 대가를 지불하지 않는다. 이는 제공하는 상품이 비배제성(non-excludability)이라는 특성을 가지고 있을 때 발생한다. 외부경제의 대표적 사례로는 과수원과 양봉장이 나란히 같이 있는 경우이다. 과수원에 꽃이 활짝 피면 양봉장의 벌들이 날아와 꿀을 가져가고, 과일나무는 그 과정에서 수정이 돼 열매를 맺기 때문에 양자가 모두 이익을 보게 된다. 따라서 과수원과 양봉업자는 서로 돕는 외부경제의 관계를 가진다. 그러나 현실적으로 이러한 사례는 드물며, 대부분은 가로등 조성이나 집 부근에 있는 공공도서관과 같이 일방적으로 제3자에게 의도하지 않은 이익을 주는 경우로 나타난다.

외부경제의 효과를 가져오는 상품이나 서비스에 대해 사람들은 무임승차자의 행태를 보이게 된다. 즉, 자신들이 직접적으로 상품이나 서비스를 생산하거나 지불하지 않더라도 타인에 의해 상품이나 서비스가 생산되고 제공되면 이러한 상품이나 서비스를 대가를 지불하지 않고 사용할 수 있게 된다. 따라서 무임승차자의 문제로 인해 필요로 하지만 대가를 지불하지 않으려는 경향이 발생하며 결국 사회적으로 필요한 상품과 서비스가 적정 수준에 미치지 못하게 된다. 외부불경제의 대표적 사례로는 공장의 매연, 폐수, 황사현상 등을 들 수 있다. 외부불경제를 유발하는 행위자들은 직접적인 페널티(penalty)가 없기 때문에 이를 줄이려고 하지 않아 사회적인 적정 수준 이상의 재화나 서비스가 생산되게 된다. 따라서 외부경제의 경우 사회에서 필요한 양보다는 적은 재화나 서비스가, 외부불경제의 경우 사회적으로 필요한 것보다 많은 양의 재화나 서비스가 생산되어 자원의 비효율적인 배분, 즉 시장 실패를 초래하게 된다.

(3) 독과점

판매자는 다수가 존재하는 데 반하여 구매자는 한 사람뿐이거나 소수인 수요독점 또는 수요과점이나, 구매자가 다수인 반면 공급자가 한 사람뿐이거나 소수인 공급독점 또는 공급과점의 경우 시장지배력을 가진 경제주체가 가격이나 생산량에 영향을 미치게 되면 효율적인 자원배분이 불가능하게 된다. 독과점은 기존 공급자들이 진입규제 장벽을 쌓은 경우에도 발생하지만 자연독점(natural monopoly)이나 규모에 의한 수확체증 때문에 발생하기도 한다.[4] 일부 산업 분야에서는 대규모 자본 소유와 규모로 인해 하나의 회사가 경쟁자를 물리치는 상황이 나타난다. 정보통신, 전기, 철도와 같은 산업 분야에서 적절한 규제가 없다면 다른 회사가 이미 하부구조를 구축한 회사와 경쟁하기 어려운

4) 앞의 책, p.54

상황이 된다.

독과점이 가져오는 문제는 독과점 공급자가 이익을 극대화하기 위해 사회적 적정 수준 이하로 생산을 제한하고 가격을 높여 초과이익을 취하려고 한다는 점이다. 독과점 수요자의 경우도 수요를 줄여 가격을 하락시켜 사회적 적정 수준 이하로 생산을 제한하게 된다. 따라서 독과점의 상황이 되면 필연적으로 공급자나 수요자의 초과이익이 발생하고 사회적인 후생의 손실이 발생한다. 이러한 현상에 대해 정부는 개입을 통해 경쟁체제를 도입하거나 가격을 규제하는 등 여러 가지 정책 수단을 동원하여 독과점의 폐해를 방지하거나 완화하기 위해 노력하게 된다.

(4) 정보의 비대칭성

정보의 비대칭성(asymmetry of information)이란 거래당사자간에 거래의 대상에 대한 정보가 차이가 있다는 것을 의미한다. 즉, 어떤 상품의 판매자는 수요자보다 그 상품에 대해 더 잘 알고 있으며, 제약회사는 그 제품의 부작용을 소비자들보다 더 잘 알고 있을 것이며, 보험가입자는 보험회사보다 자신의 사고나 질병 확률을 더 잘 알고 있다는 것이다. 이러한 상황에서 거래의 두 당사자 중 한 당사자가 모르는 사실을 다른 당사자가 알고 있는 상황을 비대칭적 정보(asymmetric information)가 존재한다고 한다. 즉, 제약회사가 그 제품의 부작용을 표시하지 않는 의약품을 판매하는 경우 비대칭적 정보가 게재된 상황이 된다. 이러한 경우 시장의 효율성이 달성되지 않는 역선택(adverse selection) 또는 도덕적 해이(moral hazard)와 같은 시장 실패가 발생하게 된다.[5)]

역선택(adverse selection)이란 감추어진 특성의 상황에서 정보수준이 낮은 측이 사전적으로 바람직하지 못한 상대방, 즉 낮은 품질의 재화를 가진 측과 거래할 가능성이 높아지는 현상을 의미한다. 정보의 비대칭성으로 인해 한 당사자는 정보를 가지고 숨기고 있으며, 다른 당사자는 그 정보를 모르는 상황에서 일어나는 현상이다. 보험회사에서 평균적인 사고발생 확률을 근거로 보험료를 책정하게 되면 사고위험이 높은 집단이 주로 보험에 가입하는 경우이다.

도덕적 해이(moral hazard)란 윤리적으로나 법적으로 자신이 해야 할 최선의 의무를 다

5) 앞의 책, p.55

하지 않은 행위를 나타내는데, 법 또는 제도적 허점을 이용하거나 자기 책임을 소홀히 하는 행동을 포괄하는 용어로 확대되었다. 화재보험의 경우 보험회사에서는 보험에 드는 사람마다 화재 예방을 위해 나름대로 최선을 다하리라 기대하게 되나 보험가입자의 입장에서는 일단 가입한 후부터는 화재예방을 위한 노력을 게을리 하게 된다. 이는 화재가 나는 경우 보상을 해주기 때문에 화재 예방 노력을 열심히 하는데 따른 이득이 없기 때문이다. 정보의 비대칭성은 시장 실패를 야기하여 결과적으로 사회적 후생의 손실을 가져오게 되므로 정부가 이러한 경우 개입하게 된다.

2) 정부 실패(government failure)와 정부 개입의 축소

시장 실패 논리는 정부가 민간 활동에 개입하는 당위성을 제공하고 있다. 정부가 개입하는 것이 당연하다고 할 때 그러면 정부는 과연 시장의 문제를 교정함으로써 자원배분이 효율적으로 이루어지는 것을 보장할 수 있느냐의 질문에 당면하게 된다. 여기에 대한 대답으로 나타난 논리가 바로 정부 실패(government failure)이다. 한마디로 정부가 민간의 활동에 개입하여 파레토 효율(Pareto efficiency)을 달성한다는 것을 보장할 수 없다는 주장이다.

정부 실패라는 용어는 정부가 원인이 되어 발생하는 시장 실패를 지칭하는 것으로 사용되고 있다(Levy, 1995). 정부 실패 개념은 공공선택(public choice) 이론가들에 의해 제시된 것으로 정부수요와 정부공급의 특성에 의해 정부가 시장 실패를 교정하기보다는 원인이 되는 경우가 더 많다는 것이다. 공공선택 이론가들은 시장 실패의 존재를 부인하지는 않으나, 정부가 관세, 수입할당제, 가격통제, 가격보조, 조세 특혜, 과도한 규제, 보조금 지급 등의 활동을 수행함으로써 오히려 시장 실패를 가져온다고 주장한다. 즉, 정부가 시장 실패를 교정하기보다는 원인이 되는 경우가 더 많다는 것이다.

정부 실패의 원인으로는 다음의 세 가지를 들 수 있다.[6] 첫째, 정부 개입에서 나타나는 정보의 부족이다. 정보 제공의 불충분은 정부가 시장보다 더 심각할 수 있다. 왜냐하면, 정부는 소비자들의 선호가 자발적으로 표출되지 못하는 문제점을 항상 가지고 있기 때문이다. 정부 활동의 수요자는 시민과 이익집단이다. 시민과 이익집단은 수혜자와 납

6) 김동건(1988), 현대 재정학: 공공경제의 이론과 정책, pp.51-52.

세자로서 이중의 역할을 수행한다(Mitchell & Simmons, 1994). 그런데 시민은 수혜자로서의 이익을 납세자로서의 역할보다 더욱 크게 인식한다. 따라서 시민과 이익집단은 의회, 행정부, 자치단체에 대해 다양한 지원 프로그램과 서비스를 요구하게 된다. 결과적으로 정부가 제공하게 되는 재화와 서비스에 대한 수요는 항상 정부 수입을 초과하는 수준으로 과다하게 나타나게 된다.

둘째, 정부 부문이 자원배분을 향상시켜 사회후생을 증대시킨다고 하는 경우에도 현실적으로 정부의 조치에 따라 이익을 본 집단과 손해를 본 집단이 발생하게 된다. 이러한 경우 정부 개입으로 인해 이익을 본 집단의 혜택과 손해를 입은 집단의 피해를 적절히 평가하고 비교할 수 있는 기준이 마련되어 있지 않아 합리적으로 정책을 결정하는데 큰 어려움을 겪게 된다.

셋째, 정부 부문에서의 의사결정은 통상 정치적 과정(political process)을 통하여 이루어지는데 이 과정 속에는 다양한 이해관계자(투표권자, 정치가, 관료, 이해집단 등)가 서로 엉켜 있기 때문에 정부가 제공하는 재화와 서비스에 대한 효율적인 선택이 어렵다. 정치적 과정에서는 투표가 미치는 영향이 크므로 타협하고 협상하는 경우가 다반사이며, 이러한 경우 정부가 제공하는 재화나 서비스가 과다 공급되도록 의사결정을 하는 유인이 강하게 작용한다. 아울러 정책결정자들의 비합리적 행동과 관료조직에서 오는 비능률성 등은 정부 실패를 더욱 가속화시키는 요인으로 작용하게 된다. 결과적으로 정부 부문에서의 의사결정은 시장에서의 결정과는 다른 특성을 가지며 이에 따라 왜곡된 결정이 이루어질 수 있다.

공공선택론자들은 개개인의 효용극대화 메커니즘이 시장에서는 일반적인 선(善: goodness)을 촉진하는 기능을 수행하나, 정치 등 공공 영역에서는 정부 실패로 인해 해로운 형태로 나타난다고 한다.[7] 따라서 이들은 정부 활동을 유익한 것으로 바라보는 접근방법에 의해 도출된 정책분석과 처방의 대부분을 거부한다. 그들이 주장하는 정부의 개입은 재산권(property rights) 강화와 같이 시장이 잘 작동하도록 하여 사회적 효율을 달성하는 보완적 기능에 국한되어야 한다는 것이다.

7) 남궁근(2008), p.78.

3.2 새로운 정부 개입의 논리: 시스템 실패

최근 기술혁신연구의 한 유형인 혁신시스템(innovation system) 접근방법에서 발전된 새로운 정부 개입의 논리가 '시스템 실패(system failure)'이다. 시스템 실패는 과거와는 다른 새로운 정부 개입의 논리를 주장한다. 혁신시스템 접근방법에 따르면, 기술혁신은 한 주체(actors: 개인, 기업 등)가 다른 조직(연구소, 소비자, 행정당국, 금융기구 등) 및 제도(지적재산권: IPR, 규제, 문화)와 상호작용하면서 발생하는 복잡하고 비선형적인 과정(process)이다. 이러한 메커니즘이 기술혁신의 성공 여부를 결정한다는 가정하에 복잡한 메커니즘의 불완전성을 찾아내고 이를 보완하기 위한 정부의 역할을 도출한 것이 바로 시스템 실패의 논리이다. 이러한 시스템 실패에 따른 정부 개입의 근거는 이론적인 배경이 상대적으로 취약한 실정이다. 이를 구체적으로 살펴보면 다음과 같다.[8)]

첫째, 시스템 실패에 관한 연구들은 왜 혁신체제 내에서 시스템 실패가 발생하였는지 그리고 어떠한 혁신체제가 성공하는지에 대해 명확한 이론적 근거를 제시하지 못하고 있다. 동 접근법은 시스템 실패가 이미 시장에 존재하고 있다는 것을 전제하고 있다. 시장에서 체제가 작동하지 않고, 이러한 체제가 실패하는 원인이 제도적인 혹은 혁신 과정상의 병목현상 때문이라는 것이 발견되면 정부는 이러한 시스템 실패를 교정하고 혁신체제의 원활한 작동을 위해서 개입해야 한다. 중요한 것은 시스템 실패가 시장에 존재하고 있는지, 그리고 존재한다면 시장 자생적으로 조정되도록 시장제도를 확충해야 하는지 아니면 정부가 개입해야 하는지 등 시스템 실패의 근본적인 원인과 해법에 대한 명확한 이론적 설명이 뒷받침 되지 않고 있다. 결국 시스템 실패에 관한 제도학파와 진화학파의 연구는 시스템 실패가 발생하고 있는 분야에 대한 규명은 가능하나, 시스템 실패의 원인과 처방에 대해서는 이론적인 설명이 부족하다. 시스템 실패가 정부의 직접적 개입으로 해결되어야 할 것인지, 아니면 제도적인 개선으로 해결될 것인지 등에 대한 이론적 근거가 향후 요구된다.

둘째, 시스템 실패에 관한 연구들은 시스템 실패의 영역에 관한 논의에서 통합되고 체계화된 합의점을 찾지 못하고 있다. 시스템 실패에 관한 논의가 10년이 채 되지 않은

8) 이우성(2005). pp.63-64.

상황에서 일부 학자들이 시스템 실패의 영역을 나름대로 체계화해 오고 있으나 아직까지 통합화된 논의가 존재하지 않는다. 본 절에서는 울더이스(R. K. Woolthuis) 등(2005)이 시스템 실패 프레임워크에서 제시한 유형을 살펴보고자 한다.[9)]

1) 인프라 실패(infrastructural failures)

기술혁신과 관련된 물리적 인프라(기반시설)에 대한 논의는 기술혁신 학자들이 상대적으로 적은 관심을 가진 영역이다. 하지만 성공하려는 기업의 경우 일상적 기업 운영과 장기적 발전을 지원할 수 있는 신뢰할 기반시설이 필요하다. 특히, 지식인프라와 고도의 정보통신기술(ICT) 인프라는 혁신 현장에서 강조되고 있다. 스미스(Smith, 1999)와 에드퀴스트(Edquist, 1998)는 이를 통신과 에너지(communication and energy: 고도의 ICT 인프라, 브로드밴드, 전화, 에너지공급 등)와 과학기술인프라(science-technology infrastructure: 과학, 응용지식, 기술 역량, 테스트 설비, 지식전송 능력, 특허, 훈련, 기술 등)로 구분하고 있다. 여기에 추가적으로 강조할 인프라로는 시설(accommodation)과 수송(transport)을 들 수 있다. 잘 뚫린 길, 안정적인 철도, 적절한 사무실, 실험실, 과학단지 등은 경제활동이 풍요해지는 기본 조건을 형성한다.

일반적으로 인프라는 대규모이며, 불가분성(indivisibility)과 장기적 운용이라는 특성을 갖는다. 이러한 이유로 민간이 인프라에 투자하는 경우 적절한 수익(ROI: rate of interest)을 얻지 못한다. 따라서 정부가 인프라 수요에 대응하여 이 부족으로 발생할 수 있는 실패를 방지할 책임을 지게 된다.

2) 제도 실패(institutional failures)

시스템이론에서 제도(institution)는 주요한 요소이므로 대부분의 연구자들이 제도를 세분하고 있다. 칼슨과 야콥슨(Carlsson & Jacobsson, 1997)은 경(hard) 제도와 연(soft) 제도로 구분하고 있으며, 에드퀴스트(1998)는 의식적으로 창출된 제도와 자연적으로 발생

9) Rosalinde Klein Woolthuis, et. al.(2005). 'A system failure framework for innovation policy design', Technovation 25, pp.612-6140

한 제도로 구분한다. 존슨과 그레거슨(Johnson & Gregerson, 1994)은 공식적 제도와 비공식적 제도로 구분한다. 다양한 구분이 제시되고 있으나 경 제도는 공식적이며, 의식적으로 창출된 제도이며, 연 제도는 비공식적이며 자연적으로 발생한 제도라는데 명확한 합의가 존재한다.

이들 제도들은 경제적 행태와 상호작용을 규제할 수 있으며, 이로 인해 기술혁신을 촉진하거나 저해할 수 있다. 따라서 이들 제도들은 정부뿐만 아니라 기업, 지식기관이 착근(embedded)되어 있는 선택환경으로 개념화될 수 있다. 제도 실패를 경(hard) 제도와 연(soft) 제도로 구분하여 살펴보면 다음과 같다.

(1) 경(hard) 제도 실패

경 제도 실패는 기술혁신을 저해하는 공식적인 제도 메커니즘을 가리킨다. 이는 다음과 같은 요소로 구성되는 규제 틀(framework of regulation)의 일부가 되기도 한다(Smith, 1999). 기술표준, 노동법, 위험관리규정, 건강과 안전규제 등과 정부, 기업, 지식기관들과 같은 주체들이 체결하는 계약, 고용, 지적재산권(IPR)과 관련된 일반적인 법적 시스템 등이 그것이다. 이들 법과 규제들은 국가 차원뿐 아니라 초국가적 차원(EU 경우)에서도 존재한다. 국제 반독점규제, 회계규정, 건강과 안전규제 등이 대표적 예이다.

기술혁신에서 특히 중요한 것은 지적재산권(IPR)으로 이는 혁신주체에게 혁신이익을 전유하도록 하는 역할을 수행한다. 기술혁신의 성공을 위해서는 기술혁신에 중요한 영향을 미치는 유무형 자산에 투자할 수 있는 경영이 필요하며 이러한 기업 거버넌스(corporate governance) 체제가 요구된다. 단기적 기획시야, 위험회피, 투자에 대한 단기적 회수 강조 등은 성공적 혁신을 저해할 수 있다. 맬레버(Malerba, 1997)는 지적재산권(IPR)에서 이익의 전유체제(appropriability regime)를 엄격하게 하는 경우 첨단기술 지식의 확산을 제한할 수 있고, 결과적으로 산업에서 다양한 기술역량의 발전을 저해할 수 있다고 강조하면서 경 제도 실패를 전유성 조건의 문제라고 지적하고 있다. 이러한 경우를 전유성 함정(appropriability trap)이라고 정의한다.

〈표 3-2〉 시스템 실패의 종류와 주요 내용

시스템 실패 종류		주요 내용
인프라 실패(infrastructural failures)		물리적 인프라(IT·전화 ·도로), 과학기술 인프라 부족으로 발생
전환 실패(transition failures)		새로운 기술개발을 적용하는 기업능력의 한계로 발생
묶임/경로의존 실패 (lock-in/path dependency failures)		새로운 기술 패러다임을 적용하는 사회적 시스템 능력의 한계로 발생
제도 실패 (institutional failure)	硬(hard)	규제, 일반 법적 시스템의 틀이 기술혁신 친화적이지 못하는 경우 발생
	軟(soft)	정치, 문화, 사회적 가치와 같은 사회제도가 기술혁신 친화적이지 못하는 경우 발생
네트워크 실패 (network failures)	强(strong)	혁신주체들이 폐쇄적으로 연결되어 새로운 외부 혁신관련 발전을 놓치는 '무지(blindness)'로 발생
	弱(weak)	혁신주체들 사이의 연계 부족으로 기인, 상호보완, 상호학습과 새로운 아이디어 창출이 결여된 결과로 발생
역량 실패(capabilities' failure)		기업, 특히 소기업의 경우 신속하고 효과적인 학습역량의 결여로 현존기술에 묶여 신기술로 넘어가기 어려운 경우 발생

출처: R. K. Woolthuis, et. al.(2005), 'A system failure framework for innovation policy design', Technovation 25, p.610을 참고로 작성

(2) 연(soft) 제도 실패

경(hard) 제도 실패가 공식적 성문법 및 규제와 관련된 반면, 연(soft) 제도 실패는 자연적으로 발생한 정치문화와 사회가치 등과 관련된다. 이는 공적 정책목표, 미시경제적 정책환경, 그리고 '비즈니스가 작동하는' 경로를 형성하는 역할을 수행한다. 연 또는 비공식적 제도 실패에는 혁신을 저해하는 암묵적 게임의 규칙을 가진 사회적 규범과 가치, 문화, 기업가 정신, 신뢰성, 위험회피 등이 포함된다.

3) 네트워크 실패: 상호작용 실패(interaction failure)

시스템 접근방법(system approach)의 기본전제는 개별적인 1회성의 구매자와 판매자(atomic, one-shot buyers and sellers)로 특성화된 시장이 실제로는 존재하는 않는다는 것이다. 오히려 시장관계는 시간이 요구되며, 제품의 개발과 설계에서는 기업간 협력이 필요하다. 따라서 시스템 접근방법에서는 혁신주체간 연계와 상호작용, 그리고 협력관계가 분석의 핵심적 요소가 된다. 이들 상호작용은 다른 기업과의 관계뿐만 아니라 정부, 공공지식기관, 그리고 전문화된 컨설턴트와 같은 제3자와의 상호작용을 포함한다. 상호작용실패는 두 가지 방향 — 너무 많은 상호작용 또는 너무 적은 상호작용 — 으로 전개될 수 있다. Garlson & Jacobsson(1997)은 이를 강(strong), 약(weak) 네트워크 실패로 구분하고 있다. 이는 상호작용이 너무 강하거나 너무 약하게 발생하는 것을 의미하며, 양자 모두가 혁신을 방해하는 요인으로 작용한다.

(1) 강(strong) 네트워크 실패

혁신주체들의 강한 협력관계는 시너지 창출, 상호보완적 노하우, 창조적 문제해결, 역량공유 등을 가능하게 하여 매우 생산적일 수 있다. 하지만 기존 혁신주체들 사이에서 나타나는 강한 협력관계는 다음과 같은 위험을 내포하고 있다. Garlson & Jacobsson(1997)은 개별 주체들이 네트워크 상의 다른 협력주체들에 의해 잘못된 방향으로 인도되거나, 필요한 지식을 상호 공급하는데 실패하는 원인으로 강 네트워크 실패를 지적한다. 이는 가교 역할을 하는 주체들 — 즉, 새로운 지식을 타진하거나, 현존 관행에 대한 의문을 제기하는 주체들 — 사이에서 나타나는 정보교환 결여로 인해 발생한다. 이로 인해 외부로부터 들어오는 새로운 정보가 차단되기 때문이다.

강 네트워크 실패는 다음과 같은 원인으로부터도 발생한다. 먼저, 내적 지향성으로 인한 근시안(myopia) 때문이다. 어떤 집단 사이에 네트워크 또는 협력적 관계가 장기간 성립하여 신뢰관계와 습관화(habituation) 현상이 나타나게 되면, 이들 집단들은 상당히 폐쇄적인 특성을 갖는다. 이러한 결과 어떤 주체가 집단에서 탈퇴하거나 새로운 집단이 가입하는 것을 기피하게 된다. 이 경우 집단 내에서는 '집단사고(group think)'가 근시안(myopia) 및 관성(inertia) 현상—각 집단들이 주로 자신들에게 집중하게 되고 자신들이

장점을 가지는 영역에 초점을 맞추는 현상이 나타나게 된다. 결과적으로 외부의 발전에 관심을 가지지 못하고, 기업들은 현존(기술) 경로(trajectories)에 묶여(lock-in) 버리게 된다. 다음으로 강 네트워크 실패는 약한 연계관계의 부족으로 인해 발생한다. 약한 연계는 다른 산업, 다른 교육 또는 문화적 배경을 가진 제3자에게 '다리' 역할을 수행한다. 제3자들은 '핵심집단(inner circle)'과 거리감을 가지기 때문에 그들은 집단사고(group think)의 일부가 될 수 없다. 그라노베터(Granovetter, 1983)와 버트(Burt, 1987)는 약한 연계관계가 개별기업에게 부족한 새로운 지식 제공과 자극 또는 구조적 허점을 보완하는 역할을 수행하기 때문에 이들 관계의 중요성을 강조했다. 마지막으로 강한 상대방에 대한 의존 때문에 강 네트워크 실패가 발생하게 된다. 혁신주체들은 자산의 특수성, 첨단기술 및 고도로 독점화된 시장에서 대체적인 파트너의 결여로 인해 그들의 기존관계에 서 '고착(locked into)'되게 된다(Williamson, 1985).

(2) 약(weak) 네트워크 실패

효과적인 혁신은 보완적 기술과 혁신주체들간의 긴밀한 상호작용의 결과로 나타난다. 이들 요소들 간의 연결성(connectivity)이 취약할 때, 학습과 혁신이 결실을 맺는 관계를 형성하기 어렵다. Garlson & Jacobsson(1997)이 언급한 약 네트워크 실패가 바로 이러한 것이다. malerba는 이를 동태적 보완 실패(dynamic complementarity failure) 개념으로 보았다. 보완성은 지식, 기술, 노하우, 역량 등과 관계를 가진다. 약 네트워크 실패의 결과, 상호작용적 학습과 혁신의 가능성이 제대로 활용되지 못하고, 기업은 새로운 기술발전을 활용하는 데 실패할 수 있다. 더욱이 시스템 내에 있는 조직들이 빈약하게 상호작용하게 된다면, 미래 기술발전에 대한 비전 공유의 결여가 나타나게 되고, 결과적으로 이러한 현상은 연구노력 및 투자에서의 협력을 저해하게 된다.

4) 역량 실패(capabilities' failure)

기술혁신 메커니즘의 불완전성은 기업들의 경쟁력, 역량, 또는 자원 등이 부족한 상태에서도 나타날 수 있는데 이러한 현상을 역량 실패라고 한다. 이는 기업이 과거 기술에서 새로운 기술 또는 패러다임으로 도약할 능력이 없는 상태를 가리킨다. 기업들이 도약하기 위해서는 신기술과 시장 수요에 적응하고 생존하기 위한 유연성(flexibility), 학습 잠재력(learning potential), 그리고 자원과 같은 역량을 필요로 한다. 비록 기업들이 기업 간 관계(상호작용)를 통해 이들 자원을 확보할 수 있는 경우에도 이들이 대가로 제공할 수 있는 무엇인가를 가질 때, 이들 자원에 접근할 수 있다. 따라서 기업의 개별적 힘과 발전 잠재력이 매우 중요하다.

스미스(Smith, 1999)는 기업이 신기술과 시장에 적응하는데 따르는 문제를 관찰함으로써 이와 관련된 문제를 제기했다. "기업들은 항상 가장 잘 아는 것에 집중하고 있다: 그들은 경험과 기술을 가진 제품과 기술에 초점을 두기" 때문이다.[10] 기업들은 전문화된 집중을 통해 업무를 잘 수행할 수 있다. 그러나 만약 신기술 적용에 요구되는 역량이 기업의 현존역량 밖에 있는 경우 기업의 발전은 심각하게 저해될 수 있다. 기업의 변화에 완전히 새로운 기술 패러다임이 요구될 때 더욱 그러하다. 이는 현재 역량구조 밖에 있는 기술적, 조직적 역량을 요구하는 완전히 새로운 범용기술에 적응하는 것을 의미한다. 특히 제한된 자원과 인력을 가진 중소기업의 경우 어려움이 잘 나타난다. Smith(1999)는 이를 '전환실패(transition failure)'라 했고, Malerba(1997)는 기업 또는 산업이 현존 기술적 궤적에 묶여 신속하고 효과적인 학습을 하지 못하는 '학습실패(learning failure)'라는 개념으로 유사한 현상을 논의한 바 있다.

3.3 과학기술과 정부 개입

1) 정부 개입의 기준

시장 실패와 시스템 실패는 정부가 민간의 활동에 개입하는 당위성을 제공한다. 정부가 개입하는 것이 당연하다고 할 때, 그러면 정부가 과연 시장의 문제를 교정함으로써 자원배분이 효율적으로 이루어지는 것을 보장할 수 있느냐의 질문에 당면하게 된다. 여기에 대한 대답으로 나타난 논리가 바로 정부 실패(government failure)였다. 한마디로 정

10) Smith(1999), Innovation as a systemic phenomenon: rethinking the role of policy. In: Bryant, K., Wells, A. (Eds.), A New Economic Paradigm? Innovation-Based Evolutionary Systems, Commonwealth of Australia, Department of Industry, Science and Resources, Science and Technology Policy Branch, Canberra, p.43

부가 민간의 활동에 개입하여 파레토 효율(Pareto efficiency)을 달성한다는 것을 보장할 수 없다는 것이다.

과학기술 분야의 경우 시장 실패의 논리에 따라 정부 개입이 오래 전부터 정당화되어 왔다. 최근에는 시스템 실패 논리가 또 다른 축을 구축하면서 과학기술에 대한 정부 개입을 강조해 오고 있다. 적어도 정부 실패 논리는 과학기술 분야에서는 상대적으로 부각되지 않았다고 할 수 있다. 과학기술 분야에 대한 정부 개입은 오랜 역사를 가지고 있으나, 공공재정 지원에 의한 연구개발 투자가 제도화(institutionalization)된 시기는 1940년대 후반이다.

이러한 노력은 미국에서 잘 나타나고 있다. 1945년 6월 트루만(Truman) 대통령에게 제출된 부시(Vannevar Bush)의 보고서 〈과학—끝없는 프론티어(Science—The Endless Frontier)〉에는 다음과 같은 내용이 담겨져 있다. "과학의 진보가 실용적으로 이용된다는 것은 더 많은 고용기회, 높은 임금, 단축된 작업시간, 보다 풍부한 성과와…많은 여가를 가져옴을 의미한다. 또한 과학의 진보는 높은 생활수준을 가져다 주고 질병을 치료하고 예방하여 줄 것이며, 제한된 국가자원을 보존시켜 줄 것이다. 그리고 침략에 대한 국방의 수단을 확보해 줄 것이다." 동 보고서를 기반으로 국립보건원(NIH)과 국립과학재단(NSF)이 설치되어 공공재정에 의한 연구개발 투자가 본격화되기 시작했다.

'부시 패러다임'이라고 불리는 미래를 위한 투자 및 국가적 문제해결을 단서로 조건 없이 이루어진 과학연구에 대한 정부지원의 이론적 토대는 1980년대 레이건 행정부에 들어와서 크게 변화되었다. 과학기술 발전이 경제성장과 국가안보에 기여하여야 한다는 이른바 '실용화 패러다임'이 강조되기 시작한 것이었다. 이러한 기조로 인해 1980년에 '스티븐슨-와이들러(Stevenson-Wydler) 법'이 제정되어 국가의 경제 · 환경 · 사회적 목표를 추구하는 기술혁신을 촉진하기 위한 제도적 장치가 마련되었다. 현재까지 세계 각 국가들이 수행 중인 공공재정 지원에 의한 연구개발 투자는 이와 같은 두 개의 패러다임 사이를 오가면서 추진되고 있다.

한편, 1980년대 후반부터 강조되기 시작한 공공부문의 비효율성에 대한 비판은 공공프로그램의 책무성(accountability) 증대 및 성과 제고라는 흐름을 가져왔다.[11] 공공재정에

11) 이장재(2004), 정부성과결과법(GPRA)하에 나타난 미연방연구시스템 변화분석 연구, pp.6-11

의한 연구개발 투자도 동 흐름과 연계되어 현재 세계 각국에서는 '실용화·패러다임'이 더욱 강조되는 추세에 있다.

이러한 상황에서 고려하여야 할 사항이 정부 개입의 적절한 기준 문제이다. 정부가 과학기술 부문에 개입하여 사회적 후생을 증대시키는 경우라 하여도 현실적으로 이익을 받는 집단과 그렇지 않는 집단이 존재하게 되므로 이를 합리적으로 결정할 수 있는 기준이 무엇인가가 중요하다. 과학기술정책 결정시 사용할 수 있는 기준으로는 파레토 원칙에 따른 기준, 보상원칙에 따른 기준, 그리고 사회후생함수에 의한 기준 등이 존재한다. 이를 자세히 살펴보면 다음과 같다.[12)]

(1) 파레토 원칙에 따른 기준

자원이 최적배분된 상태를 파레토 최적상태라고 부르고, 이 상태에서는 더 이상의 최적배분은 불가능하며 한 사람의 후생증가가 다른 사람의 후생 감소를 수반할 수밖에 없다. 이러한 상태에서 새로운 과학기술정책은 득(得)과 실(失)을 불가피하게 발생시키며, 별다른 방법이 없게 된다. 만약 파레토 최적상태가 아닌 그 이하의 상황에서 자원배분이 일어날 때 다른 사람에게 피해를 야기시킴 없이 일부 사람의 후생을 증가시키는 경우를 생각할 수 있다. 이러한 경우를 파레토 개선(Pareto improvement)이라 한다. 모든 사람들의 후생을 모두 증가시키든지 혹은 다른 사람들에게 피해를 주지 않고 일부 사람들의 후생을 증가시키는 정책을 채택하는 기준을 '파레토 기준(Pareto criterion)'이라고 한다.

(2) 보상원칙에 따른 기준

어떤 공공정책에 의해 이익을 보는 자와 피해를 입는 자가 함께 공존할 때라도 이익의 가치가 피해의 가치보다 커 이익을 보는 자가 피해자를 보상해 줄 수 있다면 이러한 정책은 바람직한 것이다. 이를 보상원칙(compensation principle)이라 하고, 이러한 보상원칙을 칼도(N. Kaldo)와 힉스(J. Hicks)가 제창하였다고 하여 칼도-힉스 기준(Kaldo-Hicks criterion)이라고 부른다.

12) 김동건(1998), pp.52-55.

칼도-힉스 기준에 의하면, 실제로 이익을 본 자가 피해자를 금전으로 보상해 주는 것은 아니며, 정부가 조세정책 등 여러 수단을 활용함으로써 보상의 원칙이 적용되는 현상이 자연스럽게 일어날 수 있는 잠재성을 밝히고 있는 것이다. 득(得)이 실(失)보다 많게 되어 사회에 순이익이 발생할 때 이는 사회적 잉여로 남아 보상의 원칙에 합당한 역할을 할 수 있다. 그런데 보상의 원칙을 분명하게 하기 위해서는 칼도-힉스 기준을 이중으로 적용하여 그것이 바람직함이 판명되고 동시에 그 반대의 경우에는 등 기준에 의해 바람직한 것이 아니라는 것이 확인되었을 때에 한하여 그 정책을 바람직한 것으로 규명하는 것이다. 이를 스키토브스키(T. Scitovsky)가 제안했다고 하여 스키토브스키 기준(Scitovsky criterion)이라 부른다.

(3) 사회후생함수에 의한 기준

파레토 원칙은 이익을 보는 자와 피해를 보는 자를 상호 적절히 비교할 수 있는 방안을 제공해 주지 않고 있으며, 보상원칙은 이익을 보는 자가 피해자를 실제로 보상하는 것이 아니라 가상적인 보상이 이루어지는 것을 상정하고 있다. 그러면 실제로 이익을 보는 자의 득과 피해자의 실을 어떻게 평가할 수 있는가의 문제가 발생한다. 이를 해결하기 위해서는 사회후생함수(social welfare function)를 도출하는 방법밖에 없다.

사회후생함수란 사회구성원의 효용수준이 사회총효용의 수준과 어떤 함수 관계를 갖고 있는지를 보여주는 함수이다. 즉, SW=f(Ua, Ub, …, Un) 여기서 Ua, Ub, …, Un은 사회구성원 a, b, …, n의 효용함수이며, SW는 사회전체의 총효용수준을 가리킨다. 사회구성원 각자의 효용수준이 변할 때 이것이 종합적으로 사회 전체의 효용에 어떤 영향을 주는가를 밝힐 수 있기 때문에 사회후생함수를 알면 어떤 공공정책이 바람직한가가 판명되게 된다. 이를 통해 자원배분의 효율성 및 소득분배상의 공평성을 함께 추구하는 정책을 도출할 수 있는 것이다. 문제는 사회후생함수가 개개인의 효용함수로 구성되어 있기 때문에 주관적인 가치판단이 개입될 수밖에 없고 따라서 모든 사람이 동의하는 그런 객관적인 함수관계의 설정이 어렵다는 데 있다.

사회후생함수를 구성하는 데 있어 다음과 같은 두 가지의 서로 상이한 접근방법에 따라 성격과 내용이 달라지게 된다. 첫 번째는 공리주의적 사회후생함수이다. 벤담(J. Bentham)으로 대표되는 공리주의자(utilitarian)들의 최대 관심은 사회 전체의 효용(후생)

을 어떻게 하면 극대화시켜 유토피아 사회를 건설하느냐에 있었다. 사회후생은 단순히 개인들의 효용의 합에 의해서만 결정되는 것이고, 개인들간의 효용이 어떻게 배분되는가는 사회후생과 무관한 것으로 이들은 생각하였다. 따라서 SW=Ua + Ub + … +Un 이었다. 공리주의적 사회후생함수에 따른 기준에서는 모든 사람들의 효용에 대한 평가(가중치)가 동일하다. 따라서 측정이 가능하다는 전제 하에 빈자(貧者)들의 효용을 줄임으로써 부자들의 효용을 더욱 크게 증대시킬 수 있다면 이는 사회총후생을 증가시키므로 이러한 정책도 수용될 수 있는 것이다.

두 번째는 평등주의적 사회후생함수이다. 모든 사람들의 효용을 동일한 가중치로 평가하는 데는 사회정의상 문제가 될 수 있다. 소득이 낮은 빈자들이 갖는 한 단위 효용의 가치는 부자들이 갖고 있는 한 단위 효용의 가치보다 크다고 보는 것이 평등주의적(egalitarian) 사고방식이다. 따라서 같은 규모의 효용이라도 빈자에게 돌아가는 정책이라면 이를 더 선호할 수 있으며 사회후생함수도 이러한 기준하에서 구성되는 것을 평등주의적 사회후생함수라 할 수 있다.

이것의 극단적인 경우가 롤즈적 사회후생함수(Rawlsian social welfare function)이다. 철학자 롤즈(J. Rawls)는 한 사회에서 가장 최저 수준에 놓여 있는 극빈자들의 효용을 가능한한 가장 크게 향상시키는 것이 사회 전체의 효용을 극대화시키는 길이라고 주장한다. 이를 소위 최소최대화 원칙(maximin principle)이라고 부르는데 롤즈에 의하면 사회의 최저빈민그룹의 후생과 다른 그룹의 후생 간에는 상호충돌관계(trade-off)란 존재하지 않으며 다른 그룹의 후생증대가 아니라 오로지 최저빈민그룹의 후생증대를 통해 사회는 개선된다고 보고 있다. 이렇게 볼 때 롤즈의 사회후생함수는 다음과 같이 표시될 수 있다. SW=min(Ua, Ub, …, Uk), 즉 사회후생은 가장 빈곤한 사람들 a, b, …, k의 후생에 의해 결정되는 것이다.

2) 과학기술과 정부 개입

과학기술, 특히 연구개발에 대한 정부 개입의 정당성은 다양한 관점에서 많은 학자에 의해 논의되어 왔다. 정부가 과학기술 활동에 개입해야 하는 규범적 합리성은 정부의 과학기술정책의 실증적 이론을 구성하는 토대가 된다. 일반적으로 국가개입의 정당성은 기술개발 투자의 사회적 수익이 사회적 비용을 초과하나, 이익의 전유성(appropriability) 문제와 제품가격이 기술개발에 따른 위험(risk)을 충분히 반영하지 못하기 때문에 민간부문의 과학기술(연구개발) 투자가 과소하게 이루어지고 있다는 사실, 즉 시장 실패(market failure)에서 출발한다.

정부가 연구개발 활동에 개입하게 되는 정당성을 호르위츠(Horwitz, 1979)의 견해를 중심으로 정리하면 다음과 같다(이장재, 1993). 첫째, 외부경제효과(externality)와 이익의 비전유성 문제로 인해 연구개발의 사회적 편익보다 사적 편익이 적기 때문에 투자가 촉진되지 않게 되므로 정부의 개입이 필요하다. 둘째, 불가분성(indivisibility)과 규모의 경제로 인해 소규모 조직이 수행하기 어렵고, 연구개발의 성과가 국가 전체의 편익과 결부된 기술개발에 정부가 개입해야 한다. 셋째, 장기적이고 위험도가 높으나, 성공 시 이익이 매우 큰 기술개발에 정부가 개입해야 한다. 넷째, 정부가 공공 목적을 수행하기 위한 기술개발 분야에 개입해야 한다. 다섯째, 정부가 국가 경쟁력을 높이기 위해 특정기술 분야를 국가전략으로 선정하고 이를 추진하는 경우이다. 이외에도 연구개발에서 정부 개입의 필요성과 분야에 대한 논거는 여러 연구자들에 의해 제시되었다(〈표 3-3〉 참고). 한편, 넬슨(Nelson, 1982)은 이상의 논의에 덧붙여 민간부문의 연구개발 투자가 과소하게 이루어진다는 사실보다도 연구개발 프로젝트간의 적절한 구성을 형성하는 시장 메커니즘의 실패 가능성을 지적하고 이에 대한 정부의 개입이 필요함을 지적하였다(이장재, 1993). 진화경제학자로 국가혁신체제(NIS)에 대한 연구에도 많은 관심을 기울인 넬슨의 주장은 시스템 실패를 지적한 것이다.

이상의 논의는 선진국을 대상으로 한 것으로 국가의 부족한 과학기술 역량을 높이기 위해 정부가 개입하게 되는 개도국이나 후발국의 경우는 선진국과 비교할 때 정부 개입의 중요성과 우선순위가 달라질 수 있다. 선진국의 경우는 정부 개입 영역에 대한 논의와 재원투입의 효율성 문제가 중요하게 부각되는 반면, 개도국이나 후발국의 경우는 국가의 과학기술 역량과 민간부문의 연구개발 능력을 어떻게 효율적으로 육성하는가가 초점이 된다. 연구개발에 대한 정부 개입의 이유와 정당성은 정부 개입의 형태와 규모, 그리고 개입분야에 영향을 미쳐 궁극적으로는 한 국가의 과학기술시스템과 연구개발정책 및 프로그램의 형태를 결정하게 되는 중요한 요인으로 작용하고 있다. 특히, 산업기술 연구개발에 대한 정부 개입은 국가별로 매우 다른 배경과 역사를 가지고 있어 이에

〈표 3-3〉 과학기술과 정부 개입의 정당성 및 대상영역

학자	대상영역
Pavitt & Worboys (1977)	1. 불확실성과 시간의 장기성(기초연구) 2. 비시장 메커니즘의 존재(보건, 수송, 국방) 3. 외부비용(external costs)의 존재(공해) 4. 규모의 경제 존재(농업) 5. 기술의 state of the art 추구(산업기술)
Horwitz(1979)	1. 외부경제와 이익의 비전유성 문제(기초연구, 환경기술) 2. 불가분성과 규모의 경제 존재(국방, 공유기술) 3. 위험도와 장기성 문제
Tisdell(1981)	1. 이익의 비전유성 문제 2. 위험과 불확실성 존재 3. 사회적으로 요구되는 기술 4. 자본시장의 불완전성 5. 과학기술 서비스의 중복성(표준, 기상 등) 6. 국가안보에 중요한 기술(군사, 에너지) 7. 국가 전략분야 존재
Mansfield(1982)	1. 공공부문의 수행에 요구되는 기술(국가안보, 우주개발) 2. 시장 실패가 존재하는 부문 3. 기초연구 4. 이익의 비전유성, 불확실성, 불가분성이 존재하는 민간부문 영역

출처: 이장재(1993), 국가연구개발사업 비교연구

대한 이해가 선행될 필요가 있다.

국가의 과학기술 및 연구개발 활동에 대한 정부 개입의 정당성과 관련한 최근 논의는 시장 실패(market failure)의 관점에서부터 기술혁신의 시스템 실패(system failure)에 대한 정부의 역할을 강조하는 과정에 있다. 시장 실패를 개선하기 위해 정부가 개입해야 한다는 논리가 지식과 기술의 흐름을 저해하고 기술혁신의 전반적 효율성을 감소시키는 혁신시스템의 실패를 해소하기 위해 개입하여야 한다는 새로운 논리로 전환되고 있는 것이다. 지식을 창조적으로 관리하는 역량이 중시되는 지식기반경제 또는 학습경제 하에서 정부 역할은 과거 자원경제 하에서 수행되어 왔던 기능과 달라져야 할 것이다

이상의 요인들을 고려한 정부 개입이 필요한 대상 영역은 다음과 같이 구분해 볼 수

있다. 첫째, 기초연구 분야로 기초연구는 연구성과가 불확실하고 상업적 가능성을 확인하기 어려운 점과 상품화까지의 기간(time-lag)이 장기라는 점에서 민간기업들은 장기적인 관점에서 요구되는 적정 수준까지 투자를 하지 않게 되어 정부 개입이 요청된다. 기초연구는 과학기술력의 기반을 구성하고 있다는 점에서도 정부의 적극적 개입이 요청되는 영역이기도 하다. 기초연구 분야에는 응용의 잠재력은 크나 아직 시장성이 확인되지 않은 공유기술(generic technology) 분야와 시험 및 검사의 기능을 수행하는 하부기술(infra- technology) 분야를 포함시킬 수 있다. 둘째, 산업기술 또는 응용 연구개발 영역으로 여기에는 대형 산업기술개발사업과 같은 장기간이 요구되고, 위험도가 큰 연구개발 영역, 농업과 같이 규모의 경제와 산업구조상 연구개발 수행주체가 존재하기 어려운 영역, 에너지, 환경, 의료산업과 같은 공공성이 강한 영역, 국가가 전략적으로 선택한 전략산업기술 분야 등이 포함된다. 셋째, 공공재(public goods) 영역으로 국방, 보건, 도로, 보건, 환경 등 공공기술 분야가 포함된다. 넷째, 연구개발과 관련된 시스템 실패가 발생하는 영역으로 혁신주체의 역량, 혁신관련 제도, 혁신 네트워크, 혁신프레임워크 부문을 들 수 있다.

PART Ⅱ

과학기술정책의 과정과 이론

'과학기술정책의 과정과 이론'에서는 과학기술정책의 토대를 구축하고 있는 기술혁신 이론을 살펴본 후, 과학기술정책의 진화과정과 전개과정을 체계적으로 고찰한다. 그리고 지금까지 논의되고 있는 과학기술정책연구의 접근방법과 이론에 대해 안내하고자 한다.
Part II 의 내용 구성은 다음과 같다.

제 4 장 과학기술정책을 위한 기술혁신이론

4.1. 기술진보의 형태
4.2. 기술혁신의 원천
4.3. 기술혁신의 유형
4.4. 기술혁신 과정의 성격
4.5. 기술혁신의 진화모형
4.6. 기술혁신과 혁신체제
4.7. 기술혁신과 개방형 혁신

제 5 장 과학기술정책의 진화와 전개

5.1. 과학기술정책의 진화와 전개과정
5.2. 20세기 초 이전의 과학기술정책
5.3. 과학정책
5.4. 기술정책
5.5. 혁신정책

제 6 장 과학기술정책의 접근방법과 이론

6.1. 과학기술정책연구의 접근방법
6.2. 과학기술정책의 과학화
6.3. 과학기술정책의 실질 이론과 절차이론
6.4. 과학기술정책의 지향
6.5. 과학기술발전전략
6.6. 혁신정책의 진화

CHAPTER 4

과학기술정책을 위한 기술혁신이론

제4장에서는 과학기술정책을 구성할 때 이론적 기반이 되는 기술혁신이론을 전개한다. 첫째, 기술이 어떠한 모습으로 진보하고 있는가를 다루는 기술진보의 형태를 살펴본다. 둘째, 기술혁신이 시작되는 원천에 대한 이론적 논의를 소개한다. 셋째, 기술혁신의 모습을 구분한 기술혁신의 유형을 제시한다. 넷째, 기술혁신 과정이 어떠한 형태로 인식되고 있는가를 다루는 기술혁신 과정의 성격을 논의한다. 다섯째, 기술혁신 과정을 진화론적 입장에서 다루고 있는 기술혁신의 진화모형을 고찰한다. 여섯째, 체제론적 접근방법이 제시한 국가혁신체제와 지역혁신체제의 개념과 특성을 분석한다. 마지막으로 개방형 혁신의 개념과 기술혁신에 대한 함의를 다룬다.

기술혁신에 대한 연구의 중요성은 20세기 초 슘페터(Joseph Schumpeter)에 의하여 제기되었고, 기술혁신을 탐구하기 위한 본격적인 노력은 1960년대 유럽의 제도학파 경제학자들에 의하여 본격적으로 시작되었다. '신슘페터학파', '제도학파'로 알려진 이들은 주로 기술변화의 속성, 기술과 경제사회 현상 사이의 인과관계를 규명한 기술혁신이론을 전개하였다. 기술혁신이론에 대한 탐구의 결과로 영국을 비롯한 유럽국가에서는 '과학기술정책', '기술경제', '기술혁신', '기술혁신경영' 등의 강좌가 개설되었고, 미국에서는 주로 공과대학에서 유사한 강좌들이 개설되어 활발하게 연구가 진행되어 오고 있다.

미국의 경우, 1964년 윌리엄스(B. Williams, 1964)의 논문 〈연구와 경제성장: 우리는 무엇을 기대할 것인가(Research and economic growth: What should we expect)〉에서 당시 진행된 공공 R&D와 경제 성장율간에는 직접적인 상관관계가 존재하지 않는다는 결론을 제시하면서 당시 제기되고 있었던 연구개발과 경제와의 관계에 대한 회의를 증폭시켰다. 이러한 결과 양자의 관계규명을 위한 기술혁신 과정과 이론에 대한 활발한 연구가 촉발되었던 것이다. 유럽의 경제학자들이 기술혁신에 주목하게 된 이유는 당시 세계시장에서 경쟁력을 상실한 유럽의 각 국가들이 이를 극복하기 위한 돌파구로 기술혁신을 강조하면서 유럽 통합을 가속시키고 있었던 시대상과 맥락을 같이 한다.

기술혁신에 대한 연구는 향후 지속적으로 확대될 것이며, 중요성도 더욱 커질 것으로 예상된다. 이러한 이유로는 첫째, 과학기술의 발전 속도가 매우 빠르고, 그 파급효과도 과거 어느 때보다 크다는 점이다. 벨(Daniel Bell)은《제3의 기술혁명》에서 200년 전 와트의 증기력 도입을 제1의 기술혁명, 100년 전 전기와 화학기술의 혁신을 제2의 기술혁명, 현대를 제3의 기술혁명기로 구분하였다. 그는 제3의 기술혁명기에 기계적, 전기적 시스템이 전자화와 동시에 소형화, 디지털화, 소프트화 등으로 기술변화가 일어날 것이라고 예측하였다. 이러한 예측은 20세기에 이미 실현되었고 최근에는 바이오 분야 및 에너지 분야에서의 새로운 기술변화와 기술의 융 · 복합화라는 새로운 변화가 나타나고 있다. 여기서 발생하는 문제는 기존의 사회과학이론이 기술이나 기술변화로 인해 발생하는 여러 사회현상을 제대로 설명하지 못하고 있다는 점이다. 기술혁신에 대한 연구의 필요성과 중요성이 강조되어야 하는 이유가 여기에 있다.

둘째, 기술혁신에 대한 연구가 여러 학문간의 통합적 성격을 띠고 있기 때문에 더욱 중요성을 가진다. 경제학, 경영학, 행정학, 사회학, 산업공학 등 기존 학문에서 각각 기술혁신에 대한 연구를 전개하고 있으나, 아직까지 어느 학문도 기술혁신에 관한 이론체계를 확고하게 구축하지 못하고 있다. 이는 기술과 기술변화의 특성이 그만큼 다면적이고 복잡해서 어느 기존학문도 기술혁신연구에서 주도권을 확보하지 못하고 있기 때문이다.

기술혁신에 대한 연구는 자연현상과 사회현상 양자를 대상으로 하고 있기 때문에 기존 학문체계의 관점에서 볼 때 연구영역이 분명하지 않는 측면이 있다. 기술혁신에 대한 연구가 기본적으로 기술변화를 대상으로 하는 것이나, 연구이슈가 기술혁신을 유발하는 원인 및 기술혁신이 미치는 영향 등으로 확장되면 기술혁신에 대한 연구영역은 매우 넓어지게 된다. 자연현상인 기술변화의 원인과 결과가 사회현상과 연계를 맺게 되는 기술혁신이론 개발에 경제학, 경영학, 사회학 등 다양한 사회과학 분야의 이론이 동원되는 것도 이러한 이유에서이다. 기술혁신에 대한 연구영역이 지금은 자연과학과 사회과학 또는 다양한 학문의 통합영역에 속하는 모호한 상태에 있지만 향후 제3의 학문영역으로 정체성을 확보할 것으로 예상된다. 이른바 기술의 융 · 복합 현상 메커니즘, 그리고 기술과 사회현상 사이의 접점 메커니즘을 규명하고자 하는 사회적 수요확대와 함께 학제간(interdisciplinary) 및 다학제적(multidisciplinary) 학문영역으로서의 기술혁신연구는 향후 더욱 주목을 받는 분야로 발전할 것이다. 지금까지 전개되어온 기술혁신이론을 살펴보기로 한다.[1)]

4.1 기술진보의 형태

기술진보의 형태에 대한 고찰은 기술혁신 과정에서 기술진로를 파악하는 데 도움이 된다. 일반적으로 기술은 S자(字) 형태로 발전하는 것으로 여러 경험적 연구에서 밝혀지고 있다. 기술발전의 형태는 〈그림 4-1〉처럼 종모양(bell-shaped)의 곡선형태를 가지나, 주어진 기술영역에서의 누적적(cumulative) 기술발전은 Pearl 또는 Logistic 곡선으로 알려진 Logistic 성장단계를 거쳐 포화상태에 이르는 S자 모양을 띤다.[2)]

1) 이하의 내용은 이장재·양희승(1992), '기술혁신 과정과 이론 그리고 정책', 과학기술정책, 제4권 제2호, pp. 13-33 인용.

2) Linstone and Sahal eds.(1976), Technological Substitution, pp. 13-14, 이러한 형태는 또한 교육 및 연구개발 활동에서도 관찰된다. Yamada와 Otaki는 화학 분야에서 S자를 지지하는 증거를 발견하였다. Yamada and Otaki(1971). 'Life Cycle of Basic Research-An Approach to the Quantitative Analysis of R&D Activity,' Research Policy, Vol. 1, pp. 352-363 참고.

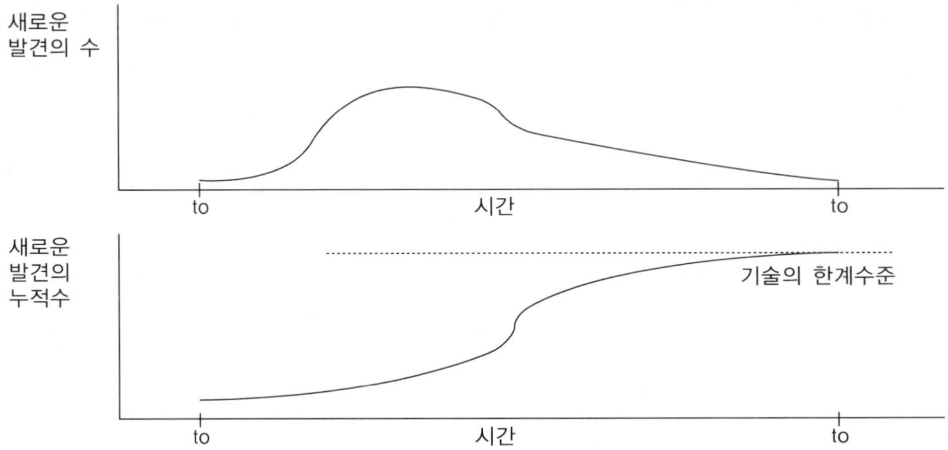

출처: Nicholas Rescher(1978), Scienctific Progress, pp.208-209, 이장재 · 양희승(1992), 재인용

〈그림 4-1〉 기술진보의 형태: 단기

S자 형태는 기술혁신이 처음 도입되었을 때 학습 및 경험에서의 애로를 극복하는 과정인 상대적으로 느린 성장단계와 그 후 여러 가지 기술적 애로의 극복 후에 나타나는 지수적인(exponential) 급속한 성장단계, 그리고 최종적으로는 발전의 한계에 도달하게 되는 성장의 감속단계를 거치는 것을 의미한다. 피셔(Fisher)와 프라이(Pry)는 17개의 산업에서 기술대체에 관한 사례를 분석한 후 기술진보의 형태가 Logistic 함수를 취하고 있다는 결과를 도출하였고, 멘슈(Mensch)는 기술의 성장-포화 과정(growth-saturation process)을 통해 한 기술분야에서 성공적 기술혁신이 수확체감의 법칙—자본투자의 감소를 수반하는—에 의해 지배되어 왔다는 사실을 밝혔다.[3) 4)]

그러나 기술의 성장-포화 과정은 한 가지 기술의 발전과정만을 나타내고 있다는 단점을 지니고 있다. 실제로 기술의 진보는 한 가지 기술이 다음 기술로 변화될 때 반복적으로 일어나고 있으며, 기술진보의 포화상태는 기술발전의 잠정적 정지상태이며 최종상태를 의미하는 것이 아니다. 따라서 장기적 관점에서 기술진보의 형태는 〈그림 4-2〉에서 보는 것처럼 불연속성을 가지는 기술들이 연속적으로 생성 · 소멸되는 모습을 띠게 된다.

3) Fisher and Pry(1971). "A Simple Substitution Model of Technological Change," Technological Forecasting and Social Changes, Vol. 3., pp.75-88.

4) Mensch(1979), Stalemate in Technology: Innovations Overcome the Depression, pp.51-66.

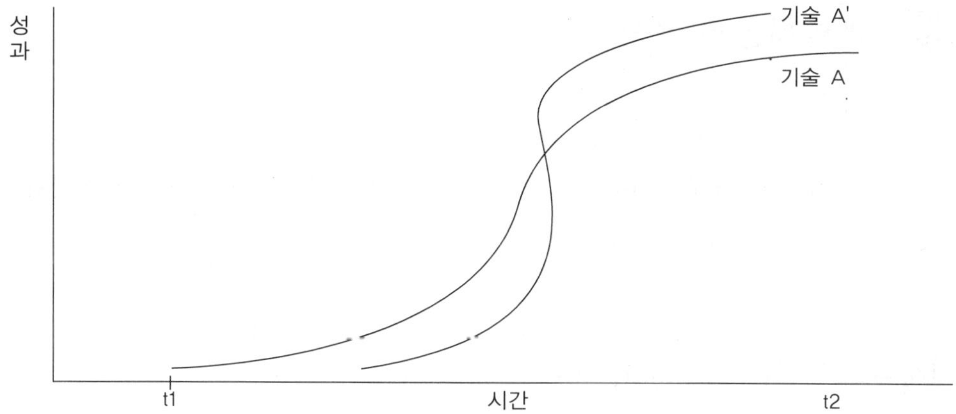

출처: Richard Foster(1982). 'Boosting the Payoff from R&D,' Research Management, pp. 22-27.

〈그림 4-2〉 기술진보의 형태: 장기

즉, 하나의 기술이 한 단계 높은 기술로 단층적 변화(technological strata)를 일으키면서 발전하게 되는 것이다.

사할(Sahal)과 사비오티(Saviotti), 그리고 보먼(Bowman)은 수학적 방법을 사용하여 S자 곡선의 불연속적인 반복을 지지할 수 있는 경험적 결과를 제시하고 있다.[5] 또한 앤소프(Ansoff)와 요시하라(Yoshihara)는 기업의 전략적 측면에서 기술을 다루는 개념적 틀을 발전시키면서 이러한 개념의 적용을 시도하고 있다.[6]

이러한 불연속적인 S자 모양의 기술진보 형태는 기술의 급진적 변화를 나타내고 있다. 이는 뒤에서 논의하게 될 새로운 기술 패러다임의 발생과 관련된 개념을 제공하고 있으며, 하나의 기술진보 형태를 나타내는 성장-포화현상은 기술경로의 개념적 틀을 제공하고 있다.

5) Sahal(1985), 'Technological Guideposts and Innovation Avenues,' Research Policy, Vol. 14., pp.61-82; Saviotti and Bowman(1984), 'Indicators of Output of Technology,' in Gibbons, M., et al., Science and Technology Policy in the 1980s and Beyond, pp.117 147.

6) Ansoff(1984), Implanting Strategic Mamagement, pp.102-105; Yoshihara(1976), 'Towards a Comprehensive Concept of Strategic Adaptive Behaviour of Firms.' in Ansoff, I. et al., From Strategic Planning to Strategic Management, pp.103-124.

4.2 기술혁신의 원천

기술혁신의 원천 및 결정요인에 대해서는 기술주도이론(technology push theory)과 수요견인이론(demand pull theory)이 대립하고 있으며, 이를 보완하는 상호작용모델(interactive model)이 제시되고 있다.

1) 기술주도이론(technology push theory)

기술주도이론(technology push theory)의 주창자들은 제품과 공정의 변화는 과학과 기술의 진보에 기인한다고 주장하고 있으며, 수요견인 혹은 시장견인이론의 주창자들은 혁신행위에 주된 영향을 미치게 되는 요인으로 시장수요를 들고 있다.[7] 양 이론이 과학기술혁신정책에 제공하는 의미는 매우 다르다. 기술주도이론의 경우는 정책의 초점이 과학과 기술개발을 위한 직접적 노력과 지원에 있으며, 수요견인이론의 경우는 주로 시장수요를 자극하는 정책이 요구된다.

기술주도이론의 선구자로는 슘페터(Schumpeter)를 들 수 있다. 자본주의 사회의 장기적 경제발전과 구조적 변화에 관심을 둔 Schumpeter는 창조적 파괴(the gale of creative destruction)라는 혁신에 의한 경제체제의 불균형을 자본주의 경제발전의 본질적 요소로 규정하고 급진적 혁신(radical innovation)이 새로운 산업의 출현과 경제발전을 위한 새로운 원동력을 형성한다고 주장하였다.[8] 그에 따르면 새로운 기술의 공급이 기존 수요형태에 대한 적응보다 더 중요하며 새로운 기술은 성장의 추진력으로 작용하게 된다. 그의 이러한 사고가 기술주도이론의 토대를 마련한 것으로 평가된다.[9] 기술주도이론은

---

7) 수요견인이론은 demand-pull 혹은 market-pull 이론이라고 하기도 한다. 또한 혹자는 need-pull 이론이라고 하기도 하는 데 삼자는 엄밀한 의미에서는 조금씩 의미가 다르다. need의 의미는 인간의 욕구차원을 의미하는 용어로 이는 구체적인 수요형태인 demand로 나타나기 이전의 상태이다. 일부의 need는 구체적인 소비행위인 수요, 즉 demand로 나타나게 되나 일부는 잠재적인 욕구상태에 머물게 된다. 한편 market 즉 시장은 demand가 구현되는 장소적 의미를 가진다. 따라서 demand-pull과 market-pull은 같은 의미로 볼 수 있으나 need-pull은 다른 의미를 가진다고 볼 수 있다.

8) Schumpeter(1943), Capitalism, Socialism and Democracy 참고. 혁신과 경제발전을 주도하는 기술의 기원에 대한 슘페터의 주장은 크게 전기(1914)와 후기(1943)로 나누어지는데 전자의 경우는 외생적 변수로써 기업가의 활동을 매개로 한 과학과 발명의 역할이 강조되었고, 후자의 경우는 대기업의 연구개발 실험실에서 이루어지는 과학과 기술, 즉 내생적 변수로서의 과학과 기술의 역할이 강조되었다. 자세한 내용은 Rothwell and Zegveld(1985), Reindustrialization and Technology, pp. 60-66 참고.

9) Coombs et al.(1987), Economics and Technological Change, p.95.

발명이나 혁신활동을 자극하는 요인으로 과학 또는 기술의 사전적 진보를 강조하고 있으며 과학과 기술의 관계는 상호 보완적 작용을 하는 것으로 이해되고 있다.[10] 그러나 극단적인 순수한 기술주도이론의 형태는 혁신활동과 경제적 요소 사이에는 아무런 관계가 없다는 주장으로 나타나고 있다.[11]

기술주도이론을 완전히 지지하는 경험적 연구결과는 찾기 어려우나 과학과 기술의 진보가 기술혁신의 주된 요인임을 지지하는 연구결과로는 공정설비와 합성재료, 전자산업에서의 혁신을 분석한 프리먼(Freeman)의 연구가 있다.[12] 프리먼은 공정설비와 합성재료 그리고 전자산업 분야에서 연구개발 노력과 혁신결과의 사이에 밀접한 관계가 존재함을 발견하였다. 한편, 랭그리시(Langrish)와 로젠버그(Rosenberg)는 기술주도이론이 점진적 기술혁신보다는 주로 급진적 기술혁신에 보다 부합된다고 설명하고 있다. 랭그리시는 전자산업에서의 급진적 혁신은 수요견인이론보다는 기술주도이론으로 잘 설명될 수 있다고 지적하였고,[13] 로젠버그는 급진적 혁신(major technological breakthroughs)은 기술발전의 시작으로 표시(signal)된다고 지적하고 있다.[14] 그러나 기술주도이론은 첫째, 혁신의 요인으로 경제적 요인(economic factors)을 무시하고 있고 둘째, 과학과 기술에서 생산으로 이어지는 기술발전의 일방향적 개념(uni-directional conception)을 제시하고 있다는 점에서 비판이 제기되고 있다.[15]

2) 수요견인이론(demand pull theory)

수요견인이론(demand pull theory)은 1960년대 후반과 1970년대 초반에 본격적으로 수행된 기술혁신에 대한 경험적인 연구의 결과로 나타난 것이다. 수요견인이론은 기술변화의 주된 요인을 시장(자본재 시장이나 소비재 시장 양자)에서 인지되는 수요(demand

10) 기술주도이론에서 과학진보가 기술을 선행한다는 견해는 너무나 단순화된 주장으로 경험적 증거로는 지지되지 않고 있다. 기술주도이론은 혁신을 촉진시키는 주된 요인으로 과학과 기술의 상호작용을 들고 있다.

11) Haeffner(1973), 'The Innovation Process', Technology Review, March/April.

12) Freeman(1982), The Economics of Industrial Innovation, 이외에도 산업 분야에서 연구개발 활동과 생산에서 혁신(특허로 측정된)과의 밀접한 관계는 Pavitt and Soete(1980)와 Soete(1981)의 연구에서 발견되고 있고, 연구개발 활동과 생산성과의 밀접한 관계를 발견한 연구로는 Mansfield (1968)과 Terleckyi(1974)의 연구를 들 수 있다.

13) Langrish et al.(1972), Wealth from Knowledge.

14) Rosenberg(1982), Inside the Black Box: Technology and Economics.

15) Dosi(1982), 'Technological Paradigms and Technological Trajectories', Research Policy, 11., p.151.

혹은 needs)와 같은 경제적 요소로 보고 있다. 따라서 소비자의 수요가 재화나 서비스에 대한 소비형태에 변화를 가져 오게 되고 이것이 시장신호(market signal)로써 생산자에게 인식되어 궁극적으로 혁신행위가 발생하게 된다. 혁신의 원인 중에서 수요요인의 중요성을 가장 먼저 지적한 것은 슈무클러(Schmookler)의 연구를 들 수 있다.[16] 슈무클러는 1840년에서 1950년까지 미국의 자본재 산업인 철도, 정유, 농기계, 제지산업에서 투자 · 주식 · 고용 · 발명활동을 분석한 결과 투자와 발명활동의 데이터로 사용된 특허의 시계열이 밀접한 상관관계를 보이고 있으며, 특히 투자가 특허를 선도하고 있다는 사실을 발견하였다. 그는 시장의 성장과 잠재력이 발명활동의 속도와 방향을 결정하는 주요요인이라 주장하였다. 일반적으로 슈무클러를 수요견인이론의 선구자로 보고 있으나 그는 수요가 발명이나 혁신활동의 유일한 결정요인이라고 주장한 것이 아니라 일방적인 기술주도이론을 수정하기 위한 노력으로 수요가 기술혁신의 방향을 결정하는 매우 중요한 요인이라 주장하였다는 점을 주목할 필요가 있다.[17]

시장수요가 혁신행위의 주요 요인이라는 수요견인이론을 지지하는 경험적 연구로는 마이어스(Myers)와 마르퀴스(Marquis)의 연구(1969)[18] 와 Queen's Award 연구(1972),[19] Project SAPPHO(1971)[20] 그리고 Project Hindsight(1967)[21] 를 들 수 있다. Myers & Marguis(1969)의 연구에서는 미국의 5개 산업 분야에서의 기술혁신 성공 사례 567개를 분석하여 시장수요적 인식이 기술적 잠재력 인식보다 기술혁신에 더 큰 영향을 미치는 요소라는 결론을 도출하였다.

랭그리시 등(1972) 연구는 1966년부터 1969년까지 영국의 기술혁신 산업에서 여왕 상을 수상한 84개의 혁신사례에 대해 성공요인과 기술혁신을 지연시키는 요인을 분석한 것이다. SPRU(1971) 연구는 세계 각국의 화학산업과 과학장비 산업에서 기술혁신의 성공사례와 실패사례를 짝지어 총 43개 쌍(화학산업: 22, 장비산업: 21)을 비교 분석한 것이다. 상업화를 성공과 실패의 기준으로 삼았고, 실패사례 34개에 대해서는 실패요인을

16) Schmookler(1966), Invention and Economic Growth.
17) Coombs et al.(1987), p.96.
18) Myers and Marquis(1969), Successful Industrial Innovations
19) Langrish et al.(1972), Wealth from Knowledge
20) SPRU(1971), 'Report on Project SAPPHO'
21) Isensen(1967), 'Project Hindsight' in Kelly and Kranzberg, 1978.

살펴보았다. Project Hindsight(1967) 연구는 미국의 국방성(DoD)이 20개 병기 시스템의 개발에서 기초과학과 응용과학, 그리고 기술이 기여한 상대적 공헌도를 분석한 것이다. 이 연구결과는 이듬해 국립과학재단(NSF)에서 지원하여 5개의 주요 기술혁신에 기여한 군의 임무지향 연구개발 · 응용과 비임무지향 연구개발 · 응용이 기여한 공헌도를 분석한 TRACES 연구와 비교되었는데 앞의 Project Hindsight의 경우는 비임무지향적 연구가 미미한 역할만을 수행한데, 반해 TRACES의 경우는 주요기술혁신의 70%가 비임무지향적 연구의 기여에 의한 것이라는 상반된 결과를 보였다.

이러한 연구들은 혁신의 성공사례와 시장 및 소비자의 수요가 밀접한 연관성을 가지고 있다는 사실을 발견함으로써 수요견인이론을 지지하고 있다. 그러나 수요견인이론은 시장수요가 혁신활동의 주된 요인이라는 결론을 지지할 수 있는 확실한 증거를 제공하지는 못하고 있다고 마워리(Mowery)와 로젠버그(Rosenberg)는 지적하고 있다.[22] 첫째, 수요견인이론을 지지하는 연구들이 사용한 수요요인(demand factors)이라는 개념이 너무나 광범위하게 사용되었음을 지적하고 있다. 둘째, 니즈(needs)와 수요(demands)라는 서로 다른 개념의 혼용 역시 분석의 결과를 모호하게 할 뿐만 아니라 수요견인이론을 지지하는 경험적 연구결과로 받아들이기 어렵게 한다. 이러한 점은 도시(Dosi)에 의해서도 지적되고 있는 데 도시(Dosi)는 Needs의 개념이 극히 모호하다고 지적하면서, 극단적으로 먹고, 잠자리를 구하고, 의사소통에 대한 욕구와 같이 경제적 의미가 존재하지 않는 경우일 수도 있고, 다른 한편으로는 경제적 의미를 갖는 만족의 구체적 수단을 가리키기도 한다고 개념의 모호성을 비판하고 있다.[23] 셋째, 수요견인이론은 혁신과정에서 발생되는 생산자에 의한 수요의 인식이 신제품 창출이라는 기술혁신으로 이어진 구체적 사례를 밝히지 못하고 있다. 또한 수요견인이론에 따르면 생산자에 의한 시장수요의 인식으로부터 혁신이 유발된다는 사실은 곧 사후적으로 이용할 수 있는 기술적 가능성이 항상 존재하고 있다는 것을 의미하는 데 이러한 가정은 매우 비현실적이다. 넷째, 수요견인이론은 시장수요와는 무관한 과학과 기술의 변화를 무시하고 있다는 점에서 비판이 제기된다.[24]

22) Mowery and Rosenberg(1979), 'The Influence of Market Demand upon Innovation: A Critical Review of Some Recent Empirical Studies', Research Policy, 8. pp. 193-241.
23) Dosi(1982), pp. 149-151.
24) 앞의 책, p.150.

3) 상호작용모형(interactive model)

기술주도이론과 수요견인이론은 각각의 장점과 단점을 지니면서 기술혁신의 기원과 결정요인을 부분적으로 설명하고 있다. 양 이론의 단점을 보완하여 급진적 혁신과 점진적 혁신을 포괄적으로 설명하기 위해 나타난 모델이 상호작용모형(interactive model)이다. 상호작용모형은 과학과 기술 그리고 시장의 연속적인 상호작용을 기술혁신 행위의 주요 요인으로 가리키고 있다. 모어리와 로젠버그(Mowery & Rosenberg)는 시장수요의 변화와 마찬가지로 과학과 기술의 진보는 상호작용의 형태로 기술혁신에 중요한 역할을 수행하고 있다고 주장하였다.[25] 프리먼은 needs와 수요에 의해 혁신이 유발되는 한편, 이 과정에는 연구행위에 의해 나타나는 현존 또는 새로운 과학과 기술이 포함됨으로서 결국 혁신행위는 기술적 가능성과 잠재적 시장의 결합(matching) 과정이라고 주장하고 있다.[26] 또한 로스웰(Rothwell)은 혁신과정을 혁신적 기업의 내외적 환경(framework)에서 기술적 능력과 시장수요(market needs)의 합류(confluence)라고 하면서 상호작용모형을 지지하고 있다.[27] 이상과 같은 기술혁신의 기원과 결정요인에 관한 기술주도이론과 시장수요이론은 어느 것도 전적으로 지지를 받지 못한 채 상호작용모형으로 흡수되고 있다. 이러한 논의에 참여하고 있는 대부분 학자들도 기술주도이론이나 수요견인이론의 양 극단에 서기 보다는 양 이론의 장점을 수용하는 입장을 견지하고 있다.

4.3 기술혁신의 유형

기술혁신의 속도나 폭에 따라 급진적(radical) 혁신과 점진적(incremental) 혁신, 또는 대규모(major) 혁신과 소규모(minor) 혁신, 기본적(basic) 혁신과 부수적(sub) 혁신 등으로 구분되며, 기술혁신의 대상이 무엇이냐에 따라 제품혁신(product innovation)과 공정혁신(process innovation) 등으로 구분된다.

25) Mowery and Rosenberg(1979), p.105.

26) Freeman(1982), p.166.

27) Rothwell(1985), Public Innovation Policy: to have or to have not, in Langdon, R. and R. Rothwell(eds.), Design and Innovation: Policy and Management, p. 50.

1) 급진적(radical) 혁신과 점진적(incremental) 혁신

급진적(radical) 혁신은 기존의 기술시스템이 다른 시스템으로 전환되는 근본적인 변화를 의미한다. 예를 들면, 전기엔진의 실용화가 가능해짐에 따라 자동차의 가솔린엔진을 전기엔진으로 대체하거나, 선반의 기계식 제어장치를 수치제어식 제어장치로 대체하는 등 작동원리가 전혀 다른 기술시스템을 채용하는 경우를 가리킨다. 급진적 혁신의 특징은 기술이 과학적 지식에 바탕을 두면서 주로 기술주도(technology push)에 의하여 혁신이 이루어 지며, 불확실성이 높고 불연속적으로 일어나는 특성을 지니고 있다. 아울러 이러한 혁신은 기초과학이 발달한 경우 가능성이 높으며, 조직적 연구개발에 의해 이루어 지는 경우가 많다.

점진적(incremental) 혁신은 기술시스템의 근본적인 변화가 아닌 기존 기술시스템의 개선, 혹은 급진적인 기술혁신 이후 나타나는 보완적 혁신 등 다양한 작은 기술변화들을 지칭한다. 점진적 기술혁신은 주로 생산경험을 바탕으로 한 현장기술자들의 경험이나 비공식적인 연구개발에 의해 이루어지며 기술주도보다는 시장수요(market pull)에 의해 발생하게 된다.

1930년대 세계 불황기에 대한 멘슈(Mensch)의 실증분석에 따르면 급진적 혁신은 불황

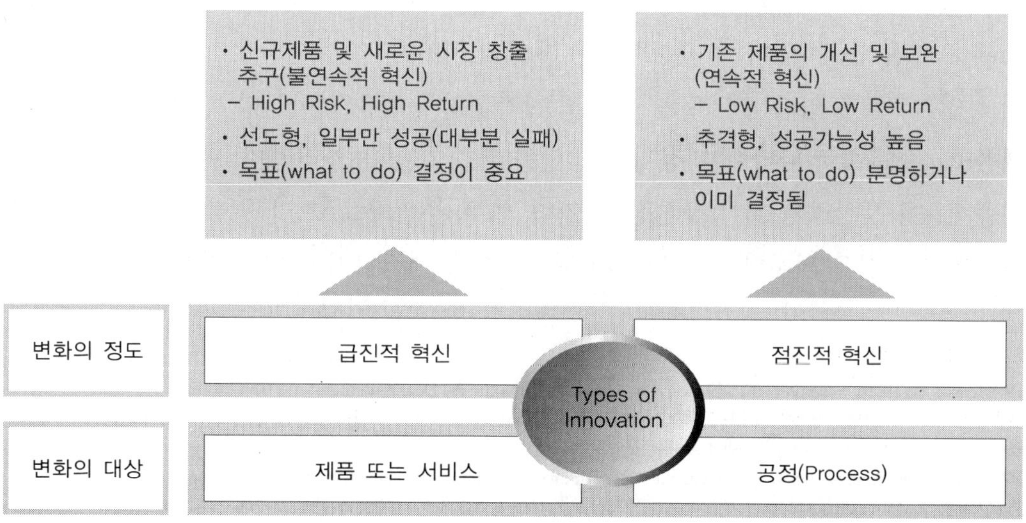

〈그림 4-3〉 급진적 혁신과 점진적 혁신

기 때 많이 발생하여 불황을 극복하는 기폭제로 작용한다. 자동차, 레이더, 형광등, 디젤기관, 나일론, 폴리에틸렌 등 수 많은 급진적 혁신들이 1930년대에 발생하였는데 이는 새롭게 발명된 제품의 상업화가 특히 불황기에 빠르게 진행되기 때문이라 설명하고 있다.[28] 불황은 비효율적으로 운영되는 기업을 퇴출시키고 과잉생산 경향을 수정하는 슘페터가 주장한 이른바 '창조적 파괴'의 과정이기 때문에 여기에 적응하기 위해서는 획기적인 기술개발이 필요한 것이다.

점진적 기술혁신은 급진적 혁신처럼 혁명적이거나 급격한 경제적 변화를 초래하지는 않지만 기존제품이나 급진적 혁신을 대상으로 꾸준하게 품질을 개선하고 생산비용을 절감함으로써 기술혁신 과정에서 중요한 의미를 갖는다. 표준화된 제품을 대량 생산하는 기업들의 경우 다양한 점진적 혁신에 주력하여 생산비 절감효과를 얻게 되고, 신제품을 생산하는 기업의 경우는 제품성능이나 품질을 보완하기 위한 점진적인 기술개선에 주력하여 판매증대 효과를 얻게 된다.

2) 제품혁신과 공정혁신

급진적 기술혁신과 점진적 기술혁신의 구분 이외에도 정책적인 측면에서 중요한 의미를 갖는 기술혁신의 유형으로는 제품혁신(product innovation)과 공정혁신(process innovation)을 들 수 있다.[29] 제품혁신은 제품의 사용자 혹은 시장수요를 충족시키기 위해 상업적으로 도입되는 새로운 기술 또는 기술의 조합을 의미한다.[30] 제품혁신은 최종제품(terminal)으로 나타나는 신제품 생산을 위한 혁신을 가리킨다. 반면 공정혁신이란 최종제품을 생산하기 위한 생산장비, 인력, 업무, 투입재료, 그리고 정보흐름과 같은 생산체제의 혁신을 의미한다.[31] 따라서 최종제품을 생산하기 위한 수단(instrument)—원

28) Mensch, G.(1979), Stalemate in Technology: Innovations Overcome the Depression.

29) 제품혁신과 공정혁신 외에도 최근에는 시스템 측면에서의 혁신을 표현하기 위해 시스템 혁신이라는 용어가 사용되고 있으나 이는 엄밀한 의미에서는 공정혁신에 속하는 현상이라고 할 수 있다.

30) Utterback and Abernathy(1975), 'A Dynamic Model of Product and Process Innovation', Omega, 3. p. 642.

31) 앞의 책, p.641. Utterback은 뒤에 제품혁신과 공정혁신을 산업에 적용하면서 제품과 공정 각각에서 주요혁신(major innovation)과 점진적 개선(incremental improvement)을 구분하여 양자를 급진적 혁신(radical innovation)과 점진적 혁신(incremental innovation)으로 대조시키고 있다. Utterback(1979), The Dynamics of Product and Process Innovation in Industry, in Hill, C. and J. Utterback(eds), Technological Innovation for a Dynamic Economy, pp. 40-65.

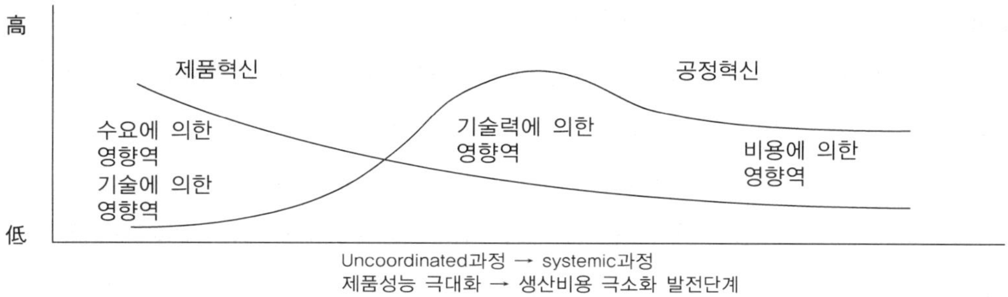

자료: Utterback and Abernathy(1975), 'A Dynamic Model of Product and Process Innovation', Omega, 3. p. 645.

〈그림 4-4〉 기술혁신과 제품수명주기의 발전 단계

유촉매 분해장치, 칩의 설계를 위한 CAD(computer-added design) 장비 등—의 출현을 가리키고 있다. 그러나 일반적으로 양자의 구분은 쉽지 않으며 오히려 상황에 따라서 달라진다고 할 수 있다.[32)]

수치제어(NC: numerical control) 선반의 출현을 예로 들면, 이를 생산한 생산자의 입장에서는 제품혁신이라 할 수 있으나 이를 구입하여 다른 제품을 생산하려는 구매자의 입장에서는 공정혁신이라고 할 수 있다. 그럼에도 불구하고 두 종류의 기술혁신을 구분하는 이유는 첫째, 두 혁신은 상호보완적 관계를 가지며 제품수명주기의 단계(stage of the life cycle of a product)에 따라 상호작용의 정도가 다르게 나타난다. 제품주기의 초기단계에서는 제품의 성능이 중요시되어 제품혁신이 주가 되나 점차 제품주기의 후기로 진행됨에 따라 제품이 표준화되면 생산비용의 절감이 중시되어 공정혁신이 주가 되는 것이다.

어터백(Utterback)과 애버내시(Abernathy)는 제품 수명 주기의 발전단계를 uncoordinated, segmental, systemic 3단계로 구분하여 제품 및 공정혁신의 중요성을 설명하고 있다.

첫번째 단계에서는 제품의 성능 및 품질 향상이 주관심사로 등장하여 제품혁신이 주된 활동이 된다. 둘째 단계에서는 제품의 성능이 향상됨에 따라 판매의 극대화를 위한 대량생산을 추구하게 되며 여기에서 생산공정의 개선 및 공정혁신이 주된 활동으로 전개된다. 세번째 단계에서는 생산제품의 표준화와 생산공정의 체계화가 이루어져 제품

32) Abernathy와 Townsend는 Myers와 Marquis의 연구(1969)를 조명하면서 양 혁신, 즉 신제품의 개발과 공정의 변화가 상하의 구조를 이루면서 연쇄관계를 가지고 있음을 보였다. 아울러 이들은 산업의 하부에서는 제품혁신, 상층부에서는 공정혁신이 주가 된다고 밝히면서 미국산업의 생산성 향상을 위해서는 공정혁신을 위한 노력이 필요함을 지적하고 있다. Abernathy and Townsend(1975) 참고.

및 공정혁신의 노력이 약해지며 비용의 최소가 주된 관심의 대상으로 등장하게 된다. 또한 이들은 후기 단계로 진행되면서 제품은 표준화되고 자본집약화되며 생산규모는 거대화된다고 지적하고 있다.[33)]

둘째, 공정혁신은 범위가 한정적인 제품혁신과는 달리 기계와 인간 그리고 사회시스템을 포함하는 시스템적 혁신을 가져오는 급진적 혁신의 원인이 되기도 한다는 사실이다.[34)] 이 같은 사실은 공정혁신은 더 점진적인 성격을 띤다는 어터백과 애너내시(Utterback & Abernathy, 1975) 주장과는 상반되나 이들의 경우 기술혁신의 분석단위가 산업의 생산단위인 반면 토르네츠키(Tornatzky)와 플레이셔(Fleischer)는 기술혁신의 분석단위를 사회 및 국가수준으로 보았기 때문에 이러한 결과가 나타났다고 할 수 있다. 따라서 양자의 주장은 분석단위에 따라 상호보완적으로 받아들일 수 있다.

셋째, 기술의 채택 및 실행이란 측면에서 양 혁신의 경우 혁신과정에서 참여하는 행위자 및 행위자의 영향력이 달라진다는 사실이다. 따라서 제품기술의 확산여부는 명백하게 정의가 가능한 최종 사용자나 사용자 집단에 대한 마케팅의 문제로 분석이 가능하게 된다.[35)] 그러나 공정기술의 경우는 매우 복잡한 기술의 실행에 초점을 맞춘 분석적 모델이 필요하다. 이 경우 많은 참여자가 관련된 복잡한 모델의 구성이 요구되며 또한 참여자 상호간의 관계 및 영향력의 정도에 대한 분석이 요구된다.

이상과 같이 기술혁신을 제품혁신과 공정혁신으로 유형화하여 분석하는 노력은 혁신과정의 동태적 분석을 위해 유용할 뿐만 아니라 뒤에서 살펴볼 과학기술정책에서도 중요한 시사점을 제공하고 있다는 점에서 그 의미를 찾을 수 있다.

4.4 기술혁신 과정의 성격

기술혁신 과정을 일방향적인 선형(linear-sequential) 과정으로 보아온 선형모형(〈그림 4-5〉 참고)은 분석을 위한 틀로는 편리하나 기술혁신 과정을 지나치게 단순화하였다는

33) Utterback and Abernathy(1975).
34) Tornatzky and Fleischer(1990), The Processes of Technological Innovation, p.21.
35) 앞의 책, p. 21.

비난과 함께 산업계에서 관찰되고 있는 재혁신(re-innovation)이나 재적응(re-adaptation)의 과정에 대해서는 설명할 수 없다는 점에서 비판을 받아왔다.

선형모형을 비판하는 연구로는 재혁신이나 재적응의 관점에서 헬리콥터 산업에서 확산이 오히려 혁신을 선행하는 사례가 존재한다는 로스웰과 가디너(Rothwell & Gardiner, 1983)의 연구와 생산측면(production side)에서 제품개발이 기초 및 응용연구를 선행할 수 있다는 클라인(Kline, 1985) 및 클라인과 로젠버그(Kline & Rosenberg, 1986)의 연구를 지적할 수 있다. 따라서 기술혁신은 선형적으로 발전하기보다는 각 과정간의 동태적 상호작용은 물론 내외부적 기술환경 및 시장 메커니즘과도 상호작용하는 비선형(nonlinear)의 발전과정이라 할 수 있다.

클라인은 비행기, 자동차, 제지, 정유산업과 발전소 등에 관한 30년간의 자문경험을 통해 기술혁신 과정의 선형모형을 대신하는 연쇄모형(linked chain model)을 제안하였다.[36)]

그는 선형모형에서는 기술주도이론과 수요견인이론이 혁신에 미치는 상호작용을 설명하지 못한다고 지적하면서 연쇄모형으로 양 이론의 상호작용을 설명할 수 있음을 밝히고 있다. 그는 연구(주로 기초연구를 의미)가 직접 혁신과정으로 연계되는 것이 아니라 연구와 혁신과정 사이에는 축적된 인간의 총체적 지식이 존재하며 축적된 지식을 매

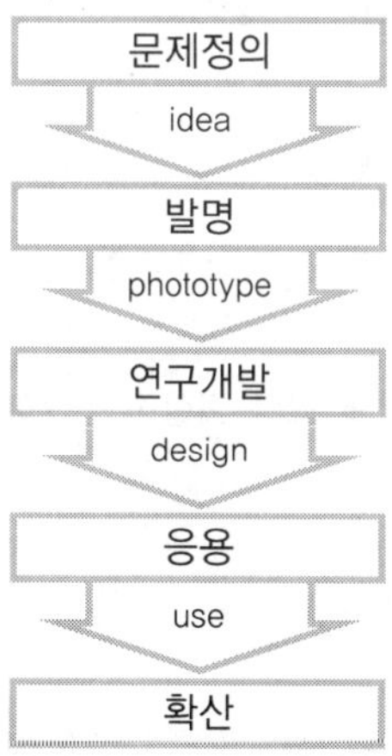

출처: Kelly and Krazberg(1978), Technological Innovation: A Critical Review of Current Knowledge, Mole and Elliot(1987), Enterprising Innovation: An Alternative Approach, p. 25에서 재인용

〈그림 4-5〉 기술혁신의 선형모형

36) Kline(1985), 'Innovation is not a linear process', Research Policy, July/August. pp. 36-45.

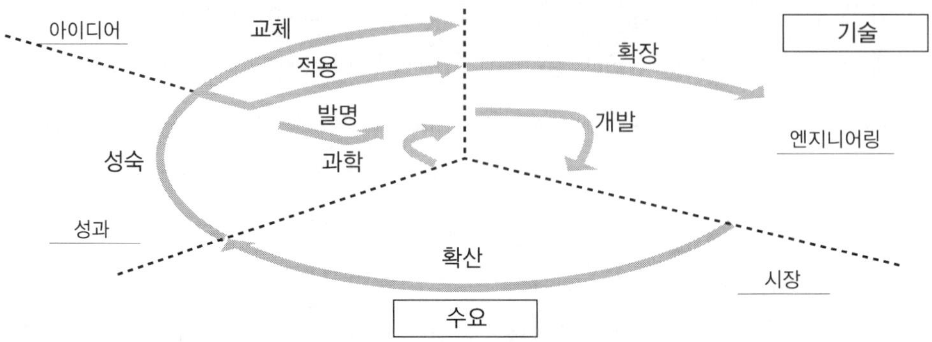

자료: Mole and Elliott(1987), Design: Processes and Products(T263), Units 5-7, Milton Keynes, p.27에서 재인용

〈그림 4-6〉 나선형의 혁신 모형

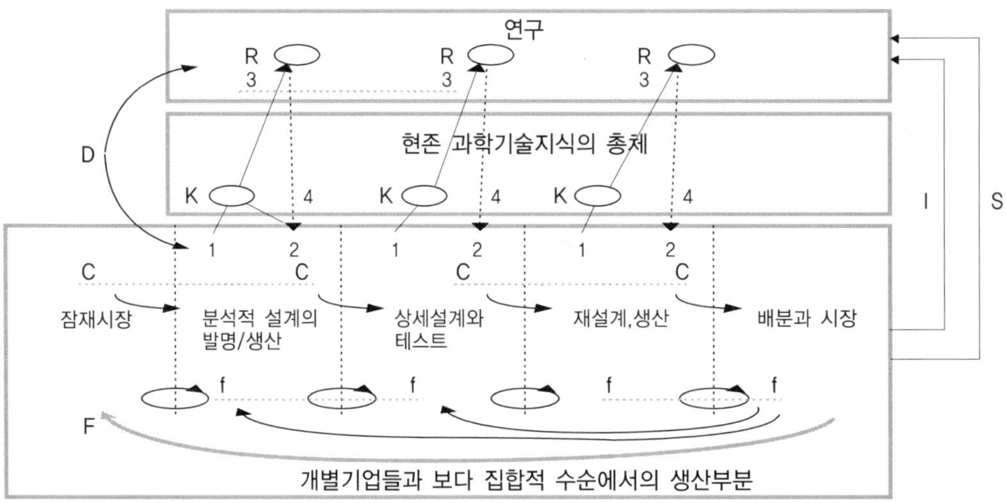

아래 상자의 화살표에서 사용된 기호:
C = 혁신- 중심-체인
f = 피드백 고리
F = 특히 중요한 피드백

수직적 연계:

K-R : 지식을 통한 연구와의 연계와 귀환경로. 만약 문제가 마디(node) K에서 해결된다면, 연구(R)로 가는 3의 연계는 작동하지 않게 됨. 연구로부터 반환(연계 4)은 불확실하므로 점선으로 표시함.

D : 발명이나 설계와 관련된 문제에서부터 연구(R)와의 직접적 연계

I : 도구, 공작기계, 그리고 기술과정에 의한 제조업부문이 과학연구에 미치는 기여

S : 제품영역 배후의 과학에 대한 정보를 직접적으로 그리고 외부작업의 점검을 통해 획득하기 위해 기업에 의해 제공되는 재정적 지원, 획득된 정보는 체인의 어느 곳에서도 사용될 수 있음.

출처: OECD(1992), Technology and Economy, The Key Relationships, p. 25

〈그림 4-7〉 기술혁신의 상호작용모형(The Chain-linked model)

개로 하여 연구의 결과가 구체적 형태(즉, 분석적 디자인 또는 기초 디자인: analytic design or basic design, 상세디자인: detailed design, 재디자인: redesign 등)로 전환된다고 강조하였다. 선형모형에 집착한 결과로 나타나는 연계관계에 대한 관심 및 정책적 노력의 부족이 기술혁신의 촉진을 저해해 왔다고 그는 지적하고 있다.

한편 워커(Walker)는 나선형의 혁신모형(innovation spiral model)을 제시하면서 기술혁신의 과정이 주기적인 진보(cyclical progression)의 형태를 띠고 있음을 나타내고 있다(〈그림 4-6〉 참고).[37] 워커에 따르면 기술혁신과정은 기술과 엔지니어링에 연계된 발명·개발단계, 시장과 수요에 연계된 확산단계, 교체(displacement)와 적용(adaptation) 또는 재발명과 연계된 성숙단계 등 3단계가 주기적으로 변화하는 형태로 나타난다. 특히 워커는 제품 및 공정부분에서 디자인과 재디자인이 새로운 아이디어와 시장수요를 구체적 형태로 전환시키는 중요한 역할을 수행하기 때문에 기술혁신 과정에서 디자인이 매우 중요하다고 강조하였다.

한편, 클라인과 로젠버그(1986)는 연계체인모형(linked chain model)을 주장하였고, 이를 일부 변형한 OECD의 상호작용모형은 다음과 같다.[38] 상호작용모형은 지속적인 상호작용과 피드백 과정을 기술혁신 과정의 주된 특징으로 규명하고 있다는 점에서 많은 공헌을 하고 있다. 이 모형은 설계(design)의 중심적인 역할, 하류부문(downstream)과 상류부문(upstream) 간의 상호작용, 혁신과정의 각 단계에서 이루어지는 기술 및 혁신활동들간의 상호작용을 강조하고 있는 점이 과거의 선형모형(linear model)과는 다른 점이다.[39]

〈그림 4–7〉에서 나타나듯이 상호작용모형에서는 과거의 선형모형과는 달리 크게 두 가지 유형의 상호작용이 동시에 이루어지고 있다. 하나는 한 기업 내부 또는 긴밀하게 연계된 네트워크에 위치하고 있는 기업군 내부에서 나타나는 과정과 관련된 것이고, 다른 하나는 더 넓은 과학기술체계와 개별기업의 관계를 나타내고 있다.

이상과 같이 기술혁신 과정은 각 단계간의 상호작용은 물론 내외부의 과학과 기술 그

37) Walker(1986), 'Design and Innovation: An Introduction', Design and Innovation(T362), Units 1-2, Milton Keynes.
38) OECD(1992), Technology and The Economy: The Key Relationships, pp.24-28.
39) 선형모형(linear model)은 기술혁신과정이 발견, 발명을 통해 순차적 단계를 거쳐 제품생산과 판매에 이르게 된다고 설명하고 있다. 자세한 내용은 Rothwell, R. and Zegveld W.(1985), 'Reindustrialization and Technology, pp. 47-51 참고.

리고 시장 및 수요와 혁신성과 등에 의해 영향을 받는 비선형의 과정이라 할 수 있다. 따라서 기술혁신 과정에 대한 충분한 이해는 다음에서 다루게 될 혁신단계 및 기술과 시장 환경에서 의사결정과 선택을 지배하는 메커니즘 등 거시적 기술혁신 과정의 형태가 파악되었을 때 비로소 가능하게 된다.

4.5 기술혁신의 진화모형

기술혁신에 관한 경험적 연구들은 기술혁신 과정이 연속성과 불연속성을 가지고 진보하고 있음을 밝히고 있다. 새로운 디자인의 출현은 기술혁신의 불연속성을 의미하고 있는 반면, 주도적 디자인(dominant design)은 기술혁신의 연속성을 의미하고 있다. 주도적 디자인이란 다양한 디자인 중에서 산업계의 지지를 얻어 채택되는 대표적 디자인을 의미하는 것으로 주도적 디자인이 채택되면 대부분의 상품은 이러한 디자인을 따르게 된다.[40] 따라서 기술혁신의 발전에 대한 논의도 불연속적 혁명적(revolutionary) 기술변화에 대한 접근방법과 이미 설정된 기술영역에서 발생하는 연속적 진화적(evolutionary) 기술진보에 대한 접근방법으로 나누어 볼 수 있다.[41]

먼저, 넬슨(Nelson)과 윈터(Winter)는 진화적 입장에서 기술과 혁신을 주도하는 기업 그리고 기업이 행동하는 선택환경을 통합한 동태적인 기술혁신 과정 모형을 구성하고자 하였다.[42] 이들은 혁신의 발생을 다양한 R&D 전략의 조건 확률적(conditional probabilistic) 결과로 보고 자연경로(natural trajectories)의 개념과 그리고 새로운 혁신이 발생했을 때 이들의 변화를 좌우하게 되는 선택환경(selection environment)이라는 개념을 발전시켰다.

40) Abernathy와 Utterback은 초기의 포드 자동차 모델 중 모델 T의 경우를 예로 들고 있다. Abernathy and Utterback(1978), 앞의 책, pp. 41-47. 한편 이 개념은 Gardiner의 강건 디자인(Robust design)의 개념과 유사하다. Gardiner(1986), 'Robust and Lean Designs with State of the Art Automotive and Aircraft Examples', in Freeman, C.(ed.) Design, Innovation and Long Cycle in Economic Development, pp.143-168.

41) 기술변화를 급진적 혁신(radical breakthrough innovation), 주요혁신(major innovation), 점진적 혁신(incremental innovation), 개량(improvement)으로 나누어 보았을 때 급진적 혁신과 주요혁신은 혁명적 성격을 가지며, 점진적 혁신과 개량은 진화적 성격을 갖게 된다. Utterback(1977), 'Recent Findings and Hypotheses about the Dynamics of Product and Process Change,' in Stroetmasnn ed.(1977), p.8.

42) Nelson and Winter(1977), 'In Search of Useful Theory of Innovation.' Research Policy, Vol. 6. pp.36-77.

자연경로란 특별한 기술의 구체적 형태로 나타나거나 또는 넓게는 기술체제(technological regime)의 형태로 정의되기도 한다. 기술체제는 관련된 경제적 환경 내에서 제한된 물리적, 생물적 그리고 기타 제약조건으로 기술이 이루어질 수 있는 능력의 경계(a frontier of achievable capabilities)를 의미한다. 즉, 기술체제는 경제적 조건 하에서 제약되어 있는 기술이 달성 가능한 최고의 상태를 의미한다. 자연경로(natural trajectories)란 다양한 수요조건 속에서 하나의 기술이 일정 방향으로 진보하고 있고 이러한 결과로 이익이 있을 때 적용되는 어떤 강력한 내부적 메커니즘(intra project heuristics)이 존재하는 데 이러한 기술의 진보방향을 가리킨다.[43] 따라서 기술은 이러한 방향으로 내적 논리와 동력(dynamics)을 갖고 진화하게 된다.

선택환경(selection environment)은 서로 다른 기술들의 상대적 이용이 시간의 흐름에 따라 어떻게 변화하는가를 결정하는 환경으로 주어진 혁신에 의해 창출된 생산성 증가의 방향에 영향을 미치고 또한 기업과 산업계가 수행하는 연구개발에 영향을 미치게 된다. 이러한 개념틀 하에서 넬슨과 윈터는 산업간 생산성의 성장차이를 자연경로를 따르는 R&D전략의 확률적 결과와 시장(market)과 비시장(non-market)으로 나누어지는 선택환경의 차이로 설명하고자 하였다. 이러한 접근방법은 개별 프로젝트나 기업 차원을 넘어 기술혁신 과정의 발전방향을 결정하는 요인들을 파악함으로써 거시적 관점에서 기술혁신 과정을 파악할 수 있는 틀을 제공하였다.

도시(Dosi)는 급진적 혁신이 기술경로(trajectory)의 기반을 구성한다는 로젠버그의 주장을 발전시켜 기술경로(technological trajectories)와 기술 패러다임(technological paradigm)이라는 개념을 제시하였다.[44] 그는 기술변화의 연속적이며 진화적(evolutionary) 과정과 불연속적이며 혁명적인(revolutionary) 과정에 대한 논의를 통합하는 모형을 제안하고 있다. 그는 쿤(Thomas Kuhn)의 구도를 사용하여 연속적인 기술변화의 과정을 기술 패러다임에 의해 규정된 가능한 대안들 사이에서 한정적인 경로를 따르는 진보로 본 반면, 기술변화의 불연속성은 한 패러다임에서 다른 패러다임으로 진행하는 변화에 결부된 새로운 기술 패러다임의 발생으로 보았다. 점진적 혁신은 연속적 기술변화 과정을 의미하고 있고, 급진적 혁신은 불연속적 기술변화로 볼 수 있다. 따라서 기술경로를 따르는 기술변

43) 앞의 책, pp.56-57
44) Dosi(1982), pp.147-162

화는 점진적 혁신의 출현으로 새로운 기술 패러다임의 발생은 급진적 혁신의 출현으로 대비해 볼 수 있다.

기술경로는 패러다임이 규정하고 있는 기술변수의 다양한 선택적 균형(multidimensional trade-offs)의 작동에 의해 나타낼 수 있는 패러다임에 의해 결정된 정상적(normal) 문제 해결 활동이며, 기술진보는 기존에 유지되어 왔던 균형의 발전적 개선으로 정의될 수 있다. 따라서 기술경로는 특정한 패러다임의 성격으로 규정이 가능한 기술 방향의 집합이다. 이러한 기술경로의 개념은 넬슨과 윈터의 자연경로의 개념과 동일하며, 또한 어터백과 애너내시의 제품과 공정혁신의 동태적 모형(dynamic model)도 이러한 경로의 표현으로 볼 수 있다.[45)]

한편, 사할(Sahal)은 기술이 사회경제적 환경을 형성하기도 하고 또한 사회경제적 환경에 의하여 새로이 형성되기도 한다는 진화 시스템(evolutionary systems) 이론의 토대하에서 기술에 대한 통합적 논의를 시도하였다.[46)] 그는 기술진보를 진화의 연속적 과정으로 보고 기술의 체제개념(system concept of technology)을 통하여 혁신과정에 대한 체제적 접근방식(system approach)의 중요성을 지적하였다. 또한 그는 기술혁신이 구조혁신(structural innovation)과 재료혁신(material innovation) 그리고 시스템 혁신(systems innovation)의 세 가지 주된 기술적 제약에 따르게 된다고 주장하면서 체제혁신을 두 개 이상의 공존기술(symbiotic technologies)이 결합되어 나타나는 가장 중요한 혁신으로 보았다. 체제혁신에 의해 혁신구조는 일정한 형태를 띠게 되고 아울러 단순화되게 된다.[47)]

그에 따르면, 급진적 기술혁신이란 둘 이상의 공존기술이 결합되는 진화과정으로 체제혁신에 의해 급진적 기술혁신이 단순화되게 된다. 그는 기술혁신의 진화과정은 기술이정표(technological guideposts) 또는 혁신경로(innovation avenues)의 존재로 나타낼 수 있다고 주장하면서 기술진보는 하나의 지형(topography)을 가진다고 결론 내리고 있다. 기술이정표란 기술혁신 과정에서 나타나는 기초 디자인(basic design)과 같이 기술진보의 일반적인 방향을 가리키는 표식을 의미한다. 혁신경로는 이러한 기술이정표에 따른 뚜렷한 진화의 경로(distinct pathways)를 의미한다. 이러한 디자인은 혁신과정에서 출현하

45) Utterback and Abernathy(1975) 참고. 한편 Utterback(1979)은 동태모형을 산업에 적용시켜 제품과 공정혁신 양자에서도 급진적 혁신과 점진적 혁신을 구분하였음은 이미 지적하였다(주 31).

46) Sahal(1985), 'Technological Guideposts and Innovation Avenues.' Research Policy, Vol. 14. pp. 61-82

47) 앞의 책, pp. 64-79.

여 기술혁신의 가능성을 좌우하게 된다. 따라서 기술 혁신은 이러한 기초 디자인(basic design) 형태의 잠재성에 따라 진행되게 된다.[48)]

여기서 지형은 두 가지로 구분되는 데 하나는 산업에서 나타나는 진화경로(evolutionary path) 또는 점진적 혁신경로(innovative avenue)의 존재이며 다른 하나는 다양한 경로(aveneus)의 융합 또는 현존하는 경로의 분열(fission)을 통해 출현되지만 갑작스런 기술진보의 방식과 속도의 변화를 가져오는 급진적 경로의 존재이다. 이상의 논의에서 나타난 기술경로는 일방향적(uni-directional)인 것이 아니라 다방향성(multi-directional)을 갖고 있으며, 기술경로는 이러한 기술 경제적 환경에서 이루어진 기술들의 최첨단 경로를 의미하고 있다.

기술경로에 대한 경험적 연구는 마워리(Mowery)의 연구에서 발견된다.[49)] 그는 반도체 산업에서의 시장구조 및 기술의 변화가 시장수요나 과학적 지식의 변화에 대응해 오기보다는 기술의 내적 논리에 따라 전개되어 왔음을 주장하였다. 이와 유사한 결과는 로젠버그(Rosenberg)의 공작기계 산업과 사할(Sahal)의 항공기 산업에 대한 연구에서도 나타나고 있다.[50)] 파빗(Pavitt)은 중요한 기술혁신에 대한 분석을 통하여 기술변화의 분야별 형태를 발견하였는데 그에 따르면 기술혁신은 누적적(cumulative)이나 혁신의 원천과 방향은 분야에 따라 다른 특성을 갖고 있음을 확인하였다. Pavitt는 경험적 연구의 결과를 통해 혁신기업을 공급자-주도형(supplier-dominated), 생산-집중형(production-intensive), 과학-기반형(science-based) 세 가지로 분류하고 있다.[51)]

지금까지 논의해 온 기술변화의 진화적 과정은 무한하게 계속되는 것이 아니라 새로운 독창성 및 변화에 의해 단절되게 된다. 도시(Dosi)는 새로운 경로가 매우 강력할 때, 즉 경제적 환경에서 과거의 기술을 훨씬 뛰어 넘는 새로운 기술이 나타났을 때 기존의 기술경로에서 새로운 기술경로로의 이동현상은 피할 수 없다고 주장하고 있다.[52)] 그에 따르면 기술 패러다임(technological paradigm)은 기술적 문제해결에 관련된 구체적 지식의 모습(outlook), 일련의 절차 및 정의(definition)로서 각 기술 패러다임은 내재적으로

48) Sahal(1981), Patterns of Technological Innovation, pp. 32-42와 Sahal(1985). p.71.

49) Mowery(1983), 'Innovation, Market Structure, and Government Policy in the American Semiconductor Electronics Industry: A Survey.' Research Policy, Vol. 12. pp.183-197.

50) Rosenberg(1976), Perspectives on Technology, pp. 9-31, Sahal(1981), pp. 2-24

51) Pavitt(1984), pp. 343–373.

52) Dosi(1982), p.154

자신의 성격을 규정하게 된다.[53]

기술의 불연속성에 대한 논의는 최근 산업 경쟁력의 맥락에서 쿠퍼(Cooper)와 쉔델(Schendel), 안소프(Ansoff), 포스터(Foster) 그리고 애버내시(Abernathy) 등에 의해 제시되고 있다.[54] 이들의 견해에 따르면 급진적 혁신은 기존의 생산양식을 전복시키고 디자인 개념과 시장 선호 사이에 존재하였던 기존 관계를 파괴함으로써 산업 혹은 시장에서의 경쟁조건을 변화시키게 된다. 이러한 경쟁력의 변화는 전체 혹은 부분적인 신제품의 출현 또는 급진적 혁신을 통한 현존 제품의 특성 및 성능의 변화에 의해 일반적으로 좌우되게 된다. 애버내시(Abernathy)와 타운센드(Townsend)는 이러한 단계를 공정과 제품의 재배치 단계(process/product realignment stage)라 부르고 있다.[55] 이와 같은 현상은 특히 성숙산업이나 정체산업에서 관찰되는 데 이것은 새로운 주기의 또 다른 시작을 의미한다. 새로이 출현하는 기술이 초기에는 기존 기술에 비해 열등할 수 있으나 새로운 기술은 보다 나은 성능 혹은 낮은 생산원가를 가져올 가능성이 있으며, 이러한 가능성의 구체적 실현은 현존 기술의 경쟁력 상실을 가져오게 된다. 진공관을 대체한 트렌지스터, 트렌지스터를 대체한 집적회로(integrated circuit), 항공기의 엔진경우 피스톤 방식을 대체한 터보방식, 그리고 기계식 시계를 대체한 전자식 시계 사례는 이러한 불연속성의 경험적 증거로 제시된다.

사비오티(Saviotti)와 보먼(Bowman)은 항공산업에 대한 연구에서 불연속성의 접근방법을 적용하고 다음과 같은 결론을 내렸다.[56] 첫째, 서로 다른 디자인간의 전환은 기술체제(technological regime) 또는 주도적 디자인(dominant design)의 변화로 특징지워진다. 둘째, 현존 기술체제 내에서 수익율 체감이 이루어졌을 때, 서로 다른 기술체제로의 전환이 발생한다. 셋째, 수확체감은 제품의 모든 효용(service characteristics) 측면에서 동시적으로 발생하여 기술체제의 전환이 일어나는 것이 아니라 전환의 시기는 제품 효용의 상대적 필요성에 의해 결정된다. 예를 들면, 항공기의 경우 속도(speed)와 이륙중량(take-off weight) 그리고 크기라는 효용적 특성을 가지고 있는 데 이는 얼마나 빠르게 날 수 있고 얼마나

53) 앞의 책, p.148.

54) Cooper and Schendel(1976), 'Strategic Responses to Technological Threats.' pp. 61-69. 기타는 제1절 기술진보의 형태를 참고.

55) Abernathy and Townsend(1975). pp.389-392.

56) Saviotti and Bowman(1984), 'Indicators of Output of Technology,' in Gibbons, M., et al., Science and Technology Policy in the 1980s and Beyond, p.142

무거운 화물 또는 얼마나 큰 화물을 적재할 수 있는가를 결정한다. 항공기의 기술체제(regime)가 피스톤 엔진에서 터보엔진으로 전환한 것은 세 가지 효용의 동시적 수확체감에 의한 것이 아니라 속도라는 효용 특성의 상대적인 요청에 의해 발생하게 된 것이다.

이상과 같은 기술혁신의 연속성과 불연속성은 각기 다른 기술혁신 전략을 필요로 하고 있으며 아울러 기술혁신 과정에 적합한 정책방향과 수단을 요구하고 있다.

4.6 기술혁신과 혁신체제

기술혁신연구는 기술혁신에 대한 체제적 접근방법을 발전시켰는데 여기서 나타난 새로운 개념이 국가혁신체제(NIS: National Innovation System)와 지역혁신체제(RIS: Regional Innovation System)이다.

1) 국가혁신체제(NIS: National Innovation System)

국가혁신체제(NIS: National Innovation System)란 국가를 분석단위(unit of analysis)로 국내외 환경하에서 기업, 산업, 그리고 국가의 혁신활동을 체제적(systematic), 진화적(evolutionary) 관점에서 다루고자 하는 개념 또는 접근방법을 가리킨다.

룬드발(Lundvall)은 국가 차원에서 구분되는 혁신체제가 존재함을 주장하면서 이러한 체제의 존재는 산업의 경쟁적 행태를 설명하는 데 기여할 것이라는 가정 하에서 동 개념을 제안하였다.[57] 프리먼(Freeman)은 국가혁신체제를 '새로운 기술의 창출, 변경, 확산을 유도하는 공적, 사적 제도들의 네트워크(institutional network)'로 정의하고, 사례분석을 통해 최적 국가혁신체제를 구축한 국가가 경제적으로 성공하였음을 지적하였다.[58] 그는 국가기술혁신체제의 관점에서 일본의 급속한 발전 원인을 통산성(MITI) 및 기업의 역할, 그리고 교육, 훈련과 기타 사회혁신의 관점에서 분석하고 일본의 성공은 정보

57) Lundvall(1985), Product Innovaton and User-producer Interaction.
58) Freeman(1982)

기술(information technology)에 적합한 국가혁신체제를 구축한 결과라고 밝혔다.[59] 국가혁신체제에 대한 국가별 비교를 시도한 넬슨과 로젠버그(1993)의 연구에서는 국가혁신체제가 복잡성과 다양성을 내포하고 있어 국가혁신체제에 대한 일반화가 어렵다고 지적하였다.[60]

넬슨은 자본주의 국가혁신체제의 세 가지 특성으로 첫째, 새로운 기술의 사유화(privatization), 둘째, 새로운 기술의 다양성과 독립성, 그리고 경쟁의 존재, 셋째, 혁신과정

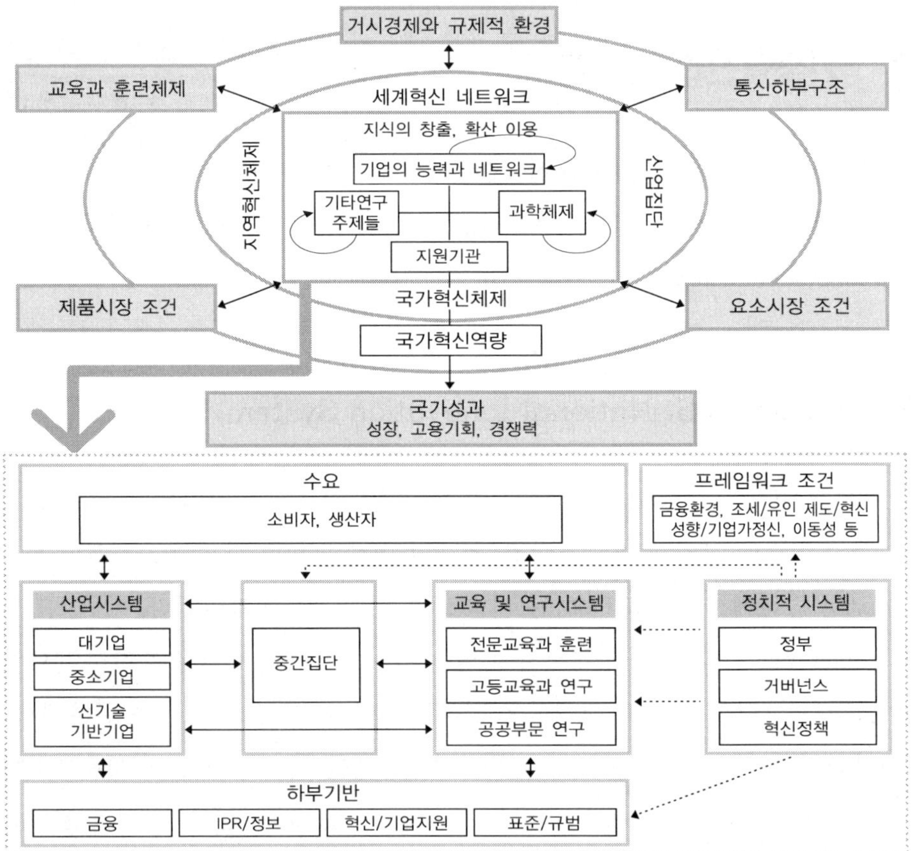

출처: OECD(1992)., Arnold Erik. et al.(2003). Research and Innovation Governace in Eight Countries

〈그림 4-8〉 국가혁신체제와 상호작용 관계

59) 한편, Freeman은 일본의 국가혁신체제만이 최적의 형태가 아니라고 지적하면서 스웨덴의 로봇산업과 통신장비산업의 성공을 예로 들고 있다. Freeman(1988), 'Japan: A new National System of Innovation?' in Dosi, G. et al., Technical Change and Economic Theory, pp. 330-348.

60) Nelson & Rosenberg(1993), National Innovation Systems: A Comparative Analysis.

에서 시장력에 대한 사후적(ex post) 의존을 지적하였다. 그는 자본주의 혁신체제는 대학과 같은 공공기관과 공적 자금의 존재로 인해, 자본주의가 갖는 문제를 최적으로 해결하지 못해 왔다고 지적하고 있다. 또한 미국의 혁신체제는 다원주의적이며(pluralistically), 이러한 구조는 진화과정에 따라 변화하고 있다고 언급하고 있다. 그에 따르면, 미국의 혁신체제는 국가 정책과 각종 공식 및 비공식적 규제, 그리고 체제 내 다양한 행위자의 역할이 규정된 일반적 전략의 산물이다.[61)]

류드발(Lundvall)은 혁신과정을 사용자와 생산자의 상호관계로 보고, 지리적 · 문화적 인접성(proximity)이 효과적인 상호관계를 촉진한다고 지적하면서, 국가 간 경계의 존재가 국가혁신체제로 정의되는 기술의 상호작용 네트워크를 차단하고 있다고 밝혔다.[62)] 에드퀴스트(Edquist)의 연구는 성장과 고용 같은 경제지표상에서 혁신과정의 중요성을 제기하면서, 혁신과 고용, 성장효과간의 관계 규명이 중요하다고 지적했다.[63)]

이상과 같은 다양한 연구가 진행되었음에도 불구하고 현재까지 국가혁신체제 접근방법은 개념적 명료성, 이론적 정밀성, 그리고 분석방법 등에서 다음과 같은 한계를 내포하고 있다.

첫째, 혁신체제를 구성하는 적절한 사회공간적 단위의 수준과 최적 사회공간적 단위에 대한 의문이다. 일반적으로 국가혁신체제에서 사용하는 사회공간적 단위는 국민국가(nation-state)를 가정하고 있다. 여기서 국민(nation)은 일정 영역의 통치권 내에 존재하는 책임있는 주권체(sovereignty)를 가리킨다. 이러한 국민의 개념은 공통된 언어, 문화 그리고 영역을 공유하는 경우를 의미한다. 그러나 유럽연합(EU)의 출현, 국가적 합병 등과 같은 현상과 지역화(regionalization)의 심화는 최적 사회공간적 단위에 대한 합의를 어렵게 하고 있다.

둘째, 최적 국가혁신체제의 존재여부와 이러한 체제가 존재하는 경우 체제의 설계와 행위자, 그리고 관련제도 구축(institutional setting)과 관련된 대안이 존재하는가 하는 문제이다. 국가 간 경제적 성과에 영향을 미치고 있는 국가혁신 및 제도적 환경에서 차이가 존재한다는 사실은 일반적으로 동의되고 있다. 이러한 측면에서 기술조직이 운용되

61) Nelson(1988), pp. 312-329.
62) Lundvall(1988)
63) Edquist(1997)

고 진화되는 체제가 관련제도의 구축에 의해 이루어진다는 사실과 그러한 체제의 국가적 특성이 국가 간 성과의 차이를 가져온다는 전제를 바탕으로 체제를 설계할 때 여러 대안에 대한 진지한 논의가 요구되고 있다.

셋째, 분석단위로써 체제적 접근에 따른 한계를 지적할 수 있다. 체제는 일반적으로 구성요소와 그들의 상호작용, 그리고 상호작용의 결과를 포함하고 있다.[64] 따라서 분석단위로서의 체제는 기업, 대학연구, 기술이전기관 등 구성요소와 함께 체제를 구성하고 있는 상호작용의 강약, 규칙성 여부 등을 분석대상에 포함시키고 있다. 에드퀴스트에 따르면, 국가혁신체제에 대한 시스템적 접근방법은 혁신체제에 대한 개념화보다는 '운용적 체제(operational system)'를 지향하고 있는 것으로 나타나고 있다.[65] 이는 실질적으로 혁신과 관련하여 상호작용 모형 형태로 존재하고 있는 체제의 구성요소와 상호작용의 관계에 대한 설명을 요구하고 있다(Cooke et al, 1997). 여기서 혁신체제의 실체에 대한 심각한 논의가 제기된다. 즉, 혁신체제가 설계하고자 하는 기술정책의 목적(Carlsson, 1995)인가, 의도적으로 설계될 수 없는 어떤 이념형(Nelson and Rosenberg, 1993) 인가 등의 문제가 발생하는 것이다. 현실적으로 분석단위로서의 국가혁신체제는 이를 분석하는데 따르는 복잡성의 문제로 인해 '운용적(operational)' 측면보다는 '개념적(conceptual)' 측면을, 그리고 국가적 수준보다는 지역적 수준을 대상으로 혁신연구를 수행하는 것이 바람직한 것으로 인정되고 있다.[66]

국가혁신체제 개념은 이상과 같이 국가 고유의 혁신체제에 대해 많은 시사점을 제공하고 있으나, 아직 이론적 분석 수준에서 많은 한계를 내포하고 있다. 이러한 국가혁신체제의 한계는 지역혁신체제(RIS)의 경우도 그대로 적용된다. 다만 지역은 체제적 관점에서 구성요소들간의 상호작용 등 혁신과정에 대한 관찰이 용이하다는 장점을 가진다. 말레버(Malerba, 1993)의 연구에서는 이탈리아의 혁신은 지역단위에 존재하는 고도의 상호작용적인 중소기업의 지역적 집적에서 나타나고 있으나, 이들 기업들의 존재는 국가혁신체제 접근방법으로는 효과적으로 다루어질 수 없다고 지적하고 있다.[67]

64) Lundvall(1992)
65) Edquist(1997)
66) Cooke et al.(1997), 'Regional innovtion systems:Institutional and organizational dimensions., Research Policy 25, pp.475-491
67) Malerba(1993), The national system of innovation: Italy. In Nelson, R.(Ed.), National Innovation Systems.

2) 지역혁신체제(RIS: Regional Innovation System)

지역혁신체제(RIS: Regional Innovation System) 개념은 국가혁신체제의 하위 공간단위를 가리키는 개념으로 사용된다. 혁신은 상호작용을 일으키고 누적되는 성격을 가지고 있으므로 혁신체제가 형성되기 위해서는 일정한 사회문화적, 공간적 근접성이 요구된다. 이러한 근접성의 공간적 규모가 국민국가 단위 또는 지역단위에만 한정될 이유가 없다. 그러나 지식은 본질적으로 일정한 공간을 넘어 이동하기 곤란한 암묵성(tacitness)을 가지므로, 지역단위를 넘는 경계에서 이루어 지는 지식거래에는 높은 비용이 요구된다.[68] 지역단위에서의 혁신체제에 대한 분석은 이러한 관점에서 중요성을 가진다.

지역혁신체제(RIS)는 국가혁신체제 관점의 분석단위를 '메조 수준(meso-level)'인 지역수준으로 한정하여 혁신과정을 분석하고자 하는 접근방법이다. 혁신과정에서 지역이 기지는 역힐에 대해서 쿡(Cooke)은 드 벳(De Vet, 1993)과 오마에(Ohmae, 1995)의 연구를 인용하면서 국민국가 단위보다는 지역단위에서의 혁신체제가 더욱 의미를 지니고 있다고 지적하였다. 드 벳(De vet, 1993)은 선진 7개국의 해외직접투자(FDI)에 대한 연구에서 이러한 투자활동이 국가 단위가 아니라, 지역 클러스터와 같은 지역 단위를 지향하고 있음을 발견하였다. 그는 지방정부가 추진하는 기업지원 활동과 이에 따른 지역혁신체제의 발전이 이러한 지향성의 원인이라고 진단하고 있다. 또한 오마에(1995)의 연구는 기업의 경쟁력이 조직화되는 경제규모는 국가 차원이 아니라 지역 차원이라고 결론짓고 있다. 그리고 쿡은 웨일스, 바덴-뷔템베르크, 샌디에고, 홍콩 등의 지역 단위들은 국민국가 단위보다 더욱 의미를 갖는 경제단위라고 밝히면서 영국의 런던이 영국의 뉴캐슬 지역보다도 미국의 뉴욕과 경제적으로 더욱 연결되어 있음을 지적하였다. 그는 경제현상의 글로벌화에도 불구하고 핵심적인 지식창출이 점점 지역화되고 있는 현실을 고려하는 경우 지역혁신체제(RIS) 접근방법이 더욱 설득력을 얻을 수 있다고 주장하고 있다.[69]

지역혁신체제(RIS)는 "지리적으로 한정적인 행정 지원이 제공되는 일정한 공간에서

68) 문미성(2000), 〈필립 쿡의 지역혁신체계〉, 월간국토 2000년 12월호, pp.95-103
69) Cooke(1998), Introduction: Origins of the concept, in Regional Innovation Systems, H. P. Braczyk, Cooke, M. Heidenreich(eds), pp.2-25

기업의 혁신활동을 촉진하기 위해 규칙적으로 상호작용하고 있는 혁신 네트워크와 제도의 배열(arrangement)"로 정의된다.[70] 따라서 지역혁신체제 접근방법은 지역단위에서 이루어지는 혁신주체의 상호작용과 학습, 그리고 관련제도의 구축(institutional setting)을 대상으로 하고 있다. 여기서 지역(region)이란 일반적으로 공유된 규범적 이해관계(문화), 경제적 특수성(단일-산업경제) 그리고 행정적 동질성(거버넌스)의 측면에서 정의될 수 있다.[71] 지역은 또한 바스크(Basque Country)나 스코틀랜드와 같이 국가(state) 내부에서 특성을 가진 거버넌스 구조를 진화시켜온 '문화지역(cultural region)'과 독일의 주(lander)와 같은 지역 민주주의를 실현하기 위해 국가개혁의 결과로 정책결정 및 정치적 역량을 갖춘 '행정지역(administrative region)'으로 구분된다.[72] 이러한 지역들은 정치적, 문화적, 경제적 요소의 결합에 따라 서로 다른 경로를 따라 진화되고 있다. 진화적 관점에서 지역은 국가와 같이 주도적 혹은 주변적 주체로 출현하고 사라지는 과정을 경험한다.

이러한 과정에서 각 지역들은 문제가 존재하거나 비효율적인 경우 새로운 '제도적 질서

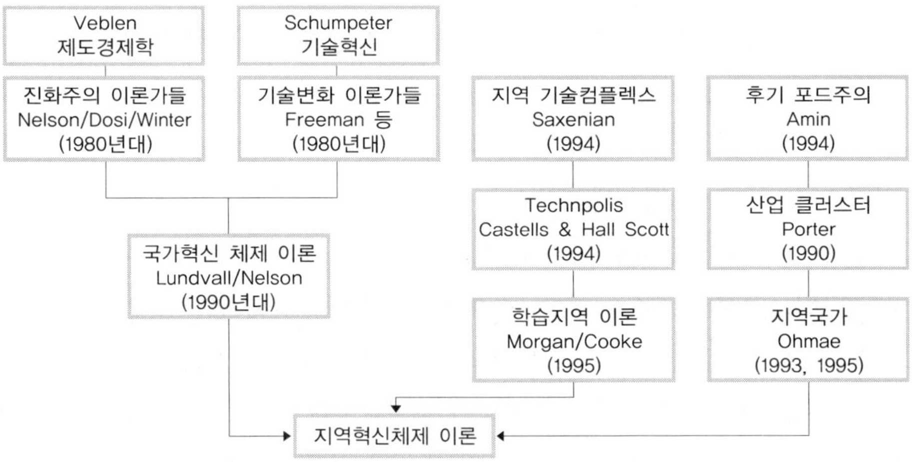

출처: 이장재(2003), 지역발전과 지역혁신체제(RIS), 개념적 유용성과 한계, 지역개발논총, Vol.15.

〈그림 4-9〉 지역혁신체제 이론의 발전 과정

70) Cooke & Schienstock(1996), Structural Competitiveness and Learning Regions. Paper prepared for the EUROMOT Theme/Changing Forms of Organisation. Fourth workshop. "Economic performance Outcomes in Europe: The Role of National Institutions and Forms of Economic Organisation." Berlin, 30 January-1 Feburuary 1996

71) Cooke(1998)

72) Cooke et al.(1997)

(institutional ordering)'의 구축이라는 정치적 요구를 아래로부터 받게 된다. 새로운 제도적 질서는 새로운 거버넌스 구조를 산출함으로써 지역단위에서의 새로운 규범, 관행, 습관 등을 형성하게 된다. 지역의 사회자본(social capital)은 이를 가리키는 개념으로 지역의 자세와 실천적 행동의 방향 그리고 지역의 진화과정을 결정하는 요인으로 작용하게 된다.[73)]

(1) 진화론적 접근으로서의 지역혁신체제

지역혁신체제 개념은 진화론적 관점에서 개별적 행위주체가 아닌 혁신 클러스터나 기술체계 등 더욱 광범위한 제도적 틀 속에서 이루어지는 기술혁신의 동태적 과정을 파악하고자 노력하고 있다.[74)] 진화론에서 기업들은 스스로 어느 정도의 자원(resources) 및 발전 역량을 가진 집합적 조직체로 간주된다. 이들 기업들은 신고전학파가 주장하는 동질적이거나 합리적 효용을 극대화하는 원자적 단위가 아니다. 오히려 이들 기업들은 차별화되고 비동질적인 투입을 통해 변화를 활용하고자 하는 학습역량을 가진 주체들로 고려된다.

결과적으로 지역혁신체제에서 기업들은 복잡한 환경과 이해관계의 갈등하에서 이익 극대화가 아닌 그 무엇을 추구하는 조직체로 취급된다. 이들 조직들은 현실의 불확실성과 제한된 합리성 때문에 타 조직들의 행태를 정확하게 예측하지 못하고 스스로 최적 해법을 찾을 수 없는 주체들인 것이다. 이러한 상황에서 지식은 매우 중요한 역할을 수행하게 된다. 기업의 본질은 학습에 의한 지식 또는 창업자가 보유한 지식에 의해 조정·변화하게 된다. 또한 기업은 스스로의 경험에 의해 학습할 뿐만 아니라 함께 작업하거나 정보와 지식 그리고 기술을 공유하는 타 기업들로 인해 학습하게 된다. 지역혁신체제에서는 이러한 혁신주체들의 동태적 과정들이 다루어지게 된다.

진화론적 접근을 적용하는 지역혁신체제에서 지역은 기술변화의 통합적 장소로 인식되고 있으며, 기술변화는 지역의 발전 또는 경쟁력의 중요한 결정요인으로 간주되고 있다. 이러한 맥락에서 볼 때, 지역은 기술변화와 경제발전간의 관계를 가장 잘 관찰할 수 있는 분석단위가 된다. 따라서 지역개발을 위한 최근 정책의 초점은 지역의 중소기

73) Putnam(1993), Making democracy work: civic traditions in modern Italy
74) Cooke(1998)

업 특히, 신기술 중소기업의 육성을 통한 성장 및 고용창출에 맞추어져 있다. 이는 1980년대 이전에 이루어 졌던 지역개발 전략과는 다른 접근방법을 의미하고 있다. 최근 지역에서 수행되는 지역개발정책은 지역의 기술혁신 잠재력 및 역량을 개발하고 활용하여 외부의 지원없이 지역이 스스로 발전할 수 있는 내생적(endogenous) 능력을 육성하자는 의도를 내포하고 있다. 이러한 점에서 1980년대 이전에 이루어졌던 발전된 지역에 위치한 생산단위를 후진지역에 이전하여 후진 지역경제를 활성화하고자 했던 외생적(exogenous) 전략의 지역개발정책과 구분된다.

(2) 지역과 제도적 학습

지역혁신체제는 지역 내에서 학습의 다양한 양식을 다루고 있다. 새로운 경쟁에 직면하여 학습문화를 유지하고자 하는 노력들은 학습문화에 적합한 제도를 요구하게 된다. 이러한 과정에서 초기단계의 학습은 "행동에 의한 학습(learning by doing)"으로 실천을 통한 반복과 개선의 과정으로 간주된다. 다음 단계의 학습은 '사용에 의한 학습(learning by using)'으로 알려져 있다. 실행은 어느 정도 외부에서 빌리거나 복사한 내용을 사용과정에서 집행하고 이를 조정하는 것을 의미한다. 다음의 학습단계는 "상호작용을 통한 학습(learning by interaction)"으로 이는 잘 발전된 학습문화에 근접한 상태가 된다. 사례로는 성공한 기업에서 나타나는 연구자, 생산 엔지니어, 그리고 시장조사자, 그리고 소비자 등으로 구성된 프로젝트 개발팀이 구성되어 행하는 학습을 들 수 있다. 구성 주체간 상호작용을 통해 시장 수요를 제품이나 서비스에 적절하게 반영하는 노력이 이루어 지게 된다. 이러한 과정을 통해 협력 네트워크가 형성되면, 점차 "학습에 의한 학습(learning by learning)"인 마지막 단계로 발전하게 된다(Stiglitz, 1987). 이 단계에서는 전략적 측면에서의 검토와 지속적 개선활동이 이루어 지게 된다. 이러한 활동이 가능한 것은 축적된 역량과 제도화된 기억장치 그리고 환경에 따라 조정되는 시스템 덕분이다.

이상에서 논의한 학습 과정을 통해 지역경제는 집합적인 기술적 학습장소가 된다. 오늘날 치열한 경쟁 하에서, 학습의 제도화는 '집합적' 반영 정도를 평가하는 최선의 요소로 간주되고 있다. 이러한 맥락에서 볼 때, 학습과정은 진화적이므로 경로 의존적 과정을 밟게 된다. 따라서 기술지식과 기술학습은 지역적 맥락에서 제한된다. 아울러 기술

역량은 지방, 지역 그리고 국가적 맥락과 환경을 반영하게 된다(Storper 1995; 897). 따라서 지역의 미래경로는 기술적, 경제적, 문화적, 정치적 그리고 사회역사적 상황에 의해서 선결 지워지게 되는 것이다. 다만 지역에 존재하는 기술력과 이를 선도하기 위한 창조된 제도는 예외적인 요소로 간주되고 있다. 지역이 새로운 출현기술(emerging technology)을 개발하고 이를 통해 사회경제적 수요와의 결합을 통해 혁신에 성공하는 경우, 지역은 새로운 발전경로로 이행할 수 있기 때문이다. 따라서 지역의 기술경쟁력은 지역의 발전가능성을 좌우하는 중요한 요소로 등장하게 되며, 제도적 학습은 이러한 조건을 창출하는 선결조건으로 작용하게 된다.

4.7 기술혁신과 개방형 혁신

개방형 혁신(open innovation)이론은 혁신체제의 분석단위를 조직 수준으로 하여 접근하는 방법이라 할 수 있다. 이 접근방법은 기업이 연구개발에서 상업화에 이르는 혁신과정을 개방하여 내외부 자원을 활용함으로써 혁신 비용을 줄이고 기업의 혁신 성공가능성과 부가가치 창출을 극대화하는 노력을 의미한다. 체스브루(Henry Chesbrough)에 따르면, 개방형 혁신이란 "기업들이 자신의 기술을 발전시키고자 하는 과정에서 내부 아이디어뿐만 아니라 외부 아이디어와 시장으로 향하는 내외부 경로를 사용할 수 있고 사용해야 한다고 가정하는 패러다임"을 말한다.[75)]

개방형 혁신의 등장배경은 다음과 같다.[76)] 첫째, 기술개발 비용의 증가와 제품수명의 단축으로 인해 R&D 투자 대비 성과가 감소하는 환경에서 새로운 혁신이 필요함에 따라 등장하게 되었다. 기술개발 비용이 증가한 사례들을 보면, 신약 개발의 경우 10년 전과 비교할 때 10배 이상 비용이 증가한 것으로 나타난다. I사의 반도체 생산라인의 경우 20년 전에는 약 3천만 달러 수준이었던 것이, 2006년의 경우 약 30억 달러로 증가하였다. 제품수명 단축 사례들로는 반도체 저장 용량이 18개월마다 2배로 증가한다는 '무

75) Chesbrough(2003), Open Innovation: The New Imperative

76) 김석관(2009), 개방형 혁신이 공공부문에 주는 전략적 시사점, p.7 참고

어의 법칙(Moore's law)'이 1년마다 2배로 증가한다는 '황의 법칙(Hwang's law)'으로 대체된 것과 1980년대 약 4년에서 6년 정도가 필요했던 하드디스크 드라이버 신제품 출시가 1990년대에는 6개월에서 9개월 수준으로 단축되었다.

둘째, 대학, 공공연구기관 등 지식원천의 다양화와 글로벌화에 따른 고급인력의 유동성 증가, 인터넷 등 네트워크의 확대로 인해 기술혁신 패러다임의 새로운 변화가 요구되었다. 지식원천의 다양화는 2차 대전 이후 대학의 지식생산 역량의 확대, 거대과학의 필요성과 기초 및 공공연구의 수요증대에 따른 공공연구기관의 설립 증가, 그리고 연구기능의 강화 등으로 인해 발생한 것이다.

셋째, 개방형 혁신은 기술개발 비용 증가와 제품수명 단축으로 인해 나타나는 R&D 성과 감소에 대응하는 유력한 대안으로 등장하였다. 체스브루에 따르면, 개방형 혁신은 1980년대 이후 나타난 새로운 현상이고, 기업혁신의 새로운 패러다임으로 해석되고 있다. 즉, 개방형 혁신은 기업 내부에 국한되어 있었던 연구개발 활동(NIH: not invented here syndrome)을 기업 외부까지 확장하여, 외부 아이디어와 R&D 자원을 활용하여 투입자원과 시간을 절약하거나, 내부기술을 타 기업에 이전(License-out)하여 추가적인 수익을 창출하려는 노력이라 할 수 있다.

개방형 혁신 활동은 '내향형(outside-in)' 개방과 '외향형(inside-out)' 개방으로 구분된다. 내향형은 외부의 기술이나 아이디어를 도입하는 것으로 기술구매, 공동연구, 위탁연구, 합작

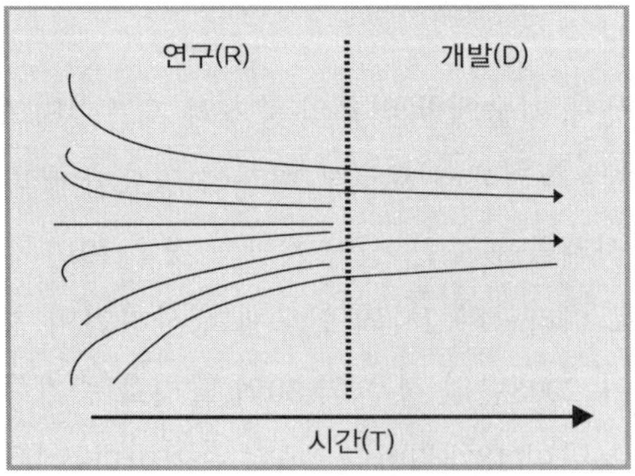

폐쇄모형

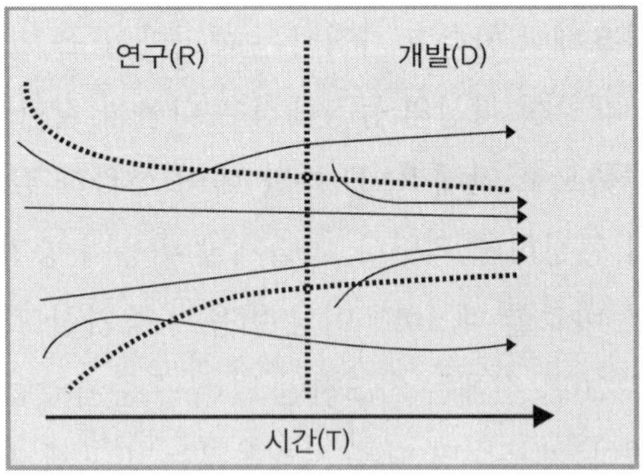

개방모형

출처: Chesbrough(2006), Open Business Model, HBS

〈그림 4-10〉 폐쇄형 혁신과 개방형 혁신 모형

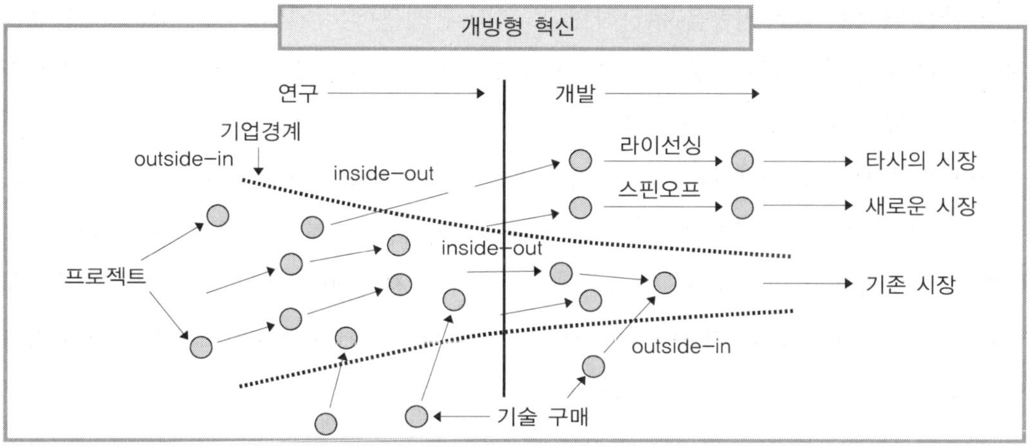

출처: Chesbrough(2006), Open Business Model, HBS, 김석관(2009) 재인용

〈그림 4-11〉 개방형 혁신의 내향형과 외향형 구분

〈표 4-1〉 개방형 혁신의 특징

과거 혁신	개방형 혁신
1. 외부 지식은 보완적 역할	1. 내부 지식과 외부 지식을 동일한 중요도로 취급
2. 연구 인력 개인의 천재성이 중심	2. R&D 결과를 상업화 하기 위한 사업 모델이 중심적 역할
3. Type I* 에러만 고려	3. R&D 과제 평가 시 Type I* (False Positive)과 Type II** (False Negative) 에러를 모두 고려
4. 지식/기술의 외부 유출을 엄격히 통제	4. 내부 지식 및 기술의 외부 유통을 장려
5. 가치 있는 기술은 외부에서 구할 수 없고, 구할 수 있는 지식은 가치가 없다고 가정	5. 가치 있는 지식이 외부에 풍부히 존재하는 것을 가정
6. 지적재산권은 방어적인 역할, 지식 유통의 수단	6. 적극적인 지적 재산권의 활용
7. 지식 교란은 당사자간 직접적인 형태	7. 지식 중계상의 등장 (Innocentive, Yet2, NineSigma, YurEncre 등)
8. R&D 비용 대비 매출, 신제품 수, 신제품 판매 비중, R&D 비용 당 특허수 등 전통적 지표	8. 새로운 R&D 역량 및 성과 평가 지표(기업 가치 사슬 내에서 수행된 R&D 비중, 외부 지식을 활용한 R&D 비중, 연구에서 출시까지 소요 시간, 기업 소유 특허의 활용 비중 등)

* 시장/사업성 없는 R&D 과제를 수행하여 사업화에 실패하는 에러
** 자사 사업 모델에 적합하지 않다는 이유로 가치있는 과제를 중단하는 에러

출처: Chesbrough(2006), 오상준(2007), LG주간경제 p.7. 재인용

벤처 설립, 벤처 투자, 기업인수, 사용자 혁신, 집단지성 활용 등이 있다. 외향형은 기업 내부의 기술을 외부의 다른 경로를 통해 상업화하는 것을 가리키며, 기술판매, 분사화, 공동연구 참여, 인력이동 등이 여기에 속한다. 이와 같은 개방형 혁신을 위해서는 기업 비즈니스 모델의 변화와 개방성 확대 및 상호신뢰 환경이 필요한 것으로 나타나고 있다.

체스브루는 초기에 개방형 혁신으로 주로 외향형을 강조하여 기업의 아이디어, 연구 성과, 기술 등을 외부의 다른 경로를 통해 상업화하거나 판매함으로써 기업의 유휴자원과 자산을 극대화하는 전략을 주장하였다. 그러나 최근에는 기업의 혁신 패러다임으로 개방형 혁신에서 내향형의 중요성이 강조되고 있다. 이는 기업의 가치사슬에서 혁신의 원천 확보 및 외주화(outsourcing)의 중요성이 확대되고 있기 때문이다.

개방형 혁신이 조직차원에서 제공하는 시사점은 다음과 같다.[77] 첫째, 내부 지식과 외부 지식 양자 모두를 중요하게 다루어야 한다. 기업은 과거의 행태였던 내부 지식 획득에만 매달릴 것이 아니라 외부 기술의 획득(외부개발을 통한 시간 비용 절감)을 통한 사업화를 보다 적극적으로 추진하여야 한다. 둘째, R&D 결과를 상업화하기 위한 사업모델이 중요하다. 기업은 모든 연구성과를 상업화할 수 있는 재정적 여력을 가지지 못하기 때문에 사업 모델을 통한 사업화가 필요하며, 보유하고 있는 기술자산의 판매, 라이선스 등으로 별도의 수익을 창출하는 노력이 필요하다. 셋째, 내부지식 및 기술의 외부유통을 촉진하여야 한다. 조직 내에서 사장되고 있는 내부지식과 기술의 유용한 활용을 위한 외부유통이 강조되어야 하며, 내부지식과 기술의 홍보, 마케팅 노력을 강화할 필요가 있다. 넷째, 지적재산(IP: intellectual property)에 대한 전략적 관리와 사업전략간의 연계가 중요하다. Chesbroush는 IP를 전략적으로 관리하여 부가수익을 창출하는 노력뿐만 아니라, 기업의 사업전략과 긴밀하게 연계시킬 것을 강조하고 있다. 다섯째, 새로운 R&D 역량과 성과 평가지표를 개발하고 활용하는 노력이 요구된다. 특히, 가치사슬(value chain) 내에서 수행된 R&D 비중, 연구에서 출시까지 소요시간, 보유특허의 활용비중 등과 관련된 지표개발과 활용이 필요하다. 여섯째, 인터넷 기반의 새로운 기술 중개인의 활용 및 글로벌 혁신 네트워크를 적절히 활용하여야 한다. 이들 기술 중개인들은 시장에서 수요가 있는 기술을 공급해 줄 수 있는 제공자를 찾아서 연결하는 역할을 수행한다. 불특정 다수의 기술공급자를 최대한 활용한다는 점에서 이들을 통해 역방향으로 기술혁신을 추구하는 것도 가능하다. 아울러 개인연구자 및 해외 연구기관과의 협력 활성화도 강조할 필요가 있다.

이와 같은 개방형 혁신 개념은 P&G의 'Connect & Develop'를 비롯하여, Cisco, Nokia, IBM 등 선진기업들이 도입하면서 성과를 창출하고 있다. 그러나 이러한 성공 사례에도 불구하고 다수의 기업들은 외부기술에 대한 불신, 개방형 혁신에 따른 인력과 예산의

77) Chesbrough(2006), Open Business Model, HBS, 오상준(2007). LG주간경제 p.7. 재인용

축소에 대한 불안, 관련 지식 및 네트워크 부족 등으로 인해 도입을 경계하거나, 도입은 했으나 이를 성공적으로 실행하지 못하고 있는 것으로 나타나고 있다.

개방형 혁신은 과학기술정책과 관련하여 다음과 같은 함의를 제공하고 있다. 첫째, 국가혁신체제의 개방성 확대와 함께 혁신원천으로 기초연구의 강화와 혁신 인프라의 확충이 필요함을 시사하고 있다. 혁신원천으로 대학 및 출연(연) 등 공공부문의 기능 강화와 개방성 확대, 그리고 혁신인프라로 정보 및 지식중개업의 육성과 벤처캐피털 등 금융인프라의 확충이 요구된다. 둘째, 개방형 혁신은 새로운 형태의 산 · 학 · 연협력 방식을 제시하고 있다. 대표적으로 글로벌 차원 및 국내 차원에서 전문가 네트워크와 커뮤니티 구성을 통한 아이디어 교환과 기술이전, 협력기회의 창출을 지적할 수 있다. 셋째, 정부차원에서의 글로벌 우수 인재의 유입 확대와 유동성 강화 노력을 들 수 있다. 해외 우수 인력 유치에 친화적인 비자제도, 영주권 및 이민제도 제공, 글로벌 인력협력 네트워크 구축 등이 여기에 해당된다.

CHAPTER 5

과학기술정책의 진화와 전개

제5장에서는 과학기술정책이 진화해온 경로와 전개과정에 대한 분석을 시도한다. 첫째, 과학기술정책의 진화과정과 전개과정을 살펴본다. 둘째, 과학기술활용 정책으로 규정할 수 있는 20세기 초 이전의 과학기술정책 사례를 소개한다. 셋째, 과학정책, 기술정책 그리고 혁신정책의 등장배경과 개념 및 특성 그리고 정책의 주요내용을 고찰한다.

5.1 과학기술정책의 진화와 전개과정

1) 과학기술정책의 진화

고대문명 시절부터 과학기술은 전쟁, 건축, 치수, 농업 생산 등 다양한 국가적 목적하에서 육성되고 활용되었다(제1장 1절 참고). 과학기술정책의 진화 맥락에서 고대 시대부터 20세기 초까지 전개된 이들 정책들을 '과학기술 활용정책'으로 규정하여, 20세기 초 이후에 출현한 '과학기술정책'과 구분하고자 한다.

20세기 초 이후 전개된 과학기술정책은 진화단계에 따라 과학정책(science policy), 기술정책(technology policy), 그리고 혁신정책(innovation policy)으로 구분할 수 있다(Lundvall & Borras, 2003). 시기적으로는 제2차 세계대전을 전후로 1970년대 이전까지를 '과학정책', 1970년대부터 1980년대 중반까지를 '기술정책', 그리고 1980년대 중반 이후를 '혁신정책'이 강조된 시기로 구분할 수 있다. 이러한 구분은 이념형(ideal types)으로, 이들 정책들이 역사적 과정에서 한 단계에서 다른 단계로 전환했다는 것을 의미하지 않는다. 과학기술 활용정책의 사례(제5장 2절 참고)에서 엿볼 수 있듯이 기술정책 및 혁신정책의 성격을 가진 정책들이 이미 20세기 이전부터 시행되었고, 대학 연구조직의 육성과 같은 과학정책의 고전적 이슈들이 현재에도 여전히 중요한 정책과제로 나타나고 있다는 사실이 이를 반증하고 있다(Pavitt 1995; Martin and Salter 1996). 특히 대학 연구조직을 육성하고자 하는 정책이슈는 최근 생명기술과 제약기술이 급속히 발전됨에 따라 기초연구와 연구성과의 상업적 활용 사이의 기간이 단축되고 있기 때문에 더욱 강조되고 있다.

과학정책(science policy)은 제2차 세계 대전 이후 국가안보와 경제성장에 기여하는 생산적 요소로서 과학에 대한 체계적 · 제도적 육성 정책을 가리킨다. 과학을 생산적 요소로 간주하는 사고는 계획경제국가의 경우 이미 제2차 세계 대전 이전부터 존재하고 있었다. 그러나 대부분 국가의 경우 공공부문의 대학연구에 대한 지원은 학문의 향상과 시장 실패를 유발하는 과학에 대한 역사적이고 문화적인 이유로 인해 추진되어 왔다.

기술정책(technolgy policy)은 기술과 산업부문에 초점을 맞추는 정책을 가리킨다. 기술정책은 특허, 원자력, 우주기술, 컴퓨터, 의약, 유전공학과 같은 과학기반 기술들이 경제성장의 핵심으로 나타나는 영역을 대상으로 한다. 이들 기술들은 몇 가지 이유로 초점의 대상이 된다.

첫째, 이들 기술들은 허구(fiction)와 과학을 결합하여 놀라운 성과의 가능성을 제공하는 상상력을 자극한다. 둘째, 이들 기술들이 새로운 혁신과 성장하는 시장을 창출하는 등 새로운 상업적 기회를 제공하기 때문이다.

혁신정책(innovation policy)은 국가적 차원의 총체적 혁신과 장기적 지원배분을 강조하는 정책이다(Rothwell & Zegveld, 1981; Lundvall & Borras, 2003).[1] 이러한 정책적 관점은

혁신정책(innovation policy)

초점 : 경제에 대한 전반적인 혁신성과
수평적 정책수단 활용(채찍과 당근, 설득효과의 결합)

- 인력의 기술(skills)과 학습능력 향상(일반적인 교육제도 및 직능훈련 등)
- 조직적 성과와 학습의 향상(예: ISO9000표준, 품질관리 등)
- 정보의 접근성 향상: 정보와 사회
- 규제 및 법적 환경, 생명공학기술의 규제, 회사법, 경쟁법규, 소비자 보호
- 지역발전을 위한 사회적 자본 향상
- 지능적 벤치마킹
- 지적이고 유연하며 민주적인 예측 등

과학정책(science policy)

초점 : 과학적 지식의 생성

- 경쟁하의 공공연구부문 자금지원
- 대학·연구센터 등 공공연구기관 설립·운영
- 기업조세 감면
- 고등교육
- 지적재산권 체계정립 등

기술정책(technology policy)

초점 : 부문별 기술적 지식의 진보와 상업화

- 공공조달
- 전략적 부문의 공공지원
- 연구공동체와 산업계 연계
- 인력교육 및 훈련
- 기술표준화
- 기술예측
- 산업부문 지원 등

출처: Lundvall & Borras(2003), "Science, technology and innovation policy", TEARI working paper no.22. Oct., p. 1045.

〈그림 5-1〉 과학정책, 기술정책, 혁신정책간의 관계

1) Rothwell & Zegveld(1985)의 경우 혁신정책을 산업혁신정책(industrial innovation policy)이라는 용어를 사용하고 있다.

1970년대 후반에 발생한 경제 정체현상에 대한 이해와 처방과정에서 나타났다. 1970년대 후반의 경제 정체현상은 기술 역량의 부족이 원인이었다. 이에 대한 처방으로 경제학자들이 제시한 대안이 바로 기술혁신의 추구였고, 이를 공공부문에서 대응하는 방안이 혁신정책이었다. 1970년대 에너지 위기가 가져다준 거시적 경제정체 문제에 대한 접근을 통해, 기술요소가 중요한 해결수단임이 강조되면서 국가 차원의 혁신연구가 수행되었다(Mytelka and Smith, 2002). 이러한 혁신연구 결과로 전통적인 성장이론 대신 R&D 기반의 기술을 강조하는 혁신의 중요성이 강조되었던 것이다.

2) 과학기술정책의 전개과정

살로몬(Salomon, 1977)에 따르면, 미국의 과학기술정책은 1955년까지는 과학정책의 초기였고, 이후 1960년대 중반까지는 과학정책이 실용주의로 전환되면서 공공 R&D의 주된 관심이 국방, 에너지, 우주항공 분야에서 산업적 영역으로 변화되게 된다. 그리고 1970년대의 경우 공공 R&D의 주된 관심은 사회적 문제 해결이었다. 브룩스(Brooks, 1986)는 미국의 과학기술정책을 제2차 세계 대전 이후 냉전 시기였던 1945~65년 시기와 사회적 필요성이 강조되던 1965~78년 시기, 이후 산업정책과 산업혁신이 강조되던 시기로 구분하고 있다.

브란스콤(Branscomb, 1992)은 미국의 과학기술정책을 1950년대에서 1980년대까지의 시기와 1990년대 시기로 양분하고 있다. 1950년대부터 1980년대까지 미국의 과학기술정책은 과학기술 지식공급에 초점을 두고 있다. 1945년에 제출된 부시 보고서 〈과학: 끝없는 프론티어(Science: The Endless Frontier)〉의 주장에 따라 기초연구와 국방연구에서 연구활동이 이루어지면 그것이 자연적으로 산업의 다른 부분으로 흘러갈 것이라는 관점을 취하고 있었다.[2] 동 시기의 과학기술정책은 공급지향적 성격으로 국방 연구개발과 대학의 기초연구 활동 지원, 그리고 정부연구소의 연구개발 활동을 통한 과학기술 지식을 창출하는데 중점을 두었다. 이러한 결과로 생산된 과학기술 지식은 별도의 비용없이 민간부문으로 자연적으로 흘러 들어가 국가발전 및 산업성장에 기여하게 된다는 논리였다.

2) 부시 보고서의 주요내용은 제3절 과학정책에서 자세히 다룬다.

1990년대에 들어 과학기술정책은 과거 정책과는 구분되는 정책이 추진되는 전환기를 맞이하게 되었다고 브란스콤(Branscomb)은 분석하고 있다. 그에 따르면, 이전의 과학기술 공급정책에서 과학기술 채택정책과 활용정책에 초점이 두어지는 과학기술혁신정책이 1990년대에 추진되었다. 공급 중심의 과학기술정책이 수요지향적 및 하부구조 정책으로 정책 기조의 변화가 나타났으며, 정책의 초점이 국방부문에서 민수부문으로 중심축의 이동이 있었다. 정부연구개발이나 프로그램의 의사결정 과정에서 민간부문의 의사가 반영되고, 대학연구에서는 산업체와의 연계관계가 중시되는 한편, 정부연구소에서는 산업계와의 협력을 통한 상업적 기술개발을 추진하기 시작하였다. 아울러 창출된 지식을 효과적으로 활용하기 위한 혁신능력의 향상도 강조되었다. 이를 위해 노동자들의 교육 · 훈련 강화, 기술지원서비스 제공 등이 추진되었다. 그리고 기업간 협력을 강조하여 반독점법의 적용을 연구개발의 경우 완화하는 한편, 과학기술의 하부구조인 국가정보기반의 구축 및 표준제도의 정립 등이 이루어졌다(송위진, 2004).

블럼(Blume, 1985)은 네덜란드 과학기술정책의 변화를 분석하면서 유사한 구분을 하고 있다. 네덜란드의 과학기술정책은 1965~70년 기간 동안에는 과학을 '성장의 엔진'으로 보았던 과학정책의 시기로, 1970년대에는 사회적 수요를 해결하는 수단으로 과학기술정책을 강조한 시기, 이후에는 미래 경제성장을 위한 과학기술정책의 전략적 접근과 산업정책을 강조한 시기로 구분되고 있다. 로스웰과 도즈슨(Rothwell & Dodgson, 1992)은 유럽의 혁신정책이 변화하는 과정을 다음과 같이 분석하고 있다. 1950년대와 1960년대 유럽의 과학기술정책은 과학정책과 산업정책이 완전히 분리되어 있어 상호간의 협력이나 정책공조는 거의 없었다. 몇몇 유럽국가들은 상당한 수준의 산업정책이 시행되고 있었음에도 불구하고 과학정책과 산업정책체제는 거의 분리되어 있었다. 1970년대는 혁신정책이 시작된 시기로 개별기업들의 제품개발에 대한 공동 연구개발과 공공연구기관의 직접적인 개입이 확산되게 된다. 이 시기는 중소기업과 혁신활동에 대한 정책적 지지가 더욱 높아지는 기간이었다. 1980년대 초 이후에는 기술정책이 주도하는 정책이 추진되었다. 1980년대에는 기반 기술(generic technology)에 대한 국가 프로그램의 운영, 특히, IT 기술에 대한 집중적인 투자가 이루어졌다. 이러한 기술정책으로 인해 부처간 협조와 총괄정책이 중요해지기 시작했으며, 정책목표도 혁신주체간 네트워크, 산 · 학 · 연 협력과 같은 새로운 영역들이 등장하게 되었다. 대학연구도 전략적 상업화 마인

드가 요구되었고, 금융시장에서는 벤처캐피털의 역할이 증대하기 시작하였다.

그리고 호크니스(Hauknes, 1999)는 혁신정책의 변화에 대해 몇 가지 특징을 기술하고 있다. 그는 1965~70년 기간에는 기존의 과학기술정책 모형—과학적 발견이 곧바로 경제성장으로 연결될 것—이 사회적 목적과 필요를 충족시키는 모형으로 전환되었다고 지적하였다. 이러한 변화는 혁신과정의 변화를 반영하는데 혁신이 '기술주도(technology push)'에 의해 일어난다는 기존의 이론에서 시장의 수요가 기술발전과 혁신을 유도한다는 '시장수요주도(market pull)' 이론으로 전환되는 시점이기도 하다. 1970년대 말과 1980년대 초 기간 중에는 과학기술혁신정책의 초점이 전략적 관점과 산업혁신으로 옮겨지게 되었고, 1990년대에는 초점이 혁신체제적 관점에서 다루어지고 있다고 그는 지적하고 있다(이우성, 2005).

프리먼과 소에테(Freeman & Soete, 1997)는 OECD 국가를 대상으로 과학기술혁신정책의 전개과정을 3단계로 구분하고 있다(〈표 5-1〉 참고). 1단계(1940년대~1950년대)는 거대과학 프로젝트와 확산 패러다임(spin-off paradigm)의 시기이다. 동 시기에는 제2차 세계 대전을 수행하는 과정에서 나타난 성과인 원자폭탄과 레이더의 개발 등 과학기술활동에 대한 낙관적 믿음에 의해 거대과학활동에 막대한 연구개발비가 투자되었다. 아울러 제2차 대전 이후에 나타난 냉전체제로 인해 무기개발과 아폴로 계획과 같은 거대과학분야에서의 연구개발에 대한 투자가 정당화된 시기였다.

정책결정은 주로 과학활동을 수행해 왔던 과학자 중에서도 hard 사이언스를 다루는 물리학자와 화학자에 의해 주도되었다. 이로 인해 주된 정책결정은 정부부처보다는 과학

〈표 5-1〉 OECD 국가의 과학기술혁신정책의 변화

	1940년대~1950년대	1960년대~1970년대	1980년대~1990년대
주요 프로젝트 · 주요 기술개발	맨해튼 프로젝트 V1, V2 로켓 전투기	경제성장 생산성 향상 민간 항공기 원자력 발전소	기반기술(generic technologies) 소재기술 생명공학기술 시장경쟁 정보통신기술
중요 정책결정 기구	과학자문위원회	과학기술위원회, 과학기술관련 부처	과학기술위원회, 과학기술관련 부처

핵심적 정책결정 집단	물리학자, 화학자	물리학자, 화학자 경제학자 엔지니어	물리학자, 화학자 생물학자, 생태학자 사회과학자 경제학자
주요 정책과제	무기체계 개발 기초과학 육성 정부연구소 육성	경제성장 무기체계 개발 산업 연구개발 대학연구활동 강화	구조전환 환경관련 기술개발 네트워크 구축 무기체계
혁신의 초점	급진적 혁신	점진적 혁신	기술확산
혁신활동에 대한 투자	과학기술관련 투자의 급증	증가속도는 느려졌지만 과학기술관련투자의 지속적인 확장	과학기술관련 투자의 현상유지나 삭감
과학기술 정책 관련 주요저작	V. Bush(1946), Science: the Endless Frontier; J. Bernal(1939), The Social Function of Science	OECD(1963), Science, Economic Growth and Government Policy I. Svennilson; OECD(1971), The Brooks Report H. Brooks	OECD(1979), Science and Technology in the New Economic Context R. Nelson and J-J Salomon; OECD(1991), Technology, Economy and Productivity Programme F. Chesnais; J. Ziman(1994), Prometheus Bound : Science in a Steady State; OECD(1990), Sundqvist Report

출처: Freeman and Soete(1997 : 388), 송위진(2004) 재인용

자문위원회 등에 의해 이루어졌다. 이러한 거대과학이나 국방연구를 통해 창출된 지식은 확산(spin-off)되어 궁극적으로는 민간부문의 기술개발에 기여하게 될 것이라는 확산 패러다임(spin-off paradigm)이 과학기술정책의 전반적 기조였던 시기였다.

제 2단계(1960년대~1970년대)는 과학기술 활동의 투자 효과에 대한 문제가 제기되면서 경제성장을 과학기술 활동의 주요목표를 설정하고 추진한 시기였다. 거대과학과 국방부문에 대한 막대한 연구개발 투자의 비용대비 효과성에 대한 의문이 제기되면서 확산 패러다임에 대한 비판적 사고가 확대되었다. 이 과정에서 정책결정 과정에 과학기술자뿐만 아니라 경제학자들도 참여하여 거대과학사업의 경제성을 검토하게 되었다. 정책결정은 과학기술위원회와 같은 위원회 조직 및 과학기술 관련 전문부처에서 이루어지게 되었다. 공식적인 기술혁신 과정인 연구개발 활동뿐만 아니라 비공식적인 기술개발 활동도 기업의 생산성을 향상시킬 수 있다는 인식이 등장하면서 급진적인 혁신(radical innovation)만이 아니라 점진적 혁신(incremental innovation)의 중요성도 강조되었다. 또한 동 시기에 나타난 에너지 위기를 경험하면서 에너지 위기와 환경문제에 대한 관심이 증대하였다.

제3단계(1980년대~1990년대)는 과학기술이 산출하는 경제 · 사회적 성과에 대한 관심이 증대되고 정보통신기술, 신소재기술, 생명공학기술 등과 같은 신기술 패러다임의 등장에 대응하기 위한 경제 · 사회적 시스템 구축이 중요한 관심사로 등장한 시기였다. 동 시기의 주된 특징은 기술혁신이 가져오는 경제적 성과만이 아니라 사회적 영향에 대해서도 관심이 증대한 것이었다. 따라서 과학기술자, 경제학자들과 함께 사회과학자들도 정책결정 과정에 참여하게 되었다. 여기에는 hard 사이언스 분야뿐만 아니라 생물학, 생태학 등과 같은 soft한 과학분야의 전문가들과 시민들도 참여하는 시도들이 이루어졌다. 정책결정은 과학기술 및 산업관련 전문부처를 중심으로 이루어 졌다. 그리고 신기술에 대한 관심 증가와 함께 신기술을 효과적으로 수용하여 생산성을 높이고 사회적으로도 유용한 성과를 산출하기 위해서는 기술혁신뿐만 아니라 경제 · 사회적 혁신도 필요하다는 인식이 등장하였다. 대표적으로 OECD에서 발간된 선드크비스트 보고서(Sundqvist report, 1988)에서는 신기술이 확산되기 위해서는 사회 · 제도적 혁신이 중요하다는 점을 지적하고 있다.

이하에서는 20세기 이전에 나타난 과학기술정책, 즉 과학기술 활용정책을 간략하게 다룬 다음, 과학기술을 체계적, 제도적으로 육성하기 시작한 20세기 초 이후에 전개된 과학기술정책의 진화과정을 고찰하고자 한다. 그리고 2차 세계 대전 이후 출현한 과학정책에서부터 기술과 산업 분야에 중점을 두는 기술정책, 그리고 혁신을 촉진하기 위해

정부의 간접적 개입을 강조하는 혁신정책을 차례로 살펴보기로 한다.[3)]

5.2 20세기 초 이전의 과학기술정책

20세기 초 이전까지 추진된 과학기술정책은 국가적 목적을 위해 과학기술을 활용하는데 초점을 둔 정책을 가리킨다. 대표적 사례로 16세기 전반 영국의 헨리(Henry) 8세에 의해 추진된 임무 지향적 성격의 '철제대포(cannon) 생산정책'과 19세기 후반 덴마크가 추진한 확산지향적 성격의 '버터(butter) 생산 표준화 지원정책'을 살펴보고자 한다.[4)]

16세기 전반, 영국은 프랑스와의 전쟁에서 우위를 차지하기 위해 대포가 다량 필요하였으나, 당시 사용되고 있었던 청동제 대포는 희귀하고 고가의 무기인 탓에 이를 확보하기 어려웠다. 이러한 상황에서 헨리 8세는 철제 대포를 자체 제작하고자 결정하고 이를 뉴브리지(Newbridge)의 왕립 제철담당 수장이었던 리빗(William Leavitt)에게 맡겼다. 영국의 '철제대포 생산정책'은 헨리 8세가 추진한 이러한 정책을 가리킨다. 이 정책은 성공적으로 추진되어 영국의 화기 확보에 크게 기여하였는데 성공요인을 살펴보면 다음과 같다.

첫째, 영국에는 제철과정에서 연료로 사용되는 철강석과 목재연료가 충분하였다.

둘째, 대륙으로부터 주조 등 제철 관련 기술자들의 이동이 있었다. 이들 중 일부는 종교적 문제로 추방당한 자들이며, 일부는 제철기술에 대한 수요를 따라 영국으로 건너온 자들이었다. 영국의 철제대포 생산정책에서는 이민을 통한 기술 확산, 정부와 민간의 컨소시엄 구성, 생산된 대포에 대한 공공구매, 경쟁과 지식재산권을 제한하는 정책수단 등이 사용된 것으로 나타난다. 특히 경쟁과 지식재산권을 제한하는 정책은 대포 생산기업에 대해 수출을 제한한 것과 관련 기술자들이 대륙으로 이동하지 못하도록 금지한 조치 등의 형태로 시행되었다.

---

3) Lundvall, B. A. and Borras, S.(2003), "Science, technology and innovation policy", TEARI working paper, No. 22. Oct., pp. 1003~1019 참고로 작성

4) Lundvall, B. A. and Borràs, S.(2003), pp. 999~1002.

19세기 후반에 진행된 덴마크의 '버터(butter) 생산 표준화 지원정책'의 전개는 다음과 같다. 19세기 중엽 덴마크 경제는 영국에 대한 곡물 수출에 의존하는 구조였다. 그러나 19세기 후반, 특히 1870년대 해외 수송비용이 급격히 낮아지면서 러시아와 미국의 곡물 수출이 급격히 증가하게 되었고, 이러한 결과 곡물 수출가격이 급격히 하락하게 되었다. 곡물 수출가격의 하락은 덴마크 농업이 감당할 수 없는 수준으로 내려갔고 결과적으로 덴마크 농업이 위기에 당면하게 되었다. 이러한 곡물 수출 위기를 대체한 것이 바로 버터를 중심으로 한 낙농제품의 수출이었다. 19세기 후반 이전에도 덴마크는 버터를 포함한 낙농제품을 수출하고 있었으나, 균질하지 못한 품질으로 인해 경쟁력을 갖추지 못하고 있었다. 곡물 수출 위기로 인해 덴마크의 농업부문에서는 민간을 중심으로 낙농제품의 경쟁력 제고를 위한 노력이 이루어졌고, 이러한 노력은 유제품 제조공정에 관련기술을 도입하는 형태로 나타났다. 도입기술 중 우유에서 지방을 분리하는 격리판(seperator)은 스웨덴에서 처음 개발되었으나, 덴마크 낙농업부문에서 처음으로 사용되었다. 이러한 과정에서 덴마크에서는 기술혁신을 촉진하기 위한 사회적 혁신이 발생하게 되었다.

철학자인 동시에 민족주의자이며 사제인 그룬트비그(Grundtvig)가 덴마크 농업의 생산방식을 전환하는 사회적 운동을 추진하게 된다. 그는 농업 종사자들이 교육을 받아야 하며, 스스로를 책임지는 노력이 필요하다는 취지를 강의와 글에서 강조하였다. 이러한 이념과 경제적 필요성으로 인해 덴마크의 농업 종사자들은 지역 수준에서 새로운 생산방식을 추구하기 위한 낙농업장에서의 공동 소유관계를 형성하게 된다. 1880년에 공동소유 낙농업장의 숫자는 30개에서 700개로 증가하였고, 1850년과 1900년 기간 동안 덴마크가 영국으로 수출하는 버터의 시장점유율은 0%에서 60%로 증가하였다. 공동 소유권 형태는 덴마크에서 낙농업 기술의 급속한 확산과 표준화를 뒷받침하는 제도적 기반을 창출하였다. 이러한 민간의 움직임에 대응하여 덴마크 정부도 이를 지원하는 노력을 기울였다. 대표적 사례가 1856년에 설립된 코펜하겐 농업대학이었다. 1883년에는 농업연구소(The Agricultural Research Laboratory)가 설립되어 농업의 발전을 지원하는 공공부문의 역할을 수행하게 되었다.

5.3 과학정책

1) 과학정책의 개념과 특성

과학정책(science policy)은 영국의 과학사학자인 버널(Bernal, 1939)의 선구적 업적으로 인해 정책 영역으로 진입되었다. 프리먼(Freeman)에 따르면 버널은 영국에서 국가적 수준의 R&D 노력을 측정하였던 선구자로 과학이 경제성장과 복지를 증진시킨다는 주장 하에 R&D를 적극적으로 확대할 것을 권고하였다. 전후 과학정책에 가장 큰 영향을 미친 사건은 미국에서 발생하였다. 이는 1944년 11월 루즈벨트(Roosevelt) 대통령의 지시로 준비되어 1945년 6월 5일에 새로이 취임한 트루먼(Truman) 대통령에게 제출한 부시(Vannevar Bush) 보고서, 〈과학: 끝없는 프론티어(Science: The Endless Frontier)〉였다. 부시의 보고서는 미국의 전후 과학정책을 위한 의제를 정의하는 데 특별한 위상을 갖는다. 이 보고서는 과학의 임무를 국가 안보, 보건과 경제성장에 기여하는 것으로 정의하고, 버널과 같이 과학에 대한 투자가 가져오는 잠재적인 경제적 영향의 중요성을 강력하게 주장하였다.

호크니스(Hauknes, 1999)는 선진국의 과학기술혁신정책의 변화 및 발전과정과 그 기원에 대한 분석을 통해 제2차 세계대전 이후 혁신정책의 성격에 대한 두 가지 특징을 지적하였다. 첫째, 미국의 경우로 전쟁 기간 동안 국방기술과 전략무기를 생산한 경험을 토대로 과학적 지식발전의 중요성이 강조되었다. 둘째, 유럽의 경우 전쟁의 폐해에서 벗어나기 위한 경제와 산업의 재건이 과학기술혁신정책의 중요한 우선순위였다. 이러한 결과로 미국의 경우 기초과학을 지원하기 위한 국립과학재단(NSF: National Science Foundation)이 1950년에 설립되었고, 유럽에서는 산업과 기업을 정부가 직접 통제하는 공사설립의 형태로 나타났다.

제2차 세계전쟁 이후 전개된 냉전(cold war) 시대의 도래는 과학정책의 급격한 진전과 국가적 차원에서 연구(research)에 대한 공공투자가 증가하게 되는 계기가 되었다. 로스알라모스(Los Alamos) 국립연구소에서 수행된 원자탄 개발을 위한 맨해튼(Manhattan) 프로젝트의 성공은 과학, 특히, 물리, 화학, 생물학과 응용과학의 발전을 가져왔다. 아울러 기술개발에 대한 공공의 대규모 투자가 국가적 문제에 대한 해법을 제공한다는 사실과 국가 안보를 위한 과학과 기술의 중요성을 강조하는 논리를 제공하였다.

과학을 증진하기 위한 공공 투자의 압력은 1950년대와 1960년대 기간 동안 미국과 구 소련(러시아)간의 신무기 개발과 우주 개발을 위한 경쟁에서 더욱 강화되었다. 1957년 구 소련의 스푸트닉(Sputnik) 발사는 서구, 특히 미국에서 국방과 우주 개발의 연구투자에 대한 압력을 가중시켰다.

과학정책에서 나타나는 주된 이슈로는 첫째, 과학부분에 어떻게 충분한 자원을 배분할 것인가, 둘째, 배분된 자원을 각 활동별로 어떻게 분배할 것인가, 셋째, 자원을 어떻게 하면 효율적으로 사용할 것인가, 넷째, 어떻게 사회적 후생 증대에 기여하도록 할 것인가 등이다. 2005년 당시 미 대통령 과학자문관이었던 마버거(Marburger) 교수가 주장했던 '과학기술정책의 과학화'가 이러한 이슈들에 대한 과학적 증거를 찾고자 하는 노력이라 할 수 있다.

과학정책 관련 공동체에서는 적어도 두 개의 주요 논쟁이 존재하고 있다. 첫 번째는 과학적 진보와 일반적인 사회적 진보간의 관계에 관한 것이다. 많은 과학자들은 과학적 진보가 바로 사회적 진보를 의미하며, 과학으로 인한 유전자 조작이나 생태계의 파괴 등의 사회적 문제는 과학을 현명하게 사용하지 못한 결과로 나타나는 것이라고 주장하고 있다. 반면 다수의 인문학 및 사회과학자들은 과학의 진보는 인간과 자연의 통제를 넘어서게 되므로 과학적 진보가 사회적 진보와 일치하지 않는다고 주장한다. 과학의 진보가 사회적 진보를 견인하고 있다는 사실은 분명하다. 문제는 사회적 진보가 최근 급격히 빨라지고 있는 과학의 진보를 따라갈 수 있는가에 달려 있다. 과학의 진보가 가져오는 부정적 요소들은 더 진보된 사회에서만 해결이 가능하기 때문이다. 이러한 관점에서 과학철학이나 과학사회학 등 과학과 사회과학을 연결해 주는 학문의 발전이 필요하다.

두 번째는 과학의 자율성과 관련된 논쟁으로 과학이 국가와 자본에 대해 종속적인가? 만약 종속적이라면 어느 정도이며, 과학의 자율성 수준은 어떠한가에 대한 것이다. 동 문제에 관해 특히 지식사회학자들이 많은 관심을 가지고 접근하고 있다. 이들은 또한 서로 다른 국가에서 나타나는 연구정책의 형태, 즉 정부의 조정 정도와 연구 규모의 수준 등에 대해서도 관심을 집중시켜 오고 있다(Rip and van der Meulen, 1997; Jasanoff,

1997). 다른 학자들의 경우 과학의 자율성에 영향을 미치는 연구 및 지식생산의 형태에서 전환(shift)이 있었음을 주장하고 있다(Cozzens et al., 1990; Gibbons et al., 1994; Jasanoff, 2002).

코젠스 등(Cozzens et al., 1990)에 따르면, 과학정책은 1960년대에서 1970년대를 거치면서 자유방임(laissez-faire)적 자원 배분 방식에서, 목표를 설정하고 프로그램을 선정하는 형태로 전환되어 왔다. 특히, 타이(Teich, 1990)는 과학정책에서 자율성과 관련된 변화를 3가지 형태로 나타내고 있다. 첫째, 선택하는 과학(choosing science: priority setting), 둘째 사용하는 과학(using science: the search for economic relevance), 셋째, 남용하는 과학(abusing science: challenges to the moral authority of science)이 그것이다. 첫 번째는 과학정책에 투입되는 정부의 자금지원이 정체된 결과이며, 두 번째는 글로벌 경제적 경쟁의 강화로 인해 비롯된 것이다.

대학의 학자들은 대학연구의 자유와 자율성이 다음과 같은 두 가지 이유로 인해 중요하다고 주장하고 있다.

첫째, 행운(serendipity)이 가져다 주는 장기적 가치로 이는 기초연구가 그 자체의 궤적을 따라 갈 수 있도록 허용되었을 때만, 응용연구와 기술적 해결을 위한 새로운 대로(大路, avenue)를 여는 예상치 못한 결과를 산출할 수 있다는 것이다.

둘째, 비판 과학(critical science)이 현재 민주주의에 중요한 요소라는 것이다.[5] 이는 개별적 원천으로 나타나는 과학적 지식은 개방적이고 투명하며, 대의적인 정치적 의사결정의 중요한 투입요소이기 때문이다. 한편, 대부분의 학자들은 과학의 자율성과 관련된 주장에 상반되는 영역이 존재하고 있다는 사실에 동의한다. 자유 과학(free science: 방향과 사용에 대한 지시가 없는 과학)으로서의 기초연구에 대한 사고가 일종의 환각인 반면, 정치 · 경제적 이해관계하에 예속되는 과학은 장기적으로 사회와 경제에 대한 기여에 악영향을 끼치기 때문이다.

5) the critical science approach, stemming from critical theory. Gentzler(1999) provides the following useful distinction: although critical theory refers to the outcome–the improvement of human life–critical science refers to the process we engage in to get the desired result. The critical science approach unites science for observation (evidence) and philosophy for analysis and criticism (reason) (Yoo, 1999), resulting in improved living conditions for the human family. 출처: http://www.kon.org/archives/forum/15-1/mcgregorcs .html

2) 과학정책의 주요내용

과학정책과 관련된 주된 정책행위자들은 교육과 연구 관련부처와 연구위원회(research councils)를 지적할 수 있다. 더불어 보건, 에너지, 수송, 환경 등 분야를 담당하는 산업 분야 부처들도 자체적인 연구 공동체를 조직 · 운영하므로 중요한 정책행위자로 나타나고 있다. 일부 산업경제를 담당하는 부처의 경우 R&D에 대한 공공지출에 중요한 영향을 행사하며, 재정 관련 부처도 연구예산에 대한 의사결정을 통해 중요한 역할을 수행하고 있다. 소비자와 시민을 대표하는 민간조직들의 경우 과학정책이 일부 이해관계자들을 위한 편견을 포함하고 있을 때 이에 대한 수정을 요구하는 역할을 수행할 수 있다.

과학정책에 사용되는 주요 수단들에는 공공 연구조직과 대학에 대한 자금 지원과 배분, 기업을 위한 보조금 또는 조세 감면, 지식재산권 체계의 설계, 그리고 대학과 공공연구기관 등 과학연구기관과 연구결과의 사용자들을 연계하는 메커니즘의 제도적 구성 등이 포함된다.

최근에는 연구평가(research evaluation)가 중요한 정책도구로 등장하고 있다. 이는 연구자와 연구기관에 대해 더욱 효과적인 유인을 제공하거나 공공자금을 배분하는 수단의 한 방법으로 사용될 수 있다. 현재 연구평가에 사용되는 기준들은 주로 과학공동체 내부에서 설정한 것으로 과학공동체 외부에서는 이를 공격하기도 한다. 과학공동체에 의한 동료평가(peer review)는 학제간 경계를 넘어서는 새로운 사고보다는 중도적(middle of the road) 성과를 높이는데 기여하게 된다. 이러한 경우 학제간 노력을 강조하는 새로운 평가기준 등을 마련할 수 있다면 도움이 될 것이다. 유럽의 프레임워크(Framework) R&D 프로그램에서는 유럽연구자들을 이러한 방향으로 유인하고 있다.

한편, 정책결정자들은 내부 평가(internal evaluation)를 문제있는 제도로 고려하기도 한다. 이에 대한 대안으로 나타난 방안이 영국에서 시행되고 있는 연구와 교육 담당 연구자들에게 부여된 매우 의욕적인 상세 보고 시스템(reporting system)이다. 그러나 동시스템은 연구 보고에 많은 시간이 투입되고 영국의 대학 연구자들이 자신들의 작업 조건에 대해 가장 불만족스러운 전문집단이 되고 있는 등의 부작용을 낳고 있다. 공공자금에 의한 성과와 양적 지표를 연계하는 가혹한 개혁 방안들은 단기간에는 보수적인 연구기관들의 변화를 유도하는데 유용한 수단이 될 수 있으나, 장기적으로는 혁신시스템에 대한 방해요소로 작용할 것이 확실하다.

여기서 과학정책에서 제기되는 가장 근본적인 질문의 하나를 제시할 수 있다. '훌륭한 연구가 항상 유용한 연구인가(good research is always useful research)' 또는 '과학적 질이 높은 연구가 유용한 연구인가(the higher the scientific quality, the more useful is the research)' 하는 질문이다. 만약 이러한 논의가 진실이라면, 적어도 자원 배분의 일부를 학문공동체(academic communities)에 맡기는 것이 바람직하다는 주장을 뒷받침하는 것이 된다. 그러나 이러한 질문에 대한 증거는 부정적으로 나타난다. 주커와 다비((Zucker and Darby, 1998)의 연구에서는 스타 과학자들이 생명공학기업의 성공에 중요한 요인임을 밝힌 반면, 기텔만과 코것(Gittelman and Kogut, 2001)의 연구는 적어도 생명공학기술 분야의 경우 훌륭한 논문과 영향력이 큰 혁신 간에는 명확한 상관관계가 없으며, 만일 상관관계가 나타나는 경우 동 관계는 부정적이라는 것을 밝혔다(Mowery and Sampat, 2001).

실질적으로 과학 발견과 혁신 사이의 간격이 매우 긴 영역의 경우 탁월한 연구의 수행과 설계된 기술 창출 사이의 연계가 요구된다. 과학은 사용자들과의 연계를 통해 많은 것을 배울 수 있다. 최상의 과학시스템은 일부가 학문적 탁월성을 추구하는 한편, 다른 일부는 사용자의 요구에 집중하고, 또 다른 일부는 이들 양자의 연계에 초점을 두는 등 다양성이 유지되는 시스템이다.

1990년대 초기 이래로 기초과학 부문은 정치인들에 의해 사회적, 경제적 유용성을 밝히라는 지속적인 요구에 직면하고 있다. 이러한 요구는 특히, 유럽과 미국에서 예산 삭감(retrenchment) 시대의 '기초과학에 대한 새로운 사회적 계약(new social contract of basic science)'으로 불리고 있다(Martin and Salter, 1993). 일부 학자들은 이러한 흐름에 대해 염려하고 있다. 이들은 정치인들이 과학자와 기술자에 대한 훈련, 불확실성이 매우 높아 민간 투자의 동기가 부족한 분야에서 제공되는 지식역량의 개발 등과 같은 과학정책의 본질적 측면을 무시하는 '돈의 가치(value of money)'를 주장하는 태도만을 취하고 있다고 비판하고 있다.

5.4 기술정책

1) 기술정책의 개념과 특성

스톤먼(Stoneman, 1987)은 기술정책(technology policy)을 "경제에 대한 정부 개입으로 기술혁신과정에 영향을 미칠 의도를 가진 정책"으로 정의하고 있다.[6] 여기서는 혁신과정에 영향을 미치지만 영향 자체가 주요 목적이 아닌 정책들인 일반적인 재정 및 금융정책과 거시경제정책들이 제외되고 있다. 마워리(Mowery, 1992)는 기술정책을 '신기술을 개발, 상업화, 응용하기 위한 기업의 의사결정에 영향을 미치고자 의도된 정책'으로 정의하면서 기술정책의 내용을 보다 구체화하고 범위를 한정시켰다.[7] 기술정책의 정의에서는 '혁신성과'에 영향을 미치려고 '의도적'으로 정부가 개입하는 정책성격을 강조하는 반면, 법 · 제도나 경제체제, 거시경제정책과 같이 '혁신성과'에 영향을 미치지만 반드시 '혁신성과'를 목적으로 집행되지 않는 정책과 규제는 포함되지 않고 있다(이우성, 2005).

과학정책이 중심이었던 1950년대 말과 1960년대 중반을 거치면서 과학이 경제적 부를 증진시킬 것이라는 사고에 의문이 제기되면서 학계에서는 기술발전의 중요성과 공공기술 투자의 필요성이 부각되기 시작하였다. 솔로우(Solow, 1957)는 경제발전이 단순히 노동과 자본과 같은 요소투입에 의한 것이 아니라, 요소투입에 의해 설명되지 않는 잔차항(Solow's residual), 즉 기술발전에 의해 주도된다고 지적하면서 기술발전의 중요성이 주목을 받게 되었다. 여기에 애로우(Arrow, 1963)와 넬슨(Nelson, 1959)이 시장 실패와 정부 개입의 근거를 이론적으로 정립하면서 공공재적 성격인 R&D 투자의 중요성이 강조되기 시작하였다.

1970년대를 접어들면서 기술 중심의 과학기술정책은 사회적 필요와 수요, 사회적 문제와 우선순위를 해결하는 수단으로 강조된다. 1968년 선출된 미국 닉슨대통령은 과학기술정책으로 1969년 '암과의 전쟁(War on Cancer)'을 선포하였다. 이 시기에 전환점

6) "technology policy is defined as policies involving government intervention in the economy with the intent of affecting the process of technological innovation", Stoneman(1987)

7) "technology policy is defined as the policies that are intended to influence the decisions of firms to develop, commercialize, or adopt new technologies", Mowery(1992)

이 되는 가장 중요한 보고서는 OECD Brooks 보고서(1971)이다. 이 보고서를 계기로 과학기술정책의 중요한 목표는 환경적 관심, 사회적 개혁의 대상이 되었으며, 연구방법론도 구체적인 목표를 설정하고 프로그램을 운영하는 방식으로 전환하게 되었다(이우성, 2005).

기술정책은 선진국과 추격형 국가에서 그리고 규모가 작은 국가와 큰 국가에서 각각 다른 의미를 가진다. 규모가 큰 선진국의 경우 기술정책의 초점은 최신 과학기반 기술을 창출하는 역량 구축 및 이를 혁신에 활용하는 노력에 초점을 두고 있다. 규모가 작은 국가에서는 시장에서 활용할 수 있는 기술의 흡수와 사용에 관심을 둔다. 추격형(catching-up) 국가의 경우는 신기술을 활용하여 전도유망한 특정 산업에 진입하고자 노력하게 된다.

이러한 전략의 공통점은 각 국가들이 '전략기술(strategic technologies)'을 설정하는 동시에, 전략기술이 창출하는 산업부문을 또한 '전략적 산업부문(strategic sectors)'으로 규정하고 있다는 점이다. 전략적 산업부문이라는 아이디어는 슘페터(Schumpeter)의 제자인 페로(Perroux)와 허시먼(Hirschman)이 기여한 개념이다. 페로는 '산업화 산업(industrializing industries)'과 '성장축(growth pole)'과 같은 개념을 사용하였고, Hirschman은 후진국에게 가능한 전략으로 불균형 성장 개념을 도입하였다(Perroux, 1969; Hirschman, 1969).

선진국의 경우 기술정책은 국가의 정치적 혹은 경제적 이해관계가 위협을 받을 때 시작되며, 그러한 위협은 특정 기술적 요구와 연계될 수 있다. 구 소련의 스푸트닉호 발사는 우주기술에 기반을 둔 강렬한 충격을 서방 국가들에게 제공하였고, 냉전은 미국으로 하여금 가장 야심적인 기술정책을 추진하도록 동기를 부여했다. 슈라이버(Servan Schreiber)는 그의 저술 《미국의 도전(Le Defi Americain)》에서 첨단기술 산업부문의 경우 미국의 다국적 기업이 유럽에서 지배권을 확대하고 있음을 밝힌 바 있다(Servan Schreiber, 1967). 이와같은 현상은 프랑스, 영국, 독일과 같은 유럽 대국들로 하여금 특정 산업부문에서 국가적 챔피언을 육성하는 정책개발 유인을 제공하였다. 프랑스를 겨냥했던 미국의 기술정책에서의 중요 사건은 프랑스에서 핵기술의 발전과정을 봉쇄하기 위한 컴퓨터기술의 수출 금지 조치였다. 일본이 추구한 기술정책은 추격(catch-up)에 목적을 둔 국가전략으로 추진된 것으로, 서양기술에 대한 모방을 목표로 현대화를 추구한 메이지(明治) 유신에 뿌리를 두고 있다. 이러한 기술정책은 이후 한국과 대만에서도 유사한 형태로 진행되었다.

기술정책에서 제기되는 근본적 질문은 다음과 같다. 첫째, '국가가 특정 산업부문 혹은 기술을 육성 · 촉진하는데 개입하는 것이 적법하고 효과적인가?' 아니면 '기술정책이 국방과 같은 국가의 사회적인 핵심이슈에만 국한되어야 하는가?'에 관한 것이다. 특정 산업부문 혹은 기술에 대한 국가의 개입은 상업적 이해관계에 영향을 미치게 되므로 기술정책의 적법성과 타당성의 논란은 현재까지 핵심이슈로 남아 있다. 기술정책의 관점에서 가장 대규모의 공공개입을 해오고 있는 국가인 미국의 경우 정책의 대부분이 상업적(commercial) 목적을 가지지 않는다는 주장 하에 추진되었다. 그리고 역설적으로 이러한 정책에 대한 논의자체가 금지되어 왔다. 일본의 경우는 국가의 역할에 대한 인식하에 가장 명시적인 상업적 주도형(commercial driven) 기술정책을 추구해 온 국가이다. 일본에서의 기술정책은 공공자금이 상업적 목적에 투입되었다는 이유로 인해 매우 신중하게 추진되고 있다.

둘째, '어떤 기술을 지원하여야 하는가?'이다. 이는 기술정책이 어느 분야에 우선순위를 두는가 하는 문제와 결부된다. 미국과 유럽 국가의 경우, 기술정책의 우선순위 분야는 일반적으로 첨단기술과 과학기반 산업부문에 두고 있다. 반면, 규모가 작은 국가의 경우 재래산업의 현대화에 우선순위를 두고 있다. 과거 일본의 기술정책은 후자의 형태로 추진되었다.

셋째, '어떤 단계에서 지원이 필요한가?'이다. 지원 단계가 경쟁전(precompetitive) 단계에 한정되어야 하는가 혹은 신제품을 시장에 출시하는 단계까지 포함하여야 하는가 등에 대한 선택이 필요하다. 후자의 경우, 신기술에 대한 정부지원과 함께 보호주의 정책이 결합되어 나타나게 된다.

넷째, 공공부문의 능력(competence) 한계에 관한 것이다. 기술정책은 정부가 주된 사용자로써 운영하는 경우 능력이 요구되며, 특히 시장을 겨냥한 신기술을 개발하는 경우 정부의 역할은 더욱 신중해져야 한다. 특정한 기술선택을 위해 정부가 선택의 다양성을 축소한 결과 나타난 정책실패의 사례가 존재하기 때문이다. 대표적 사례로는 1990년대 초 프랑스의 미니텔(Minitel)[8] 과 EU의 HDTV 정책을 들 수 있다.

8) 프랑스 텔레컴(France Telecom)의 비디오텍스 및 e메일 서비스용으로 개발된 단말기로 1980년대 초에 미니텔 1과 1986년부터 보급된 미니텔 1B가 있다.

다섯째, '특정 기술 또는 산업부문의 육성 노력을 경쟁과 어떻게 결합하여 최상의 정책으로 추진할 것인가?'에 대한 것이다. 프랑스, 독일 등 유럽 국가에서 1980년대에 추진된 챔피언 기업을 육성하기 위한 정책들은 성공하지 못한 반면, 다수의 기업들이 제한적으로 경쟁하도록 한 일본의 전략은 매우 성공적이었다.

기술정책의 목표는 과학정책과 별개의 것이 아니다. 과학정책이 범위가 넓은 철학적 고려사항을 목표로 설정하는 반면, 기술정책은 국가 위신(prestige)과 경제적 목적을 달성하기 위한 수단(instrumental focus)에 목표를 두고 있다. 이러한 기술정책은 기술낙관론(technology optimism)의 시대에 발전된 것이나 1960년대 말 이후 기술평가(technology assessment) 및 시민참여와 관련하여 더욱 비판적이고 광범위한 관심사항들이 기술정책의 의제로 등장하게 되었다(OECD, 1970).[9]

2) 기술정책의 주요내용

기술정책의 핵심요소로는 혁신시스템의 주체인 대학, 공공 및 민간 연구기관들을 지적할 수 있으며, 이는 과학정책과 차이가 없으나, 기술정책의 주된 관심은 '기초과학에서부터 공학으로', 또한 '대학의 내부 조직에서 이들과 산업의 연계'로 변화하고 있다. 한 걸음 더 나아가 기술정책은 '기술의 상업화'까지를 포함하고 있다. 이 경우가 바로 다음에 다루게 될 혁신정책(innovation policy)에 접근하는 것이다.

미국과 같은 국가의 경우 공공부문에서의 주된 기술정책 행위자는 통신, 국방, 보건, 수송, 에너지 등을 목적으로 기술을 육성하고 구매하는 부처인 반면, 일본과 같은 국가들은 산업과 무역 담당하는 부처들이다. 아울러 교육과 연구부처의 경우 과학자와 엔지니어들의 교육과 훈련을 담당하기 때문에 중요하다. 경쟁 또는 기타 규제를 담당하는 부처들도 기술정책 그리고 장기적인 기술발전에 중요한 영향을 미치게 된다. 정부는 기술정책의 요소로서 기술평가(technology assessment)를 수행하거나 시민참여의 방식을 결정할 수 있다.

특정기술과 산업부문을 육성하는데 사용되는 많은 정책수단들이 존재한다. 공공구

9) 1968년에 발생하였던 학생폭동(student revolt)은 정부정책에 대한 비판적 시각을 강화하는 계기를 제공하였다.

매와 같은 영역의 경우 다양한 정책수단들이 조합을 이루어 활용되는 것이 효율적이다. 즉, 정부가 특정기술이나 산업부문에 대한 선도적인 사용자 능력을 가지는 경우, 어떤 종류의 정책수단들이 사용되어야 하는지를 잘 판단할 수 있기 때문이다(Edquist et al. 2000). 공공구매 외에도 보조금과 세금감면과 같은 직접적인 경제적 유인을 기업에 제공할 수도 있다. 그리고 신기술의 원천이 되는 과학영역에서 대학연구에 대한 지원도 포함된다. 기술정책이 가지는 위험은 산업별 기득권과 공공 이용자별 기득권이 결합된 산업복합체(industrial complexes)가 출현하게 되고, 기득권들이 자신들에게 유리한 의사결정을 행하는 등 투명하지 못한 과정이 나타날 수 있다는 것이다. 기술정책이 갖는 미묘한 문제의 하나가 바로 의사결정 과정에서 새롭고 더욱 미래적인 입장이 배제되고, 기득권을 가진 복합체에서 이루어 지는 기술궤적의 방향에 대한 수렴 및 합의현상이다(Lundvall, 1985).

신기술의 주된 활용영역이 상업적 분야인 경우, 사용될 수 있는 일련의 정책수단들은 산업부문 혹은 기술에 특정화된 경제적 유인과 보호주의 무역정책 수단이 결합한 형태로 추진될 수 있다. 이러한 사례가 1990년대 초, 유럽의 고선명도 TV(HDTV) 정책의 경우로, 강제적으로 아날로그(analogue) 방식의 표준을 정하고자 하는 노력과 유럽의 제조업자들을 위한 경제적 유인수단이 결합되어 정책이 추진되었다. 이러한 결과는 당시 나타나고 있었던 디지털 표준(digital standard)에 대해 기술적인 무역 장애 요소로 작용하였다. 이와 같은 정책 패키지들은 관련 기업들에게 보호처를 제공해 주는 역할을 할 수 있다.

신지식의 사용이 글로벌 경쟁 분위기에서 나타난다는 전제하에 일반적이고 보편적이며 새로운 기술적 문제를 해결하기 위한 방안으로는 기업들을 지식기관과 연계하는 지원수단들이 매우 유용하다. 그리고 기술정책을 실현하기 위한 과제의 경우 내용과 시간관점에서 내용을 구체적으로 설정하는 것이 바람직하다. 반면, 기술적인 문제해결의 특정 방향이라는 관점에서는 구체적인 방향을 설정하기보다는 개방형의 형태로 과제를 만드는 것이 경쟁에 대한 부정적 영향을 방지할 수 있어 바람직하다.

기술정책의 경우 과학정책에서 중요한 수단이 되는 연구평가와 유사한 정책도구가 정책 설계 및 재설계 과정에 사용된다. 신기술의 흐름을 파악하는 기술예측(technology forecasting)이 그중의 하나이다. 과학자와 첨단 생산업자, 그리고 사용자들을 대상으로 어떤 기술이 유망할 것인가에 대한 전문적 지식을 묻는 동 방법은 차세대의 '전략기술(strategic technologies)'을 발굴하는데 적합하다. 그리고 특정 정책에 대해 독립적 정책평가(independent policy evaluation)도 중요한 정책도구로 활용될 수 있다. 이러한 정책평가는 민간기업이 공공의 이해관계에 미치는 영향을 축소하기 위한 방안으로 유용하게 사용될 수 있다. 대부분의 평가과정에서는 프로그램 사용자들에게 프로그램의 유효성에 대한 질문을 하게 된다. 동 평가에서는 프로그램이 매우 잘 되었다거나 더욱 많은 유사 프로그램들이 추진되어야 한다는 결론으로 마무리하는 경우가 많다. 이와같은 평가자들이 모두 동의하는 묶임(lock-in) 현상이 나타나는 위험이 존재하므로, 외부전문가(outsiders)에게 강력한 역할을 부여하는 것도 고려해 보아야만 한다. 그리고 '직업순환(job rotation)'과 '기능간 팀(inter-functional teams)'을 육성하는 노력도 기업만큼이나 공공정책에서도 중요하다.

이미 살펴보았듯이, 과학 및 기술정책은 분석적 목적에 기여하는 이상적 형태를 가리킨다. 반면, 발달된 자본주의 경제라는 현실 세계에서 과학 및 기술정책 결정에 관여된 정책초점, 정책수단, 그리고 행위자들을 양 정책의 범주로 구분하기가 쉽지 않다. 다음에 다루어질 혁신정책은 더 광범위한 정책이슈를 대상으로 한다.

5.5 혁신정책

1) 혁신정책의 개념과 특성

혁신정책(innovation policy)의 목표는 기업, 산업, 나아가 경제 전체의 경쟁력을 제고시키고, 궁극적으로 경제성장을 촉진시키는 것이다. 에드퀴스트(Edquist, 1997)는 기술변화와 경제성장이 포함된 혁신현상에 대한 정책적 지원이 적절하게 이루어지지 않음을 비판하면서, 이에 대한 정부차원의 적절한 방향설정과 정책수단의 제시 및 정책개발을 요구하였다.(Teubal, 2002). 튜발(Teubal)은 진화(evolutionary) 체제론적 과학기술혁신(STI) 정책 접근방법과 시장중심(pure market) 과학기술혁신(STI) 정책 접근방법을 제시하면서, 시장 실패(market failure)와 시스템 실패(system failure)를 해결하기 위한 혁신정책의 필요성을 강조하고 있다(Teubal, 2002). 미국 대통령 경제자문위원회(CEA)에서는, 혁신정책의 역할을 '기술혁신 주체에 대한 지적재산권 보호, 기술혁신 필요 분야에 대한 R&D 지원, 신기술의 이익을 경제주체가 고루 향유할 수 있도록 하는 것' 등으로 정의하고 있다(CEA, 2002). 이를 위한 주요수단으로는 규제완화, 경제적 장애요인 제거, 기술혁신의 장려를 통한 민간부문의 경쟁 촉진 등이 제시되고 있다.

1980년대 이후 혁신정책이라는 용어가 OECD를 중심으로 광범위하게 사용되었다. 이 시기에는 정책의 초점이 '전략기술(strategic research)'과 '기반기술(generic technology) 개발'에 있었다. 이는 1980년대의 나타난 과학기술 헤게모니 쟁탈을 둘러싼 미국, 일본, 유럽의 삼각 경쟁구도의 심화로 인한 것이었다. 1980년대 일본의 경제성장과 첨단과학기술 분야의 성공은 미국과 유럽으로 하여금 경계심과 경쟁을 촉발하는 계기가 되었다. 특히, IT 등 정보통신기술을 둘러싼 경쟁이 치열하였고, 일본이 선도적으로 IT 발전을 위한 5세대 개발 프로그램을 국가적 차원에서 추진하자 미국과 유럽이 곧이어 경쟁적으로 대규모 프로젝트를 추진하게 되었다. 1980년대는 IT 신기술이 미래첨단산업(sunrise industry)으로 발전하는 시기로 동 산업기술에서 주도권을 확보하고 이를 선도하려는 선진국들의 경쟁이 치열하였다. 선진국들은 미래첨단산업의 발전과정에서 낙오되지 않고 생존과 성장을 담보할 수 있는 혁신역량을 구축하기 위해 대규모 프로그램들을 입안한 결과 1980년대 중반부터 대규모 정부프로그램들이 광범위하게 추진되었다. 대표적 사례로 영국의 Alvey 프로그램(1985), 스웨덴의 IT 프로그램, EU의 대규모 IT RTD 프로그램(1982), 프랑스의 EUREKA(1985) 등이 있다.

아울러 같은 시기에 공공 R&D 기관과 공공재단의 효율성에 대한 의문이 제기되면서 이들 공공기관과 공공 R&D 투자의 책무성(accountability)이 강조되기 시작되었다. 이에 따라 과학기술 투자와 공공기관, 혁신정책에 대한 평가가 활성화되고 평가방법론과 평가지표의 개발이 활발하게 이루어졌다.

가장 중요한 혁신정책의 변화는 1980년대 말 이후부터 1990년대 초에 발생하였다. 기존의 혁신정책들이 과학기술 혁신과정의 특성을 제대로 파악하지 못한 결과, 과학기술혁신과 경제사회체제간의 상호연관성과 의존성이 간과되었음을 지적한 것이었다. 이러한 비판에 근거하여 '과학기술혁신정책의 중요한 목표는 기술혁신의 창출과 확산을 촉진하는 사회적 체제의 효율성' 정립에 있다고 주장하는 혁신체제론적 입장이 등장한 것이다(OECD, 1988). OECD Sundgvist 보고서(1988)는 혁신정책에 대한 시스템적, 네트워크적 접근방법이 필요함을 언급함으로써, 과학기술정책이 혁신정책으로 중심이 옮겨가는 중요한 전환점 역할을 수행하였다.

혁신정책에서는 혁신체제론적, 네트워크적 접근방법을 사용하는 동시에 기존의 공공 R&D 기관과 공공재단(funding agency)의 경우에도 많은 변화가 발생하였다. 이들 기관들의 공공 기능들이 민간부문으로 이전되는 추세가 그것이었다. 민간의 R&D 서비스 제공 기능 강화, 벤처캐피털의 등장에 의한 공공재단 기능의 대체 등과 과거 공공부문에서 제공하였던 과학기술 인프라 기능들이 점차 민간부문의 기능으로 이관되었던 것이다.

혁신정책은 두 가지 유형(version)으로 나타난다. 하나는 자유방임형(laissez faire)이다. 동 유형은 정부의 비개입주의(non-interventionism)를 강조하며, 정책의 초점을 특정 산업부문 또는 기술에 두기보다는 이들의 기반 조건(framework condition)에 두고 있다. 동 유형에서는 특정 조치들이 '승자 선정(picking the winners)'에 영향을 미치는 부정적 조치로 인식된다. 이러한 혁신정책 유형의 극단적 형태는 기초연구와 일반적 교육만이 적법한 정부활동이며, 지식재산권의 보호만이 정부규제의 적법한 영역으로 인정하는 것이다. 극단적 형태에서 완화된 경우 기업가 정신(entrepreneurship)을 촉진하거나, 과학과 기술에 대한 일반인의 긍정적 태도를 육성하고자 하는 목적을 가진 공공정책을 혁신정책에 포함하고 있다. 다른 형태는 '체제적(systemic)' 유형으로 이는 혁신체제 개념을 언급하는 것으로 동 정책 관점은 대부분의 주요 정책들이 혁신에 어떻게 기여하는가 하는 견지에서 고려되어야 하는 것을 의미한다.

혁신정책의 근본적 관점은 혁신체제의 각 부문간의 연계를 검토하고 재설계하는 것이다. 자유방임형 접근방법은 기업들이 항상 최상이 무엇인지 알고 있으며, 일반적으로 시장 실패가 없는 가운데 최상을 추구하는 방식으로 행동한다는 경제학의 표준가정을 기반으로 구축된 것이다. 혁신체제형 접근방법의 관점은 기업의 역량이 기업마다 차이가 있으므로 신기술의 개발과 흡수, 그리고 이용 관행이 기업마다 다르다는 점을 고려하고 있다. 그리고 동 유형에서는 '실패(failure)'가 신고전학파의 '시장 실패'를 넘어 다양한 체제적인 요구를 조정하고, 연계하며, 이를 언급하기 위한 제도들의 실패를 포함하는 데까지 확장될 수 있음을 고려하고 있다.

이들 양자 접근방법은 혁신과정의 모든 측면—신기술의 확산, 사용 그리고 마케팅을 포함하는—을 포함하고 있으며, 어떤 의미에서는 이들 접근방법들은 정책초점이 배분보다는 혁신에 두어진 경제정책의 한 주요 방식으로도 간주될 수 있다. 양자는 정책의 추진보다 '제도(institutions)'와 '조직(organizations)'을 더욱 강조하는 경향이 있다. 자유방임형의 경우, 시장과 경쟁이 혁신의 가장 중요한 전제조건이 되며, 원칙적으로 모든 국가에서 가능한 '제도적 설계'만이 유일한 권고사항이 된다. 체제적 접근방법의 경우 경쟁의 중요성이 고려되나, 일반기술을 개발하는 경우 사용자(users)와 생산자(producers) 사이의 수직적인, 그리고 때로는 경쟁자들 사이의 수평적인 긴밀한 협력의 필요성이 고려된다. 체제적 접근에서는 '제도적 구성(institutional set up)'이 국가경제에 따라 다르다는 점과 국가적 맥락에서 어떤 형태의 기술과 산업부문을 성장시켜야 하는가에 대한 시사점을 제공한다. 적절한 혁신정책을 설계하기 위해서는 국가시스템의 제도적 특성에 대한 통찰력이 요구된다. 혁신정책은 첨단기술 대 하급기술에 대한 선험적 선호를 나타내지 않는다. 체제적 접근방법은 산업시스템을 네트워크와 가치사슬로 고려하는 수직적 관점을 도입하고 있다.

서로 다른 2개 유형의 혁신이론에 대한 이론적 토대는 혁신에 관한 표준적 신고전학파 경제학의 적용과 혁신 및 경제진화에 대한 장기적 연구성과에서 나타난 것이다(Metcalfe, 1995; Metcalfe and Georghiou, 1998). 혁신체제적 접근방법은 제도경제 및 진화경제에서 뿐만 아니라 혁신연구에서 개발된 실증적 자료와 분석적 모형을 사용한다.

혁신정책이 1980년대에 개념적으로 광범위하게 사용된 주된 이유는 1970년대 경제성장의 침체와 제1차 세계 대전후 시기와 비교할 때 상대적으로 느린 성장시기의 지속 때문이었다. 총요소생산성(TFP: total factor productivity)의 성장추세가 감소하는 이유가 이해되어지지 않은 상태에서 이러한 현상이 기술기회를 이용하는데 따른 능력의 부족과 관계되어 있다는 추측이 존재했다. 동시에 인플레이션으로 인한 수요측면 경제정책에 따르는 한계는 공급측면에서 성장의 촉진 가능성을 이해하는 것이 중요하다는 사실을 인식시켰다. 이는 혁신정책의 주된 목표가 경제성장과 국제 경쟁력 향상이라는 사실을 의미하며, EU 담론에서 이러한 목표는 사회적 결속 및 평등과 결합되었다. 혁신은 또한 오염, 에너지, 도시화와 빈곤과 같은 중요한 문제를 해결하는 방법으로 고려될 수 있으나 혁신의 주된 초점은 경제적 부의 창출에 있었다.

2) 혁신정책의 주요내용

혁신정책에서 사용되는 정책수단 중에는 지식재산권 규제와 벤처캐피털에 대한 접근이 포함된다. 혁신정책에서는 제도적 맥락 범위 내에서 혁신을 촉진하고자 하는 목표를 가지는 정책인가 혹은 혁신을 촉진하기 위한 제도적 맥락의 변화를 목표로 하는 정책인가에 따라 근본적 차이가 존재한다. 전자의 정책범주는 과학기술정책에서 사용되는 수단과 겹치게 된다. 후자의 경우는 대학, 교육, 노동시장, 자본시장, 규제산업, 그리고 경쟁법 등에서의 개혁이 포함된다.

혁신정책에서 제기되는 근본적 질문 중 첫번째 이슈는 타 정책분야가 혁신을 촉진하기 위해 어느 정도 사용될 수 있으며, 사용되어야 하는가에 관한 것이다. 대학과 학교들은 혁신과 경제성장 지원과는 다른 명백한 임무를 가지고 있다. 타 정책을 담당하고 있는 정부의 부처와 조직들도 혁신 논리보다는 다른 논리에 따라 일반적으로 행동하고 있다. 흥미로운 사례의 하나는 노동시장정책(labor market policy)으로 동 정책에서는 문제를 유연 시장에 두고 있다. 여기서 유연성이란 노동자의 이동성과 유연임금제 양자를 의미한다. 따라서 역량 구축과 혁신을 촉진할 수 있도록 노동시장제도(labor market institutions)를 어떻게 설계할 것인가의 문제는 유연성을 어떠한 관점에서 해석하느냐에 따라 서로 다른 결론에 도달할 수 있게 된다.

두 번째 이슈는 공공부문의 개입 한계와 관련된 것이다. 예를 들면, 기업의 내적인 자체 조직화 방법이 혁신성과에 주된 영향을 미치며, 경제성장이 이러한 관점에서 설명될 수 있다고 가정해 보자. 이 경우 유익한 관행의 확산을 촉진하기 위한 정부의 역할이 존재하는가? 혹은 기업의 관리자 및 소유자에게 그러한 문제 해결을 맡겨야 하는가? 정부가 효율적인 조직적 해법의 확산을 지원하지 않고, 기술적 해법에 대한 확산만을 지원해야 하는가 등에 대한 해법은 명백하지 않다.

혁신정책의 요소에는 여전히 대학과 공공 및 민간부문의 연구기관들이 포함된다. 다만 정책의 초점이 대학과 기술적 산업부문에서부터 혁신과정에 영향을 미치는 경제의 모든 부문으로 이동하게 된다. 이는 혁신정책의 수단이 과학기술정책의 수단과 겹치기 때문이다. 혁신정책은 역량 구축, 조직 성과를 포함하는 혁신시스템의 제도적, 조직적 차원에 대해 특별한 관심을 갖는다. 혁신정책은 혁신을 사회적이며 복잡한 과정으로 이해하면서, 혁신과정에 대한 '블랙상자의 개방(opening the black box)'을 요구하고 있다.

경제부처 또는 산업부처들은 혁신정책과 관련하여 조정역할을 수행하는 조직이나, 원칙적으로는 대부분의 부처가 국가혁신체제를 재설계하는 노력에 참여할 수도 있다. 실질적으로 핀란드, 네덜란드, 덴마크와 같은 일부 특정 국가들은 1990년대 후반 이래로 진정한 '혁신정책의 전환(innovation policy turn)'을 경험해 오고 있다. 정부당국과 기업공동체, 무역연합체, 지식기관들 사이에서 발전된 정책설계와 관련된 상호작용 및 논의들은 성공적으로 집행되어질 수 있는 사회적인 정책 프로그램을 개발하기 위한 필요조건으로 작용한다.

혁신정책에 대한 분석적 기반은 '기술과 경쟁의 맥락에서 글로벌 관점을 고려하여 나타나는 유익한 관행을 구성하는 일반적 통찰력'과 '국가혁신체제의 특성에서 나타난 특정한 통찰력'을 결합한 것이 될 수 있다. 체제는 글로벌 경제적 맥락에서 전문화와 제도적 구축 그리고 투입의 측면에서 분석될 수 있으며 지적 벤치마킹을 통해 강점과 약점, 위협 및 기회요인들을 발견하는 시도도 가능하다. 마지막으로 혁신정책에 대한 분석에서는 혁신체제의 연계, 인적자원 개발과 활용, 그리고 국제적 차원에서의 분석에도 더욱 관심을 둘 필요가 있다.

CHAPTER 6

과학기술정책연구의 접근방법과 이론

제6장에서는 과학기술정책연구의 접근방법과 이론을 소개한다. 첫째, 과학기술정책 연구와 관련된 과학적인 연구의 접근방법을 살펴본다. 둘째, 과학기술정책을 근거 있는 정책으로 전개하고자 하는 과학기술정책의 과학화를 다룬다. 셋째, 과학기술 정책의 이론 유형으로 실질이론과 절차이론을 구분하고 이를 논의한다. 넷째, 과학 기술정책이 지향하는 방향을 임무형과 확산형으로 구분하여 특성을 고찰한다. 다섯째, 과학기술발전전략으로 추격형과 탈추격형의 개념적 차이와 특성을 전개한다. 마지막으로 혁신정책의 진화과정을 분석하고 제3세대 패러다임의 등장이 제공하는 함의를 제시한다.

6.1 과학기술정책연구의 접근방법

과학기술의 다면적 성격과 광범위한 파급효과 때문에 이를 대상으로 하는 과학기술정책연구의 접근방법과 이론 정립의 수준은 아직 초기에 있다. 과학기술정책연구는 경제, 사회, 정치, 교육, 문화 분야 등과 불가분의 관계를 가지면서 과학기술과 연구개발 등을 대상으로 논리적 사고와 체계적 방법을 활용해야 할 과학(science)의 한 분야이다. 따라서 동 분야에 대한 연구는 과학기술에 뿌리를 내리면서 경제학 등 사회과학에도 의존해야 하는 양면성을 가지고 있다.

기술혁신의 속도가 경기 순환보다 빨라지면서 시장의 교란을 초래하게 됨에 따라 기술의 변화과정을 과거와 같이 단순하게 'black box'로 처리해 왔던 경제학의 한계가 노출되었고 이러한 결과로 기술경제학 혹은 진화경제학이 나타나게 되었다. 그리고 연구개발과 기술 관리, 기술이전과 국제관계 또는 공공정책과 과학기술행정 등에 나타난 바와 같이 과학기술의 사회적 영향이 매우 커짐에 따라 경영학과 국제정치학 및 행정학에서도 과학기술의 문제를 다루어 오고 있다. 이와 같이 과학기술정책연구는 인접과학인 경제학 등 사회과학의 여러 분야와 결합하여 이른바 학제간(interdisciplinary) 연구분야로 발전해 오고 있다. 공학과 화학공학, 역학과 기계공학, 핵물리학과 핵공학, 공기공학과 항공공학 등의 출현에서 미루어 볼 때, 과학기술정책연구는 포괄적인 분야로서 향후 사회적, 학문적 요구에 따라 기술경제학, 기술경영학, 기술사회학 등으로 분화되면서 발전해 갈 가능성이 크다. 그리고 과학기술의 측정과 통계, 과학기술의 평가와 예측 등의 방법론을 심화하고 결과해석의 폭을 확대시키면서 지속적으로 발전해 나갈 것으로 예상된다.

여러 학문 분야와 긴밀한 상호작용을 하고 있는 과학기술정책연구는 아직 분류체계까지도 확립되지 않은 초기 단계에 머물고 있다. 매우 광범위한 분야를 대상으로 하는 과학기술정책연구는 체계적인 연구방법이 확립되지 않은 상태에서 인접학문의 방법과 기법을 원용하고 있다. 따라서 기술혁신의 과정 등 여러 현상에 대한 본질적 이해와 설명이 충분하지 못한 실정으로 연구자의 개인적 취향이나 국가적 특이성, 또는 사회적 요구에 따라 강조되는 연구분야 및 이론의 전개가 다양한 형태로 나타나고 있다(이종욱, 1989: 12-13).

과학기술정책연구를 수행하는 접근방법으로는 타 학문분야와 마찬가지로 연역적 방법(deductive methods)과 귀납적 방법(inductive methods)으로 구분할 수 있다. 연역적 접근방법은 일정한 이론적 전제에서 출발하여 현상을 기술하고 설명하는 방법으로, 특정의 전제로부터 그 결과로서 기대되는 정책유형과 관계들을 추론하게 된다. 예를 들면, 합리적 선택모형(rational choice model)과 공공선택모형(public choice model)에서는 관료들이 프로그램의 규모가 확대되는 것을 원하고, 모든 정치인들은 재선(re-election)을 보장하기 위해 정치와 경제를 운용하려고 하며, 모든 시민들은 정부 지출 프로그램의 혜택을 확대시킬 수 있도록 투표하려는 경향이 있다는 전제로부터 출발한다. 이러한 전제로 이론을 구성해 나가는 접근방법이 연역적 접근방법이다. 연역적 논리의 적용에서 문제가 되는 것은 과연 그 전제가 어느 정도 타당한가?이다. 연역적 논리를 적용한 추리에서는 일련의 전제로부터 시작하여 결론으로 나아가므로 전제에서 타당한 근거가 제시되면 그로부터 논리적으로 도출되는 결론에 대해서도 타당한 근거를 갖게 된다. 그러므로 연역적 논리를 적용한 기술과 설명에서는 그 전제의 타당성을 어떻게 설득할 수 있을 것인지가 문제가 된다(남궁근, 2008: 28).

귀납적 접근방법은 관찰에서 유형 및 규칙성을 요약하고 이로부터 잠정적인 결론을 도출하는 접근방법으로 수많은 현상의 상호작용에 대한 행위의 규칙성을 통해 논리를 추구하게 된다. 동 접근방법에서는 획일적이고 연역적인 전제를 가정하는 대신 현상에 대한 중립적 관찰을 강조한다. 따라서 구체적인 자료나 통계를 분석하고 이를 바탕으로 명제나 법칙을 이끌어낸다. 동 방법은 정성적 방법과 정량적 방법으로 구분되기도 한다. 정성적 방법은 자연현상 혹은 사회현상들을 현상학적 접근을 통하여 사실 그대로 서술하고, 이를 통하여 현상들의 형태, 과정 등에 관한 관계적 특성을 명확하게 파악하는 연구방법이다. 정량적 방법은 자연현상이나 사회현상들이 발생한 관련 통계를 수집하고 이들을 개량적으로 분석하여 현상의 상태와 그 차이의 원인 및 결과를 규명하는 연구방법이다. 양 접근방법은 각각의 장단점을 지니고 있으므로 하이덴하이머 등(Heidenheimer et. al., 1993)은 양 접근방법의 조화를 주장하고 있다(남궁근, 2008).

과학기술정책연구의 경우 역사가 일천하고 기술혁신의 과정과 같은 현상의 복잡성과 동태성 그리고 학제간 성격으로 인해 귀납적 접근방법이 주로 사용되고 있다. 제4장에서 살펴본 기술혁신이론들은 귀납적 접근방법을 통해 이루어진 것으로 향후 연역적 접근방법과의 조화를 통한 과학기술정책연구의 방법론 및 이론의 진보가 기대된다.

과학기술정책연구는 연구목적에 따라 경험적 · 규범적 · 처방적 접근방법로 분류가 가능하다. 경험적 접근방법(empirical approach)은 '있는 그대로의 질서'를 기술하고 설명하며, 예측하는 방법으로 실증적 접근방법(positive approach)이라고 부르기도 한다(남궁근, 2008: 25). 이는 정책의 내용, 원인과 결과간의 관계에 관한 지식을 산출하고자 문제의 원인과 정책결과에 대한 가설을 정립하고 이 가설을 검증하는 형식을 취한다. 다음으로 규범적 접근방법(normative approach)은 '있어야 되는 질서'가 무엇인가, 즉 바람직한 질서를 찾고자 하는 방법으로 형평성(equity), 효율성(efficiency), 안보(security), 자유(liberty), 공동체(community) 등이 정책의 궁극적 목적으로 제시되고 있다(Stone, 1997). 그리고 처방적 접근방법(prescriptive approach)이란 '있을 수 있는 질서'에 관하여 제안하는 방법으로 설정된 정책목표를 달성하는데 가장 적합한 수단을 선택하도록 처방하는 것이다. 처방적 접근방법은 설정된 정책목표를 달성하는데 가장 적합한 수단을 선택하도록 처방하는 것을 의미한다. 한편, 처방에 필요한 지식을 생산하려면 예측, 비용 · 편익분석, 실험설계와 통계분석 등 정책분석에 사용되는 분석 및 평가의 논리와 기법이 필요하다(남궁근, 2008: 27).

과학기술정책연구는 궁극적으로는 처방적 목적을 추구하는 연구방법이다. 그러나 처방적 접근을 위해서는 경험적 접근과 규범적 접근을 통한 현상에 대한 이해와 법칙 발견 및 이론화가 요구된다. 다음에 다루게 될 과학기술정책의 과학화가 이러한 수요에 대응하여 처방적 목적을 추구하는 연구에서 필요한 지식을 창출하기 위한 노력의 일환이라 할 수 있다.

6.2 과학기술정책의 과학화

'과학기술정책의 과학화(SciSIP: Science of Science and Innovation Policy)'는 미국에서 제기된 정책기반에 대한 지향으로 과학기술정책을 과학적인 방법으로 추구하고자 하는 노력을 가리킨다. 이는 유럽에서 추진되고 있는 '증거기반 정책결정(evidence-based policy making)' 및 OECD에서 노력을 기울이고 있는 '기술혁신의 측정(measurement of innovation)에 대한 발전' 등과 함께 최근 과학기술정책에서 하나의 흐름을 형성하고 있다(황용수 등, 2009).

제1장에서 언급했듯이 과학기술정책의 과학화는 2005년 대통령의 과학자문관이었던 마버거(John Marburger) 교수가 주창하면서 과학기술계의 전면에 부상하였다. 과학화 주창과 함께 제시된 화두들은 '국가가 과학기술 분야에 얼마나 많은 자원을 투자해야 하는가?', '어떤 분야의 과학기술에 더 많이 투자해야 하는가?', '사적 부문의 투자와 공공부문에서의 투자 비율은 어떻게 해야 하는가?' 등이다. 이는 그간 추진된 과학기술정책이 과학기술 그리고 혁신의 복잡한 현상을 제대로 이해하지 못한 결과 미숙한 초기단계에 머물고 있다는 전제를 토대로 한다. 이를 극복하기 위해 다양한 분야의 사회과학이 합심하여 적절한 과학기술혁신 모델을 구축하고 적절한 데이터 기반 측정방법을 개발하여 계량적인 과학기술정책연구를 추구할 필요성을 강조한 것이다.

현재 미국의 국립과학재단(NSF)에서는 '창의성과 혁신', '지식생산 시스템', '혁신의 측정', '국제협력', '인적자원의 개발' 등에 관한 연구를 통해 '과학기술정책의 과학화 프로그램' 만들기에 노력하고 있다. 각 분야에 걸쳐 과학기술정책 수립을 위한 정확한 과학적 증거를 수집하자는 것이다. 이러한 결과로 대통령 직속 과학기술정책실(OSTP) 산하에 과학기술정책의 과학화를 위한 범부처 기획단(Interagency Task Group on Science of Science policy)이 설치되었고, 관련 부처에서 정책 과학화를 수립하는 데 어떠한 장애요인이 존재하는지를 점검한 바 있다.

기획단은 2년간의 활동을 통해 '신뢰할 만한 데이터의 절대 부족', '새로운 현상을 수용할 수 있는 혁신 모델의 부재', '심각한 결점을 가진 분석 방법의 사용' 등 10여 가지의 문제점을 확인하였다. 이를 해결하기 위해 발표된 성과물이 '과학정책의 과학화를 위한 로드맵(SoSP Roadmap)'이다. 과학기술정책의 과학화와 관련하여 미국은 이해(understanding), 측정(measurement), 그리고 공동체 육성(community development) 노력을 추구해 오고 있다. 즉, 과학기술정책을 뒷받침할 지식(knowledge)과 이론(theories)의 개발을 통한 이해(understanding)의 증진과 더불어 측정(metrics)과 데이터셋(datasets), 분석모델(analytical models)과 분석 도구(tools)의 개선 · 확대를 추구하는 측정(measurement)의 발전을 추구하고 있다. 아울러 과학기술정책의 과학화에 초점을 두는 산 · 학 · 연 실무 공동체의 육성 등에 노력하고 있다. 미국의 경우는 과학기술정책에 대한 계량적 분석 능력의 향상을 포함하는 측정에 특히 많은 관심을 기울이고 있다.

유럽의 증거기반 정책결정은 1997년 영국의 토니 블레어(Tony Blaire) 수상이 정부개혁과 현대화를 도모하는 과정에서 이를 주창하면서 시작되었다.[1] 1999년 발표된 '현대화백서'에서는 '정책은 실질적 문제를 해결하기 위해 설정되어야 하고 임기응변식 대응보다는 실증적 근거를 바탕으로 원인을 찾아 해결하는 방식을 취해야 한다'고 명시하였다. 이러한 증거기반정책은 최선의 이용가능한 증거에 기반을 두고 정책 프로그램 및 프로젝트에 관한 의사결정을 하도록 지원하는 접근방법이다. 따라서 동 접근방법은 과학기술정책뿐만 아니라 모든 부문의 정책결정에 요구되는 지향성을 의미한다. 색슨(Shaxon, 2005)에 따르면, 여기서 증거는 정량화된 증거만을 가리키는 것이 아니라 정책결정에 유용한 질(quality), 정확성(accuracy), 객관성(objectivity), 공신력(credibility), 적합성(relevance), 실용성(practicalities) 등을 구비한 정량적인 증거가 선호된다.

OECD는 과학기술지표에 관한 국별 전문가 작업반(NESTI: Working Party of National Experts on Science and Technology Indicators) 활동 등을 통하여 연구개발(Frascati manual), 기술무역(TBT manual), 혁신(Oslo manual), 특허(Patent manual), 과학기술인력(Canberra manual) 등의 분야에서 지표와 데이터 체계를 발전시켜 왔다. OECD에서는이들 분야지표와 데이터에 대해 국제비교가 가능한 조사체계의 가이드라인을 제공하고 있다. 특히, OECD는 과거 연구개발 중심 통계지표의 지평을 기술혁신에 대한 관심으로 확대하기 위해 두 차례의 블루스카이포럼(Blue Sky Forum)을 개최하여 새로운 지표개발 의제를 발굴해 오고 있다. 한편, 2008년부터는 OECD의 혁신전략 수립에 대응하는 기술혁신에 대한 측정(measurement)을 발전시키고자 노력하고 있다. 과학기술정책의 과학화에 대한 OECD의 흐름은 회원국 상호간 과학기술혁신을 비교할 수 있는 객관적이고 정량화된 통계지표 개발에 초점을 두고 있다.

사회과학에서는 자연과학에서와 같이 과학(science)의 개념과 관련하여 과학적 원칙을 적용하기가 쉽지 않다. 따라서 사회과학의 한 부분인 정책연구에서는 일반적으로 체계적(systematic)이고, 엄밀하며(rigorous), 경험(experiences) 혹은 관찰(observations)에 기초하여 사실(facts)에 주목하는 실증적(empirical) 접근방법이면 과학적이라고 본다(Isaak,

1) 이하 사례들은 황용수 등(2009), pp.15-17을 참고

1981, 황용수 등, 2009 재인용). 과학은 증거(evidence)와 지식(knowledge)의 개념보다는 보다 진일보한 수준을 가르킨다(Swart, 2008). 그러나 과학기술정책에서는 정책의 대상이 되는 과학기술혁신의 비가시성과 불분명한 파급효과 등으로 인해 엄밀한 과학적 기반을 적용하는 데에는 상당한 한계가 존재하는 것이 현실이다(황용수 외, 2008).

6.3 과학기술정책의 실질이론과 절차이론

앞에서 언급했듯이(제1장 제2절) 과학기술정책연구에는 내용 혹은 실질적 이론(content or substantive theory) 영역과 절차이론(procedural theory) 영역이 존재한다.[2] 실질이론으로 과학기술정책은 '사회단위가 희소자원을 과학기술의 발전을 위하여 왜, 어떻게 배분하며, 자원배분의 과정에서 어떤 문제점들이 발생하는가를 분석'하는 연구영역이다(이가종, 1989: 21). 절차이론으로서의 과학기술정책은 '정책의 합리성 및 객관성을 추구'하는 것으로 이론의 과학적 성격을 강조하는 연구영역이다.

현실적으로 과학기술정책은 사회선택(social choice)의 문제이므로 정책이론에서의 절차이론이 그대로 적용되어야 한다. 그럼에도 불구하고 대부분의 과학기술정책은 정책의 문제들이 합리성과 객관성을 가지고 있거나 있어야 하는 등의 명백성을 가지고 있다는 가정하에 과학기술공동체의 '저명한 사람'들에 의하여 합리적으로 결정될 수 있다고 믿는 견해가 널리 퍼져 있다. 그러나 실질이론으로서의 과학기술정책은 절차이론의 발전과 병행되지 않는 경우 과학과 기술적 문제해결에 기여하기 어렵다.

이는 과학기술이 사회에 미치는 영향 혹은 과학기술 발전을 위한 자원의 적정배분에 관한 연구를 의미하는 과학기술정책은 과학적인가? 하는 질문에서도 잘 나타난다. 이에 대해 클락(Norman Clark)은 과학기술의 사회적 차원에 관한 연구는 첫째, 그 연구대상이 이질적이고 광범위하며, 둘째, 문제의 해결을 위해서는 많은 학문적 영역이 종합적(interdisciplinary)이어야 하기 때문에 다른 영역의 정책분석보다 훨씬 복잡하고 문제해결이 어렵다고 한다(Clark, 1985, 이가종, 1989: 22 재인용). 특히, 경제분석적 접근방법에

2) 이하 내용은 이가종(1989)을 참고로 작성

의한 과학기술정책 혹은 자원의 적정배분은 더욱 어렵고 합리성과 객관성을 보장하기 힘들다고 주장한다. 이유는 첫째, 비용 · 편익분석은 장래의 장기적 활동을 분석대상으로 할 경우 과학적 계산 혹은 예측이 매우 어려우며, 둘째, 과학기술의 미래예측은 그 본질상 불확실성이 전제되기 때문에 비용 · 편익분석이 거의 불가능하다. 셋째, 과학기술 정책 분석에서 목표와 수단의 구분이 쉽지 않으며, 넷째, 과학기술이 추구하는 목표들은 매우 다양하기 때문에 목표설정이 어렵다.

과학정책에 과학철학적 인식론과 정책이론의 요소, 즉 절차이론을 도입하여 합리성의 한계를 지적한 콜링그리지(Collingridge)와 리브(Reeve)의 연구는 많은 점을 시사하고 있다(이가종, 1989: 23). 그들은 과학정책에서 과학(혹은 과학자)과 정책(정치)의 연계는 불행한 결혼이라고 주장한다. 정치적 성격을 띤 의사결정에서 과학적 전문가들의 역할이 증대되면 될수록 보통 사람들의 참여 영역은 축소된다. 민주주의 사회에서 이러한 보통 사람으로부터 전문가로의 권력 이양은 정책이 보편 · 타당하고 합리적이며 객관적일 때 인정될 수 있다. 그러나 쿨링그리지와 리브는 과학정책의 객관성 · 합리성을 강력히 부인한다. 이들의 주장에 따르면 과학자들은 추상적인 이론이거나 이해관계가 연구실과 세미나실에 한정되는 경우 여기에 대해 동의하게 되며, 만약 이론이 정치적 영역에 속하는 정책의 문제와 관련되는 경우는 반대론들이 등장하고 갈등이 심화된다. 이들은 또한 포퍼(Popper)의 반증주의(falsificationism)[3] 와 쿤(Kuhn)의 과학혁명이론(The structure of Scientific Revolution)[4] 을 수용하여 과학의 객관성과 합리성의 한계를 제시하고 있다.

3) 칼 포퍼의 반증주의(falsificationism)란 과학철학에서 고전이론이 주장하는 입증주의(verificationism)에 대한 도전으로 '과학은 경험에 의하여 반증될 수 있어야 한다'는 주장이다. 자세한 내용은 이가종(1989), pp10-12 참고.

4) 토머스 쿤의 이론은 과학적 연구를 두 단계로 구분한다. 하나는 정상과학(nomal science) 시기이고, 다른 하나는 과학혁명(scientific revolution)의 시기이다. 포퍼의 주장과는 달리 쿤에 따르면, 과학자들은 그들의 실험이 반증되었다고 이론을 포기하는 것이 아니라 그들의 이론을 좀 더 개선하고 이해하면 어떤 이론적 결함 및 차질은 사라질 것으로 믿는다. 정상과학 시기에 과학자들은 기존의 패러다임에 의하여 주어진 세계관 혹은 선입견에 의해 설정된 규칙에 따라 문제를 해결해 나가게 된다. 반면 과학혁명은 위기의 시기를 거쳐 발생한다. 위기의 시기에서는 비정상적인 것(anomalies)과 반증적 사례들이 만연함으로 기존의 이론(패러다임)이 더 이상 지속할 수 없는 상태에 이르게 된다. 이러한 경우에도 과학자들은 그들의 이론(패러다임)을 즉시 포기하지 않는다. 반대로 과학자들은 수많은 수정이론들을 고안해 냄으로써 이론적 갈등과 모순을 해결하려고 시도한다. 기존의 패러다임을 포기한다는 것은 동시에 다른 패러다임을 수용하는 것이며 이러한 의사결정은 기존의 과학철학이 생각하는 것보다 훨씬 복잡한 과정을 거친다. 하나의 패러다임에서 다른 패러다임으로의 전환은 비교불가능한 이론들 사이의 전환이기 때문에 논리 및 중립적 경험에 의하여 이루어질 수 없다. 이는 증명에 의해 해결될 수 있는 전투가 아니다. 새로운 패러다임은 기존의 패러다임이 마음을 바꾸어서 그들 자신들의 이론적 방향 혹은 방법을 따르기를 원할 뿐 그들의 이론을 증명하려고 하지 않는다. 전투에서 승리하는 패러다임의 설득력 있는 주장과 지지자의 수가 점차 증가하며, 과학자들의 새로운 패러다임에 대한 충성심도 증가하게 된다. 전투를 통해 어느 한 패러다임의 완전한 승리(total victory)로서 혁명은 막을 내린다. 혁명의 승리자에게 새로운 패러다임은 선행이론보다 진보적인 것을 의미한다. 과학혁명은 마치 정치혁명과 같이 이성(reason)에 호소함으로서 결정되는 것이 아닌 것이다. 자세한 내용은 이가종(1989), pp. 17-21을 참고 바람.

쿨링그리지와 리브는 과학의 발전을 위한 세 가지 조건을 제시한다. 그것은 자율성, 단일의 학문분야(disciplinarity), 그리고 낮은 수준의 비판이다. 첫째, 학문의 자율성은 과학적 연구 목적 및 대상 연구를 위한 지원 그리고 연구의 결과에 대한 보상 등이 과학자 자신들의 권한 내에 있을 때 과학적 연구는 가장 효율적이다. 이 원칙은 포퍼와 쿤에 의해서도 주장되었다. 폴라니(Polanyi)의 말을 빌리면 "독립적이며 자율적인 과학적 추구가 과학적 진보의 가장 효율적 조직"이다. 그러나 연구과제가 과학영역 밖의 정책결정자에 의하여 제시될 경우 과학의 자율성은 축소되며 연구의 질은 떨어진다.

둘째, 과학은 단일의 학문적 영역 내에서 연구를 추구할 때 효율적이지만 정책에서 제기된 문제들은 언제나 여러 학문이 종합된(interdisciplinary) 것들이다. 따라서 정책에 의하여 제기된 문제에 대한 연구는 비효율적이다. 어느 특정 학문 분야 내에서 잘 규정된 보이지 않는 규칙 혹은 방법이 다른 학문분야의 그것들과 서로 혼동되는 경우 학문 영역간의 갈등과 혼란이 야기된다.

셋째, 과학적 연구는 추측 혹은 추리(conjecture)에서부터 시작되며, 추측 혹은 추리가 오래 존속하기 위해서는 되도록 이에 대한 비판을 삼가할 필요가 있다. 이러한 비판은 오류비용(error cost)이 비교적 적은 순수과학의 경우에는 가능하다. 그러나 순수과학의 연구결과가 정책에 응용될 경우 오류의 대가는 급격히 증가한다. 순수과학의 오류비용은 과학을 응용하는 경우에 나타나는 비용과는 질적으로 다르다. 과학을 정책에 응용하는 경우 발생하는 오류와 그 오류로 인하여 지불하여야 할 사회적 비용(전체 사회가 겪어야 하는 고통, 불안, 사고 등)을 순수과학의 이론이 저지른 오류의 비용(이론의 오류로 인해 치르어야 할 과학자의 명예 실추 등)과 비교할 수 없다. 따라서 과학의 연구결과가 정책문제의 대상이 될 경우 이에 대한 비판은 급증하게 되며, 이론에 대한 과잉비판(overcriticism)은 이론의 발전과 지속성을 일찍부터 말살하는 결과를 가져온다. 따라서 과학정책의 발전을 위해서는 동 영역에 대한 비판이 자제되어야 한다.

쿨링그리지와 리브는 또한 기술적 논쟁에 대해서도 다음과 같은 주장을 하고 있다. 사실 기술적 논쟁은 증거에 대한 경쟁적 해석을 의미한다. 그러나 이들에 따르면, 경쟁적 해석은 사실적(객관적) 주장이라고 말하고 있지만, 이는 사실상 이익과 가치가 다른 집단들(과학자들을 포함한) 사이의 논쟁에 불과하다. 어떤 과학자들은 자기들 혹은 후원자들의 이익을 지지하는 기술적 사례들을 모아서 변호하며 상대방의 주장을 공격한다. 합리주의 이론이 주장하는 바와 같이 과학자들이 객관적 입장에서 과학적 분석과 정보를 제공하는 것이 아니라는 것이다. 린드블롬(Lindblom)은 이러한 정책분석을 파당적 분석(partisan analysis)이라고 부르고 있다. 과학정책에서 기술적 논쟁의 파당적 성격은 끝없는 논쟁으로 이어진다. 과학적 연구가 기술적 불확실성을 제거하고, 정치적 논쟁을 줄이는 것이 아니라 오히려 정책논쟁은 상대방 혹은 경쟁자들의 또다른 시각에서의 기술적 논쟁을 초래하고 이러한 논쟁은 무한정으로 계속된다는 것이다. 기술적 문제에서 과학자들 사이의 합의가 불가능한 상태에서 정책은 과학자들이 공급한 기술적 정보와 관계없이 결정되는 경우가 많다고 이들은 주장한다. 현실적으로 정책은 경쟁적인 집단들 사이의 타협에 의하여 결정되며, 타협에 의한 정책결정은 기술적 논쟁에서 과학적이고 합리적인 주장과는 관계가 없게 된다.

6.4 과학기술정책의 지향: 임무형과 확산형

챵(Chiang, Jong-Tsong, 1990)은 미국 연방정부의 산업기술정책이 과거 임무지향형(mission-oriented)에서 1980년대 후반부터 확산지향형(diffusion-oriented)으로 구조적 전환이 진행되고 있다고 분석하면서 국가정책의 지향성을 임무지향형과 확신지향형으로 개념화하였다.[5)]

임무지향형 정책은 국가가 전략적으로 급진적 기술혁신(radical innovation)을 목표로 설정하고 이로부터 파생되는 신기술, 신산업, 신제품의 개발을 시행해 나가는 정책을 의미한다. 동 정책에서는 기술공급(technology-push)의 원리가 적용되며, 기술적 목표달성을 투입비용이나 경제적 효과보다 더욱 중시하는 것이 특징이다. 동 정책에서 추진되는 연구개발의 목표는 중앙정부 혹은 관리기관(mission agency)에 의해 하향식(top-down)으로 결정되며, 정부는 연구개발의 기획, 관리, 수행 및 성과의 활용에 이르기까지 주도적 역할을 수행하게 된다. 또한 연구개발의 주체는 주로 정부연구기관과 대기업이 중심이 된다.

5) Chiang, Jong-Tsong(1990), From 'mission-oriented' to 'diffusion oriented' paradigm : new trend of U.S. industrial technology policy, Sloan School of Management

한편, 확산지향형 정책은 기존산업과 제품의 개선 및 생산기술의 효율화 등을 통한 점진적 기술혁신을 추구하는 정책을 가리킨다. 확산지향형 정책에서는 수요견인(demand-pull) 원리가 적용되며, 기술적 목표달성보다 경제적 성과가 우선시된다. 동 정책하에서의 연구개발 목표는 기업의 광범위한 참여를 통한 상향식(bottom-up) 방법으로 결정되며, 연구개발의 수행도 다양한 기업의 참여를 통해 이루어진다. 또한 정부의 연구개발 투자가 첨단기술 산업보다는 저기술 산업부문에 우선적으로 투입되며, 대기업보다는 중소기업의 기술수준을 높이는 산업의 전문화 전략이 추구된다.

미국, 영국, 프랑스 등은 주로 임무지향형 정책을 추진해 왔고, 독일, 스위스, 스웨덴은 확산지향형 중심의 정책을 추진하여 왔다. 일본의 경우는 양자의 절충형 형태이나 임무지향형 사업보다는 확산지향형 사업의 기여도가 훨씬 높은 것으로 평가되고 있다.

임무지향형 정책을 채택할 것인가, 아니면 확산지향형 정책을 채택할 것인가는 국가별 특성에 따라 좌우된다. 기술의 하부구조—연구인력, 연구장비 및 시설, 정보망, 기술혁신 관련 네트워크 등—가 튼튼하고 기업들이 공격적인 기술개발 전략을 취하는 경우 획기적인 기술혁신을 촉진하는 임무지향형 정책이 바람직하다. 반면, 과학기술 하부구조가 취약하고, 기업들이 방어적인 기술개발 전략을 추구하는 경우나 모방적 전략을 취할 때에는 이미 개발된 기술을 산업전반에 확산시키고, 이의 상업적 활용을 확대하는 확산지향형 정책이 바람직하다.

6.5 과학기술발전전략: 추격형과 탈추격형

추격(catch-up)은 경제학 용어로 선진국을 목표로 하여 이를 따라잡기 위해 경제성장을 추구하는 것을 의미한다(Nath, 2007). 경제추격의 기반은 산업화 과정에서 선진국이 개발한 기술을 획득하고 발전시키는 것이다(Hobday, 1995; Kim, 1997). 추격 전략의 선구자인 게르셴크론(Gerschenkron, 1962)의 연구에 따르면 후발국가가 선진국을 따라잡는 추격은 두 나라 사이의 기술수준과 사회적 역량(social capacity)의 격차를 좁히는 과정으로 해석된다(송위진 외, 2007). 즉, 과학기술과 사회적 역량의 수준 여부가 추격 전략의 성공 여부를 결정하는 주요 요인으로 고려되는 것이다.

1) 추격형(catch-up) 전략

기술 추격(technological catch-up)은 선진국과 자국의 기술 격차를 좁히고자 하는 명확한 목적하에 기술을 수단으로 경제성장을 도모하고자 하는 전략을 가리킨다. 추격형 과학기술 전략은 기술학습(technological learning) 과정을 통해 선도국의 성공적인 기술모방 또는 동 발전 경로를 따라가는 특성을 가진다(〈그림 6-1〉 참고). 따라서 안정된 기술혁신 환경하에서 비교적 단순하고 불확실성이 낮은 문제를 다루게 되며, 단선적인 문제해결 방식으로 처리가 가능한 결과, 문제해결의 효율성을 강조하게 된다. 추격의 과정은 '경로 추종'과 '경로 확인' 과정으로 구분되며, 전자는 모방을 위한 문제 풀기, 후자는 기존혁신 문제 풀기로 양자간의 문제의식이 다르게 나타나는 것이 특징이다.

정부정책의 경우, 추격형 전략에서는 공급자 중심의 정책들이 주로 채택되며 정부가 직접 개입하는 형태로 정책집행이 이루어지게 된다. 행정체제는 조직의 효율성을 강조하는 형태로 일원적 · 폐쇄적이며 높은 계층제를 구성함으로써 부처간 교류가 어려워지는 현상을 초래하게 된다. 이러한 결과 선진기술의 도입 · 모방이 강조되는 연구개발 전략이 추진되며, 연구성과는 주로 '단기적인 응용기술' 또는 '개선 중심의 역엔지니어링 기술' 개발로 나타나게 된다.

추격형 전략에 대한 연구는 과거 독일, 미국, 일본과 같은 국가에서 진행된 산업전환을 대상으로 시작되어 최근에는 아시아나 남미와 같은 신흥산업국가(NIEs)에 대한 연구가 중심이 되고 있다(Wang & Tsai, 2007). 추격형 전략은 보통 기술적 모방이나 동일한

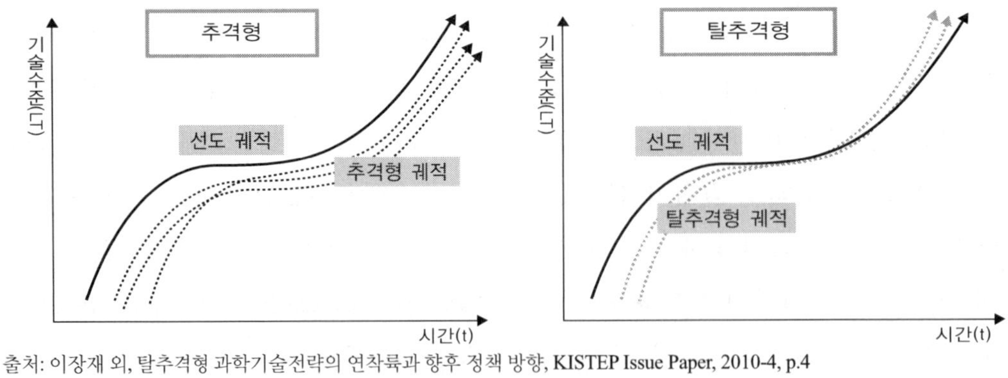

출처: 이장재 외, 탈추격형 과학기술전략의 연착륙과 향후 정책 방향, KISTEP Issue Paper, 2010-4, p.4

〈그림 6-1〉 추격형과 탈추격형 기술혁신의 궤적 비교

발전경로를 쫓아가는 형태로 진행되고 있으며, 전자가 후자보다 좀 더 복잡한 형태로 나타나고 있다. 과거 일본의 경우 기술적 모방이 전통적인 아이디어의 재활용, 새로운 아이디어의 탐색, 참신성의 개발, 돌파구 생성, 기존 아이디어의 개선 등을 포함하는 다양한 형태로 나타났던 사례에서 엿볼 수 있다(Tatsuno, 1989).

2) 탈추격형(post catch-up) 전략

탈추격형 과학기술 전략이란 기술혁신과 관련하여 선진국을 추격하던 단계에서 벗어나 선도로 진입하거나 기존의 모방전략에서 경로를 새롭게 창출하는 전략을 의미한다(〈그림 6-1〉 참고). 탈추격형은 창조적인 형태를 지향하고 있으나, 다른 부분에서는 기존 혁신전략의 발전된 모습이 동시에 나타날 수 있다. 후발국에서의 탈추격형 전략에서는 기초연구를 바탕으로 한 원천기술의 확보능력을 강조하나, 응용 및 개발과정에서의 기술능력 획득도 중요하게 논의되어야 하는 것도 이러한 이유 때문이다(송위진, 2006). 따라서 탈추격형과 선도형 혹은 창조형 과학기술 전략 개념은 동일하게 사용하기 어렵다.

탈추격형 과학기술 전략은 추격형을 극복하고 독자적인 기술궤적을 개척하는 전략인 까닭에 추격의 대상과 지향점이 명확하게 설정되어 있는 추격형과 달리 추격대상도 없고, 지향점도 불명확한 애로를 경험하게 된다. 따라서 불확실하고 복잡성이 높은 혁신환경하에서 해결책을 알 수 없거나 모호한 문제를 대상으로 연구개발이 이루어지게 되어, 수요자 중심 및 절차적 정당성이 효율성보다 강조되는 특성을 갖는다. 탈추격형의 과정은 '경로 탐색'과 '경로 창출'로 구분되며, 전자는 새로운 혁신문제의 정의 과정이고, 후자는 새로운 혁신문제 풀기 과정으로 양자의 문제의식은 매우 다르게 나타난다.

탈추격형 전략하에서 바람직한 행정체계는 분권형의 참여형 거버넌스로서 정책조정 및 통합기능을 강화하는 형태로 나타나게 된다. 그리고 새로운 지식과 기술의 창출 능력이 필요하기 때문에 독창적 지식, 지식과 기술 간 고도의 통합능력이 요구된다.

탈추격형 과학기술 전략은 크게 3가지 유형으로 구분된다.[6] 첫째, 기술심화형으로 모방적 학습을 통해 누적적으로 축적한 지식을 심화시켜(deepening) 원천기술 영역으로

6) 김창경(2010), 〈창조적 패러다임하에서 공공 R&D 평가 · 확산 제고 방안 연구〉 참고

〈표 6-1〉 추격형과 탈추격형의 R&D 전략 비교

분 류	추격형 R&D 전략		탈추격형 R&D 전략	
	경로 추종	경로 확인	경로 탐색	경로 창출
문제 의식	모방 문제 풀기	기존 혁신 문제 풀기	새로운 혁신 문제 정의	새로운 혁신 문제 풀기
해결 문제	확 실	확 실	불확실	확 실
해결 방법	확보 가능	불확실	불확실	불확실
핵심 요소	역행 엔지니어링	공정기술	원천기술/아키텍처/디자인	아키텍처/디자인/공정기술
기술혁신 방식	집단 학습	집단 재조합	집단 창조	집단 창조/재조합

출처: 최영락(2009) 참고, 이장재 외(2010)에서 일부 수정

진입해 새로운 궤적을 창출하는 유형을 가리킨다. 둘째, 기술차별화형으로 지배적 디자인(dominant design)이 등장하는 시기에 재빨리 참여하여 차별화된 제품을 개발하거나 아키텍처 혁신을 수행하는 유형이다. 셋째, 신기술기반형으로 원천기술을 보유하고, 아직 지배적 디자인이 등장하지 않은 기술수명주기의 초기 단계부터 진입하는 유형을 가리킨다.

6.6 혁신정책의 진화: 제3세대 패러다임 등장

유럽집행위원회(EC)에서는 2002년 혁신과 정책 그리고 혁신관계와 정책결정에 초점을 맞춘 보고서 〈혁신 내일(Innovation Tomorrow)〉을 발간하였다. 이는 2010년까지 세계에서 가장 경쟁적이고 동태적인 지식기반경제체제를 추구하고자 하는 리스본(Lisbon) 정상회의의 전략 목표를 추구하기 위해 마련된 것이었다. 혁신정책의 제3세대 패러다임은 다양한 정책들과 혁신간의 관계, 혁신과 정책결정간의 관계 등을 종합적으로 고려하는 가운데 혁신정책의 진화과정을 설명하기 위해 나타난 개념이다.

동 보고서에 따르면, 혁신은 기술적 현상뿐만 아니라 경제적, 사회적 발전과 기술적, 비기술적 변화를 포함하는 조직적, 제도적 활동인 동시에 경제적 가치가 내재된 중요한 변화를 의미한다. 또한 최근 혁신시스템의 상호연관성이 확대됨에 따라 혁신정책은 단

순한 과학기술 영역만이 아닌 일반 정책 영역을 대상으로 하는 의제로 등장하고 있다. 혁신정책은 이러한 흐름을 반영하고, 시대적 수요를 수용하면서 점차 진화한 결과 최근에는 제3세대 패러다임이 등장하게 되었다고 동 보고서는 분석하고 있다.

혁신정책의 진화과정은 다음과 같이 3단계로 구분된다. 먼저, 제1세대 패러다임 시기(1970년대 후반~1990년)로 동 기간에서의 혁신과정은 기초-응용-개발-상업화로 연결되는 선형적(linear) 과정으로 인식되었다.[7] 따라서 실험실에서 출발하여 새로운 지식이 사회경제시스템으로 확산되는 상업적 응용과 연결되는 성공을 추구하는 가운데 정책적 초점은 기초연구 등을 통한 과학기술적 진보의 촉진과 혁신사슬에 따른 지식의 흐름 강화 등에 두었다. 같은 시기의 과학기술정책은 산업정책과 결합된 형태인 산업혁신정책으로 추진되었다. 이러한 혁신정책 패러다임에 대한 비판은 첫째, 혁신과정은 각 단계간의 동태적 상호작용은 물론 내외부 과학과 기술 그리고 시장 및 수요와 혁신성과 등에 의해 영향을 받는 비선형적(nonlinear) 과정이라는 점, 둘째, 선형모형에 집착한 결과 부적절한 혁신정책이 추진되었으며, 아울러 혁신활동과 성과의 저해 현상이 발생한 것을 지적할 수 있다.

다음은 제2세대 패러다임 시기(1990년~2000년 초반)이다. 동 기간에서의 혁신 과정은 혁신 단계간의 피드백 고리(loop)를 고려하고, 혁신시스템을 복잡한 상호작용으로 인식하게 되었다. 이러한 패러다임은 1990년대에 등장한 국가혁신체제(NIS)에 기반을 두고 혁신시스템 내부에서 나타나는 혁신의 발생과 확산에 많은 관심을 기울인 시기였다. 정책의 초점은 혁신을 지원하는 시스템과 하부구조의 중요성이 강조되고, 연구, 상업화, 기술활용과 집행을 촉진하기 위한 혁신시스템의 개선에 두어졌다. 동 패러다임에 대한 비판으로는 첫째, 혁신현상이 다양화되고 복잡해짐에 따라 상호작용을 강조하는 국가혁신체제 관점만으로는 사회적으로 필요한 혁신을 촉진하기가 충분하지 않은 문제점과 둘째, 혁신과 관련된 광범위한 정책 영역을 다룰 수 있는 새로운 분석틀이 제시되지 못하였다는 것을 지적할 수 있다.

마지막으로 제3세대 패러다임 시기(2000년 초반~현재)이다. 동 시기의 혁신 과정은

7) 혁신 내일에 따르면, 제1세대 혁신정책의 등장 시기는 제2차 세계대전으로 제시되고 있다. 그러나 이러한 시기 구분은 과학정책을 혁신정책에 포함하였기 때문이다. 엄밀한 의미에서 과학정책은 혁신정책의 범주에 포함시키기에는 무리가 있다. 따라서 바람직한 혁신정책의 등장 시기는 세계경제 위기 후인 1970년대 후반이라 할 수 있다.

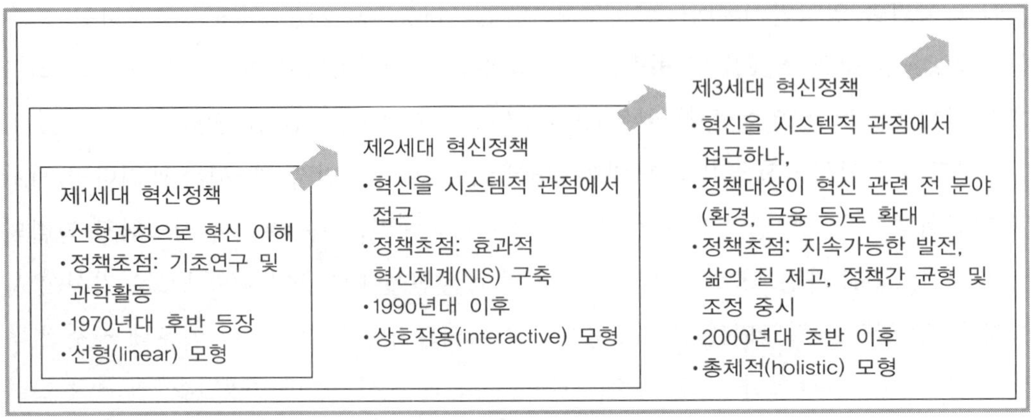

출처 : 이장재 등(2007), '제3세대' 혁신정책 패러다임의 등장과 정책과제, p.16

〈그림 6-2〉 혁신정책의 진화과정

다양한 정책 영역간의 상호작용으로 인식되고 있으며, 혁신은 관련 부처간 관심이 필요한 보편적 정책의제로 고려되고 있다. 따라서 이 시기는 혁신에 영향을 미치고, 혁신에 의해 영향을 받는 모든 경제 · 사회분야로 정책대상을 확대하는 총체적 혁신정책(holistic innovation policy)이 요구되고 있다(동 패러다임에서 제시되고 있는 혁신정책 권고사항은 〈표 6-2〉을 참고). 정책의 초점은 경제성장과 삶의 질 향상, 그리고 지속가능한 발전을 포함한 경제 · 사회적 장기 발전전략의 마련 및 이를 실현할 수 있는 제도적 방안(institutional arrangements)의 모색 등에 맞추어지고 있다. 특히 이 시기는 정책결정과정, 통합, 조정, 정합성 등을 다루는 거버넌스 및 정부역량 등이 주요한 이슈로 등장하고 있는 것이 특징이다.

동 패러다임에서는 정책간 균형의 존재, 혁신 과정과 정책, 그리고 관련 정책 영역에 대한 충분한 지식 및 분야별 완전한 조정과 통합의 가능성 여부에 대한 의문 등이 비판으로 제시되고 있다. 또한 핀란드, 스웨덴, 노르웨이 등 일부 OECD 국가들이 동 패러다임을 추구하고 있으나 아직 모범사례(best practice) 및 벤치마킹 대상이 나타나지 않고 있다는 점도 문제점으로 지적되고 있다.

이와 같이 혁신과 관련된 정책 영역이 확대되고, 혁신이 보편적 정책의제로 등장함에 따라 정책체계에서는 많은 긴장이 발생하고 있다. 한편, 경제성장과 환경보호 등이 포함된 지속가능한 발전을 추구하기 위한 혁신정책의 최적화 및 실천을 위한 새로운 접근방법이 요구된다. 제3세대 패러다임에서 요구되는 총체적 혁신정책과 관련하여 나타나고 있는 주요 이슈로는 정책의 수평화(horizontalization), 정책 정합성(policy coherence), 새로운 형태의 거버넌스 구축 등을 들 수 있다(OECD, 2005: 21-25).

수평화란 범부처화를 의미하는 것으로 부처간 영역 및 경계를 극복하기 위한 방안으로 제기된 이슈로 수평화 자체가 목적이 아니라 혁신정책이 종합적인 국가전략에 의해 방향이 설정되는 수준 및 정도를 의미한다. 정책 정합성이란 다양한 정책들이 일관성을 가지고 추진되도록 하기 위한 노력으로 혁신역량에 영향을 미치는 정부기관간 및 정책간의 인터페이스(interface)를 가리킨다(제1장 2절 참고). 그리고 거버넌스(governance)란 환경변화에 따른 혁신정책 관련 의사결정 규칙, 방법, 절차, 행태 등을 의미하는 것으로 지배구조의 새로운 과정으로 여겨지는 정부 수단의 변화를 의미한다.[8] 여기에는 규칙에 대한 조건의 변화 및 사회를 지배하는 새로운 방식이 포함된다.

〈표 6-2〉 혁신정책을 위한 권고

	정책 영역	정책권고
전반적 방향	규제 · 제도개혁	• 혁신을 중시하는 평가방법 개발 • 개혁이 기업 및 대학, 공공부문의 혁신에 미치는 영향 고려
	거버넌스	• 시민참여 확대 • 잠재적인 사회 · 윤리적인 문제 고려 • 규제기구에 대한 신뢰, 공개, 참여 등의 제도화
세부 정책	경쟁정책	• 혁신에 우선순위를 둔 정책 설계 • 기업간 협력, 합병, 독점 등이 혁신에 미치는 영향 검토
	교육과 문화	• 스핀오프 및 산 · 학협력 장려와 학술적, 윤리적 기준 준수 병행 • 기업 경력자의 대학교육 및 연구 기여 기회 확대 • 특정 학문분야 지식과 타 분야의 접목 및 커뮤니케이션 능력 개발 • 경영학 및 경영대학원에서 혁신 관련 사안에 대한 많은 학습 필요

8) 거버넌스란 "개방성, 참여, 책무성, 효과성, 정합성 등과 관련하여 권력이 행사되는 방법에 영향을 미치는 법칙, 과정, 행태"를 의미한다. "Governance means rules, processes and behaviour that affect the way in which powers are exercised …, particularly as regards openness, participation, accountability, effectiveness and coherence" (Commission of the European Communities, COM (2001) 428 final, Brussels, 25 July 2001)

세부 정책	고용	• '지식노동자'의 유동성 확대에 따른 지적재산권 제도 개선 • '지식노동자'의 유동성 확대를 위한 소득세, 연금 등 제도 개혁 • 노동자들의 혁신사고 촉진을 위한 인센티브 및 경험과 지식을 상호 교류할 수 있는 정책 추진 • 혁신 관련내용이 강화된 평생 교육과정 실시
	기업	• 혁신기업 중시정책 추진 • 혁신 유인 네트워크 중시 • 중소기업 산 · 학협력체계 구축 강화 • 중소기업이 혁신을 채택하도록 하는 정책 필요 • 중소기업을 위한 정보 제공
	환경	• 환경목표를 포함한 혁신 지원정책 추진 • 환경과 혁신의 시너지 효과 고려 • 환경위기가 시장기회 창출(청정기술, 복원기술, 신에너지기술)
	금융서비스와 리스크 캐피털	• 혁신 초기단계 및 소규모 기업을 위한 금융지원 강화 • 성장분야의 기술기회 인식 및 혁신 동학(動學) 이해 • 혁신 관련 무형자산 및 지적자산에 대한 회계적 평가방법 개발
	정보통신기술	• 정보통신기술 자체가 혁신 분야임을 고려 • 대기업과 중소기업 간 '정보격차' 극복 • 공공기관, 대학 등의 혁신지향적 지식경영, 정보시스템 필요 • 타 분야의 발전에 기여하는 정보통신기술의 잠재력 발굴
세부 정책	지적재산권	• 혁신 촉진을 위한 지적재산권 제도 개선 • 특허 및 저작권이 혁신에 미치는 부정적인 영향 검토
	지역정책	• 혁신활동이 지역적으로 체화(embedded)된다는 인식 제고: 클러스터 • 지역간 특성화를 고려한 지역혁신정책 추구 • 관광 등 전통 지역산업의 새로운 활력을 위한 신기술 및 혁신 접목 • 지역의 관광 · 의료 · 에너지와 환경의 연결 전략 추진
	조세정책	• 혁신활동에 대한 세제 혜택 • 혁신의 투입뿐만 아니라 산출 과정에 대한 세제혜택 추진 • 환경 관련세제는 새로운 혁신 유발 효과 발생 가능 • 지식기반사회에 요구되는 세제에 대한 연구
	무역정책	• 자유무역은 지식과 혁신 확산 유발 • 상호이해와 규범의 공유를 통한 국가간 교역의 정치적 갈등 해소: 혁신 관련쟁점 협상 반영

출처: EC(2002), Innovation Tomorrow, p.175를 참고로 작성

PART Ⅲ

과학기술정책 과정: 절차이론

'과학기술정책 과정: 절차이론'에서는 과학기술정책을 절차적 관점에서 다루고자 한다. 이를 위해 먼저, 정책행위자간의 상호작용을 살펴보고, 다음으로 정책이 진행되는 과정인 정책형성, 정책집행, 정책평가와 정책변동, 그리고 정책과정에 대한 사례분석을 시도하고자 한다.

Part Ⅲ의 내용 구성은 다음과 같다.

제 7 장 정책행위자간의 상호작용
- 7.1 정책소관 또는 영역
- 7.2 정책공동체
- 7.3 이슈네트워크

제 8 장 정책형성
- 8.1 정책우선순위 설정
- 8.2 의제설정
- 8.3 정책결정과 합리성
- 8.4 정책 결정구조와 거버넌스
- 8.5 정책기획
- 8.6 기술(연구) 기획

제 9 장 정책집행
- 9.1 하향식 접근방법
- 9.2 상향식 접근방법
- 9.3 통합적 접근방법
- 9.4 정책집행과 순응
- 9.5 정책집행연구의 한계

제 10 장 정책평가와 정책변동
- 10.1 정책평가와 평가유형
- 10.2 정책평가의 활용
- 10.3 정책학습과 변동

제 11 장 정책과정 사례분석
- 11.1 제2차 과학기술기본계획의 주요내용
- 11.2 과학기술기본계획의 수립과정과 행위자
- 11.3 과학기술기본계획의 형성 과정
- 11.4. 과학기술기본계획의 집행
- 11.5 과학기술기본계획의 정책평가

CHAPTER 7

정책행위자간의 상호작용

제7장에서는 과학기술정책 과정에 참여하는 정책행위자간의 상호작용을 살펴본다. 첫째, 정책에 참여하는 조직들이 가지는 정책소관 또는 영역(domain)의 개념을 다룬다. 둘째, 정책 과정에서 정책행위자들로 구성되는 정책공동체 개념을 살펴본다. 셋째, 정책과정에서 특정 이슈에 대해 이해관계를 갖는 네트워크인 이슈네트워크를 고찰한다.

제2장에서는 과학기술정책의 행위자를 공식 행위자와 비공식 행위자로 구분하여 살펴보았다. 과학기술정책 과정은 과학기술의 급속한 진보와 큰 파급효과로 인해 전문성이 요구되는 정책영역으로 비공식 행위자들의 적극적 참여가 필요한 과정으로 인식되고 있다. 본 장에서는 절차이론의 관점에서 정책과정에서 나타나는 정책행위자간의 상호작용을 살펴본다. 정책과정은 각 정책행위자의 행위만으로 이루어지는 것이 아니라 매우 복잡한 상호작용을 거치게 된다. 이러한 정책행위자간의 상호작용은 소관과 영역(domain), 정책공동체, 정책네트워크 등의 관점에서 이해할 수 있다(Birkland, 2004).

7.1 정책소관 또는 영역

정부는 정책문제를 범주화하여 이에 해당하는 부처를 설치하고, 각 부처들은 이러한 정책범주를 중심으로 활동의 신설, 확장, 유지, 축소 등이 이루어진다. 행정부처간의 소관을 둘러싼 갈등은 '밥그릇 싸움', '영역다툼', '부처 할거주의' 등 매우 비판적으로 인식되고 있으나, 정책행위자의 관점에서 행정부처와 같은 조직들도 생태적 존재(ecological being)라는 점에서 이해할 필요가 있다. 일반조직과 마찬가지로 부처조직은 정책소관 또는 영역(domain)을 가진다. 정책소관이란 부처가 다룰 정책문제(사무 또는 기능), 부처가 이러한 문제해결을 위해 사용하는 업무 처리방식, 부처의 정책에 의해 영향을 받는 개인이나 집단, 그리고 이들에게 제공하는 서비스 등의 집합체를 가리킨다(최영훈, 1997; Levine & White, 1964: 597). 정책문제의 범주화에서 가장 커다란 영향을 미치는 요인은 바로 이와 같은 정책소관이다. 사실 정책소관이 존재한다는 것은 정책문제의 기본적인 범주화가 존재한다는 것을 의미하기도 한다(최영훈, 2009). 과학기술정책에서도 과학기술 문제의 범주화는 늘 중요한 정책적 초점의 대상이 되어 왔다.

정책의 소관은 정책 문제를 정의하는데 영향을 미친다(Bosso, 1994: 193). 과학기술을 학술적으로 어떻게 정의하든, 정책문제의 정의와 관련된 부처간의 갈등은 상당부분 사용되는 범주를 중심으로 이루어진다. 범주는 문제에 대한 인식을 구조화하며(Kingdon, 1984:117), 새로운 범주의 탄생은 곧 새로운 정책사건의 신호인 것이다(Kingdon, 1984: 119). 예컨대, 지역혁신, 클러스터, 비즈니스벨트, 혁신도시, 과학영재학교, 지역거점대학

육성, 산 · 학 협력 등은 모두 당시에 새로이 부상한 범주들로서 새로운 정책사건의 신호들이었다. 이러한 범주들에 따른 문제를 누가 어떻게 정의하는지에 따라 곧 해당 정책문제에 대한 부처의 소유권이 결정된다(Gusfield, 1981).

정부조직 구조상의 서열, 정부기능의 분업으로 인한 견제 및 마찰, 그리고 정부조직 개편시 쉽게 알 수 있듯이 행정기관은 임무, 자원, 자율성, 지원세력 등을 확보, 유지, 확장하기 위한 끝없는 협력, 경쟁, 갈등을 벌인다. 이러한 일반 생태계적 특성을 과학기술정책 차원에서 반영, 조율할 수 있는 국가적 역량이 과학기술정책에서 중요하게 다루어지고 있다.

다른 한편, 부처의 정책문제에 대한 소유와 관리는 '인체의 신경구조 또는 망(network)' 처럼 얽혀지는 이해관련 개인이나 집단(기업 등 포함)의 자발적 지원 또는 전략적 동원 등에 의해 그 변경이 어렵거나 상당한 정책갈등을 유발하는 경우도 있다. 소관을 구성하는 정책대상들과의 이러한 관계—특히 우호적 관계—들은 부처가 이러한 개인이나 집단에 의해 포획(capture)되는 결과를 가져 올 수 있다. 포획은 주로 규제기관이 오히려 피규제산업의 이해를 대변하는 것으로써, 피규제산업에 의해 비자발적으로 포획되는 경우 외에도 피규제산업은 물론 일반산업 육성 등의 조치들을 선험적 또는 자발적으로 시행하면서 지속적으로 지원을 할 수 밖에 없는 포획도 이루어질 수 있다.

소관 또는 영역은 정책행위자들이 경쟁, 협상하는 실질적인 정책영역이다. 과학기술정책영역은 그 하나의 예이다. 정책영역의 규모는 그 자체로써, 상황의 변화에 따라 또는 정책행위자들의 인식에 의해 좌우될 수 있다. 소관으로서의 과학기술은 교육, 산업, 환경, 보건위생, 사회복지, 국방, 범죄 및 예방 퇴치 등의 정책소관과 상호영향을 주고받는다. 이러한 현상적인 관계는 정책행위자들간의 해당 정책문제에 대한 인식에 따라 정책소관에 영향을 미치고 이에 따라 정책과정에서 정치적 역동성이 증폭된다.

최근 과학기술정책은 기술혁신 현상이 주된 대상으로 등장하고 혁신을 주된 대상으로 다루게 됨에 따라 정책 소관 또는 영역이 점점 모호해지고 있다. 과학기술정책의 소관 또는 영역이 기술혁신에 의해 영향을 받는 모든 경제 · 사회분야로 확대되고 있는 것이다. 특히, 혁신정책의 제3세대 패러다임에서 주장되고 있듯이 총체적 혁신정책의 경우 과학기술정책은 필연적으로 기존 정책체계의 소관 또는 영역 관점에서 과거에는 없었던 긴장을 유발하게 된다(제6장 6절 혁신정책의 진화: 제3세대 패러다임 등장 참고).

제1장 제2절에서 살펴본 바와 같이 정부부처들의 연구개발 활동의 경우 교육과학기술부는 기초과학의 육성을 위한 정책영역으로, 지식경제부는 산업육성 및 산업기술 개발을 위한 정책영역으로 다루게 되는 것이다. 이러한 소관 또는 영역의 문제로 인해 정책의 수평화와 정책의 일관성 등이 과학기술정책에서 주요한 정책이슈로 등장하고 있다.

7.2 정책공동체

정책과정에서 정책행위자들은 여러 가지 형태로 연계 또는 연합을 형성한다. 정책소관 또는 영역 내에는 정책공동체(policy community)가 존재한다. 정책공동체는 특정 정책영역의 정책결정에 적극 관계하는 행위자들로 구성된다. 정책공동체의 주요 구성원은 관료들과 소속행정기관, 정치인과 이들의 집단, 조직화된 이익집단과 지도자 및 참모들, 정책관련 전문가 등이다(남궁근, 2008).

실증적 연구로부터 진화된 정책공동체 개념은 1970년대와 1980년대에 시작되었다. 연구는 주로 영국에서 수행되었고,[1] 다른 국가에서도 유사한 연구들이 수행되었다(Heisler, 1974; Koppenjan et al., 1987). 거의 모든 연구는 정책결정에서의 영역별 차이를 강조하고 있다. 리차드슨(Richardson)과 조르단(Jordan)에 따르면, "정책결정 지도(policy making map)는 현실적으로 수직적으로 구분되는 조직화된 집단에 의해 상호공유되는 어떠한 집합이며, 이들은 인식되지 않거나 일반적으로 고려될 수 있는 영역을 가지는 집합이다"라고 언급되고 있다(Richardson and Jordan, 1979). 그들은 또한 정책영역에는 몇 개의 서로 다른 정책공동체가 포함될 수 있다고 주장하고 있다. 이와 같은 사고는 그랜트, 패터슨, 휘츠튼(Grant, Paterson & Whitston, 1988)에 의한 정부와 화학산업에 대한 연구에서 발견된다. 화학산업에 영향을 미치는 주요 이슈들을 대상으로 공공과 민간 행위자들이 포함되는 핵심 '정책공동체'와 함께, 그들은 의약, 농화학, 도료산업과 비누 및 세척제 산업의 특별한 하위부분에 존재하는 4개의 부문적 정책공동체를 발견하였다.

이들이 사용한 정책공동체 개념의 표현은 원래 로즈(Rhodes)로부터 출발한 것이다. 그

1) 예를 들면, Heclo and Wildavsky(1974), Richardson and Jordan(1979), Grant et al.(1988), Rhodes(1988) 등이 있다.

에 따르면 정책공동체에서의 네트워크는 관계의 안정성, 매우 제한적인 구성원의 연속성(continuity of a highly restrictive membership), 공유된 서비스 전달 책임에 토대를 둔 수직적 상호의존성과 다른 네트워크나 일반 대중으로부터 분리되는 특성을 가진다. 또한 네트워크는 고도의 수직적 상호의존성과 제한된 수평적 마디(limited horizontal articulation), 즉 수평적으로 분리되는 영역을 가지며, 아울러 고도의 통합성을 가진다(Rhodes, 1988:78).

이러한 공동체는 과학기술정책에서 기술개발을 둘러싼 참여주체간의 관계에서 잘 나타나고 있다(〈그림 7-1〉 참고). 정부의 기술개발 정책에 참여하는 주체들로는 기업, 업계단체, 학계, 공공단체, 정부연구기관, 전문가집단, 민간연구기관 등이 있으며, 이들은 각각 이해관계에 따라 소규모 연구모임 등을 통해 다양한 공동체를 형성하게 된다. 이들의 관계에 따라 정부정책에 미치는 영향력과 방향이 다르게 나타나게 된다.

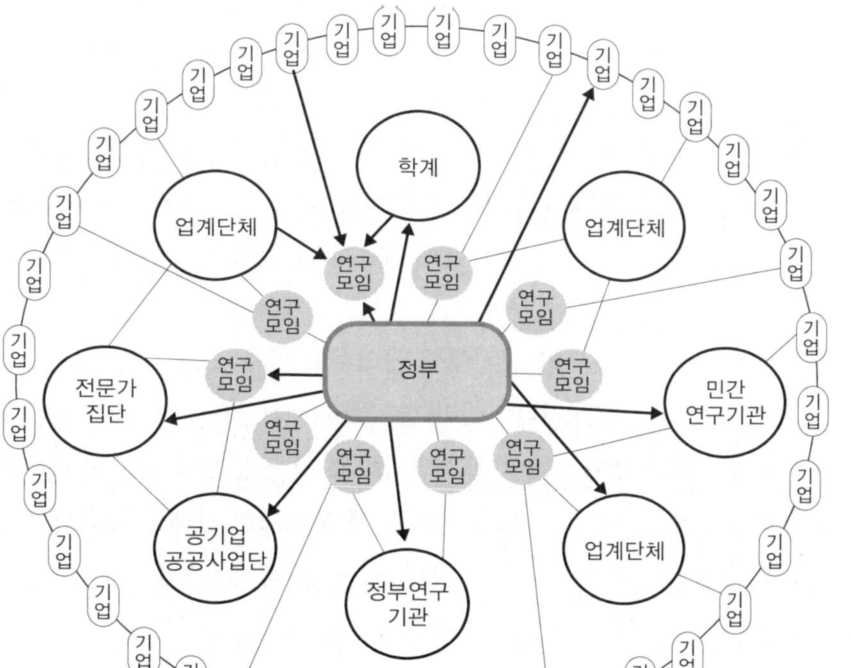

* 화살표 크기는 영향력의 정도와 방향을 가리킴.
출처: 김갑수 등(1998), 이장재(1999), p.28 일부 수정

〈그림 7-1〉 정책공동체 구조: 기술개발 참여주체 사례

이러한 관점에서 정책공동체는 정책네트워크의 특별한 형태라 할 수 있다. 그런데 정책네트워크는 주로 자원의존성에 의해 서로 연계되고 자원의존성 구조의 분열에 의해 구분되는 조직의 복잡성을 나타낸다(Benson, 1982:148). 정책공동체를 분석하면서, 로즈(Rhodes)는 행위자가 처분할 수 있는 자원과 특별한 정책공동체에서 적용되는 가치체제, 사용되어지는 게임의 법칙과 전략에 관심을 기울여야 한다고 제안하였다(Grand et al., 1988; Rhodes, 1988; Wright, 1988; Marsh와 Rhodes, 1992).

하위시스템에 관한 미국 문헌과 비교할 때, 유럽전통에 따른 영국의 정책공동체 접근방법과 관련 개념들은 가치체제와 공동체 내에 존재하는 행위자들의 인식분석에 초점을 두고 있는 경향이 있다. 따라서 정책공동체라는 개념은 항상 행위자들 사이에서 존재하며, 긴밀한 상호작용이 이루어 지는 통합된 네트워크를 가리킨다. 대부분의 정책공동체 혹은 하위시스템은 상대적으로 폐쇄된 성격을 강조하고 있다. 새로운 행위자들은 높은 비용을 지불할 때에만 네트워크에 참여할 수 있다. 이러한 비용은 언어와 규칙을 학습하고, 관계형태를 설정하며, 네트워크에 존재하는 행위자들에게 편의를 제공하기 위해 요구되는 투자와 관계된다. 따라서 정책공동체 접근방법과 초기 다원주의 이론은 정책영역이 상대적으로 폐쇄되어 있다는 관점에서 상호 구분된다(이장재, 1999).

정책공동체 문헌에서 나타나는 중요한 주제는 네트워크의 폐쇄성과 의견들의 공유정도에 관한 것이다. 대부분의 연구에서는 정책공동체에서는 적어도 게임규칙(rule of game)에 관한 일부 동의는 필요하다는 데에 합의하고 있다. 그리고 일부 연구에서는 정책공동체의 구성원들이 정책패러다임이라 할 수 있는 취급해야 할 필요성이 있는 가장 절박한 문제나 공동체의 행위자들이 상호인식하고 있는 문제를 다루어야만 하거나 혹은 취급할 필요성이 제기되는 구조로 구성되는 세계에 대한 견해를 공유하고 있다는 사실을 강조하고 있다(Benson, 1982). 또한 정책공동체 내의 행위자들이 그들과 다른 정책공동체의 행위자를 분리하고, 이들 행위자들을 그들의 특별한 정책공동체에 참여시키지 않으려는 공동의 이해관계를 가지고 있다는 점도 강조되고 있다.

행정기관과 국회 소관위원회는 정책쟁점이나 목표에 대해 공통의 이해를 바탕으로 정책을 형성하고, 행정기관은 피규제산업이나 집단에 규제를 부과하기보다는 타협을 하는 경향이 있다. 결과적으로 이러한 관계는 모두에게 호혜적이기 때문에 장기적으로 안정적인 관계로 유지될 수 있다(Birkland, 2004).

정책공동체의 대표적인 형태가 철의 삼각(iron triangle)으로 불리는 피규제산업 또는 집단, 국회 소관위원회, 주무 규제기관의 연계 또는 연합이다. 철의 삼각에서 나타나는 가장 두드러진 특성은 상호강화적인 관계(mutually reinforcing relationship)이다(Birkland, 2004). 철의 삼각은 집단하위정부의 과장된 개념으로 정부관료제, 의회위원회, 이익집단 사이에 존재하는 폐쇄적이고 안정적인 관계를 의미한다(이장재, 1999). 안정적인 제도화 수준에서 정책결정은 정부관료제, 의회위원회, 이익집단 사이의 폐쇄적 관계하에서 그들의 이익만을 반영하여 이루어지며, 관료와 적극적 동맹관계를 가진 제한된 집단만이 참여하는 형태이다.

이사이(Yishai)는 철의 삼각의 특징으로 외부환경으로 부터의 자율성, 참여자들간의 상호의존성, 제한된 수의 참여자, 안정적이고 폐쇄적인 관계를 언급하고 있다(Yishai, 1992). 그리고 브라운(Brown)은 철의 삼각의 특징으로 3자 관계, 폐쇄적인 결정, 정책갈등의 조용한 해결, 비밀성을 지적하면서, 결과적으로 정책산물은 소수참여자의 협상의 산물이기 때문에 공익에 위배될 수 있다고 밝히고 있다(Browne, 1986). 실질적으로 철의 삼각은 정부부처, 의회 상임위원회, 이익집단 3자간의 장기적이고 안정적인 호혜적 관계로 형성되며, 동맹을 유지하기 위한 점증적인 결정이 선호되며, 상호호혜성의 규범이 중시된다. 따라서 편익교환 과정으로서의 통나무 굴리기(log-rolling) 전략이 중시되며, 독립적인 정책결정 단위이기 때문에 외부로부터의 간섭이 최소화되는 경우를 가리킨다(McCool, 1990: 271-275; 김순양, 1995). 이익의 독점적 대표, 상호의존적 협력과 이해관계의 표출, 그리고 비밀성과 환경으로부터 자율성을 가지는 철의 삼각 모형은 공익을 저해하고 경직적이며 배타적인 네트워크로 비판이 제기되는 모형이다.

7.3 이슈네트워크

이슈네트워크는 특정 이슈에 대해 이해관계를 가진 행정기관, 위원회, 집단, 이해관계자들로 구성되는 네트워크이다. 이슈네트워크는 정책공동체보다는 규모가 크고, 경계를 가시화하기 어렵고, 참여가 더 개방되어 있다. 정책공동체와 이슈네트워크의 차이점은 〈표 7-1〉과 같다. 이슈네트워크는 과학기술정책의 경우 기술영향평가 등을 둘러싸고 나타나게 된다. 개발될 기술이 사회경제적인 파급효과가 막대할 경우 일정한 집단 혹은 이해관계자들이 네트워크를 구성하고 동 네트워크에 다양한 주체들의 참여를 개방하여 네트워크의 영향력을 확대하고자 노력하게 된다.

이슈네트워크는 철의 삼각에 대한 비판으로부터 나타난 유형이다. 동 유형은 정책과정에는 기술적 전문성을 가지는 많은 수의 참여자가 있으며, 이러한 참여자들은 고정적인 것이 아니라 유동적인 것으로 보고 있다. 구성원들간에는 상호의존성의 정도가 낮으며, 이슈의 진행에 따라 수시로 새로운 연합이 형성될 수 있다(Helco, 1978:102-103). 즉, 특정한 정책쟁점이 발생할 때 형성되는 정책참여자들간의 일시적 관계형태로 다수의

〈표 7-1〉 정책공동체와 이슈네트워크의 비교

	정책공동체	이슈네트워크
구성원		
구성원의 수	매우 제한적, 어떤 경우에는 의식적인 배제	매우 많음
이혜관계의 유형	경제적, 전문가적 이해	다양한 이해관계 집단들
통합		
상호작용의 빈도	빈번, 지속적	일정치 않음
지속성	구성원, 가치관, 결과 모두 지속적	유동적
합의	모든 구성원의 기본가치관 공유	일정한 의견일치는 있지만, 갈등도 존재
자원		
네트워크 내 자원 분포	모든 구성원이 자원 보유; 교환관계	일부 구성원만 자원 보유하나 제한적임
참여조직 내 자원분포	서열화되어 있어 구성원에게 자원배분	구성원을 규율할 역량과 자원이 다양하고 가변적
권력		
	구성원 간 균형 존재. 한 집단이 지배적인 권력을 가질 수 있으나, 권력관계는 positive-sum	권력 불균등; 권력 zero-sum

출처: Marsh and Rhodes (1992).

집단이 참여하며, 정책결정 영역은 부문 혹은 부문간이며, 쟁점의 애매성으로 인해 정책결과가 예측불가능한 경우도 있으며, 제도화 수준은 임시적이다(Jordan & Schubert, 1992:22; Waarden, 1992:46).

이사이(Yishai)에 따르면, 이슈네트워크는 철의 삼각과 대치되는 유형이다. 동 유형은 네트워크와 환경간의 경계가 분명하지 않고, 구성원이 고정되지 않은 유동적인 상태를 나타낸다. 외부참여자에 대하여 개방적(inclusive)이나, 구성원들간에는 상호 의존성이 낮은 상태를 가리킨다(Yishai, 1992:93).

이슈네트워크는 다수의 행위자들로 구성되며, 정책이나 이슈를 통제할 수 있는 우월한 행위자가 존재하지 않는다. 이러한 이슈네트워크에서는 관료제의 역할이 매우 제한적이다. 이슈네트워크의 적용범위는 우선 관료제의 영향력이 강하지 않은 영역이나 또는 아직 정부의 정책범위에 포함되지 않고, 제도적인 통제가 확립되지 않은 분야가 해당될 수 있다. 이 경우 안정된 네트워크는 형성되지 않고, 오히려 새로운 정책주체들이 참가하기 위한 경쟁이 나타날 수 있다.

이와 같이 중심적인 권위나 권력의 중심이 없기 때문에, 이슈의 복잡성을 감소시키기보다는 오히려 증가시키게 되어 이슈의 해결이 어렵게 된다. 즉, 개방적인 구조를 하고 있기 때문에 정책의 결정은 정책행위자간의 역학관계에 의해서 결정되며, 합의의 도출도 매우 어려운 특성을 가지고 있다.

CHAPTER 8

정책형성

제8장에서는 정책형성과정에서 이루어지는 주요 행위와 절차를 다루고자 한다. 첫째, 정책과정에서 정책의 중요도를 정렬하는 행위인 정책우선순위 설정에 대해 살펴본다. 둘째, 공공의제를 검토하는 과정인 의제설정에 대해 고찰한다. 셋째, 정책결정에 따르는 합리성 문제와 관련된 모형을 논의한다. 넷째, 정책의 효과성과 관련된 정책 결정구조와 거버넌스를 검토한다. 다섯째, 정책의 설계와 목표들간의 관계를 구체화하는 과정인 정책기획에 대해 논의한다. 마지막으로 기획의 구체화 과정인 기술(연구)기획 과정을 상세히 살펴본다.

8.1 정책우선순위 설정

1) 정책우선순위 설정의 개념적 의의

정책우선순위는 정책을 통해 구현하려는 특별한 가치를 그 중요성의 정도에 따라 정렬한 것이다. 과학기술정책에서 우선순위는 최근 들어 종합적인 과학기술정책 개발의 중요한 요소로 자리잡고 있다. 정책의 여러 목표들이 의미 있는 목표로써 역할을 수행하기 위해서는 추상적으로 막연하게 표현된 정책목표를 구체화시켜야 한다. 이러한 구체화 과정에서 상호모순 · 대립상태에 있는 목표들을 중요성에 따라 순차적으로 나열하는 것이 우선순위 설정이라고 할 수 있다(정정길, 2004). 또한 우선순위 설정은 희소자원을 어떻게 배분하고 지출하는지를 나타내는 정부 의사결정의 중요한 요소로 이와 같은 활동은 사회적인 문제들을 다루는 정부 노력의 성공 또는 실패에 큰 영향을 미친다. 따라서 정책우선순위 설정은 정부의 제도적 공약의 명확한 명시로써 정부가 무엇을 하고, 무엇을 계획하고 있는지를 보여주는 매우 중요한 활동이다(Jacoby & Schneider, 2001).

이러한 정책의 우선순위를 결정하는 주요 기준으로 정정길(2004)은 합리적 · 분석적 측면을 강조하면서 첫째, 정책목표의 달성이나 정책문제의 해결로써 얻게 되는 효과, 둘째, 정책목표 달성이나 정책문제 해결을 위한 비용, 셋째, 정책효과와 정책비용의 배분, 넷째, 정책목표의 달성가능성이나 정책문제의 해결가능성을 제시하고 있다. 또한 호그우드와 건(Hogwood & Gunn, 1984)은 정치적 측면을 강조하면서 내재적 기준(intrinsic criteria), 수요(demand), 필요(need), 사회경제적 순편익(net social or economic benefit)으로 구분하고 있다.

그러나 이상의 기준에 의해서도 판단이 곤란한 목표들이 있을 수 있고, 기준자체의 적용이 곤란한 목표들이 존재하며, 기준들 상호간에 모순되는 결과가 나타나 판단이 어려운 경우도 있다. 또한 우선순위 및 달성수준의 결정은 궁극적으로 사실판단과 가치판단의 복합적 요소로 구성되나 가치판단의 어려움이 합리적 결정을 제약하게 된다.

2) 정책우선순위 설정의 고려사항

정책우선순위 설정에서는 쟁점의 크기 또는 효과를 형량하기 위한 일단의 기준이 요구된다. 정책분야에 따라 구체적인 기준에는 다소간 차이가 있을 수 있지만, 대체적으로 다음과 같은 기준을 제시할 수 있다: 사안의 상대적 중요성; 영향의 범위, 즉 사안으로 인해 영향을 받는 사람들의 수; 정치적 환경; 역사, 즉 과거 경험—즉 과거에 이미 제시된 적이 있는지?; 대응 역량; 관련 주체들의 이해관계; 문화(국가 또는 해당 기관); 다른 조직이나 기관의 노력 등이 그것이다. 여기서는 개슬러 등(Gassler et al., 2004)에 입각하여 과학기술정책의 우선순위 설정에서 고려하여야 할 사항을 살펴보고자 한다.

(1) 우선순위의 유형, 채택, 변경 등의 빈도

과학기술정책의 우선순위는 크게 3가지, 임무(mission), 주제 분야(theme), 기능(function)으로 나누어진다. 임무, 주제 분야, 기능 중 어느 것에 더 비중을 두는지는 상황에 따라 다르게 나타나게 된다.

우선순위를 설정 또는 변경하는 빈도는 상황의 변화에 대한 신축성과 우선순위의 일관성을 모두 고려하여 설정된다. 우리의 경우 법률에 의해서 5년 중기계획과 1년 실행계획을 활용하고 있다. 아울러 구체적인 과학기술분야에서의 중기계획이 또한 운용되고 있다.

(2) 우선순위 설정과정의 성격

우선순위 설정과정에 있어서 고려사항 중 하나는 참여자의 범위이다. 과학기술정책에서 우선순위 설정은 정책차원에서만의 현안이 아니라, 연구지원기관, 연구수행기관, 대학 기타 혁신주체들 모두에게 동일하게 중요한 과제이다(Gassler et al, 2004). 이러한 점에서 보면, 하향식의 과도한 중앙집권식의 우선순위 설정은 국가적 차원의 일체성을 확보할 수 있으나, 현실적으로 설정된 우선순위의 집행에서는 효과성이 저하될 개연성이 있다. 따라서 분권화된 방식 또는 양자 간의 조화가 필요하다. 이는 과학기술정책의 우선순위 설정과정에서 국가과학기술위원회나 교육과학기술부, 지식경제부, 기타 일부 부처로 참여자의 범위가 제한되는 것보다는 참여를 확대할 필요가 있다는 것을 의미한다.

우선순위 설정을 위한 방법으로 몇 가지 예측방식이 존재한다. G7 프로그램과 같은 국가연구개발사업이나 과학기술진흥계획의 수립을 위한 기술예측 방법과 국가적 차원의 대규모 기술예측, 그리고 기술로드맵 방식 등이 그것이다. 우선순위의 집행은 과학기술기본법의 규정에 의해 법적인 근거를 갖고 있으며, 동 법률은 조정의 중요성을 강조한다. 우선순위 집행의 과정 및 결과에 대해서는 평가가 이루어진다. 평가의 초점은 사업 또는 과제관리와 성과관리로 구분된다.

3) 과학기술정책에서의 우선순위 설정

(1) 우선순위 설정의 관점 변화

과거 과학기술 정책의 우선순위 설정은 정부가 과학기술계를 대신할 만큼의 충분한 지식과 정보를 보유하지 못했다는 인식하에 전적으로 과학기술계의 학구적 호기심, 창의성, 기술적 · 학문적 기준에 의존하였다. 이는 과학기술의 우선순위 설정이 공급자의 결정, 즉 기술주도(technology-push) 모델의 관점에서 이루어졌음을 의미한다. 그러나 1960년대에 들어와서 와인버그(Weinberg)는 국가 발전에서 과학기술의 중요성과 긴밀성을 강조하면서 예측 가능성을 토대로 과학기술 연구가 국가적 요구를 충족시켜야 함을 강조하였다. 이는 우선순위 설정이 수요견인(demand-pull) 모델의 관점에서 이루어져야 한다는 것을 주장한 것이었다. 이러한 과정을 경험한 1980년대 이후에는 양자의 극단적 모델을 지양하고 더 구체적이고 현실성 있는 우선순위 설정 기준—구체적인 산업 또는 기업의 목표 등—을 모색하게 되었다(이재억, 1992).

과학기술정책의 형성단계에서 이루어지는 우선순위 설정과정은 단순히 수많은 연구분야 및 주제 중에서 일부가 선택되는 단순한 문제가 아니라, 국가적 목표와 전략, 여건, 사회적 수요 등이 고려되고 다양한 과학적 기법이 활용되는 복잡한 과정이다. 관련 주체간의 상호관계를 포함하는 복잡한 절차를 거친 후에 비로소 확정되는 과정인 것이다. 따라서 과학기술 분야에서의 우선순위 설정은 '많은 관계자들의 복잡한 정치적 과정으로서 과학적 추구(science-push) 및 수요(demand-pull) 관점과 적절한 과학적 기법이 활용되어 이루어 지는 조정 및 선택 과정'이라 할 수 있다.

(2) 우선순위 설정의 유형

우선순위 설정을 위한 모델은 사용자 기반(user-based) 모델, 내부자 결정(institutional) 모델 및 정치적(political) 모델로 구분된다(Stewart, 1995). 동 유형의 구분은 의사결정 주체, 보상(incentives) 설정 단계(level) 등을 기준으로 분류한 것이다.

사용자 기반(user-based) 모델은 우선순위의 설정 과정에서 연구수행자 또는 이해단체의 의견보다는 사용자의 선호도를 활용한다. 이 모델의 장점은 기술개발의 방향성을 시장 위주로 기획할 수 있어 수요 지향의 정책을 추구할 수 있다는 점이다. 반면, 사용자들은 일반적으로 장기적인 전략적 연구개발의 중요성을 파악하기가 어려울 뿐만 아니라 교육 및 인프라 등 연구개발의 시스템적 측면을 고려할 수 없다는 단점이 있다.

내부자 결정(institutional) 모델은 과학기술자의 중요도에 대한 판단에 따라 연구개발 우선순위를 설정하는 모델이다. 기술의 중요도에 대한 명확한 인식과 방향성을 제시할 수 있으나, 과학기술자의 전공 지향적 행태에 의하여 우선순위 설정방향이 왜곡될 가능성이 존재한다는 단점이 있다.

정치적(political) 모델은 조직화된 관점에서 우선순위를 설정하는 것으로, 연구개발 방향을 임의로 정의하게 된다. 정부는 그 자체가 매우 정치적 조직이기 때문에 우선순위가 변화할 수 있다는 단점이 있다.

가장 합리적인 우선순위 설정 모델은 편익-비용(benefit-cost) 분석에 기초하여 세 가지 모델을 효과적으로 연계하여 활용하는 것이다(Stewart, 1995). 이 경우 편익-비용(benefit-cost) 분석은 연구개발 비용, 신기술 평가, 기술개발로 인한 기업의 비용 절감 효과, 성공 가능성, 기술수명, 기술채택율, 경제적 파급효과, 핵심이익 존재 가능성 등을 다루게 된다.

〈표 8-1〉 우선순위 설정 유형

	사용자 기반 모델	내부자결정 모델	정치적 모델
결정자	사용자(기업, 시민 등)	과학자	조직화된 관심
의사결정 수준	분권화	분권화	집중화 또는 분권화 (다원주의자)
보상	사용자 요구 충족	연구 보상	집단이익

자료: Stewart (1995)

그러나 국가적 우선순위의 설정에서는 기술적 파급효과가 경제적 측면만이 아닌 삶의 질 향상 등 사회문화적 측면에서도 나타나므로 이를 고려하여야 하나 정량화가 어려운 문제점이 나타난다.

설정대상 기준으로 우선순위를 분류할 경우 주제별 우선순위와 구조적 우선순위로 구분할 수 있다(OECD, 1991). 주제별 우선순위(thematic priority)란 일반적으로 예산을 포함한 정부지원을 우선적으로 받게 되는 과학기술분야, 프로젝트, 또는 특정한 기술 등을 선택하는 것을 가리킨다. 이 경우 연구개발 주체간의 상호연계 및 과학기술의 내적 논리와 발전방향에 중점을 둔다. 구조적 우선순위(structural priority)란 단순히 무엇을 개발할 것인가라는 문제를 떠나 어떻게 개발할 것인가라는 구조적 문제에 관심을 가지는 것을 의미한다. 과학기술 관련 참여자의 상호작용을 중시하며, 사회경제적 필요 및 이와 관련된 정치적 요구의 수용에 중점을 둔다. 이러한 구조적 우선순위에서 중시되는 사항들로는 국가 과학기술 발전을 위한 구조와 체계, 과학기술인력의 육성, 중소기업 기술개발, 대학의 기초연구 육성, 산 · 학 · 연 협력, 정부연구기관 육성 등이 있다(이와 관련한 자세한 내용은 제8장 6절의 (2)우선순위 설정에 따른 분류를 참고하길 바람).

8.2 의제설정

의제란 토의안건을 의미하는데, 의제는 의제화가 가능한 모든 공공문제, 이들 중 정부가 해결해야 한다고 믿는 공공의제, 그리고 정부 또는 해당 문제에 대해 공식적인 권한을 가진 기관 또는 정책결정자가 적극적으로 검토하는 문제로서의 정부의제 등으로 나누어진다. 의제설정(agenda setting)은 정책과정 중에서 가장 정치적인 역학관계가 작용하는 단계로 알려지고 있다. 이는 문제의 정의에 따라 정부가 적극적으로 검토할지 여부를 결정할 뿐만 아니라, 문제의 정의에 따라 대안 또는 해결책이 좌우되기 때문이다.

의제설정 과정은 주체의 관점에서 외부주도형, 정부동원형, 내부주도형으로 구분할 수 있다(허범, 1987; Cobb & Elder, 1976). 첫째, 외부주도형은 정부 밖의 행위자 또는 집단에 의해 문제 또는 이슈가 제기되어 공공의제가 되고, 그 후 정부의제에 이르는 유형을 말한다. 외부주도형의 의제화 과정은 정부 밖에서 쟁점제기 → 구체화 → 확산 → 정부로 진입 → 정부의제화 단계를 거친다.[1] 이 모형에서 나타나는 관심의 확산 과정은 문제제기집단 → 동조집단 → 관심집단 → 관심대중 → 일반대중의 흐름을 갖는 것으로 개념화된다.[2] 외부주도형으로 설정되는 의제에 대한 정부의 기본 전략은 대응하는 것이며, 정부대응의 가장 적절한 시기는 관심집단의 단계이고, 반드시 대응해야 할 시기는 관심대중의 단계이다.

이와 같은 유형은 이익집단이 발달한 다원화되고 민주화된 선진국 정치체제에서 많이 나타나며, 언론기관이나 정당 등의 역할이 중요하다. 이 과정에서는 정책의제설정이 장기간 집단간 갈등 및 타협을 통해 이루어져 의사결정비용이 증가하나, 이후 집행에 있어서는 순응이 이루어진다. 이러한 외부주도형 의제설정의 사례로 환경정책, 지방자치제 실시, 양성평등 채용목표제, 한 · 일어업 협정, 개방형 임용제, 양심적 병역거부, 동강댐 건설 백지화, 전자거래제도 등이 있다.

둘째, 정부동원형은 정부내부 또는 정책결정자가 문제를 제기하여 마련된 정부의제를 대상으로 국민 또는 이해관련자들의 지지를 얻기 위해 공공의제로 전환되는 유형을 말한다. 정부동원형의 의제화 과정은 정부 안에서 쟁점제기 → 구체화 → 정부의제의 잠정채택 → 사회과정에 투입 → 확산 → 정부에 진입 → 정부의제의 공식화이다. 이 모형에서의 관심동원 과정은 문제제기집단 → 동조집단에 의한 관심집단의 개인적 설득

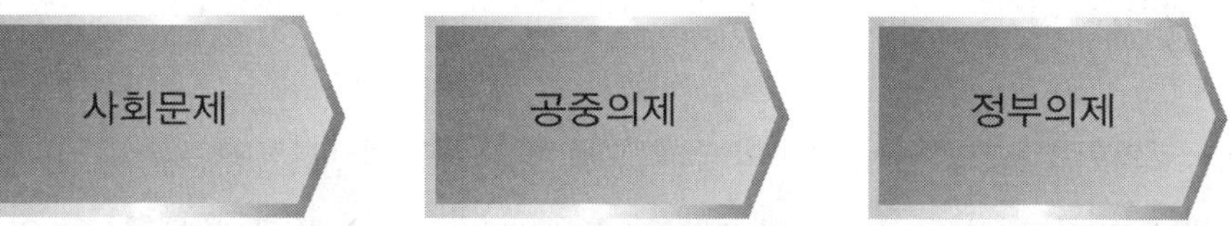

〈그림 8-1〉 외부주도형 정책의제설정

1) 쟁점제기: 한 집단에 의해 일반적인 고충이 제기됨. 구체화: 일반적인 고충이 특정한 요구로 전환. 확장: 특정한 요구를 정책결정자가 인식하거나 관심을 갖게 하기 위해 대중화하고, 이전의 쟁점들과 연계. 진입: 확장에 성공한 쟁점(즉, 공중의제)이 정부 해당 기관의 정책결정안건(기관의제 또는 정부의제)으로 선정

2) 문제제기집단(issue group)은 처음으로 해당 문제에 대해 고충을 호소한 집단을 가리킨다. 동조집단(identification group)이란 집단행동이 가져올 결과를 알고 있거나 알 수 있게 할 수 있는 개인들의 집단으로 문제제기집단에 대한 강한 유대감 및 이해의 동일시 때문에 개입(예, 지역적, 종교적 유대)하고 안정적, 지속적 결속력을 가진다. 관심집단(attention group)은 해당 문제에 대한 관련성 때문에 개입하는 집단으로 때로는 어떤 문제가 이러한 관심집단의 단계까지 규모가 확장되면 정책의제가 되기도 한다. 관심대중(attentive public)은 공공문제에 대해 식견이 있고 관심이 높은 부류의 사람들로 구성의 동질성은 결여되어 있으나 비교적 안정적이고, 주로 지식층 또는 고소득층 및 여론시도자가 주로 여기서 배출된다. 일반대중(general public)은 비활동적이고 적은 관심과 문제에 대한 식견이 적으며, 문제에 대한 관심의 비지속성을 가진다. 이들을 동원하기 위해서는 문제가 더 일반적, 상징적이어야 하며, 한 문제에 대한 일반대중이 다른 문제에 대해서는 관심대중이 될 수도 있다.

및 공식적 성명 → 관심대중 설득과 이들에 의한 여론을 이끄는 활동 기대 → 일반대중 등의 흐름이다. 이러한 모형에서 정부의 전략은 주로 설득관리이며, 지지를 얻기 위해 민과 관이 상호협조 또는 상호조정한다.

정부의 힘이 강하고 민간부문의 이익집단이 취약한 후진국에서 많이 나타나는 유형이지만, 선진국에서도 정치지도자가 특정한 사회문제의 해결을 주도하는 경우에 나타나게 된다. 정책의제설정이 상대적으로 용이하며, 문제가 정부의제로 먼저 채택되고 정부의 의도적인 노력에 의해 공중의제로 확산되어 정책결정이 좀더 분석적으로 이루어지며, 전문가의 역할이 무엇보다 중요하다. 이와 같은 유형이 나타나는 정책으로는 상징정책, 부실기업에 대한 공적자금 투입, 제2건국 운동, 월드컵 · 올림픽 유치, 가족계획사업, 새마을운동, 전자주민카드제, 국민건강보험, 의약분업 등이 있다.

셋째, 내부주도형은 정부 내부 또는 정부 내 집단이나 정책결정자와 빈번한 접촉이 있는 행위자에 의해 문제가 제기되고 정부의제로 채택되는 유형을 말한다. 이 모형의 의제화 과정은 정부 안에서 문제(쟁점) 제기 → 정부의제화이다. 관심의 확산 과정은 사회과정을 회피하거나 생략하게 된다. 정부의 기본전략은 권위주의적 정책의제 편성, 또는 관례적 정책문제 정립 등이다.

사회문제가 정책담당자들에 의하여 바로 정책의제로 채택되는 사례는 선진국의 경우 특정 이익집단이 참여하는 배분정책(제1장 3절 참고)이나 외교, 국방정책 등에서 나타

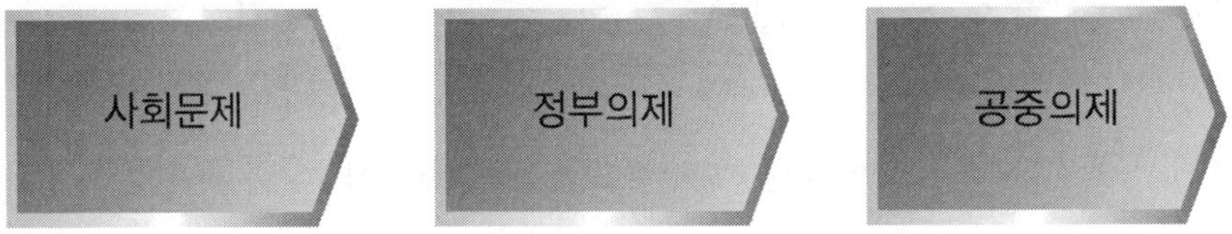

〈그림 8-2〉 정부동원형 정책의제설정

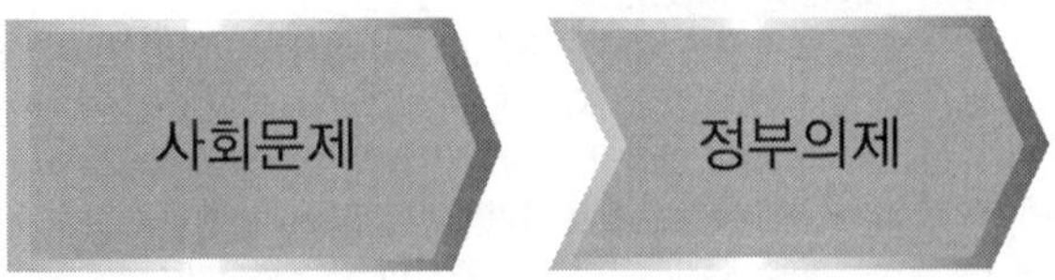

〈그림 8-3〉 내부주도형 정책의제설정

나며, 후진국의 경우는 배분정책 또는 관료들이 주도하는 경제개발정책 등에서 발견할 수 있다. 특히 정부가 어떤 문제를 다룰 때 일반대중이 이를 사전에 알면 곤란하거나 시간이 급박할 때도 이러한 형태의 의제설정이 이루어지게 된다.

정책을 주도하는 집단이 정책내용을 일반대중에게 알리지 않으려고 공중의제화를 억제하기 때문에 일종의 음모형에 해당하며, 의제화가 쉽게 된다는 점에서는 정부동원형과 동일하다. 반면 동원모형의 주도세력은 최고통치자나 고위정책결정자인 데 비해, 내부주도형의 경우는 이들보다 낮은 지위의 고위관료인 경우가 많다. 또한 정부동원형에서는 정부의제가 홍보활동(public relations)을 통해 공중의제화되는 반면, 내부주도형의 경우에는 일반대중에게 정부의제가 확산되는 것을 오히려 억제하려고 한다는 점에서 차이가 있다.

이밖에 굳히기(공고화)모형(consolidation model)도 제시되고 있는데 동 모형은 이미 대중의 지지가 높은 정책문제에 대해 정부가 그 과정을 주도하여 해결을 시도하는 모형이다(노화준, 2003: 141, 남궁근, 2007: 391). 즉 정부가 이미 존재하는 대중의 높은 지지를 굳혀 정책결정단계로 진행하면 된다.

최근 과학기술정책에서 의제설정의 주된 형태는 내부주도형으로 나타난다. 과학기술의 시장실패적 요인과 국가경쟁력을 견인하는 전략적 성격, 그리고 전문성 등으로 인해 의제가 정부 내부 또는 정부 내 집단이나 정책결정자와 빈번한 접촉이 있는 과학기술 전문가 및 산업체에 의해 제기되고 채택되기 때문이다(3절 1) 기술관료모형 참고). 이는 과거 경제개발 초기의 경우 과학기술정책 의제설정이 주로 정부동원형 형태를 띠고 있었다는 점과 비교된다. 과거의 경우 추격형 전략하에 경제성장을 견인하기 위해 최고통치자나 고위정책결정자가 주도하여 기술을 도입하고 기술모방과 역엔지니어링(reverse engineering) 등을 통한 기술개발을 추구해 왔기 때문이다.

한편, 과학기술정책의 내부주도형 의제설정 방식도 점차 성격이 변화되고 있다. 과학기술의 사회경제적 파급효과와 위험성, 그리고 사회적 책무성(accountability) 등이 커짐에 따라 일반대중의 '알권리'가 확대되었고, 다양한 이해집단 및 비공식 행위자들에 의한 감시활동(watch-dog)이 강화되었기 때문이다.

〈표 8-2〉 정책유형에 의한 정책의제설정 모형

논쟁의 주도자 \ 대중지지의 성격	높 음	낮 음
사회적 행위자들	외부주도	내부주도
국가	굳히기(공고화)	동원

출처: May(1991), 노화준(2003) 재인용

8.3 정책결정과 합리성

정책결정이란 정책문제를 해결하기 위한 대안 중 하나를 선택하는 활동이다. 정책이 얼마만큼 문제를 해결하였는지는 그에 맞는 대안을 선택했는가에 따라 좌우된다. 이러한 점에서 정책결정에는 늘 합리성이라는 개념이 뒤따른다. 합리성이란 이성을 통한 판단이라는 원래적 의미를 갖고 있음에도 불구하고, 정책결정의 관점에서 보면 합리성은 주어진 목표를 달성하기 위한 수단의 적합성으로 조작화 된다. 그러나 디싱(Diesing, 1962)의 합리성에 대한 논의를 보면, 합리성 개념은 단순히 목표-수단 적합성의 관점에서 정의하기 어렵다. 디싱은 합리성을 크게 5개—기술적 합리성, 경제적 합리성, 사회적 합리성, 법적 합리성, 정치적 합리성—로 분류한다. 디싱의 유형분류는 내용적 측면과 기능적 측면을 모두 가지고 있다. 내용적 측면은 창의성(creativity)이고, 기능적 측면은 질서(order)이다. 그에 따르면, 각 합리성 유형은 특정한 유형의 효과성과 관련된다. 합리성 유형이 상이하다면, 행정책임 또는 정부의 역할 역시 그에 상응하여 달리 존재하게 된다. 최근에는 생태적 합리성이 추가로 제시되고 있는데 디싱은 1984년 하우트위그(Hawtwig)와의 인터뷰에서 생태적 합리성을 추가할 수 있다고 언급한 바 있다. 생태적 합리성은 생명체의 합리성, 즉 생명체와 환경간 관계의 질서로 간주된다(Bartlett 1986, 229).

합리성 유형론에서 보듯이, 합리성에 대한 논의는 매우 다양하게 진행될 수 있다. 일반적으로 정책학에서는 순수합리성모형으로부터 시작하여, 사이몬(Simon)의 제한된 합리성에 따른 만족모형 또는 린드블롬(Lindblom)의 점증주의모형, 에치오니(Etzioni)의 혼합주사모형(mixed scanning model), 고도의 불확실성 상황에서 이루어지는 결정을 설명하는 코헨, 마치, 올슨(Cohen, March & Olson)의 쓰레기통모형, 합리적, 초합리적 요소를 총동원하는 드로(Dror)의 최적모형, 앨리슨(Allison)의 3가지—합리모형, 조직과정모형, 관료정치모형—의사결정모형 등 다양하게 제시되고 있다. 정책결정의 합리성과 관련한 모형들은 한편으로는 순수합리성모형에 대한 비판과 대안으로 제시되었지만, 순수합리성모형을 전면 부인하기보다는 이를 보완하는 성격이 강하다. 여기서는 과학기술정책의 결정을 바라보는 모형으로서 크게 대립되는 두 가지 형태인 기술관료모형과 사회구성주의모형을 살펴보고자 한다.

1) 기술관료모형

합리주의적 관점은 인간을 이타적(altruistic) 존재 또는 궁극적으로 완벽에 가까운 존재로 간주한다. 인간이 사회문제를 해결할 수 있는 역량에 대해 근본적인 믿음을 담고 있다. 그렇기 때문에 합리주의적 관점은 자신들의 생각을 남들이 받아들일 수 있도록 설득할 수 있는 능력을 지닌 사람들에 의해 이성이 작동하는 것으로 간주한다. 이런 점에서 합리주의적 관점은 엘리트적 관점을 크게 반영하고 있고, 전문가에게 큰 중요성을 두고 있다.

같은 맥락에서, 기술관료모형에 따르면, 정책은 '과학적 우수성(best science)'에 근거하여 만들어지며, 정책은 전문가, 즉 과학기술자가 결정한다. 이 모형에서 일반국민의 역할은 계몽의 대상이다. 즉 일반국민의 과학기술에 대한 이해는 적극적인 자료의 제공을 통해 증진될 수 있다고 본다. 기술관료모형에서 정책결정의 핵심은 '실체적인 과학기술적 핵심지식'의 유무인 것이다. 이러한 고도의 지식에 의한 정책결정이 이루어지기 위해서는—과학적 우수성이 정책결정의 규칙으로 유지되기 위해서는—머튼(Merton, 1942)이 주장하는 과학기술자의 도덕성(CUDOS)[3]이 견지된다는 것을 전제로 한다. 나아

3) CUDOS란 과학사회학을 확립한 머튼(Robert Merton)이 제시한 과학공동체를 지탱하는 4가지 규범인 공유주의(Communism), 보편주의(Universalism), 무사무욕(Disinterestedness), 조직화된 회의주의(Organized Stepticism)를 가리킨다.

가 기술관료모형에서의 정책결정은 폴라니(Polanyi, 1961)의 과학공화국(the Republic of Science)의 근간이 된다.

기술관료모형은 전문가를 누구로 볼 것인가에 따라 좀더 세분될 수 있다. 전문가는 과학기술자가 아니면서 과학기술관련 업무를 담당하는 공무원, 과학기술자로서 공직 업무를 수행하는 공무원이며, 이 경우 과학기술계 전문학위를 갖고 있는 공무원과 학부 정도의 과학기술지식 학력을 갖고 있는 공무원으로 나눌 수 있다. 공무원이 아닌 전문가의 경우 외부 연구기관이나 대학에 있는 과학기술자 등으로 세분될 수 있다. 과학기술정책결정에 참여하는 전문가를 어느 유형으로 인지하느냐에 따라, 과학기술전문가에 의한 정책결정체계의 구체적인 모습을 그려낼 수 있다.

기술관료모형에 대한 비판으로는 웨버(Weber)의 전문가에 의한 사회지배, 젠킨스-스미스(Jenkins-Smith)의 기술관료적 분석의 몰인간성, 머튼 또는 플라니의 헌법격인 과학기술자의 윤리성에서의 불완전성, 사회의 기술(Technology in Society, 1992)에서 크게 부각된 '이익집단'으로서의 과학기술계, 과학기술을 담당하는 공무원간 그리고 과학기술 분야간의 정책우선순위나 재원배분을 둘러싼 밥그릇 싸움(turf wars) 등이 제기되고 있다.

2) 사회구성주의모형

합리주의적 사고에 대한 반론인 반합리주의적 사고에서는 인간을 이타적인 존재가 아닌 이기적이고 취약한 존재로 본다. 이로 인해 이러한 사고에서는 지식도 어느 특정 부류의 사람들에게 집중되어 있는 것이 아니라 사회에 널리 분산되어 있는 것으로 본다. 반합리주의는 이성을 부인하지는 않으나, 이성의 역할을 달리 보고 있다. 인간은 본래적으로 취약한 존재, 이기적인 존재이기 때문에 이들은 사회적 과정을 통해서 그들의 오류가 시정될 수 있다고 본다.

사회구성주의모형은 정책을 이해관계자들간의 담론의 산물로 간주한다. 비록 일반국민은 과학기술적 전문지식이 부족하지만, 자신의 생명, 안전 등에 영향을 주는 결정에 대해 목소리를 낼 권리가 있다고 본다. 동 모형에 따르면, 과학기술자의 전문성은 인간의 존엄이나 자유 등 기본적 권리가 침해되지 않도록 견제되어야 한다.

사회구성주의모형 역시 사회적 관계에 들어오는 개개인이나 집단이 지닌 진실성, 타인의 생각을 배려하는 마음, 과학기술정책의 전문성을 학습하려는 실천력 등 측면에서 여전히 한계를 지닌다.

3) 기술사회네트워킹의 과학기술정책적 함의: 합주성(orchestration)

과학기술과 사회는 하나의 네트워크로 밀접히 연결되어 있다. 과학기술의 잠재적, 실질적 영향력이 사회 전반, 특히 국민의 일상생활 속으로 깊고 폭넓게 침투해 들어오면서 과학기술은 사실상 모든 사람들의 관심사로 부상하고 있다(Mok, Kim & Choi, 2008). 이러한 점에서 과학기술은 더 이상 과학기술자만의 영역도 아니고, 특정 정부부처의 배타적인 정책공간으로서도 존재하지 않는다. 정책공간의 관점에서 보더라도 과학기술은 특정 부처의 고유정책영역에서 확산되어 정부의 각 정책분야에서 핵심부분(integral part) 또는 핵심요소(ingredient)가 되었다.

정부 각 부처의 정책은 과학기술과 연계된 형태로 개발되어야 할 필요가 있다(EU, 2002: 49-52). 과학기술이 각 부처 정책의 핵심요소로서 산개(ubiquity)된 현실에서 과학기술정책에 대한 새로운 이해와 함께 이에 따른 기존의 갈등, 경쟁 등의 문제에 대한 새로운 조정방안의 개발이 필요하다. 이를 위해서는 과학기술정책에서는 정책행위자들간의 합주(orchestration)가 요구된다.

8.4 정책 결정구조와 거버넌스

과학기술정책의 효과성과 관련하여 과학기술정책 결정구조에 관심을 기울인 거시적 관점의 연구로는 엘징거와 재미슨(Elzinga & Jamison, 1995)의 논의를 꼽을 수 있다. 이들은 2차 세계 대전 후 서구의 과학기술정책에 영향을 미친 문화를 4가지—관료 정책문화(bureau policy culture), 학문문화(academic culture), 경제문화(economic culture), 시민문화(civic culture)—로 구분하고, 과학기술정책 의제가 이들의 상호작용을 통해 결정될 수 있음을 밝혔다. 이들의 논의에서는 각 문화를 대표하는 집단이 의사결정에 참여하게 됨에 따라 정책의제가 달라질 수 있음을 보이고 있다.

유사한 연구로 하겐디지와 캘러루드(Hagendiji & Kallerud, 2003)는 과학기술정책의 차원을 정치(state politics), 시장(market), 공공(public)으로 나누고, 다시 이들의 조합에 따라 과학기술 거버넌스(governance)를 구분하고 있다.[4] 이들은 세계화와 지식집약 경제 및 이에 따른 경쟁력 향상을 위한 효과적인 과학기술정책의 모색 과정에서 새로운 참여형태가 이루어지고 있음을 지적하고 있다. 이러한 결과 정부와 시장의 관계, 새로운 사회구분, 논의 참여와 배제 등의 관계에서 근본적인 변화가 나타났고, 변화를 반영하는 과학기술정책 과정의 거버넌스 유형은 6가지로 구분된다(각각의 특징은 〈표 8-3〉을 참조). 이러한 거버넌스 유형은 국가별 특정 유형만을 나타내는 것이 아니라, 여러 가지 거버넌스가 다양한 수준에서 복합적으로 작용하는 과정을 통하여 정책이 형성되고 있음을 나타낸다.

한편, 거버넌스를 통한 분석은 정부정책의 위상에 대한 근본적인 문제를 제기할 수 있다. 세계화, 정보화, 민주주의, 신자유주의의 확산 등으로 시민사회나 시장의 역할이 확대된 반면, 정부 권력의 역할 축소되었다는 점이다. 이는 공동체(여기서는 국가)의 운영주체와 운영방식이 전통적인 관료체제의 정부에서 거버넌스 체제로 전환하고 있다는 것을 나타낸다(김석준 외, 2000: 31-60). 그리고 이러한 거버넌스 논의는 시장실패와 위계제 중심의 국가실패(제3장 1절의 정부실패와는 다른 개념임) 모두를 극복하는 새로운 방식으로 이해할 수 있다(Jessop, 2000). 시장과 국가 양자가 다양하고 복잡한 경제적, 정치적, 사회적 문제들을 다루는데 실패한 결과, 이에 대한 대안으로 거버넌스가 시장과 국가 중간의 방식으로 나타난 것이다.

〈표 8-3〉 과학기술정책 과정의 거버넌스 유형 및 특징

거버넌스 유형	특징
임의 거버넌스 (Discretionary governance; DISC)	• 정책결정은 '공공(the public)'과의 상호작용이 없음 • 과학은 그 자체로 중립적이고 객관적인 것으로 인식 • 과학기술을 진보, 복지, 성장과 같이 (준) 보편적인 목적이나 가치의 원천이자 원동력으로 바라봄

4) 거버넌스(governance)는 적용범위, 학문분야에 따라 다양한 의미를 가지게 된다(김석준 외 2000). 최소한의 공통개념으로써 거버넌스는 '정부의 독점적 통치를 벗어나 공동체의 운영을 위해 시민사회 혹은 시장과의 협력관계를 형성하는 새로운 변화를 설명하기 위한 개념'으로 이해할 수 있다.

교육 거버넌스 (Educational governance; EDU)	• 정책과 공공(the public) 사이에 미묘한 혹은 명백한 긴장관계를 반영 • 혼란의 주요 원인을 충분한 정보와 지식제공이 이루어지지 못한데서 찾음(결핍모형(deficit model)에 기초). 전문가의 역할 강조 • 공공의 저항 혹은 비수용성을 인정한다는 점에서 임의 거버넌스와 다름
숙의 거버넌스(Deliberative governance; DEL)	• 정책결정 과정을 공공의 장(the public arena)*으로 유도 • 교육 거버넌스의 결핍모델 대신 공공의 참여(public engagement) 강조 • 입법 예방단계 혹은 규제법규의 수정과 같은 정치적 의제를 다룰 때 투입요소로, 정치차원에서 이용될 수 있으나 최종 의사결정은 권력을 갖고 있는 집단에 의해 이루어짐
집단 거버넌스(Corpoaratist governance; COR)	• 정책과정은 정치차원에 속하며, 공공차원과는 거리를 둠: 공공의 장(場)을 거쳐야 하는 비효과성을 피할 수 있는 효과적인 '임의' 정책결정 형태로 볼 수 있음 • 집단 거버넌스의 권력구조는 NGO와 같은 시민집단을 얼마나 포함시키느냐에 따라 결정
시장 거버넌스 (Market governance; MAR)	• 과학기술의 시장지향성을 우선시 함: 과학의 가치는 상업화를 통한 잉여가치에서 나온다고 봄 • 공공참여는 소비자로 이루어지며, 정책과정은 정치, 공공의 장에서 멀어짐
논쟁 거버넌스 (Agonistic governance; AGON)	• 입장이 반대이거나, 이해관계가 첨예해서 합의가 쉽지 않은 정치적 상황에서 의사결정이 이루어져야 하는 경우에 나타남 • 공공의 장에서 이루어지나 논쟁적 참여가 정치 결정의 범위와 책무성(accountability)을 향상시키는데 이용된다면 정책과정을 정치의 장으로 가져갈 수 있음

* 공공의 장(public arena)은 대중매체나 이익 집단, 시민단체 혹은 사회, 문화, 윤리, 정치경제 문제를 고민하고, 서로 의견을 주고받는 개인까지를 포함한다. 이것은 공식적인 정치 대표체인 정치정당, 정부 관료집단를 포함하는 '정치의 장(political arena)'과 대조를 이룬다.

출처: Hagendijk & Kallerud(2003), 고용수 · 이장재 등(2005)

8.5 정책기획

보다 나은 수단으로 정책목표를 달성하기 위하여 장래의 행동에 관한 일련의 결정을 준비하는 과정인 정책기획[5]은 정책의 설계와 그 목표들간의 관계를 구체화하는 정책결정과 이를 집행하기 위한 관리기획 또는 운영기획 모두를 포함하고 있다(노화준, 2003). 이때, 기획의 개념에서 과연 정책결정 및 목표설정을 포함시켜야 하는가라는 논쟁이 있다(김신복, 2003; 16-18). 기획을 협소한 참모적인 기능에 국한시키면, 기획의 역할은 선택 가능한 일련의 방안들을 도출하고 그것을 제시하는데 그쳐야 한다. 하지만 기획의 정의를 조금만 확대하면 기획 자체가 의사결정의 한 형태이기 때문에, 정책결정을 당연히 포함시켜야 한다고 볼 수 있다. 또한 목표설정 여부도 기획수준에 따라 포함여부가 달라질 수 있지만, 사회 혹은 국가 차원에서의 발전목표들은 다원적 · 복합적일 뿐 아니라 가치판단적인 것들이 대부분이기 때문에 목표설정 자체가 기획의 중요한 과제가 된다.

한편, 정책과정의 첫 단계인 의제설정은 정책의 전체적인 윤곽을 결정하는 단계이다. 정책결정 단계에서 고려해야 할 정책대안들이 정책의제 설정 단계에서 제시되는 경우가 많고, 해결방안에 대한 공식적인 검토가 정책결정 단계에서 이루어지는 것이다. 이때 중요한 사실은 이런 해결방안(혹은 이슈)이 공식적인 검토를 받기까지는 복잡한 절차를 거쳐야 하며, 이 과정에서 무슨 일이 일어나느냐 하는 것은 전체 정책결정 과정과 그 결과에 결정적인 영향을 미친다(Cobb & Elder, 1983; 김석준, 2003; 김훈기, 2002). 정책의제설정의 이러한 중요성 때문에 역설적으로 의제설정에서 정책결정에 이르는 과정이 일정한 패턴에 따라 이루어질 수밖에 없게 된다. 초합리성을 지닌 정부에 의해 정책이 결정되는 국가중심적 의사결정론이나 정부는 단지 특정 이해관계를 가진 행위자들이 표출한 이해의 수집을 통해 정책을 결정하는 다원주의적 접근, 모두 이러한 점에서 한계를 나타나게 된다.

기획(planning)은 '목표 형성과 이에 따른 집행과정에서의 체계적인 결정을 포함하는 의사결정 과정'을 의미한다. 일반적으로 기획과정은 거시계획 창출(creating the macro-plan)과 계획 채우기 과정(filling in the plan) 2가지 단계로 구분된다(Caiden & Wildavsky, 1974).

---

5) 기획을 정책결정방법론의 하나로 보는 시각이며, 대표적인 학자인 드로(Dror)의 기획에 대한 정의임

전자에는 예측 등에 의한 신중한 선택과 방향 설정이 포함되고, 후자에는 각종 계획을 달성하기 위한 과제의 제안, 우선순위에 입각한 과제의 평가, 그리고 거시계획으로의 각종 과제들의 통합 등이 포함된다. 계획(plan)은 일반적으로 이러한 기획의 결과물을 가리킨다.

그리고 전략적 기획(Strategic planning)이란 '원칙적으로 조직이 무엇이며, 무엇을 해야 하고, 왜 그것을 해야 하는가 등 조직의 생존과 성장에 관련된 근본적인 결정과 행동을 만들어 내는 활동을 돕는 체계화된 노력'을 의미한다. 일반적 기획이 주어진 환경하에서 주어진 목표를 달성하기 위한 체계적인 노력을 의미하는 반면, 전략적 기획은 환경변화를 통하여 새로운 목표를 설정하고 이를 달성하기 위한 체계적 노력을 가리킨다.

드로(Dror)의 기획에 관한 정의를 토대로 그것이 내포하고 있는 본질적인 요소들을 추출해 보면 일곱 개로 집약되며 각각의 의의는 다음과 같다.[6] 첫째, 기획은 하나의 과정(process), 즉 계속적인 활동이다. 계획(plan)은 장래의 행동을 위한 설계(design) 그 자체이며, 과정으로서의 기획(planning)과 구별되어야 한다. 기획의 과정은 하나의 계획을 작성하는 데 그치지 않고 그 집행결과를 평가하여 차기계획에 반영하는 계속적이고 순환적인 활동인 것이다. 둘째, 기획은 준비(preparing) 과정이다. 기획은 더 나은 결정을 위한 시안을 작성하는 과정으로, 채택하고 집행하는 것과는 별개의 기능이며, 따라서 기획기능은 대표적인 참모기능(staff function)에 속한다. 설령 동일부서에서 기획기능과 그것을 승인하고 집행하는 권한을 아울러 갖는다 하더라도 분석상 별도로 취급되어야 한다. 셋째, 기획은 일단의 복합적인 결정을 대상으로 한다. 이 점이 일반적으로 기획과 의사결정 혹은 정책결정과 다른 점이다. 즉, 기획이 의사결정 또는 정책결정의 일종이나, 기획은 단일의 결정을 대상으로 하는 것이 아니라 한 묶음(a set)의 결정을 다룬다는 점이 특징이다. 그러한 결정들은 대부분 체계적으로 연결되어 있고 투자나 추진일정 면에서 우선순위가 요청되는 것들이 대부분이다. 넷째, 기획은 행동지향적인 활동이다. 기획은 실천과 행동을 통한 문제의 해결이나 현실 개선에 목적이 있으며, 이러한 의미에서 순수연구나 교육훈련활동과 구별되어야 한다. 기획은 바람직한 목표를 실현하기 위해 앞으로의 행동대안을 설계하며 그것을 실현하고자 하는 노력이다. 의도적이고 인위적인

6) 이장재 · 박병원 등(2006), 기술기획의 이론과 전략에 관한 연구

노력을 통해서 장래의 행동노선을 조정하려는 것이다.

다섯째, 기획은 미래지향적 활동이다. 기획은 과거의 경험과 현실분석을 바탕으로 하지만 장래에 취할 행동방안을 강구하는 것이 핵심이다. 기획은 불확실한 미래를 대상으로 하기 때문에 예측과 판단 등 고도의 전문성을 필요로 하는 것이다. 여섯째, 기획은 목표를 성취하기 위한 활동이다. 장래에 달성하려고 하는 목표가 어느 정도 명시되지 않고서는 기획이 이루어질 수 없다. 그렇다고 해서 아주 구체적이고 명확한 목표가 제시되어야 기획에 착수할 수 있다는 것은 아니다. 오히려 정책탐색단계에서 제시된 모호하고 불분명한 목표들을 구체화 · 명료화하는 작업이 곧 기획의 첫 단계인 것이다. 일곱째, 기획은 효율적인 수단을 강구하는 과정이다. 목표 · 수단관계(ends-means relationship)는 기획과정의 기초가 된다. 기획은 자료의 수집과 체계적이고 종합적인 분석 등 합리적인 과정을 통해서 원하는 목표를 효율적으로 달성할 수 있는 수단을 제시하려는 활동인 것이다. 따라서 기획의 절차와 기법은 실현가능하고(feasible) 바람직한(preferable) 수단을 모색하는 데 초점을 두지 않으면 안 된다.

과학기술정책의 대표적 기획과정은 정부의 연구기획, 즉 R&D 기획과정에서 나타난다. 이는 연구개발 목표를 설정하고, 이들 목표에 도달할 수 있는 방법들을 체계적으로 결정하는 과정이다(〈그림 8-4〉 참고). 이 과정에서 바로 계획(plan)이 수립되고, 이 계획을 실천할 수 있는 수단과 방법, 절차 등이 규정되게 된다. 여기서 연구개발 역량, 기술예측, 인력과 재원의 동원 등 다양한 대안의 선택과정이 포함되게 된다. 정부 R&D 기획활동의 수준은 4가지로 구분할 수 있다. 첫째 국가 차원, 둘째 부처 차원, 셋째, 사업, 즉 프로그램 차원, 넷째, 과제 즉 프로젝트 차원이다(〈그림 8-5〉 참고).

기획과정에서 정책 혹은 사업(프로그램)의 성공을 보장하는 효과적인 방법의 하나로 활용되는 방법이 논리모형(logic model)의 설정이다. 논리모형은 '사업 혹은 프로그램을 특정한 목표 달성을 위한 투입, 활동, 산출 및 결과의 과정으로 파악하고, 이들간의 논리적 인과관계를 활용하여 사업 혹은 프로그램의 경제성, 능률성 및 효과성의 3E(economy, efficiency, effectiveness)를 극대화하고자 하는 논리적 기본틀'을 가리킨다. 프로그램 과정에서 논리모형을 사용하게 되면 프로그램의 기획, 집행 및 관리, 그리고 평가기능을 조직화하고 체계화하는데 크게 도움이 된다.

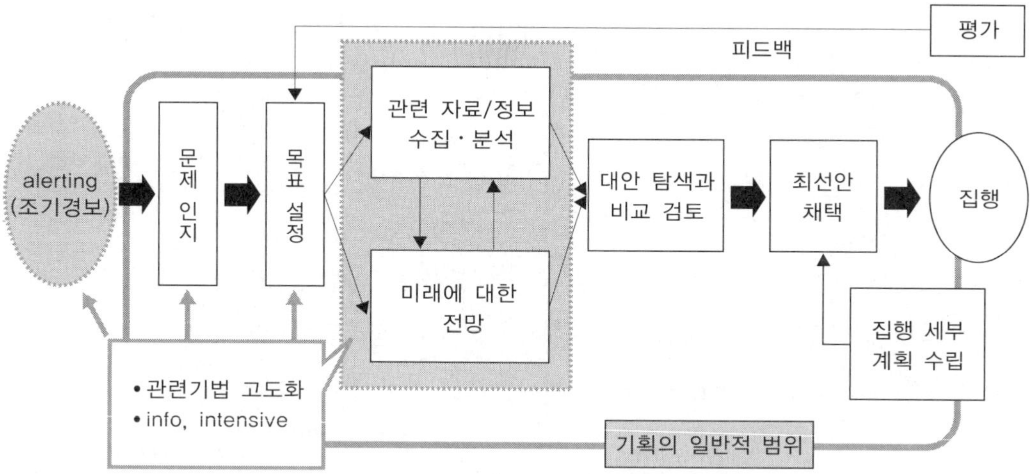

자료: KISTI(2006), 국가 연구기획 강화를 위한 정보분석 · 활용체제 구축방안

〈그림 8-4〉 R&D 기획의 범위와 과정

자료: 이장재(2006), 기술기획 측면에서 본 국가연구개발사업의 현황과 발전 방향

〈그림 8-5〉 정부의 연구기획 수준

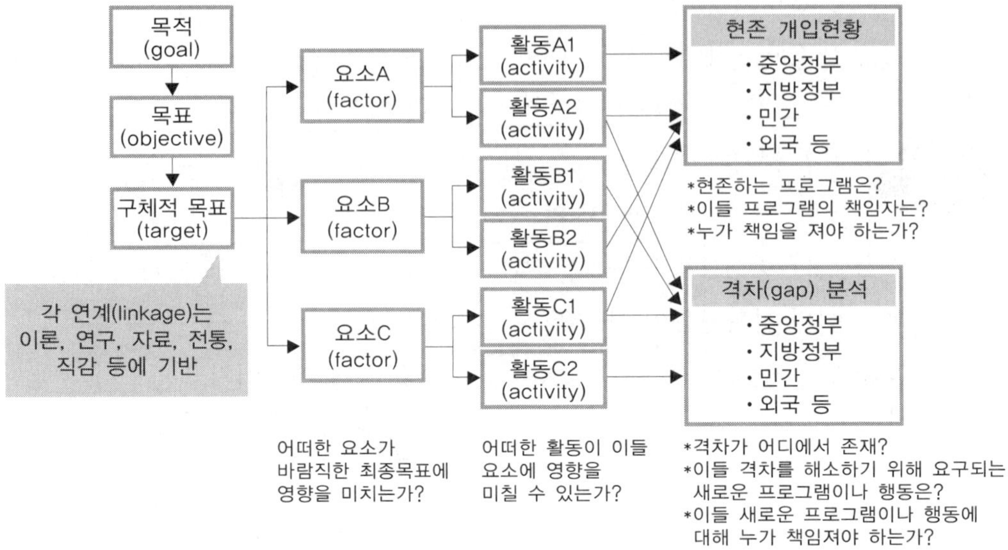

출처: A. Millar et al.(2001), Logic models: a systems tool for performance management

〈그림 8-6〉 논리모형의 전개과정

이를 구체적으로 살펴보면 논리모형은 첫째, 기획도구로써 프로그램의 설계와 기획단계에서는 프로그램 전략을 개발하고 개념과 접근방법을 이해관계자에게 명확하게 설명 및 예시할 수 있는 능력을 향상시키는 역할을 한다. 논리모형은 프로그램 설계를 위한 구조와 조직을 만들고 무엇이 발생할 것인가에 대한 공유된 이해를 토대로 기획단계에서부터 평가단계까지를 연결하는 역할을 수행한다. 둘째, 프로그램의 집행과 관리단계에서는 관리층의 관심을 집행과 결과에서 가장 중요한 우선순위에 두도록 지원한다. 셋째, 평가단계에서는 평가의 설계, 절차 및 사용에 대한 정보와 평가지표에 대한 체계적 정보를 제공한다. 우리나라의 경우 정부R&D 기획시 논리모형이 아직까지 체계적으로 개발되지 않고 있어 정책성과를 높이기 위한 논리모형 개발이 요구된다.

8.6 기술(연구)기획

국가혁신체제론의 수용과 정부 역할의 변화로 인해 정부 R&D 사업의 규모와 숫자가 급격하게 증가하였다. 이 과정에서 나타나는 비효율성의 문제는 기술기획 혹은 연구기획의 중요성을 강조하는 계기가 되었다. 이와 함께 R&D의 복잡화 및 대형화, 기술발전의 가속화 등과 같은 기술환경의 불확실성이 증가하면서, 새로운 기회 포착 및 사전 대응 중심의 연구기획 활동의 필요성이 증가하게 되었다.

국가의 연구개발 기획방식도 과거에는 자원의 최적활용 중심으로 이루어졌으나 최근에는 새로운 기회표착중심으로 변화하고 있으며, 부처별 정책 조정, 이해당사자간의 조정 등 사전대응 중심의 기획활동이 다양하게 전개되고 있다. 이러한 사전대응 중심의 기획활동은 기술예측, 기술영향평가, 기술수준평가 등을 통해 이루어지고 있으며, 대부분의 선진국들은 다양한 수단을 통해 연구기획 활동을 강화하고 있다. 다양한 기술(연구)기

〈표 8-4〉 연구기획에 대한 인식의 전환

구분	과거(사후 대응 중심)	미래(사전 대응중심)
중요성	• 기획의 중요성에 대한 인식 미흡 • 기획과정은 정책의 절차적 정당성을 확보하기 위한 수단	• 기획의 중요성을 인식 • 기획과정은 정책의 목적을 달성하기 위한 필요조건
준비시간	• 기획을 할 수 있는 여유 시간이 개인과 조직차원에서 거의 없거나 형식적임	• 기획을 할 수 있는 여유 시간을 개인과 조직 차원에서 우선적으로 확보
정보분석·활용	• 불확실성을 최소화하기 위한 정보분석, 활용 미흡 • 연구개발 수행단계에서 다수의 문제 및 자원 낭비 발생	• 초기 기획단계에서 정보분석·활용을 최대한 수행 • 연구개발의 불확실성과 이후 연구개발 단계에서의 조정비용 및 재작업 시간을 최소화
정책의 슬로건	• 모든 것은 성과가 말한다	• 올바른 기획 없이는 성과도 없다
정책의 초점	• 자원의 최적 활용	• 새로운 기회 포착
연구사업 운영	• 시의성이 크고 가시적인 결과를 낼 수 있는 연구사업을 먼저 수행 • 기능간 연계가 필요한 사안에 대해 문제발생 후 해결 노력 보임	• 가시화되는데 시간이 소요되지만, 전략적인 중요성을 지닌 연구사업을 먼저 수행 • 기능간 연계가 필요한 사안을 미리 예측하여 문제 발생 이전의 기획단계에서 예방

출처: 이장재 · 박병원 등(2006), 기술기획의 이론과 전략에 관한 연구

획 활동에활용되는 방법론들을 살펴보기로 한다.[7)]

1) 기술정보활동(technology intelligence: TI)

TI란 기술과 관련된 자료를 수집하고 정보화하고, 이를 다시 분석 및 가공하여 전략 및 기타 사업 등에 반영할 수 있도록 하는 일련의 활동이다.[8)] 기술과 관련된 자료란 경쟁상대의 기술개발 현황에 대한 정보, 최근 과학기술계에서 떠오르는 유망 과학기술 또는 미래에 반드시 확보해야 할 것으로 파악되는 기술에 대한 정보 등으로 그 범위는 TI 활동의 목적에 따라 결정될 수 있다. 기술전략의 수립을 위해서 가장 먼저 행해야 할 것이 기술니즈가 무엇인지 파악하는 것이다. 이러한 기술니즈(needs)를 파악하는 방법을 구분한다면 기술의 최종 소비자 관점에서 니즈를 파악하는 방법과 기술의 생산자 또는 기술 자체의 관점에서 니즈를 파악하는 방법이 있다. TI는 후자의 방법에 가깝다고 할 수 있다.

영국의 DTI에서는 Sigmascan을 통해 사회전반에 걸쳐 발생하고 있거나 혹은 발생할 것으로 예상되는 주요 이슈들을 발굴하고 향후 파급효과를 분석하여 제공함으로써, 기

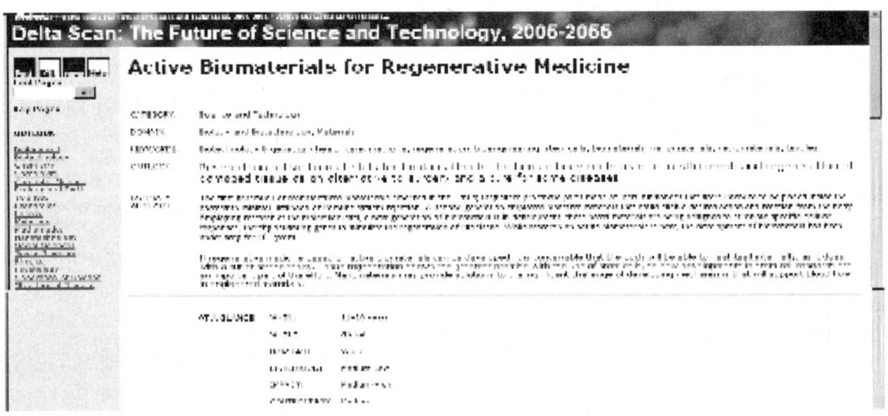

출처 : http://humanitieslab.stanford.edu/deltascan/Home

〈그림 8-7〉 영국 DTI의 Deltascan

7) 이장재 · 박병원 등(2006), '기술기획의 이론과 전략에 관한 연구'를 토대로 작성

8) 정형지, 홍순대 외(2007), 제3세대 R&D 그 이후

출처: http://www.sric-bi.com/

〈그림 8-8〉 미국 SRI-BI의 Explorer

술을 포함한 다양한 정책적 의사결정을 지원하고 있다. Deltascan을 통해서는 기술 분야별 미래기술 정보를 재분석 · 가공하여 실현시기, 파급효과 등 2차 정보를 정책결정자(관련 부처 등)에게 제공하고 있다.

미국의 SRI-BI에서는 다양한 형태의 정보수집 · 가공 활동을 통하여 그 결과를 자사의 고객들에게 제공하고 있다. 특히 대표적인 TI 활동이라고 할 수 있는 것이 Explorer라는 프로그램으로, 기술의 발전에 따라 새로운 사업의 기회를 찾는 서비스, 즉 SRI-BI의 고객의 입장에서 사업의 기회가 있을 수 있는 기술영역을 찾고자 끊임없이 정보를 수집하고 분석하는 활동을 수행하고 있다.

2) 기술예측(technology forecasting)

기술예측조사는 "최대의 경제사회적 이익을 창출할 것으로 기대되는 미래기반기술 및 전략적 연구영역의 선정을 위해 장기적인 입장에서 과학기술 및 경제사회의 미래를 통합적으로 검토하는 과정"으로 정의된다.[9] 기술예측은 미래의 기술발전 방향과 전망을

9) OECD(1999)

탐색하는 것으로써 국가 또는 기업의 연구개발계획 수립 시 필요한 정보를 제공하는데 목적을 두고 있다. 예측을 통해 미래의 상황을 더 근접하게 전망하고 경제사회적 수요와 통합함으로써 과학기술의 발전을 경제사회발전과 효과적으로 연계시킬 수 있다.

기술예측 방법에는 델파이(Delphi), 교차영향분석(cross-impact analysis), 시나리오, 전문가 패널, 환경스캐닝, 추세외삽법 등 많은 방법이 존재한다. 대부분의 기술예측 시에는 한 가지 방법만을 사용하는 것이 아니라 다수의 방법을 종합적으로 사용하게 된다. 기술예측을 위한 전형적인 예측 프레임워크가 존재하는 것이 아니라 주제 · 목적 및 사업 환경에 따라 필요한 방법론을 선택하여 체계적인 기술예측 프레임워크를 구성하게 된다.

과학기술예측을 위한 방법론은 각 국의 정치적, 문화적, 과학기술 연구개발체계에 따라 매우 다양한 형태로 활용 · 진화되어 왔다. 초기에는 일본 등을 중심으로 델파이 방법 등이 적용되어 왔으나 이후 시나리오분석, 환경스캐닝법 등과 같은 기법들이 적용되면서 점차 델파이 기법에서 탈피하는 경향을 보이고 있다. 이러한 변화의 주요목적은 사회, 정치, 경제, 문화 등 다양한 환경이 기술발전에 미치는 영향을 밝히고, 이를 통해 미래의 실현가능성을 예측하기 위한 것이다.

3) 기술수준평가

기술수준의 개념은 여러 학자와 단체에 의하여 다양하게 정의되고 있다. 마르티노(Martino, 1993)는 기술수준을 "기술이 목적으로 하는 기능을 얼마나 잘 수행하는가를 기능모수와 기술모수로 구분하여 정량적으로 나타낸 것"으로 정의하였다. 기술모수는 사용자가 바라는 효용을 얻기 위해 설계자가 제어하는 모수이며, 기능모수는 기술이 사용자의 요구를 만족시키는 정도를 측정하는 모수이다. 기술수준평가의 사용목적에 따라서 기술모수와 기능모수 중에서 적절한 변수를 선정하는 것이 중요하다. 슈무클러(Schmookler, 1966)는 기술수준을 "산업생산과 관련된 기술지식의 축적 정도(stock of knowledge)"라고 정의하였으며, 솔로우(Solow, 1957)는 "지식의 축적 정도가 아니라 투자, 생산, 혁신에 있어 기술지식을 효율적으로 사용하는 능력"이라고 정의하고 있다.

기술수준이 다양하게 정의되는 것처럼 기술수준평가 방법도 국제적으로 통일된 기준

〈표 8-5〉 미래예측 방법론

구분	방법론	개념 및 방법
확률적 방법	델파이	• 전문가 패널을 구성하여 설문조사를 반복적으로 실시, 의견수렴 과정을 이용 • 설문조사 반복 실시는 통산 2회 정도로 하고 있음
	교차영향분석	• 델파이 기법이 발전된 형태 • 예측대상에 대해 상호 영향을 미치는 요인을 분석
정성적 방법	시나리오	• 미래의 가상적 상황에 대한 묘사 • 타 예측기법을 바탕으로 여러 시나리오를 구상할 수 있음
	전문가 패널	• 다양한 분야의 전문가 집단으로부터 일정 수준의 전문가 패널 구성 • 정해진 기간동안 주기적 모임을 통해 주어진 주제에 대한 미래전망을 토론하고 전략을 수립하는 방법
	환경스캐닝	• 종합적인 예측조사에서 첫 번째 단계에서 반드시 시행하는 예측기법으로 주제와 연관된 동인(driving forces)을 발견하고 영향을 분석하여 기회와 위협요인을 찾아냄 • 전문가 패널, DB 문헌 검토, 인터넷 탐색, 인쇄물 문헌 검토, 이슈에 대한 전문가 에세이, 주요 인물 추적과 컨퍼런스 모니터링 등의 방법들에 의해서 수행
정량적 방법	추세외삽법	• 일련의 데이터에 연장선을 긋는 방법으로 추세를 예측하는 것으로, 수학적이고 통계적인 피팅(fitting) 방법을 사용
	다이나믹 모델링	• 수학적 모델을 이용하여 변수들의 상호관계를 모형화하여 분석하는 시뮬레이션 기법

출처: 손석호 외(2007), 과학기술예측조사를 위한 방법론 및 프레임워크 개선 연구, 일부 수정

이나 평가방법이 정해져 있지 않다. 이는 기술 자체가 무형의 지식이며, 하나의 기술이 다양한 세부기술로 분류될 수 있고, 평가대상 범위에 기술관련 아이디어, 인력 및 인프라를 고려한 잠재력 등이 포함될 수 있는 등 대상과 범위가 다양하기 때문이다(한국과학기술기획평가원, 2001). 그러므로 기술수준평가의 목적 및 평가 대상기술의 범위를 고려하여 적절한 평가방법을 선택하는 것이 중요하다. 국내외 기술수준평가 사례에서 나타나듯이 기술수준평가 방법은 전문가 의견조사에 의한 주관적인 방법과 각종 통계자료를 이용하는 객관적인 방법으로 나눌 수 있다.

전문가 의견에 의하여 기술수준을 평가하는 방법으로는 설문(survey) 및 인터뷰 조사

에 의한 방법과 위원회를 통한 전문가 평가(expert panel analysis, peer review) 방법이 있다. 설문 및 인터뷰 조사는 관련 분야 전문가들이 현재의 기술력뿐만 아니라 관련 인프라, 인력 등을 종합적으로 고려하여 기술수준을 평가할 수 있고, 설문지의 구성을 조정하여 기술수준평가 결과를 평가자가 원하는 형태, 즉 %, 기술격차년도, 또는 국가순위 등으로 나타낼 수 있으므로 평가대상기술이나 비교대상범위에 관계없이 가장 많이 사용되는 방법이다. 국내에서 수행된 국가간 비교를 위한 기술수준평가에서는 주로 전문가 의견 조사를 통하여 세계최고 기술수준 대비 우리나라의 기술수준 및 기술격차를 평가하거나 우리나라를 포함한 주요국의 기술수준 및 기술격차를 비교한다.[10] 기술수준은 세계 최고 기술수준을 100으로 하였을 때 우리나라 및 주요국의 기술수준을 수치로 나타내거나 우리나라의 기술수준을 100으로 하였을 때 다른 나라의 기술수준을 비교하는 값으로 나타난다. 기술격차는 기술수준을 평가하는 시점에서 세계최고 기술수준 보유국과의 기술격차년도 또는 비교대상 두 국가 사이의 기술격차년도로 나타낸다.

설문조사를 실시할 때는 평가목적에 적절한 설문문항과 형식을 이용하여 설문지를 과학적으로 설계하는 것이 매우 중요하다. 또한 응답자의 소속기관, 즉 응답자가 산업계, 학계, 연구계 중 어디에 소속되었느냐에 따라, 기술수준을 평가하는 경향이 다르기 때문에 설문응답자의 소속이 산 · 학 · 연 중 어느 한쪽으로만 편향되지 않도록 하고 상세설명 등을 통하여 평가대상 기술의 범위를 명확하게 하는 것이 필요하다.

기술수준평가에 사용되는 통계자료에는 과학기술인력, 연구개발 투입지표와 논문, 특허 등의 연구개발 성과지표가 포함된다(과학기술정책연구원, 1998). 연구개발 투입지표의 경우, "Main Science and Technology Indicators" 등 OECD의 각종 통계자료를 이용하여 국가 전체나 일부 과학기술 분야의 연구인력이나 연구비 규모를 분석할 수 있으나, 핵심기술별 연구개발 투입에 관한 통일된 국제비교 자료가 없는 실정이다. 또한 국가마다 과학기술 분야뿐만 아니라 민간기업, 대학, 정부연구기관 등에 대한 분류방식과 통계자료의 존재여부가 다르기 때문에 국가 과학기술 전체 차원의 비교가 아닌 특정 과학기술분야나 핵심기술수준에서 비교분석을 수행하는 경우 어느 정도의 추정이 필요하다(일본총합연구소, 일본과학기술정책연구소, 2000). 그러나 연구개발 성과지표로 이

10) 최근에는 한국, 미국, 일본, 중국을 대상으로 한 국가간 비교 연구가 많이 이루어지고 있다.

용되는 논문과 특허는 연구비나 연구인력과는 달리 핵심단어 또는 검색어(keyword)나 IPC(international patent classification) 분석을 사용하여 특정 과학기술분야나 핵심기술수준에서의 국가간 비교가 가능하다.

일반적으로 논문분석은 미국 Thomson Reuters(구 ISI)의 SCI DB를 이용하며, 특허분석은 미국, 유럽, 또는 일본 특허를 이용하여 수행된다(US DOC, 1998; European Commission, 2002). 논문분석과 관련한 각종 지표연구 및 응용연구는 네덜란드 라이덴대학교(Leiden University) CWTS(The Centre for Science and Technology Studies)에서 활발하게 수행하고 있다. 이들은 각종 논문관련 지표를 이용하여 과학기술분야별 또는 특정 연구기관의 연구활동을 평가하고 있다(van Raan and van Leeuwen, 2002; van Raan, 2004). 특허분석과 관련된 지표는 미국 ipiQ(구 CHI)의 지표가 주로 사용된다.

한국과학기술기획평가원에서는 논문 · 특허자료를 이용하여 핵심기술의 수준을 평가하는 방법론을 모색하였다(한국과학기술기획평가원, 2004). 논문과 특허 DB는 핵심기술 수준에서 분류 정리되어 있지 않으므로 핵심기술과 관련되는 논문 · 특허를 추출하기 위하여 검색어 및 검색식을 이용하였다. 핵심기술에 적절한 검색어 및 검색식의 선정은 연구성과분석에 소요되는 시간 및 연구성과분석 결과의 신뢰성을 결정하는데 큰 영향을 미친다. 검색식을 이용하여 추출된 논문 · 특허는 관련 전문가의 검토절차를 거쳐서 분석대상 논문 · 특허로 선정하여야 한다. 특허분석의 경우 IPC를 이용하여 검색절차를 보완할 수 있다.

〈표 8-6〉 기술수준평가 방법 및 특징

방법론	평가내용	특징
전문가 의견조사	• 기술수준 (%) • 기술격차 (년)	• 기술적 아이디어, 연구성과, 관련 인프라 등을 포괄하는 종합적인 전문가 의견 조사 • 객관적 근거자료 제시 곤란
연구개발 기반 분석	• 연구개발인력 • 연구개발지출	• 연구분야의 분류방식, 연구인력의 신분 위상 등이 국가별로 다르기 때문에 일률적인 비교 · 평가 곤란
연구개발 성과 분석	• 논문수 • 특허수	• 논문 및 특허 DB의 분류기준을 기술분야와 연계하거나 키워드 분석을 사용하여 핵심기술에 따른 국가별 비교 가능 • 동일한 기준으로 연년도별 추세 비교 용이

출처: 이장재 · 박병원 등(2006), 기술기획의 이론과 전략에 관한 연구

기술수준평가의 관점에서 연구성과분석 결과를 활용할 때 주의해야 할 점은 논문 · 특허분석 결과만으로 기술수준을 평가할 수 없으며, 객관적 자료를 이용한 연구성과분석은 기술수준평가의 한 부분이라는 점이다. 또한 연구성과분석만이 기술수준을 평가할 수 있는 객관적 자료를 제공하는 것이 아니므로 연구성과분석 이외에 분석대상 기술의 수준을 평가할 수 있는 객관적 자료를 도출하는 것도 중요한 작업이다. 연구성과분석과 전문가 의견조사 결과를 종합하면 기술수준을 보다 체계적으로 평가할 수 있다.

4) 기술영향평가((Technology Assessment: TA)

기술영향평가(Technology Assessment)란 해당기술의 현황, 발전 동향, 다른 기술과의 관계, 사회적 · 경제적 영향 등을 평가하는 것으로 정의된다.[11] 과학기술에 대한 평가는 평가 목적, 평가 기준이 되는 가치 등에 따라 다양하게 구분할 수 있으며, 이 중의 한 가지가 TA라고 할 수 있다. 과학기술이 가지고 있는 잠재력의 본질을 파악하기 위한 방법을 기술평가라고 할 때, 그 세부 분류로서 기술성과평가, 기술가치평가, TA 등이 있다(박용태 외, 2001). 기술성과평가는 대상기술의 수준 및 그 효과에 초점을 두고, 기술의 경제적 가치를 평가하기보다는 기술자체의 공학적 가치를 평가하는 것이다. 기술가치평가는 평가대상기술이 시장에서의 상업적 가치를 평가하며, 기술거래를 전제로 기술의 미래 수익을 현재가치로 환산하여 평가하며 기술의 사회적, 문화적 영향 등은 배제된다. TA는 기술성과평가 및 기술가치평가와 달리 대상기술 자체뿐만 아니라 사회 · 경제 · 문화 · 윤리 · 환경적 영향 등 2차적인 영향을 모두 포함하여 평가하게 된다.

TA의 개념은 시대나 국가에 따라 다양하게 변천해 왔다. 이는 정치적, 사회적 상황에 따라 TA를 어떻게 활용할 것인가에 따라 TA의 추구 방향과 목적이 다르다는 것을 의미한다. 미국에서 발달한 초기 TA 개념이 흔히 전통적 의미로서 통용되는데, 기술개발로 인한 다양한 측면의 사회적 경제적 이익과 불이익 그리고 환경에 미치는 긍정적, 부정적 효과 등에 대한 정보를 제공함으로써 정책형성에 기여하는데 목적을 두고 있다. TA라는 용어는 1966년 미국 하원의 과학연구개발소위원회 보고서에서 처음 공식적으

11) KISTEP(2002), 기술영향평가 제도운영을 위한 추진방안 기획연구

로 사용되었다. 동 위원회의 위원장이었던 다다리오(Emilio Daddario)가 TA의 중요성을 의회에 역설함으로써 의회 산하의 공식기구로서 1972년 기술영향평가국(Office of technology Assessment, OTA)이 출범하게 되었다.

고전적 관점에서 실시된 분석적 기능은 구성적 설계 또는 토론을 중시하는 기능과 결합됨으로써 새로운 형태의 TA로 거듭나게 되었다. 이러한 TA는 참여적, 담론적 TA로 불린다. 담론적 TA는 기술과 일반시민, 사회 사이의 상호작용을 중요시하며, TA과정에 이들의 참여를 적극 권장하고 과학기술에 대한 대중적 논쟁과 정치적 의견 형성을 주요 목표로 하고 있다. 담론적 TA는 고전적 관점에서 주요 기능인 과학기술정책에 대한 분석과 관련 자료 제공뿐만 아니라, 과학기술과 관련된 이해당사자들의 상호작용과 참여를 중시하고 있는 것이다.

기술영향평가는 실제로 이루어지는 형태에 따라 도구적 기술영향평가와 참여적 기술영향평가, 그리고 이에 대한 비판으로 나타난 구성적 TA와 실시간 TA 등 4가지로 구분할 수 있다.[12)]

(1) 도구적 기술영향평가(Instrumental TA)

도구적 기술영향평가는 1970년 초 미국의 OTA에서 시작되었으며, 이는 전문가들을 중심으로 과학기술로 인한 위험을 어떻게 분석하고, 통제할 것인가에 초점이 맞춰져 진행되었다. 1972년에서부터 1995년까지 존속했던 OTA는 과학기술과 사회간 인과관계에 대한 철저한 분석을 바탕으로 TA를 수행하였고, 전문가들의 엄밀한 정량분석 방법을 통해 완벽한 평가 작업에 주력하였다. 전문가들의 분석을 통한 TA는 의회 의원이나 정책입안자들이 과학기술관련 의사결정을 할 때 기초 자료를 제공하는 것을 목적으로 하였다. OTA의 TA는 기술의 효과에 대한 이론적 체계화에 기여했으나, 연구기간이 장기화되면서 의회에 적절하게 조언하지 못하는 문제점이 발생함으로써 OTA 폐지의 원인을 제공하기도 하였다.

12) KISTEP(2007), '한국형 기술영향평가의 새로운 방향성 정립 및 정책 활용도 제고 방안' 참고

(2) 참여적 기술영향평가(Participatory TA)

1980년대 기술영향평가제도를 시작한 유럽의 국가들은 과학기술의 사회적 영향에 높은 관심을 두고, 새로운 평가 방법을 개발하였다. 기술영향평가의 결과가 기술개발에 직접 영향을 줄 수 있으므로 이해 당사자들의 의견이 반영될 수 있는 형태로 진행하고자 하였다. 유럽에서의 TA는 정부정책의 대국민 홍보, 관련 주제에 대한 시민 사회의 관심 유도 및 지식 보급, 과학기술 이슈에 대한 새로운 해법 발견, 정책결정에 압력을 행사하기 위한 시민운동 등 다양한 목적으로 시행되었다.

도구적 또는 참여적 TA 방법은 TA 전담기관들을 행정부나 의회에 정보를 제공하고 자문하는 조직으로 편입시켰으며, 대상기술 선정 등 기술영향평가 활동이 정치적 요인에 의해 좌우되는 문제를 초래하게 되었다. 그로 인해 TA가 실제 R&D 사업으로부터 괴리되어 정치적 · 기술적 측면에서 방향성을 잃게 되자, 이로 인해 TA가 기술발전과정에 참여하게 되는 구성적 TA와 실시간 TA가 새롭게 대두하게 되었다.

〈표 8-7〉 도구적 TA와 참여적 TA의 비교

유 형	특 징	시행국(기관)
도구적 TA	의회의 의사결정 능력을 향상시키고 정보 제공	프랑스(OPECST)
	의회에 기술과 관련된 의제에 대한 조언 제공	독일(TAB)
	특정 의제의 과학기술적 함의에 대한 이해를 넓힐 수 있는 정보를 의원들에게 제공	영국(POST)
	유럽의회 의원들에게 과학기술에 관한 전문적 조언을 제공	유럽의회(STOA)
참여적 TA	기술, 국민, 사회 사이의 상호작용에 관한 대중적 논쟁 장려	덴마크(DBT)
	대중적 논쟁 촉진과 정치적 의견 형성 지원	네덜란드 (Rathenau Institute)

출처: 이장재 · 박병원 등(2006), 기술기획의 이론과 전략에 관한 연구

(3) 구성적 기술영향평가(Constructive TA)

구성적 TA는 기술발전의 초기단계에 기술의 사용자와 이해당사자를 모두 포함시켜 기술 발전에 대한 논의과정을 확대시키고, 동 과정 속에서 기술이 사회에 미치는 영향과 문제점들을 논의하는 방법이다. 이러한 논의 자체가 해당 기술의 발전과정에 영향을 주는 요소로 작용할 수 있다고 본다. 도구적 TA와 참여적 TA가 공공정책이나 입법과정

을 통하여 부정적인 면을 최소화할 방안을 찾는 반면, 구성적 TA는 기술발전 초기단계부터 변화를 시도한다는 점에서 차이점이 있다.

(4) 실시간 기술영향평가(Real–time TA)

실시간 TA는 최근 법적 · 윤리적 · 사회적 측면의 연구(Ethical Legal Social Implication : ELSI)가 정보기술, 나노기술, 인간유전체사업 등과 같은 대형 연구개발사업의 일부로 수행되고 있으나, 과학기술정책 과정이나 R&D 과정에 잘 통합되지 못하고 있다는 문제의식을 출발점으로 두고 있다. 실시간 기술영향평가(real-time TA)는 R&D 사업에서 ELSI와 같은 사회과학 연구가 과학기술정책과 통합되는 것을 의미한다. 기술발전 과정에 사용자와 이해당사자가 모두 참여한다는 점에서 구성적 TA와 맥락을 같이하나 실험을 통하기보다는 설문조사, 포커스 그룹, 시나리오와 같은 방법 등을 사용하여 파급효과와 대안을 연구한다는 점 등에서 차이점이 있다.

5) 기술로드맵(technology roadmap)

기술로드맵이란 미래의 시장에 대한 예측을 바탕으로 미래수요를 충족시키기 위해 기업 또는 산업 차원에서 향후 개발하여야 할 필요기술과 제품을 예측하여 최선의 기술대안을 선정하는 기술기획방법의 하나이다. 기술로드맵은 기술개발과 관련된 중요한 의사결정을 내리거나 기술개발 계획을 수립하는데 유익한 정보를 제공하는 일련의 기술적 문서를 의미하며, 미래의 기술상황에 대해 현재보다 나은 의사결정을 할 수 있도록 도움을 주는데 그 목적이 있다.

이러한 기술로드맵은 핵심기술 확보를 위한 전사적 차원의 목표 및 전략의 공유를 통하여 시장 및 고객의 수요를 만족시켜 줄 기술들에 관한 합의를 이끌어 내고 기술개발의 계획 및 조정에 관한 기본 방향을 제공해 주는 역할을 한다.[13] 특히 불확실한 미래의 기술전략으로써 핵심기술을 미리 확보하고 조직 간 목표와 전략을 공유할 수 있게 하는 방법론을 제공하기도 한다. 일반적으로 일정 시점을 정하여 그 시점까지 개발하고자 하는 핵심 제품군을 위해 필요한 기술과 핵심기술을 나타내고, 제품의 핵심 기능이나 성능의

13) KISTEP(2005),.대외 환경변화에 따른 국가과학기술기획방법론 연구

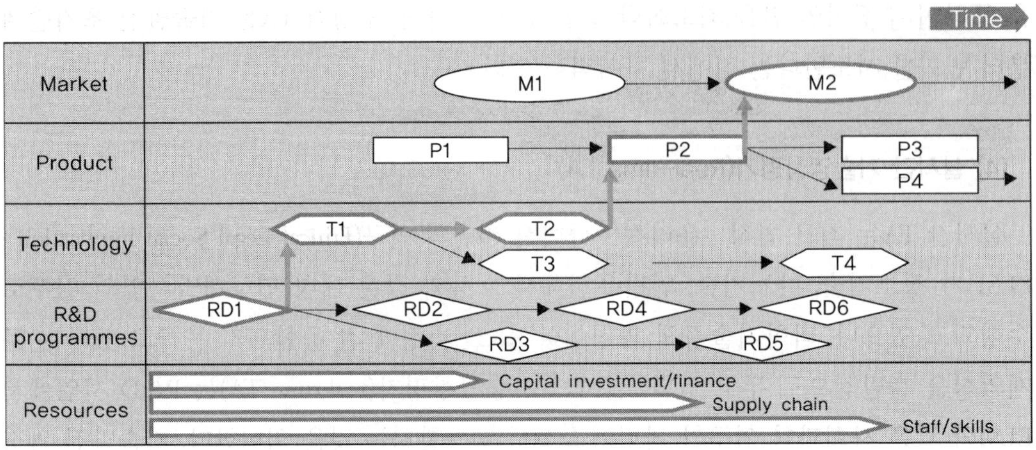

〈그림 8-9〉 기술로드맵의 전형적인 구조

달성에 필요한 일련의 기술과 기술발전 정도, 보유한 기술 및 핵심역량을 명시한다. 기술로드맵은 계획기간 중의 핵심 제품군에 대한 핵심기술과 지원기술을 구분하고 핵심 제품군의 기능과 성능 파라미터의 진화과정에 따라 필요한 세부 및 요소기술, 기술개발, 경쟁능력 등을 순차적으로 전개하여 보여준다. 또한 핵심 제품군의 출현 및 기술의 발전과정에서 기술변화의 상호연관성 및 순차적 관계, 기술변화의 통합가능성 등과 중점 기술개발 항목과 개발 순서 등을 묘사하게 된다. 그리고 기술지도는 의사결정자들에게 미래 과학기술의 전망에 대한 합의된 견해 또는 비전을 제시할 수 있다.

기술로드맵의 전형적인 구조는 미래 시장에 관한 정보와 시장에서 고객이 향후 필요로 하는 유망제품 · 서비스를 전망하고, 이러한 제품을 제공하기 위한 기술 및 관련 연구개발 프로그램, 연구개발에 활용 가능한 인프라 등을 시간 축에 따라 전개하는 형태를 띤다(〈그림 8-9〉 참고).

기술로드맵은 기준에 따라 다양한 유형으로 구분 가능하나, 1) 작성목적 등에 따른 표현형식, 2) 대상산업의 범위에 따른 구분 방식으로 크게 구분하여 설명가능하다. 기술로드맵의 표현 형식에 따른 구분은 기술로드맵의 작성 목적 및 이와 관련된 정보를 어떻게 표현하느냐에 따른 것이다(〈그림 8-10〉 참고). 또한 동일한 목적하에 이루어진 기술로드맵이더라도 표현 방식, 즉 기술로드맵의 전형적인 형태뿐만 아니라 텍스트, 그래픽, 테이블 등 어떠한 표현 도구를 이용하는지에 따라 달라질 수 있다.

대상산업 범위에 따른 구분으로는 복수산업 차원 기술로드맵, 단일산업 차원 기술로드맵, 개별기업 차원의 기술로드맵으로 나눌 수 있다. 복수산업 차원 기술로드맵(Multi-industry Level Roadmap)이란 기술로드맵 대상 특정기술이 여러 산업에 걸쳐 요구되는 경우에 작성되는 기술로드맵이다. 미국 IMTI(Integrated Manufacturing Technology Initiative Co. Ltd.)에서 만든 제조기술 4개 분야 기술로드맵(IMTR, Integrated Manufacturing Technology Roadmap)을 대표적 사례로 들 수 있다. 단일산업 차원 기술로드맵(Single-industry Level Roadmap)은 대상특정기술이 한 산업에만 필요한 경우에 작성되는 기술로드맵을 가리킨다. 미국 에너지부(DOE)의 9개 산업(농업, 알루미늄, 화학, 임업, 유리, 주조, 광업, 석유, 철강) 기술로드맵과 미국 반도체 협회(SIA)의 반도체 기술로드맵 (NTRS, National Technology Roadmap for Semiconductors), 미국전력연구소(EPRI)의 전력지도(NETR, National Electricity Technology Roadmap) 등을 대표적 사례로 들 수 있다. 개별기업 차원 기술로드맵(Individual Company Level Roadmap)은 개별기업 차원에서 이루어지는 기술로드맵으로, 모토롤라의 경우가 대표적이다. 이는 자사의 경쟁 위치 제고를 위한 제품 생산 목적의 기술기획 수단으로 기술로드맵을 활용했는데 이후 많은 기업들이 사용하고

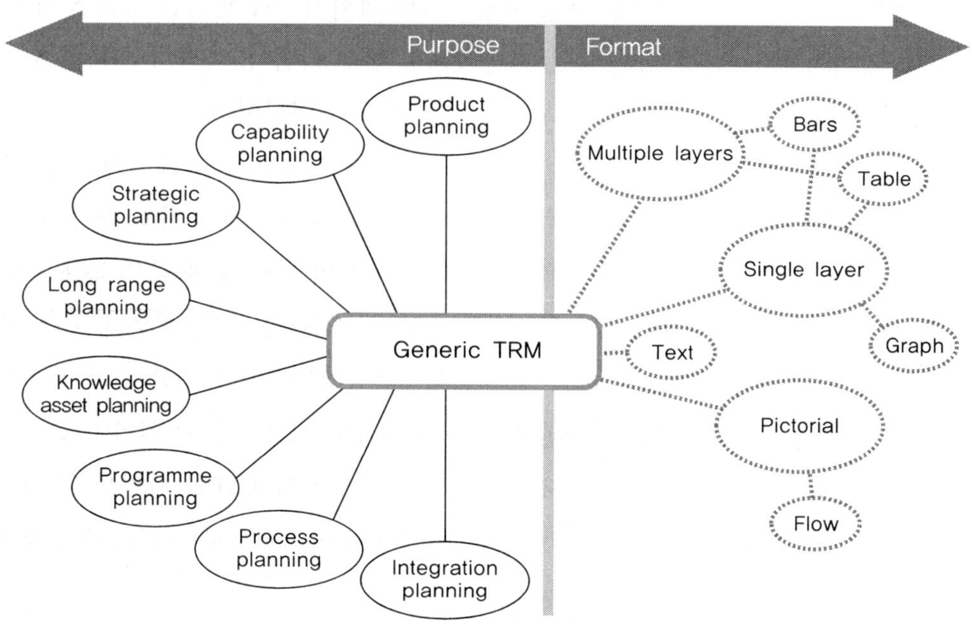

〈그림 8-10〉 기술로드맵의 표현 형태

있다. 개별기업 차원의 기술로드맵이 해당 산업을 포괄하고 있기는 하나, 산업 차원의 기술로드맵은 특정산업의 협력적인 기술로드맵이란 점에서 차이가 있다. 실질적으로, 개별기업 차원의 기술로드맵은 해당기업의 목표에 기본적으로 초점을 맞추고 있어, 동종산업 내의 다른 기업들이 이를 이용하는 데는 한계가 있다.

6) 우선순위 설정(priority setting)

연구개발의 우선순위 설정이란 중요기술 후보군으로부터 연구개발 투자시 전략적 자원배분을 통해 우선적으로 고려해야 하는 중요한 기술들을 결정하는 것을 의미한다. 특히, 국가 차원의 연구개발 우선순위 설정은 국가의 연구개발 과정에서 전략적 자원배분을 위한 우선순위를 결정하는 것이다. 이는 경제 · 기술적 차원에서 자원을 효율적으로 투자함으로써 국가의 전략적 목적을 효율적으로 달성하고자 하는데 있다.[14)]

국가 차원에서 연구개발 투자의 거시적 목표가 무엇이며, 그러한 목표가 단기적이냐 중장기적이냐에 따라 우선순위 설정이 달라질 수 있다. 그러나 이러한 목표가 구체적으로 설정된다 하더라도 다른 정책부문과 마찬가지로 과학기술과 관련된 모든 투자를 종합적이고 합리적으로 배분한다는 것은 현실적으로 매우 어렵다. 따라서 주어진 제약조건 내에서 부문간의 균형과 조화를 이루고 국가의 선도적 역할이 가능하도록 하는 전략적 투자배분이 필요하다. 또한 한정된 연구개발 자원의 전략적 투자 방향의 설정, 관련부처 연구개발사업과 국가과학기술 발전전략간의 연계 유도, 중복투자의 지양 및 효율적 예산집행, 부처별 고유 업무에 적합한 연구개발 투자의 유도 등과 같은 목표들을 만족시킬 수 있어야 한다. 자원배분의 실천계획 수립 차원에서는 자원배분의 논리 개발, 각 수행자별 역할 분담 설정, 그리고 기술개발투자의 기본 방향에 대한 고려가 필요하다. 따라서 정부는 어떤 분야 혹은 어떤 목적을 지닌 연구개발 활동에 얼마만큼의 가용자원을 우선적으로 할당하고, 추가적 자원의 확보 시 이 분야에 대한 지원을 얼마나 증가시켜 나갈 것인가를 결정해야 한다. 이러한 의미에서 합리적으로 우선순위 설정기준을 정하고, 이에 따른 우선순위 설정이 필요하다.

14) 과학기술정책관리연구소(1997), 과학기술 진흥을 위한 전략적 자원배분방안

우선순위 설정은 필요에 따라서는 종합조정의 의미를 포함하기도 한다. 국가연구개발 우선순위설정의 절차는 다음과 같이 진행된다. 먼저, 기존의 개별 국가연구개발의 수행과 관련된 다양한 이질적인 개념 · 전략 · 정책 등을 검토하고 절충하여 전체적으로 통합된 원칙하에 지침을 설정한다. 그리고 모든 국가연구개발사업 과제를 종합 · 분석하여 관련 지침에 따라 분류 · 정리하고 중복 내지 누락 여부에 대해서는 수정과 보완을 한다. 그 다음 가용자원을 배분할 때 우선적으로 지원받을 과제, 분야 또는 특정 목적의 연구개발 활동의 순서를 결정하게 된다.

우선순위 설정을 위한 접근 방법은 우선순위 설정에 관한 이론 모델 및 우선순위 설정 기준 등에 따라 여러 가지 측면에서 설명될 수 있다. 여기서는 "기술주도 및 수요견인이론" 뿐만 아니라 우선순위의 선정 기준 혹은 우선순위 설정을 위한 시스템모델 등을 기준으로 대표적인 몇 가지를 살펴보고자 한다.

(1) 우선순위 설정 모델

① 기술주도 및 수요견인모델

기술주도 및 수요견인모델은 국가연구개발의 우선순위설정과 관련된 대표적인 이론으로, 전반적으로 기술주도(technology push)모델에서부터 경제사회적 수요견인(demand pull)모델로 발전해 왔다. 기술주도모델에서는 경우 우선순위 설정은 과학지식의 내적 발전논리에 따르거나 이를 존중하는 방향으로 이루어져야 한다고 주장한다. 1960년대 이전 미국, 독일, 영국, 프랑스 등 과학 선진국들은 모두 이 모델에 기초하여 과학연구의 우선순위를 설정해 왔다. 기술주도모델에서는 어떤 특수한 과학연구가 얼마나 큰 가치를 지닌 것인가는 과학연구에 관심을 기울이고 이해관계를 갖고 있는 모든 사람들의 분권적 의사결정을 통해서 이루어지는 것으로 본다. 그리고 과학연구의 우선순위는 과학자사회의 판단에 따라 상향식으로 결정될 수 있는 것으로 간주한다. 따라서 기술주도모델에서는 어떤 선험적인 기준에 따라 하향식으로 결정될 수 있는 것도 아니고 그러한 성질의 문제도 아니라고 본다.

한편, 수요견인모델은 기상천외한 과학연구가 우연히 기술에 응용되어 성공을 거두는 경우란 극히 예외적이며 특정한 과학연구의 파급효과와 기술적, 경제적, 사회적 목적과의 적합성 등을 자원배분의 우선순위 설정기준으로 정해야 하는 것으로 본다. 그러나 과학기술연구가 궁극적으로 경제적 중요성과 가치에 따라 우선순위가 주어져야 한다고 하더라도 과연 어떠한 가치가 사회적으로 중요시되어야 하며, 그러한 가치가 존재한다고 하더라도 그것을 누가 정의할 것이며, 특정 과학연구가 과연 그러한 가치의 실현에 기여할 수 있는지를 판단할 수 있는지 여부 등에 대한 의문을 피할 수 없다는 점에서 수요견인모델은 중대한 약점을 가지고 있다.

이러한 논의는 과학기술연구에서 우선순위 설정이 과학자공동체의 전문적 판단에 전적으로 의존하던 단계에서 벗어나 정치적 과정을 거쳐 우선순위의 설정이 이루어지는 단계로 나아가게 되었음을 의미한다. 다만, 수요견인모델의 등장과 더불어 나타난 중요한 변화는 과학기술연구의 경제사회적 가치와 중요성이 강조되면서 과학연구와 기술개발이 긴밀한 상호연관성하에서 검토되기 시작했다는 점이다. 이는 전략적으로 중요한 연구개발 분야를 구체적으로 선정하여 우선적으로 지원을 할 것인가, 아니면 정부는 기술혁신에 유익한 환경을 조성하는데 역점을 두고, 연구개발과제를 선정하는 책임과 위험을 민간에 일임할 것인지가 여전히 문제로 나타나고 있다.

과학기술 우선순위 설정의 두 극단적인 모델은 어디까지나 이론적인 관점에서 논의되고 있는 반면, 실질적으로는 '기술주도모델'과 '수요견인모델'이 상호조화를 이루는 방향으로 활용되고 있다.

② 우선순위 설정 시스템 모델

과학기술 분야에서의 우선순위 설정은 많은 관계자들이 참여하는 복잡한 정치적 과정을 거치게 되며, 이는 과학기술주도 또는 수요견인 측면에서의 일방적 선택이 아닌, 적절한 연계 과정을 거쳐 이루어져야 한다.[15)]

우선순위 설정은 궁극적으로 자원배분과 연계되며, 광의로 해석할 경우 국가적 목표 설정 및 과학기술역량 조사 등을 통한 전략분야 선정, 예산 배분, 프로젝트 선정 등 폭넓은 과정으로 볼 수 있다.[16)] 따라서 우선순위 설정을 위한 시스템 모델은 의사결정주체, 보상(incentives) 및 설정 단계(level) 등을 기준으로 사용자 기반(user-based) 모델, 내부자 결정(institutional) 모델, 정치적(political) 모델로 구분할 수 있다. 각각의 모델별 특징

15) OECD(1991), Choosing Priorities in Science and Technology, Paris
16) Albert H. Teich(2005), Priority Areas for National R&D Investment in the US: 2005-2010.

을 정리하면 〈표 8-8〉과 같다(자세한 내용은 제8장 1절을 참고 바람).

(2) 우선순위 설정 기준에 따른 분류[17]

① 주제별 우선순위

과학기술의 우선순위라고 하면 일반적으로는 주제별 우선순위(thematic priority)를 가리킨다. 이것은 보통 예산을 포함하여 정부지원을 우선적으로 받게 되는 과학기술분야, 프로젝트 또는 특정한 기술을 구분하는 것을 의미한다. 주제별 우선순위에서는 연구개발주체간의 상호연계를 고려하고 과학기술의 내적 논리와 발전방향에 초점을 두는 특성이 있다.

국가별로 관심 분야가 다르기 때문에 주제별 우선순위 설정 방식은 상황에 따라 달라지며, 국가마다 차이를 보이게 된다. 주제별 방식에서는 분야별 이해관계, 산업과 과학기술간의 연계, 주제와 기능의 관계, 국제적 프레임워크의 변화 등을 고려하게 된다. 또한 과학기술의 진보와 사회적 니즈의 결합, 상향적(bottom-up) 요소가 포함된 수요견인의 강화, 그리고 시스템적 접근 방식의 선호에 따라 주제별 우선순위 설정 방식에서의 변화가 요구된다.

더불어 다양한 참여자, 복합적 목적의 프로그램, 공공 · 민간의 협력에 따른 새로운 형태의 프로그램 등이 대두됨에 따라 주제별 중심의 우선순위 설정 방식은 더욱 복잡한 과정을 요구하고 있다.

〈표 8-8〉 우선순위 설정 시스템 모델별 특징

	사용자 기반 모델	내부자 결정 모델	정치적 모델
의사결정 주체	사용자(기업, 시민 등)	과학자	조직화된 관점
의사결정 단계	분산화(decentralized)	분산화	집중화 또는 분산화
보 상	사용자 요구 충족	연구개발 투자	그룹이익 기여

출처: 이장재 · 박병원 등(2006), 기술기획의 이론과 전략에 관한 연구

17) OECD(1991), Choosing Priorities in Science and Technology, Paris

② 구조적 우선순위

구조적 우선순위(structural priority)란 무엇을 개발할 것인가와 관련된 특정한 연구개발 분야의 선별에 초점을 두는 것이 아니라, 과학기술혁신을 더 잘 조성하고 성과를 사회 전반에 체계적으로 확산시킬 수 있는 구조와 체제의 형성 등에 초점을 두는 것을 의미한다. R&D 구조와 체계, 인력의 훈련과 교체, 중소기업의 기술개발, 기업과 대학, 또는 기업과 정부 산하 연구기관들간의 협동연구 증진 등과 같은 구조적 문제를 다루게 된다. 구조적 우선순위에서는 과학기술 관련 주제들의 상호작용 관계를 중시하며, 경제사회적 수요 및 정치적 요구 등을 고려하게 된다.

③ 미션 지향적 우선순위

미션 지향적 접근 방식은, 일반적으로 상의 하달식의 집권화된 행정 통제방식으로 원자력, 항공우주, 국방 분야와 같이 자원의 집중을 필요로 하는 대규모 프로그램에 활용된다. 이는 주로 기술목표 달성을 통한 비교우위 확보에 초점이 맞춰져 있으며, 상업화에 초점을 맞춘 연구개발 프로그램 및 과제 등과의 연계를 고려하게 된다.

④ 배분논리에 근거한 우선순위

배분논리에 근거한 우선순위 설정 방식은 경제논리와 기술논리로 구분이 가능하다. 경제논리에 따른 우선순위는 기술개발투자의 경제적인 가치를 산정하고 이를 투자비용과 비교하여 우선순위를 결정하는 방식을 의미한다. 기술개발 수요를 파악하고 이를 충족시키는 수요 지향적 배분방식으로 투자대상 분야도 수요에 따른 산업별 구분에 따라 나누어질 수 있다. 기술논리에 따른 우선순위는 기술 목표를 달성하기 위해 필요한 우선순위를 설정하는 방식을 의미한다. 기술개발의 목표와 비용에 따라 투자규모를 결정하게 되며, 투자대상은 기술적 관점에서 구분된다.

경제논리 또는 기술논리 관점에서 우선순위를 설정하는 경우 한쪽의 논리만을 채택하기보다는 양자를 상호보완적으로 활용하는 것이 바람직하며, 각 의사결정 단계에 따라 두 가지 논리의 조합비율을 달리할 수 있다.

CHAPTER 9

정책집행

제9장에서는 정책집행 과정에서 필요한 접근방법을 살펴보고 정책집행과 순응 그리고 정책집행연구의 한계를 다룬다. 첫째, 결정된 정책이 기계론적으로 집행되는 과정을 다루는 하향식 접근방법을 논의한다. 둘째, 정책의 집행과정에서 집행주체의 역할을 강조하는 상향식 접근방법을 살펴본다. 셋째, 양 접근방법을 통합하는 통합적 접근방법에 대해 논의한다. 넷째, 정책집행 과정에서 중요한 사안의 하나인 순응에 대해 고찰한다. 마지막으로 정책집행연구에서 나타나는 한계를 검토한다.

정책집행이란 결정된 정책내용을 실현하는 과정이다. 정책내용은 크게 정책목표와 정책수단으로 구성되는데, 정책집행이란 정책수단을 실현하여 소기의 정책목표를 달성하고자 하는 과정을 말한다(정정길 외, 2003: 565). 현대적 정책집행론을 출범시킨 프레스먼과 윌다브스키(Pressman & Wildavsky)는 "집행이란 실행하는 것, 달성하는 것, 생산하는 것"으로 정의하고 있으며, 반 메터와 반 혼(Van Meter & Van Horn)은 "집행이란 정책결정에 의하여 미리 설정된 목표를 달성하기 위하여 정부 및 민간부문의 개인 또는 집단이 수행하는 활동"이라고 정의하고 있다.

정책집행에 대한 연구목적은 크게 세 가지로 요약할 수 있다. 첫째는 정책이론의 발전에 공헌하는 것이고, 둘째는 정책집행을 개선하는데 기여하는 것이며, 셋째는 정책을 설계하고 형성하는 과정에서 정책집행의 분석을 통하여 얻은 정보를 활용하는 것이다(노화준, 2003: 416).

전통적으로 정책집행에 대한 관점은 하향식의 기계론적 관점이었다. 하향식 접근방법은 정책과정을 일련의 명령의 체인(chain of command)으로 본다. 정책결정자는 정책의 선호를 명확하게 결집하고, 이러한 정책내용이 행정기구를 통해서 하부로 내려감에 따라 점차 구체화되고 수행된다고 가정한다(노화준, 2003: 418). 이에 대한 반론으로 제기된 접근방식이 상향식 접근방법이다.

과학기술정책은 결정되는 단계에서는 상위목표만이 설정되는 경우가 대부분이다(제1장 3절 참고). 이러한 경우 정책내용의 구체화는 집행과정에서 이루어진다. 예를 들면, 신성장동력 육성정책의 경우, 3개 분야 17개 신성장동력 과제가 제시되었으나 구체적으로 어떠한 세부 기술개발과제를 선택할 것인가와 누가 이를 수행할 것인가 등은 집행과정에서 이루어지게 된다. 본 장에서는 하향식 관점과 상향식 관점의 특성을 살펴보고 과학기술정책에서의 정책집행에 대한 논의를 전개한다.

9.1 하향식 접근방법

버크랜드(Birkland, 2005)는 하향식 접근방법(Top-down Approach)의 주요가정을 다음과 같이 요약하고 있다(남궁근, 2008: 481). 첫째, 정책은 성과를 측정할 수 있는 명확히 정의된 목표를 가지고 있으므로, 하향식 접근전략은 정책목표를 명확하고 일관되게 정의할 수 있는 능력에 크게 의존한다. 둘째, 정책은 목표의 실현을 위한 명확하게 정의된 정책수단을 가지고 있다. 셋째, 정책은 단독법령 또는 다른 권위 있는 정책의 진술로 표현된다. 넷째, 최상부에서 정책 메시지가 시작되고 그 안에서 집행이 이루어지는 집행연계조직(implementation chain)이 존재한다.

따라서 하향식 접근방법에서는 정책결정에서부터 출발하여 정책결정에 일치하는 집행조직과 대상집단의 행태, 시간이 경과하면서 진행된 목표의 달성 정도, 정책산출물과 효과에 영향을 미치는 주요요인 그리고 경험에 기초하여 시간이 경과하면서 나타나는 정책의 재형성 등을 탐구한다.

반 메터와 반 혼(Van Meter & Van Horn, 1975)의 정책집행 분석틀에서는 정책과 성과 사이에 연계된 6가지 변수, 즉 정책기준과 목표, 정책자원, 조직간 의사소통과 집행활동, 집행기관의 특성(규모, 통제정도 등), 경제적, 사회적, 정치적 상황, 집행자의 성향을 설정하고 있다. 이들 변수간의 관계는 〈그림 9-1〉와 같다.

한편, 사바티어와 마즈마니언(Sabatier & Mazmanian, 1981)은 가장 광범위한 요소들을 포함하는 모델을 개발하였는데 이들은 정책집행에 영향을 주는 세 가지 주요범주 안에

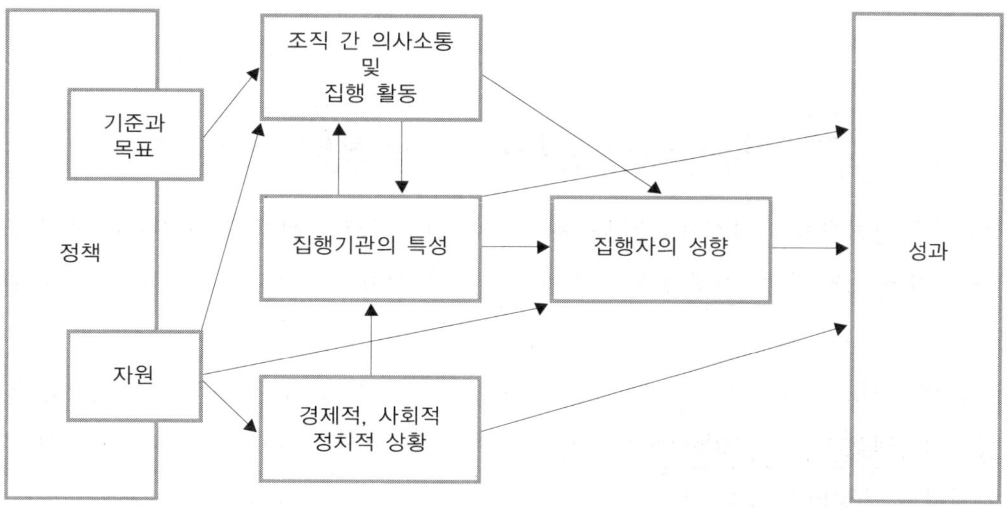

출처: Van Meter & Horn, 1975. p.463

〈그림 9-1〉 Van Meter와 Van Horn의 정책집행 과정모형

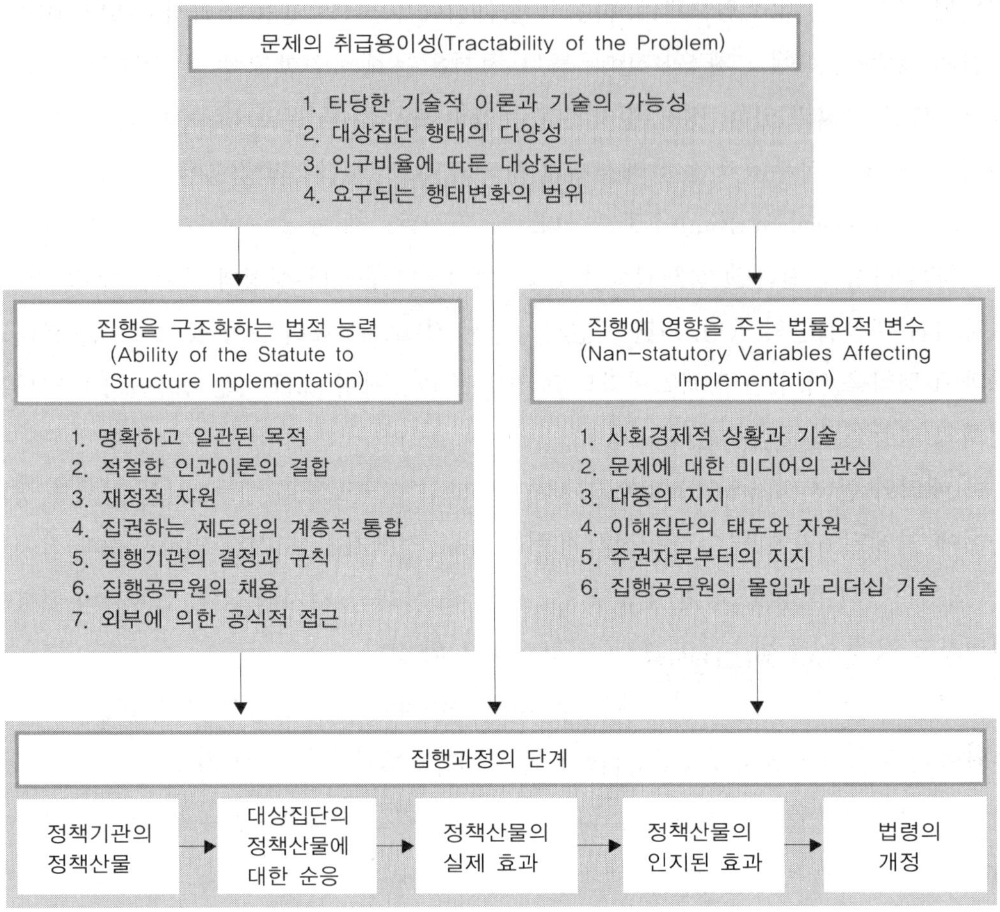

출처: Sabatier와 Mazmanian(1981), p.7.

〈그림 9-2〉 정책집행과정과 영향요인: Sabatier와 Mazmanian(1981)

17개의 독립변수들을 설정하고 있다. 세 가지 주요범주로는 문제의 취급용이성, 집행을 구조화하는 법적 능력, 집행에 영향을 미치는 법률외적 변수들로 구성되어 있다(〈그림 9-2〉 참고).

이러한 모형은 다음과 같은 문제점을 내포하고 있다. 첫째, 전통적 정책집행관에서는 정책목적을 '주어진 것'으로 간주한다. 이와 달리 정책은 때로 정책형성시 정책목적이 명확히 규정되지 않을 경우도 있고, 어떤 경우에는 실제 정책집행 과정에서 정책목적 또는 정책이 재해석되거나 변화될 수도 있다. 경우에 따라서는 정책형성시 존재하지 않던 정책목적이 집행시에 부여되는 경우도 있다. 둘째, 정책목적을 주어진 것으로 보기 때문에, 전통적인 정책집행관에서는 정책집행은 기능적인 행동화에 국한된다. 이러한 관점을 채택하는 경우, 결정과 집행은 완전 분리되는 행위로 개념화되는 것이다.

린드블롬(Lindblom)은 "정책은 집행과정에서 재형성된다"는 주장을 펼침으로써 이러한 형성과 집행의 기계적인 분리를 부인하고 있다. 정책집행 과정에서 정책의 해석 또는 재형성의 대표적인 예는 립스키(Lipsky)의 일선관료제(street level bureaucracy)이다. 셋째, 결과적으로 전통적인 정책집행관에서는 정책집행은 정책형성의 단순한 후속단계가 된다. 이는 마치 정책이 형성되면 집행은 기계적으로 뒤따르는 것으로 보는 것이다. 그러나 아무리 잘 형성된 정책일지라도 집행과정에서 '표류'(drift)하는 경우도 있다. 1970년대 이후 정책집행이 학술적 조명을 받으면서 정책집행 과정이 정책형성 과정만큼, 심지어는 그보다 더 정치적인 과정이라는 주장이 제기되기도 하였다.

9.2 상향식 접근방법

상향식 접근방법(Bottom-up Approach or Backward Mapping)은 하향식 접근방법에 대한 비판에서 출발한 대안모형으로 다양한 학자들에 의해 다루어졌다. 상향식 접근방법을 선택한 연구들은 많은 프로그램들의 성공과 실패는 프로그램 집행과정에 직접 관여한 일선 요원들의 프로그램에 대한 헌신과 기술에 크게 의존한다는 사실을 밝혔다. 상향식 접근방식에서는 최고관리층이나 중간관리층보다는 일반 시민과 직접 접촉하게 되는 일선관료들의 역할이 매우 중요하게 다룬다. 일선관료에 대한 구체적 연구로 립스키의 연구(Michael Lipsky, 1971, 1980)를 지적할 수 있다.

립스키는 일선관료(street-level bureaucrat)를 대중들과 직접적으로 만나 정부를 대표하여 업무를 수행하는 사람으로 정의하고, 교사, 경찰, 사회복지사, 하급법원판사들을 사례로 들었다. 일선관료에게는 관료적 역할수행과 관련하여 공통적인 행태가 나타나며, 이는 특정한 심리적 요인에 의해 영향을 받는다고 밝혔다(Lipsky, 1976:197). 립스키는 일선관료의 직무환경에는 여러 가지 스트레스 조건들이 있고, 이러한 직무환경의 어려움에 적응하기 위해 일선관료는 스스로 적응기제를 개발해 나간다고 주장하였다. 립스키가 상정한 일선관료의 직무환경에서의 문제는 다음과 같이 세 가지로 요약

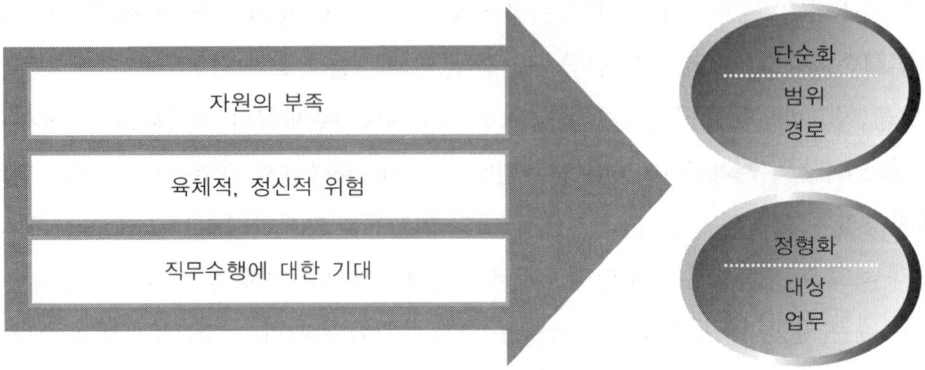

출처: 박소영 등(2006), '수시모집제도 집행분석: 립스키의 일선관료모형을 중심으로', p.405

〈그림 9-3〉 립스키의 정책집행과정 분석틀

된다.[1] 첫째, '불충분한 자원'이다. 일선관료들은 제한된 시간과 정보하에서 의사결정을 요구 받을 뿐만 아니라, 의사결정 대상인 개인들은 복잡성을 띠기 때문에, 고도의 불확실성 하에서 일하게 된다(Lipsky, 1976: 198-199). 둘째, '권위에 대한 위협과 도전'이다. 일선관료들은 육체적·정신적 위협을 받을 수 있는 상황에서 과업을 수행한다. 언제 어디서 사고가 발생할지 모르는 환경에서 근무하고 있는 경찰이 대표적인 예이다. 교사 또한 이러한 상황에 처해 있어 교사의 직무환경에는 혼돈이 가득하며 정신적인 위협이 끊이지 않는다(Lipsky, 1976: 199). 셋째, '직무에 대한 모호하고 대립되는 기대'이다. 일선관료의 집행성과에 대한 기대 중 일부분은 모호하거나 비현실적이기도 하고, 때로는 상호갈등을 일으키기 때문에 달성이 불가능한 것들이 많다. 일선관료의 어려움은 모든 시민들을 공평하게 대해야 한다는 이상적 규범과 집행현장에서 직면하는 개인의 특수성을 고려해야 한다는 현실적 요구간의 괴리 때문에 발생한다.

이와 같은 불확실한 환경에서 의사결정을 하기 위한 적응기제로서 일선관료들은 '단순화'와 '정형화'의 방법을 사용한다(Lipsky, 1976:201). 이를 통해 일선관료는 빠른 의사결정을 효과적으로 내리고, 직무수행의 어려움을 줄일 수 있다는 것이다. 여기에서 단순화란 복잡한 직무환경을 일선관료가 다룰 수 있는 환경으로 구조화시키는 행위이고, 정형화란 업무가 수행되는 방식을 규칙적이고 습관적인 행위로 바꾸는 것을 가리킨다. 과

1) 박소영 등(2006), pp.404-405

학기술정책의 경우 공급형 수단인 연구개발, 교육, 정보 등과 같은 정책수단이 집행될 때 이러한 현상이 주도적으로 나타나게 된다(제1장 3절 참고).

상향식 접근방법도 나무는 보되 숲을 보지 못하는 문제점이 지적되고 있다(Sabatier, 1986: 33-34; 정정길 외, 2003: 683-384; 남궁근, 2008: 494-495). 첫째, 일선집행관료의 영향을 지나치게 강조하고 집행의 거시적 틀의 중요성을 경시한다. 둘째, 집행실적의 객관적 평가시 공식적 정책목표의 달성도를 파악하기 어렵다. 셋째, 일선집행요원들이 쉽게 느낄 수 없는 사회적 · 경제적 · 법적 요인들이 무시되기 쉽다. 넷째, 선기직 공무원에 의한 정책결정과 책임이라는 고전적 대의민주주의 원칙에 위반된다. 다섯째, 일관된 분석틀을 구성하기 어렵다는 것이다.

〈표 9-1〉 하향적 접근방법과 상향적 접근방법의 특성 비교

	하향적 접근방법	상향적 접근방법
연구전략	• 정치적 결정 → 행정적 집행	• 개별 관료 → 행정네트워크
분석목표	• 예측/정책건의	• 기술/설명
정책과정의 모형	• 단계주의자 모형	• 융합주의자 모형
집행과정의 특징	• 계층적 지도	• 분권화된 문제 해결
민주주의의 모형	• 엘리트 민주주의	• 참여 민주주의
평가기준	• 공식목표 달성에 초점 • 정치적 기준/선택적 기준으로 의도하지 않은 결과도 고찰	• 분명하지 않음/평가자가 선택한 정책이슈와 정책문제 • 공식목표는 중요하지 않음
전반적 초점	• 정책결정자가 의도한 정책목표를 달성하기 위해 집행체계를 어떻게 운영하는지에 초점	• 집행네트워크 행위자의 전략적 상호작용

출처 : Pülzi & Treib(2007), Implementing Public Policy, p.94 Table 7-1.; Sabatier(1986), Top-down and Bottom-up Approaches to Implementation Research, pp.32-37; 유훈(2007), 정책집행론, pp.143-144. 남궁근(2008), p.495

9.3 통합적 접근방법

하향식 접근방법과 상향식 접근방법 양자가 갖는 개념적 취약점과 약점을 보완하기 위한 노력으로 나타난 방법이 통합적 접근방법이다. 본 절에서는 통합적 접근방법의 대표적 모형의 하나인 창도연합모형(Advocacy Coalition Framework: ACF)을 살펴본다. ACF 모형은 대표적인 하향식 집행모형을 제안하였던 사바티어(Sabatier)가 젠킨스-스미스(Jenkins-Smith)와 공동으로 개발한 것이다(Sabatier & Jenkins-Smith, 1993).

ACF 모형은 다양한 수준의 정부부처, 이익집단, 연구기관 그리고 일반대중을 포함하는 복합적 행위자(multiple actors) 사이에 목표의 불일치와 기술적 논쟁이 있는 경우 신념과 정책변동을 이해하고 설명하는데 가장 적합한 모형이다(Weible and Sabatier, 2007: 123). ACF 모형은 정책과정을 단계에 따른 단일 방향적인(unidirectional) 전개가 아니라 정책형성, 집행 그리고 재형성에 대한 투쟁이 반복적으로(iterative) 이루어지는 과정으로 보고 있다(Sabatier, 1988: 130). 동 모형은 정책행위자를 신념체계별로 묶고, 이들이 어떻게 연합을 구성하여 자신의 신념을 정책화시켜 가는지를 분석한다. 분석단위 면에서는 개별 행위자를 분석하는 것이 아니라, 정책이 유지 혹은 변화되는 영역인 정책하위체제 및 체제 내의 옹호연합을 분석단위로 한다(〈그림 9-4〉 참고). 이들 옹호연합들은 자신들의 신념체계가 정부정책으로 전환될 수 있도록 상호경쟁하게 된다.

ACF 모형의 구조는 외적 조건, 연합 기회구조, 옹호연합의 형성과 계층적 신념체계, 옹호연합의 활동과 정책중개자, 정책학습과 정책산출로 구성된다. 첫째, 외적 조건으로 ACF 모형에는 옹호연합의 형성과 활동에 제약을 가하거나 기회를 제공하는 두 가지 외적 변수가 존재한다. 하나는 상대적으로 안정적인 변수들(relatively stable parameters)로 대략 10년 이상의 기간 동안 안정적인데, 이러한 변수들에는 문제의 기본적 속성, 기본적 자연자원의 분포, 근본적 사회구조 및 사회 · 문화적 가치, 그리고 기본적 법적 구조 등이 포함된다. 다른 하나인 역동적 외부 사건들(external events)은 정책하위체제에 직접적인 영향을 주는데, 사회경제적 조건의 변화, 여론의 변화, 지배집단의 변화 그리고 다른 하위체제로부터의 정책결정 등이 포함된다.

둘째, 연합기회구조(coalition opportunity structures)로 기회구조란 하위체제 내 행위자의 자원과 제약조건(constraints)에 영향을 미치는 정체(polity)의 지속적인 특징을 가리킨다.

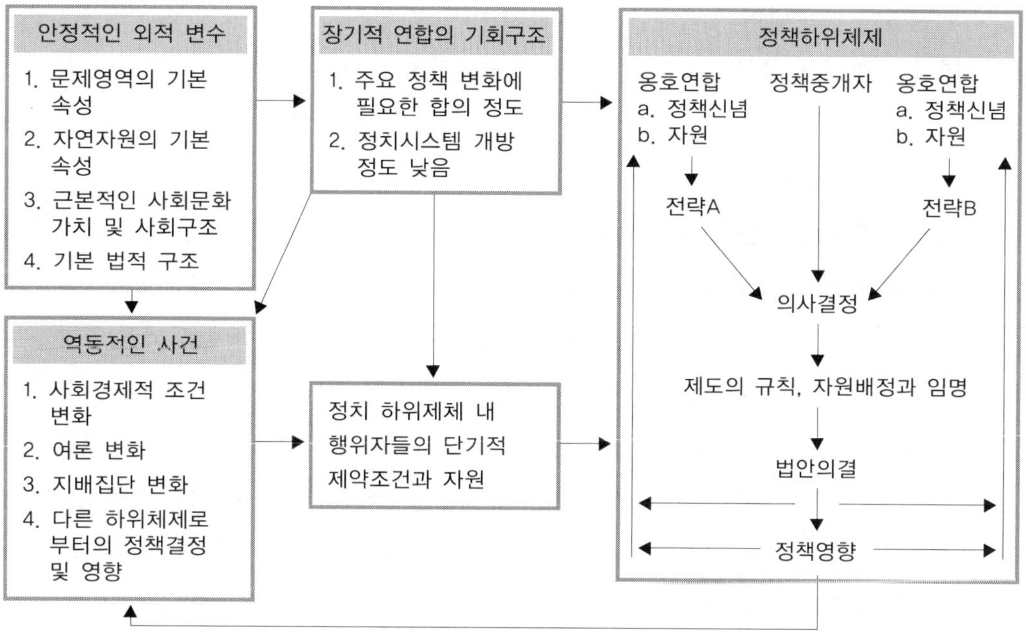

출처: Sabatier & Weible(2007), p.202.

〈그림 9-4〉 창도연합모형: ACF

연합기회구조와 관련하여 옹호연합의 행태와 자원에 영향을 미치는 두 가지 요인이 제시되고 있는데, 주요 정책 변화를 위한 합의 정도와 정치시스템의 개방 정도가 그것이다. 요구되는 합의 정도(degree of consensus)가 높으면 높을수록 더 보상적(incentive)이어야 한다. 이를 통해 반대자와 타협할 수 있고 정보 공유도 가능하기 때문이다. 정치시스템의 개방 정도(openness of political system)는 두 가지 변수, 즉 어떠한 주요정책 제의시 필요한 의사결정 수단(venue)의 숫자와 각 수단에 대한 접근성(accessibility)을 가리킨다.

셋째, 옹호연합의 형성과 계층적 신념체계이다. 정책참여자의 성공 여부는 그들의 정책핵심신념(policy core beliefs)을 실질적 정책으로 전환하는 능력에 달려 있다. 성공의 기회를 높이기 위해 정책참여자들은 그들이 가지고 있는 신념과 유사한 정책핵심신념을 가지고 있는 동맹을 찾아 이들과 행동을 조정한다. 이들 신념체계는 세 가지 계층적 수준의 형태로 구별된다. 먼저 규범적 기저핵심신념(normative deep core beliefs)은 옹호연합을 형성하게 되는 가장 근본적인 시각으로 신념체계 중 가장 최상위의 수준이며, 가장 넓은 범위를 가지고 있다. 다음으로 정책핵심신념은 특정 하위체제에서 실제 운용되는 정책과 밀접히 연관되어 정책의 특정 목표가 어떤 것인지 혹은 목표달성의 필수조건들이 어떠한 것인지에 관한 인과적 인식을 말한다(장지호, 2004: 173). 그리고 도구적 측면(instrumental aspects)은 주로 정책핵심 신념을 집행하는 데 필요한 행정상 또는 입법상의 정책수단과 관련된다.

넷째, 옹호연합의 활동과 정책중개자(policy brokers)이다. 옹호연합들은 그들의 믿음체계가 정부의 정책과 프로그램으로 관철되도록 자신들이 동원할 수 있는 자원을 최대한 이용하여 다양한 전략을 구사하게 된다. 자원(resources)이 있기 때문에 정책에 영향을 미치기 위한 전략을 개발하는 것이 가능하게 된다. 이러한 자원에는 '결정을 위한 공식적인 법적 권위', '일반 여론', '정보', '동원할 수 있는 인적자원', '재정 자원', '기술적인 리더십' 등이 있다(Weible and Sabatier, 2007: 129). 서로 경쟁적인 정책하위체제에서 옹호연합 사이의 정책불일치(policy disagreements)는 흔히 심각한 정치적 갈등으로 가속화된다. 이는 양 옹호연합이 상충하는, 때로는 도저히 양립할 수 없는 목표와 전략을 추구하고 있기 때문인데, 이러한 갈등은 정책중개자에 의해 조정(mediate)된다.

다섯째, 정책학습과 정책산출이다. 옹호연합 구성원들의 행동은 공유된 신념을 정책으로 전환시키도록 설계되어 있다. 정책지향적 학습(policy-oriented learning)의 중요성이 부각되는 것도 이러한 맥락에서이다. 옹호연합들 사이에는 물론 옹호연합 내의 행위자들 사이에도 동일한 내용을 상이하게 해석할 수 있다. 그리고 옹호연합들은 정책지향 학습을 통하여 자신들의 정책방향이나 전략을 수정하기도 하는데, 여기서 정책지향적 학습은 옹호연합들이 자신의 신념체계를 강화하거나 수정하는 과정을 나타낸다. 이러한 신념체계의 수정은 주로 도구적 측면에 집중되며, 학습을 통하여 기저핵심신념을 변화시키기는 어렵다. 그리고 정책변동의 방법에서 ACF 모형에서는 정책지향적학습과 외부충격, 그리고 내부충격과 협상에 의한 합의가 포함되고 있다(Sabatier & Weible. 2006: 22-28; Weible & Sabatier, 2007: 130). 내부충격은 정책하위체제 내부의 정치적 자원의 재분배를 가져 오고, 소수옹호연합의 결속력을 강화시키게 된다. 협상에 의한 합의에서는 '교착상태(a hurting stalemate)'에서의 협상이 강조된다.

창도연합모형과 같은 통합모형은 일부 과학기술정책의 집행과정에서도 적용성이 가능하다. 이러한 정책사례로는 지역전략산업 육성정책 사례, 정부출연연구기관의 거버넌스 개편정책 사례, 벤처기업 육성정책 사례 등을 지적할 수 있다.

9.4 정책집행과 순응

정책집행에서 핵심적인 사안은 정책집행자와 정책대상집단의 순응 또는 불응에 관한 것이다. 순응(compliance)이란 정책집행자나 정책대상집단이 결정된 정책의 내용을 어느 정도 준수하느냐 하는 것이다(남궁근, 2007: 515-518).

불응이 발생하는 원인으로는 정책의 내용이 정책집행의 참여자에게 명료하게 전달되지 못한 경우를 지적할 수 있다. 정책결정사와 성책십행자간의 의사전달의 불명확성은 의사전달 과정 자체에 있을 수도 있고(발신자의 왜곡전달, 수신자의 그릇된 이해, 전달체계의 교란이나 오류), 정책형성 단계에서 의도적으로 추상화, 모호하게 정해진 경우도 있다.

순응에 필요한 자원의 부족으로 인해 불응이 발생할 수도 있다. 순응을 위한 재정적, 시간적, 물질적 역량, 인력 부담이 과다한 경우 불응하는 경우가 쉽게 발생할 수 있다.

정책에 대한 의심 또한 불응의 원인이 된다. 정책에 대한 의심은 다양한 원인에 의해 발생할 수 있다. 스톡스(Stokes, 1963)는 정책쟁점을 크게 두 가지로 분류한다. 하나는 목표에 대해 입장의 차이가 존재하는 위치쟁점(position issue)이고, 다른 하나는 목표에는 동의하나 수단에 대해서는 불일치하는 합의쟁점(valence issue)이다. 원자력과 관련된 이슈는 전자에 해당하고, 클러스터의 구축 등은 후자에 해당할 가능성이 높다.

정책대상집단이 정책의 목표와 달성수단에 동의하는 경우에도 정책에 순응하는 경우 지불해야 하는 희생 또는 부담이 큰 경우 불응하게 된다. 권위에 대한 불신에 기인하는 불응도 존재한다. 정부정책으로 인해 소외되었다거나 불이익을 받은 경험이 있는 경우, 정부의 정책과는 무관하게 정부의 권위에 대한 불신 때문에 정책자체에도 불응할 수도 있다.

9.5 정책집행연구의 한계

현재까지 전개된 정책집행에 대한 연구들은 다음과 같은 한계를 지니고 있다(Lester, Bowman, Goggin & O'Tool, 1987: 208-210).[2] 첫째, 수십 년간 집행에 대한 심도 있고 폭넓은 연구가 진행됨으로써 이론의 다원화가 이루어졌으나, 반면 이로 인해 집행의 개념이 명확하고 구체화되지 못했다는 점이다. 둘째, 역동적이고 복잡한 집행현상으로 인하여 집행에 대한 측정이 아직까지 적절하게 개발되지 못한 상태이다. 특히, 시간에 대한 제약을 가장 많이 받으며 사례연구에만 치중되어 있어 일반화의 어려움이 존재한다. 셋째, 단일 정책유형에 초점을 둔 연구의 진행으로 정책유형에 따른 다양한 정책과정을 제시하기가 어렵다. 분배정책집행과 규제정책집행의 과정은 매우 다르다. 심지어 가장 세련된 연구에서조차도 집행행태의 일반화된 모습만을 나타내고 있다. 그밖에도 다양한 집행에 대한 연구들이 축적되어 이루어지지 않고 단절적으로 이루어지는 것도 집행연구의 발전을 저해하는 한계로 지적된다.

2) 조성한·서진완(2008), 규제개혁 집행의 개선방안 연구, 한국경제연구원, p.25.

CHAPTER 10

정책평가와 정책변동

제10장에서는 정책평가와 정책변동에 대해 살펴본다. 첫째, 정책평가에 대한 개념과 구분, 그리고 평가의 유형을 다룬다. 둘째, 정책평가가 어떻게 활용되고 있는가를 논의한다. 셋째, 정책학습과 정책변동의 개념과 유형을 검토한다.

10.1 정책평가와 평가유형

정책평가는 정책 또는 사업의 가치를 판단하는 행위이다. 그러나 정책평가에 대해서는 학자들 사이에 다소간의 이견이 존재한다. 정책평가 개념을 발생적 측면에서 보았을 때, 정책평가는 사후적인 사정작업이다. 즉 정책과정에 대한 단계론적 관점에서 정책과정의 단계를 의제형성, 정책형성 및 결정, 정책집행, 정책평가로 나누었을 때, 집행 중인 정책 또는 집행된 정책에 대한 검토작업인 것이다. 그러나 학술적인 관점에서는 물론 현실에서 집행된 정책에 대한 평가가 지닌 한계성이 부각되면서, 정책평가는 정책이 결정되기 이전 단계에서의 사정작업도 정책평가에 포함시키는 경향이 있다.

정책평가의 목적은 순기능적인 것과 역기능적인 것이 있다. 순기능적인 목적으로는 책임성의 확보, 정책이나 사업의 개선, 그리고 기초지식의 향상이 주로 제시된다(Vedung, 1995). 역기능적인 목적은 비둥(Vedung, 1995)이 전략적 목적이라고 하는 것으로 평가의 남용이다. 먼저 평가에서 제기되는 책임성은 법적, 재무적, 서비스 전달 및 범위, 영향, 능률성 등에서 다양할 수 있다. 책임성의 논의에서 논란이 되는 부분은 누구에게 책임을 지우는가 하는 점이다. 정책평가와 관련하여 보면, 국회에 대한 행정부의 책임, 대통령에 대한 각 부처의 책임 등 정치적 관점의 책임, 정책을 담당한 행정기관 내부에서 상관이 부하에 대해 갖는 조직관리적 관점의 책임, 행정기관 및 전체적으로 정부가 국민에 대해 갖는 대의적 관점의 책임, 정책이나 사업과 직접적 관련이 있는 고객관점에서의 책임 등 매우 다양하다. 책임성의 다면성을 고려할 때, 종종 책임성의 관점들 사이에 충돌이 발생할 수 있다. 둘째, 정책평가는 책임성 확보의 차원에서는 물론 해당 정책이나 사업 개선의 목적을 위해서도 매우 중요한 기능을 수행한다. 셋째, 정책평가는 학술적인 방법론의 개발, 평가와 관련한 기초지식의 향상을 위해서도 행해진다. 끝으로 정책평가는 종종 남용되기도 한다. 비둥(Vedung, 1995)은 정책평가가 전략적 목적으로 남용되는 사례로 가식(평가를 합리성을 과시하기 위한 제스처로 사용), 지연, 눈속임(취약한 사업의 정당화를 위해 좋은 것은 내보이고 나쁜 것은 감추는 행위), 책임회피 등을 제시할 수 있다.

정책평가의 유형은 매우 다양하게 제시되어 왔다. 평가의 유형은 평가의 시기, 평가의 단위, 평가의 주체, 평가의 초점 등에 따라 매우 다양하게 제시할 수 있다.

1) 평가의 시기에 따른 구분

평가시기의 관점에서 정책평가는 크게 사전평가와 사후평가로 구분된다[1]. 사전평가와 사후평가의 구분은 평가가 이루어지는 시점, 즉 정부의 정책적 개입과의 관계에서 평가대상의 발생시점을 기준으로 한 것이다. 단순하게 정의하자면, 사전평가란 정책이나 사업이 형성되기 전 이루어지는 평가를 말하고, 사후평가란 정책이 형성된 이후에 이루어지는 평가를 말한다. 그러나 사전평가와 사후평가를 구분하기 위해 어느 시계를 경계로 하고, 그러한 시계 속에 어떠한 내용, 즉 문헌들이 제시하는 평가방법들을 포함할 것인지는 많은 부분 자의적인 판단에 의해 영향을 받을 수 있다.

미국정책평가학회(ERS)의 6개 평가방법(ERS, 1982; 노화준, 2000: 56; Chelimsky: 266-270 in Perry, 1989)과 NSF의 교육관련사업 평가방법(Stevens·Lawrenz·Sharp, 1993)을 비교하면 〈표 10 1〉과 같다.

〈표 10−1〉에서 볼 수 있듯이, ERS의 평가방법분류 중 착수직전분석(front-end analysis)과 평가성사정(evaluability assessment) 중 정책형성 관련 쟁점에 초점을 두는 사정, 그리고 NSF의 기획평가(planning evaluation)가 시기적으로 사업이 형성되기 전에 이루어지는 사전평가에 해당한다.

착수직전분석이란 주로 새로운 프로그램의 개시를 결정하기 이전에 수행되는 평가작업으로써, 기획 및 조망적인 평가이다. 착수직전분석에서 초점을 두는 것은 정책형성관련 쟁점(policy formulation questions)을 제기하고자 하는 것이다(Chelimsky, 1989: 267). 이

〈표 10−1〉 ERS과 NSF의 평가방법 비교

ERS(1982)	NSF(1993)
• 착수직전분석 • 평가성사정 • 과정평가 • 영향(효과성)평가 • 프로그램·문제모니터링 • 메타평가	• 기획평가 • 형성평가 - 집행평가 - 과정평가 • 총괄평가

1) 평가시기에 따른 구분에 관한 내용은 최영훈(2001)을 본 장의 목적에 맞게 다소 수정 보완하여 정리한 것임.

평가방법에서는 문서, 기록 등 현존하는 자료와 어울러 이전에 평가를 실시하여 발견하였던 사실을 토대로 프로그램의 수요, 개념의 적합성, 운영적 측면의 실행가능성, 재정적 지원의 소스, 기타 필요한 여타의 지원(예컨대 조직의 증설 등)을 재확인하거나 추정한다(노화준, 2000: 57). 이러한 평가를 통하여 발견된 사실들은 프로그램의 계획을 다시 정교하게 수정 혹은 적정한 집행의 수준을 결정하거나, 또는 좀더 기본적으로 프로그램 자체를 개선할 것인지 여부를 결정하는데 유용한 지침을 제공해 준다(노화준, 2000: 57).

ERS의 표준위원회(Standards Committee)의 분류에 따르면, 평가성사정 역시 정책형성 관련 질문에 답하는 데 사용될 수 있다. 사전적 평가의 측면에서 보았을 때 평가성사정은 사업의 가정들을 사업의 명시적 목표들에 비추어 비교하고, 이들 가정들이 합리적이라고 할 수 있는지 여부에 대한 규범적인 질문을 던진다. 아울러 예견된 사업활동들이 사업의 목표들을 충족시켜 줄 수 있는지 여부를 검토함으로써 정책형성과 관련된 질문에 답하는데 초점을 맞춘다(노화준, 2000: 57; Chemlimsky, 1989: 267).

NSF의 교육연구개발사업 평가방법 분류 중 기획평가(Stevens, Lawrenz and Sharp, 1993: 4-6)는 과제의 목표, 목적, 전략 및 일정에 대한 이해도를 사정하는 것을 목적으로 한다.[2] 또한 기획평가는 과제의 추진에 앞서 성패를 측정하기 위한 토대가 될 주요 결과지표별 상황을 확인할 수 있게 해주는 기능도 할 수 있다. 이러한 점에서, 로시와 프리먼(Rossi & Freeman, 1993: 18)이 평가의 범위를 사업의 개념화 과정, 설계과정, 집행 그리고 유용성을 사정하는 사회과학적 연구과정으로 보았듯이, 기획평가는 평가대상 과제의 형성단계에서 평가자 역할의 중요성을 강조한다. 스티븐스, 로렌즈, 그리고 샤프(Stevens, Lawrenz and Sharp, 1993: 5)는 기획평가에서 다루는 대표적인 질문들을 다음과 같이 제시하고 있다.

첫째, 과제가 개발된 이유는 무엇인가? 과제가 제기하는 문제 또는 수요는 무엇인가?

둘째, 과제의 관련자(stakeholders)는 누구인가? 과제에 연관성을 갖고 있지는 않지만 관심을 보이는 사람들은 누구인가?

셋째, 관련자들이 알고 싶어하는 사항은 무엇인가? 어떤 질문이 어떤 관련자들에게 가장 중요한가? 중요성에서 부차적인 질문은 어떤 것인가? 어디서 이해관계가 서로 일

2) Stevens · Lawrenz · Sharp (1993)는 과제평가를 중심으로 설명하고 있다.

치하나? 어디서 이해관계가 상충되나?

넷째, 과제를 통해 수혜를 받게 되는 참여자는 누구인가?

다섯째, 발견된 문제나 수요에 대처할 활동이나 전략은 무엇인가? 관여(intervention)는 어떤 것인가? 참여자들이 어떻게 수혜를 받을 것인가? 기대된 결과는 어떤 것인가?

여섯째, 사업이 어디를 대상으로 하는지? (예컨대, 교육관련 사업의 경우, 교육수준, 지역 등)

일곱째, 사업의 추진기간은 어느 정도인가? 사업의 시점은 언제이고 종점은 언제인가?

여덟째, 사업에 필요한 경비는 얼마나 소요되나? 사업의 예산은 얼마나 되나? 사업을 위해 필요한 인적, 물적, 제도적 자원은 어떤 것들이 있나?

아홉째, 과제를 통해 달성하고자 하는 측정가능한 결과는 무엇인가? 장 · 단기적으로 기대된 과제의 영향은 무엇인가?

연구개발사업을 중심으로 사전평가와 사후평가를 살펴 보면 다음과 같다.[3] 평가의 목적에서, 사전평가는 대체로 새로운 사업의 형성, 선정(즉, 우선순위의 설정 등), 그리고 집행 메커니즘과 관련되어 있다. 반면, 사후평가는 주로 기존 사업의 개선, 미래의 지원수준 결정, 그리고 자원이용에 대한 책임성 확보를 위해 행해지며 나아가 평가결과가 연구개발 프로그램의 선정, 개선 또는 중지를 위한 특정 의사결정을 직접 뒷받침하기 위하여 활용될 수도 있다. 사전평가는 대체로 사업에 대한 정부 의사결정의 정당성을 보여주거나 확보하기 위해 이루어진다. 사후평가의 목적은 누가 평가를 활용하는가에 따라 상이할 수 있다. 사업비 지원기관이나 입법부가 사업에 대한 사후평가를 활용하고자 하는 경우 사업이 미리 설정된 기능을 충실하게 수행했는가에 대한 책임성을 확인하는 경향이 있다. 진행 중인 사업에 대해서는 사업관리자나 정책결정자가 사업의 효과성을 증진시키기 위해 사업을 개선 또는 보완하기 위하여 평가를 실시하는 경우가 많다. 따라서, 사전평가는 대체로 새로운 사업의 기획, 관련 사업활동(과제 포함)의 선택 및 실행방식의 구축 등을 위해 이루어지는 반면, 사후평가는 주로 기존 사업의 재조율, 미래 지원수준의 결정 및 자원 사용의 책임성 제시 등에 평가목적을 두고 있다.

평가의 초점에서 보면, 정부는 사업을 추진하는 경우 사전에 필요한 자원을 효과적으

3) 이하의 논의는 황용수 · Logsdon(1993)을 정리한 것임.

로 동원하고 배분할 책임이 있고, 사후에는 투여된 공공재원의 사용이 잘 이루어졌는가에 대해 명료하게 설명할 수 있어야 한다. 사전평가의 초점은 어떤 분야를 어떤 목적을 가지고 지원할 것인가? 각 분야에 얼마만큼의 자원을 배분할 것인가? 설정된 사업목표를 효과적으로 달성하기 위하여 어떠한 형태의 기관구조와 프로그램이 사용되어야 할 것인가? 정해진 예산한도 내에서 어떤 과제를 선정해서 지원할 것인가? 각 과제를 누구에게 수행하게 할 것인가? 등이다. 사후평가는 이러한 사업 및 과제의 수행과정과 수행결과로 나타난 결과의 효과성에 초점을 맞춘다. 즉, 사전평가는 연구개발의 계획단계에서 연구개발의 필요성, 성공가능성, 효율적 관리계획 등을 중심으로 사전에 평가하는 반면, 사후평가는 사업이 종료된 다음에 사업활동의 결과를 대상으로 연구개발사업의 효율성과 효과성을 평가하게 된다.

평가의 범위면에서는, 와인버그(Weinberg, 1989; 1963; 황용수, 1993)에 따르면, 사전평가의 기준으로써 과학적 선택의 기준을 제시하고 있고, 이는 다시 내적인 것과 외적인 것으로 나누어진다. 내적인 기준은 과학분야 그 자체 내에서 발생되는 것으로써 연구자의 연구수행 능력과 과학적 탐구의 성숙성으로 구성되고, 외적 기준은 과학분야 외에서 발생되는 것으로써 과학적 장점, 기술적 장점, 그리고 사회적 장점을 일컫는다. 와인버그의 기준은 사전적인 과학적 선택을 위해 개발된 것이지만, 사후평가에도 응용될 수 있는 기준들이다. 또한 OTA(1991)는 정부연구개발사업이나 과제에 대한 사후평가의 기준으로써 다음 7가지 기준을 제시하고 우선순위에 따라 적절한 가중치를 주면서 사용할 것을 권고하고 있다(황용수, 1993). 생산된 정보의 해당 분야에 대한 가치, 사용가능성, 결과의 독창성, 효율성과 비용, 교육과 인적자원에 대한 영향, 미래의 추가적인 연구를 수행할 하부구조와 능력에 대한 영향, 전체적인 과학적 장점 등이 그것이다.

사전평가와 사후평가는 장점과 단점을 모두 갖고 있다. 여기서는 각각의 단점을 살펴보고자 한다. 사전평가의 단점으로는 첫째, 결과예측의 불확실성, 둘째, 집행과정에서의 상황변동에 따른 사전평가의 애로, 셋째, 지명도(eminence) 대 형평성(equity) 문제발생 등이다. 사후평가의 단점은 첫째, 결과 발생시점의 모호성과 사업결과의 시계설정 문제, 둘째, 결과에 대한 통제의 곤란, 셋째, 평가결과 활용상의 문제점, 넷째, 평가결과에 대한 관계자의 저항, 특히 인사상의 불이익이나 향후 예산배정과 연동되는 경우 평가결과를 적용하기 위한 기본규칙이 전통이나 공정한 명문규칙에 의해 확립되어 있지 않은 경우 등이 지적된다(Hicks, 1981: 354).

사전평가와 사후평가 관련하여 추가적으로 다루어야 할 사항은 양자를 어떻게 연계하느냐 하는 점이다. 하나는 평가자를 동일하게 하는 방법이다. 과학기술정책분야에서 과제단위 또는 사업단위의 평가는 동일한 평가자가 사전 및 사후 평가를 모두 하게 하는 것이 한 예이다. 다른 하나는 중간평가 또는 진도평가를 통해 양자를 연계하는 방법이다.

2) 평가주체에 따른 구분

평가주체는 평가자가 내부자인지 또는 외부자인지에 따라 내부평가와 외부평가 그리고 혼합형으로 나누어진다[4]. 평가자가 내부자인지 외부자인지는 평가의 맥락에 따라 달리 설정할 수 있다. 일반적으로 내부자와 외부자의 판단기준은 피평가기관 내부인인가 아니면 외부인인가 하는 것이다. 이러한 기준에 따른 평가주체의 구분은 단일 조직이나 기관을 단위로 하는 평가에 일반적으로 적용되는 방식으로써, 주로 평가를 받는 기관 내부의 부서 또는 인력에게 평가를 의뢰하는지, 아니면 기관 외부자에게 평가를 의뢰하는지에 따른 구분인 것이다.

공공부문의 평가, 특히 사실상의 전 공공기관에 공통적으로 적용되는 정책평가에서는 다양한 가능성이 존재한다. 법률에 의해 평가권한을 부여받은 단일 부처나 기관의 경우 내부인력(산하기관, 지원기관의 인력 포함)으로 평가를 수행할 수도 있고, 평가권한을 부여받았지만 내부 인력이 없는 부처나 기관(예컨대, 위원회조직 등)은 법률에 의해 설립된 지원기관에 의뢰하여 평가를 수행할 수도 있다. 양자의 경우 모두 실질적인 평가업무 수행은 외부전문가를 위촉하여 행하고 내부인력(산하기관, 지원기관 인력 포함)은 협력 또는 지원하는 역할을 수행하도록 하는 방법을 선택할 수도 있다. 또한 법률에 의해 또는 행정적 판단(평가 용역계약을 포함)에 의해 평가의 관리와 주체를 모두 외부전문가 또는 단체(대학, 학회, 평가전문기관이나 회사 등)에 의뢰할 수도 있다. 이 경우도 외부자가 평가를 관리하고, 평가의 수행은 내부자가 행하는 방식도 가능하다.

평가주체는 〈표 10-2〉과 같이 평가관리주체(내부 대 외부) 및 평가수행주체(내부 대

---

4) 이에 대한 내용은 윤상오, 최영훈, 이기식(2009), 본 장의 목적에 맞게 수정보완한 것임.

외부) 기준에 따라 4개의 유형으로 구분할 수 있다.

이들을 살펴보면, 〈유형 1〉은 평가권한을 지닌 부처나 기관이 (부처 · 기관 내부 인력의 활용도 가능하나 현실적인 실현성이 없다는 점에서 배제) 산하기관을 활용하여 평가를 관리하면서 평가를 수행하는 방법을 가리킨다. 〈유형 2〉는 평가권한을 지닌 부처나 기관이 (부처 · 기관 내부 인력의 활용도 가능하나 현실적인 실현성이 없다는 점에서 배제) 산하기관을 활용하여 평가를 관리하되 평가의 수행에는 참여하지 않고, 외부전문가들을 평가위원으로 위촉하여 평가를 수행하는 방법이다. 〈유형 3〉은 법률이나 다른 형식에 의해 평가관리를 외부의 주체가 담당하면서, 평가는 실제 피평가기관 내부가 수행하는 방법을 가리킨다. 〈유형 4〉는 외부자 또는 단체가 평가를 관리할 뿐만 아니라 평가도 수행하는 방법이다.

〈표 10-2〉 평가관리의 주체 구분

		평가수행주체	
		내부	외부
평가관리 주체	내부	유형 1	유형 2
	외부	유형 3	유형 4

〈표 10-3〉 평가주체 선정을 위한 기준

구분	유형 1	유형 2	유형 3	유형 4
정책(맥락)이해도	●	●	●	⊙
자료수집 능력	●	●	●	○
전문성	●	●	○	●
객관성	⊙	●	○	⊙
객관성(인지)	⊙	●	○	●
독립성(피평가기관)	●	●	○	⊙
독립성(관리기관)	○	⊙	○	○
시간투여 가능성	●	⊙	○	○
평가기법 개발	●	⊙	○	○
평가결과 활용도	●	●	⊙	⊙

● 높음, ⊙ 중간, ○ 낮음

〈표 10-4〉 각 평가주체가 갖는 장 · 단점

구분	자료 가용성	전문성	객관성	보안성	지원 효율성	환류 가능성
평가전문기관 · 민간전문가	낮음	중간	중 간	중간	낮음	중간
부처 산하기관	높음	높음	높음 (부처의 영향을 배제한다면)	높음	높음	높음
관련학회	중간	높음	높음 (이해관계를 배제한다면)	중간	낮음	중간
민간평가위원회	높음	높 음	높음 (이해관계를 배제한다면)	중간	중간	높음

어떤 유형을 선택할 것인지는 다양한 요인에 의해 좌우될 수 있다. 비록 법률이나 정책에 의해 여러 요인 중 일부가 강조될 수도 있으나 제시한 4개의 유형 모두 경쟁적 가치를 지닌다는 전제하에서 선택기준들을 제시하고 이를 비교하면 다음과 같다.

평가주체에 따른 비교는 편의상 내부평가와 외부평가를 중심으로 주로 논의되어 왔으며, 혼합형은 양자의 단점을 보완하는 것으로 간주되어 왔다. 평가주체를 내부평가와 외부평가로 구분하기 위해 일반적으로 제시되어 온 기준들을 제시하면서 혼합형을 함께 비교해 보면 〈표 10-3〉과 같다. 평가주체를 내부자로 할 것인지 외부자로 할 것인지를 선택하는데 주로 사용되는 논거는 매우 다양하나 중요하다고 판단되는 기준들은 정책이해도, 자료수집능력, 전문성, 객관성, 독립성, 시간투여 가능성, 평가기법 개발 등이 있다.

이들 각 평가주체가 갖는 장점과 단점을 비교하면 〈표 10-4〉와 같다. 평가주체의 비교를 위한 기준으로는 심층자료의 가용성, 전문성, 객관성, 보안성, 평가지원의 효율성, 환류 가능성 등을 들 수 있다.

3) 평가단위에 의한 분류

평가단위에 따라, 정책평가는 정책평가, 기관평가, 사업평가, 과제평가로 구분할 수 있다. 여기서 정책평가를 기관평가보다 선행시킨 이유는 과학기술정책이 지닌 포괄성 및 타부처 정책과의 관련성에 기인한다. 과학기술정책을 제3세대 혁신정책의 관점(European Commission, 2002: 49-51)에서 보면, 국가 경제나 사회의 구성부분들도 과학기술혁신체제의 하나의 부분(part)으로 간주된다. 이와 같은 관점에서, 기존의 평가에 대한 '벽있는 개념'(stovepipe-type conception of evaluation)은 적합하지 않다(Mok, Kim and Choi, 2008).

평가의 초점은 개별 사업이나 개별 사업부처의 '부분'(partial) 성과가 아니라, 통합된 정책으로서의 과학기술의 전반적인 성과에 맞추어져야 한다(Mok, Kim and Choi, 2008). 이를 위해서는 과학기술분야에서 공통된 정책문화(common policy culture)가 형성되어야 한다. 정책문화가 개별부처 중심의 문화(individual departmental culture)로부터 부처간 연계의 문화(interdepartmental culture)로 패러다임적 변화없이는 통합적 과학기술정책의 효과를 제대로 이룰 수 없기 때문이다(Desai, 2005: 57-58).

기관평가는 어떤 기관의 주요업무 전반에 대하여 정책과정뿐만 아니라 이를 관리, 지원하는 기관역량과 대상집단의 만족도까지 확인, 검토하는 기관단위의 종합평가이다(김현구, 2002: 66). 이러한 의미의 기관평가는 평가단위가 기관이라는 점 외에, 대상업무의 포괄성, 평가내용의 다원성 등의 특성을 지닌다(김현구, 2002). 이는 정부업무 등의평가에 관한 기본법에 규정된 기관평가 개념인 '행정기관을 대상으로 업무의 추진내용 및 집행성과, 이를 추진하는 기관의 역량, 업무추진에 대한 국민만족도 등을 종합적으로 평가'하는 것과 매우 흡사하다.

사업평가(program evaluation)란 과제들의 묶음인 사업의 가치를 결정하는 것으로써, 사업을 구성하는 과제 전체에 걸친 활동이나 전략의 유용성을 당초 정책목표의 관점에서 검토하는 작업이다(Stevens · Lawrenz · Sharp, 1993). 사업평가는 과제들이 완전히 실행되고 필요한 시간이 경과하여 기대된 결과가 성취되었을 때에야 비로소 완전하게 수행될 수 있다. 따라서 사업평가는 사업착수 3~5년 이후에나 착수되는 것을 흔히 볼 수 있다. 경우에 따라서는 사업의 시작과 함께 자료수집이 동시에 진행되지만 최종적인 평가보고는 나중에 이루어질 수도 있다. 이러한 방법의 경우, 평가는 연례적으로 수집된 정보에 의거하게 된다. 사업평가자는 통상 사업담당기관에 의해 선정된 경험이 풍부한 외부평가자로 구성된다.

과제평가(project evaluation)는 사업의 틀 속에서 지원된 개별과제에 초점을 맞춘다. 과제평가에서는 과제추진 과정에서 과제를 개선하기 위한 다음과 같은 사항을 결정하게 된다(Stevens · Lawrenz · Sharp, 1993). 첫째, 해당 과제가 계획대로 추진되고 있는지? 둘째, 해당 과제가 계획된 일정에 따라 사업목표와 과제목표를 달성하고 있는지? 셋째, 해당 과제가 현재 추진되고 있는 대로 계속 지원을 받을 가치가 있는지? 아니면 수정이 필요한지? 등이다.

4) 과정평가 대 영향평가

앞서 평가시기에 따른 구분에서 부분적으로 언급된 과정평가와 영향평가에 대해 과정평가의 중요성을 강조하여 살펴보면 다음과 같다. 나츠미아즈(Nachmias, 1979: 5-6)에 따르면, 정책평가는 과정평가(process evaluation)과 영향평가(impact evaluation)로 나누어 진다. 과정평가는 정책이 당초 의도에 따라 집행되는지를 다루고, 영향평가는 정책이 의도된 방향으로 변화를 일으키는지를 다룬다(Nachmias, 1979: 6). 이상적으로 정책평가는 과정평가와 영향평가를 모두 포함하여야 한다(Nachmias, 1979). 즉 정책평가가 제대로 이루어지려면 정책이 계획대로 시행되었는지를 판단하여야 하고, 정책이 계획대로 시행되었다면 정책이 의도된 결과와 일치하는 변화를 가져왔는지를 판단하여야 한다. 만약 정책이 계획대로 시행되지 않았다면 정책영향평가를 할 수 없을 뿐 아니라 의미도 없게 된다. 이는 영향평가가 정책의 인과적 효과를 파악하는 평가활동이라는 점에서 정책과 그 효과 간에 인과관계가 형성될 수 없는 경우 영향을 평가한다는 것은 불가능하고 의미가 없기 때문이다(최영훈 외, 2007).

과정평가는 몇 가지 측면에서 정책평가에 있어서 매우 중요하다.[5] 먼저, 과정평가는 정책이 당초 계획대로 실제 집행되었는지 확인해 준다는 점이다. 과정평가에서의 가장 중요한 장점은 Type III 오류의 방지이다. Type III 오류란 제대로 집행되지 않은 정책을 평가하는 오류를 말한다. 현실에 있어서, 정책이 실제적으로 당초의 계획대로 집행되지도 않았음에도 평가대상이 되거나, 또는 성공한 것으로 결론이 내려지는 경우가 종종 있다. 가장 대표적인 예가 "포템킨 공장"(Potemkin Factory)으로 묘사된 러시아의 시베스

5) 이하의 내용은 최영훈 외(2007), '제4장 정책평가의 방법', 정책평가론의 내용을 옮긴 것임.

크 트랙터 정비공장 사례이다[6]. 포템킨 공장은 소련 정부가 "소비에트 연방의 가장 훌륭한 업적"이라고까지 자랑했으나 실제로는 공사비 등 공정상의 어떤 이유들로 공장이 완성되지 못한 채 "부서진 벽돌조각과 마른 시멘트 덩어리가 나뒹구는 폐허"에 불과하였던 허구적인 대형 공공사업의 사례이다. 더욱이 이 공장은 완공되지도 않은 "존재하지도 않은 공장"이었음에도 조업통계가 잡히기까지 하였다.

둘째, 정책의 개선 및 유지측면에서 해당 정책의 효과적인 핵심 구성요소들이 어떤 것들인지 확인하고 그 정책이 어떤 조건에서 효과적인지를 확인해 준다는 점이다. 이를 위해서는 "성공적인 결과를 보장해 주는 요인들을 확인하고, 성공에 이르지 못한 실패를 특성화 하고, 정책의 성공적인 집행을 확보하기 위한 관련절차를 문서화하려는 시도"가 매우 필요하다.

셋째, 과정평가는 정책의 모든 종류의 효과를 추적한다는 점에서 영향평가보다도 인과적 요인들에 대해 보다 폭넓고 맥락적인 정보를 제공해 줄 수 있다. 정책과 효과 사이에는 다양한 요인들이 개입되게 마련이고, 이러한 요인들은 상호 영향을 주고 받는다. 잘 설계되어 집행된다면 과정평가는 이러한 관계에 있는 요인들간의 인과적 상호작용 관계에 대한 전체적인 그림을 제공해 줄 수 있다.

10.2 정책평가의 활용

정책평가가 책무성의 확보나 정책 또는 사업의 개선을 추구한다는 점에서 정책평가의 목적은 정책효과의 개선에 있다(Weiss, 1982: 619). 이는 정책의 중요성, 즉 정책이 가져오는 중요한 변화, 정책영향 범위의 광범위성, 정책을 둘러싼 정치성(허범, 1987)을 고려할 때, 정책평가 결과의 활용은 정책의 개선을 통해 국가사회에 커다란 영향을 미칠 수 있다. 평가정보의 활용은 각각 조직이 처한 상황에 따라서 상이하게 나타나지만

6) 일반국민이나 정치인들을 속이기 위해 외양만 그럴듯하게 만든 허구에 불과한 사업(주로 공공사업)을 지칭하는데 주로 사용되는 사람의 이름이 그레고리 포템킨이다. 포템킨은 18세기 러시아제국의 조신으로서 다양한 계략을 벌렸던 것으로 알려져 있다. '포템킨 공장'이라는 용어는 TIME지(Monday, February 25, 1980, p.26)가 러시아의 시베스크 트랙터 정비공장 사례를 빗대어 표현한 것이다.

활용 정도 측면에서 채택(adoption)과 이용(use), 그리고 제도화(institutionalization)로 구분된다(Beyer & Trice, 1982: 597-598, 강근복 · 신열 · 최영훈, 2007에서 재인용). 채택(adoption)은 평가시스템 상의 정책결정자가 평가결과를 통해 무엇을 할 것인가를 결정하는 경우에 발생한다. 이용(use)은 평가시스템 상의 행위자들(members of user system)이 평가결과를 기초로 하여 행위하는 경우에 발생한다. 제도화(institutionalization)는 채택과 이용행위가 정책시스템 상에서 정례적인 일(routine)로 고착화된 경우에 발생한다. 평가의 목적에서 알 수 있듯이, 평가결과는 다양한 목적으로 활용된다. 평가결과 활용의 목적은 다음과 같이 분류할 수 있다(이윤식 외, 2002: 14-18).

첫째, 수단적 · 공학적 활용(instrumental · engineering utilization)으로 이는 평가결과 또는 평가정보를 행동의 근거로 활용하는 것이다. 둘째, 개념적 · 계몽적 활용(conceptual · enlightenment utilization)으로 평가결과가 의사결정자들이나 이해당사자들의 현행이나 미래 프로그램에 대한 인식이나 생각에 영향을 주는 경우이다. 셋째, 상징적 · 합법적 활용(symbolic · legitimate utilization)이다. 이는 의사결정자들이 정치적 목적으로 평가정보를 활용하는 경우이다. 넷째, 과정활용(process utilization)으로 평가활동에 참여한 사람들에게서 개별적으로 행위나 인식적 변화가 발생하거나 평가절차나 문화와 관련해서 프로그램상 변화나 조직상의 변화가 발생하는 경우이다.

정책평가 결과의 활용은 활용의 목적에 따라 다소 상이할 수 있으나 상당히 정치적인 영향을 지닌다. 이러한 점에서 혹자는 정책평가 자체를 정치적 성격이 강한 활동으로 간주하기도 한다. 일반적으로 외부평가보다는 내부평가가, 해당 정책에 대한 비판적 평가내용보다는 긍정적 평가내용이 활용될 수 있는 가능성이 더 많은 것으로 알려져 있다. 정책평가 결과의 활용은 매우 다양한 요소에 의해 영향을 받을 수 있다. 예컨대, 대통령의 공약, 국가안보나 국가경쟁력 관련 중요한 사안, 국제적인 위상과 관련된 사안, 상황적 변화에 따라 긴급히 또는 반드시 수행해야 할 사안 등의 경우 정책평가의 결과는 크게 반영되기 어렵다. 이외에도 평가대상 정책의 집행과정에서 이미 정책행위자들 사이에 이해관계, 권력관계 등이 형성되기 때문에, 평가결과를 통해서 이를 변경하는 것은 매우 어려워진다. 국가연구개발사업에 대한 평가결과(평가등급)와 예산요구액 및 예산확정액 사이의 관계에 대한 연구(강근복 · 신열 · 최영훈, 2007)에 따르면, 평가등급과 예산확정액 사이에 통계적으로 유의미한 결과가 없는 것으로 나타났다.

10.3 정책학습과 변동

1) 정책학습

정책학습이란 정책행위자들이 지식, 경험, 사고, 정책평가 결과 등을 통해 정책 또는 그 구성부분을 바꾸어 나가는 과정이다. 정책학습에 대한 이러한 정의는 다소 모호성을 지닌다. 그 이유는 정책학습은 다양한 원천 또는 동기에 의해 이루어질 수 있기 때문이다. 정책학습은 한편으로 정책평가 결과의 환류에 의한 것일 수도 있으나(남궁근, 2008), 정책평가와 직접 관련없는 새로이 개발 또는 이용가능해진 아이디어의 부상에 따른 것일 수도 있다. 예컨대 혁신체제, 지역혁신체제, 개방형 혁신(open innovation) 등은 정부정책에 대한 체계적인 평가의 결과라기보다는, 정부정책의 한계점에 대한 대체물을 찾는 과정에서 가용해진 아이디어의 적용이라고 볼 수 있다.

정책학습에 대한 기본적 관점도 다양하다. 정책평가의 환류로 보는 입장에서는, 정책학습은 해당 정책의 목표나 수단의 변경을 위한 좀더 직접적인 활동을 강조하는 경향이 있다. 이러한 입장에 따르면, 정책학습은 수단적 성격이 매우 강하다. 이와 달리, 정책학습은 보다 장기적으로 이루어지는 변화를 위한 활동으로 볼 필요도 있다.

정책학습은 매우 다양한 행위자들에 의해 이루어질 수 있다. 정책학습은 조직학습(organizational learning)으로 간주되기도 하나(노화준, 2007), 정책학습은 일단의 조직에 관한 것이라는 점에서 오히려 폭넓게 집단학습(collective learning)으로 보는 것이 적합하다. 정책학습을 집단학습으로 보는 이유는 정책이란 주무부처에 의해 설계, 집행되는 경우도 있지만, 대부분의 경우 해당 정책과 관련된 복수의 조직들에 의해 설계되고 집행되는 경우가 허다하기 때문이다.

정책학습의 정의, 학습대상, 학습효과에 대해서는 다양한 의견들이 제시되고 있는데, 베넷과 하우렛(Bennett & Howlet, 1992: 289)은 3가지 정책학습 유형을 제시하고 각 유형에 따른 정책변동을 제시하고 있다(〈표 10-5〉 참고).[7]

---

7) 이하의 표에 대한 기술은 Bennett and Howlett(1992)에 근거한다. 다만 사례의 설명은 저자에 의한 것이다.

〈표 10-5〉 정책학습 유형에 따른 정책변동 형태

주체 · 대상 · 효과 / 학습유형	학습주체	학습대상	학습효과
정부학습 (government learning)	정부공무원	과정	조직 변경
교훈학습 (lesson drawing)	정책네트워크	수단	사업 변경
사회적학습 (social learning)	정책공동체	아이디어	패러다임 변동

출처: Bennett and Howlet (1992: 289)

정부학습(government learning)은 정부가 정책관련 지식 또는 정보를 증강하여 정책의 효과성을 증진시키는 과정이다. 정부는 관련 지식을 축적하고 가치의 변경을 통해 조직의 구조, 행태 등을 변경시키고자 할 수 있다. 이 경우 설정된 목표의 달성을 위한 정책수단의 효과 개선에 초점을 둔다. 예컨대, 기술혁신을 위한 규제와 지원, 규제방식으로서 법률적 접근과 시장인센티브적 접근, 연구개발 촉진을 위한 산 · 학 · 연 협동 등 정책수단의 효과성을 증진시키려는 학습이 수단적 학습에 해당한다.

교훈학습(lesson drawing)은 다른 맥락(시간, 조직, 국가 등)에서 행해진 정책이나 사업을 따오는 과정이다. 교훈학습은 정책네트워크 내의 정책행위자들이 정책수단에 대한 학습을 통해 사업을 변경하게 된다(Bennett and Howlet, 1992). 교훈학습은 최상관행(best practice)과 벤치마킹(benchmarking) 등과도 매우 밀접한 관계를 갖는다. 로즈(Rose, 1993: 30-32)는 교훈학습의 방식으로 5가지를 든다. 모방(copying)은 다른 국가나 조직에서 이미 행해진 정책이나 사업을 거의 손대지 않고 가져와 시행하는 것이다. 적응(adaptation)은 다른 국가나 조직에서 이미 행해진 정책이나 사업을 맥락적 차이를 감안하여 손을 보아 시행하는 것이다. 혼합(hybrid)은 서로 다른 국가 또는 조직에서 시행하는 정책이나 사업의 구성요소들을 섞어서 만들어 내는 것이다. 통합(sythesis)은 서로 다른 국가 또는 조직의 정책이나 사업에서 구성요소를 뽑아내어 새로운 정책이나 사업을 만들어 내는 것이다. 창안(aspiration)은 다른 국가나 조직의 정책이나 제도를 단지 지적인 자극으로 사용하여 완전히 새로운 정책이나 사업을 창조해 내는 것이다.

사회적 학습(social learning)은 정책공동체가 정책아이디어를 학습하는 것으로 그 효과는 패러다임의 변화로 나타난다. 사회적 학습은 정책학습 가운데서도 상위 가치에 대한 학습이다. 사회적 학습의 예로는 과학기술의 궁극적 목표로서 과학기술의 발전을 넘어서 국민복지 증진 등의 가치를 학습하는 것 등이 포함될 수 있다.

정책학습 과정은 자동적으로 이루어지거나 간단하지 않으며, 오히려 선별적이고 느린 과정이다(Frantz and Sato, 2005: 164). 일반적으로 정책학습에서 지식의 중요성이 강조되나, 정책학습에서 지식은 "갑자기 나타나는 것도 아니고 보편적으로 받아들여지지도 않으며 논란의 여지없이 분명한 정책변화를 제시하지도 않는다"(Jenkins-Smith and Sabatier, 1993). 아울러 정책학습의 결과는 〈표 10-5〉에서와 같이 자동적으로 나타나지 않는다. 많은 경우 정책학습의 결과가 실제 정책에 반영되지 않는 경우도 있으며, 반영되는 경우라도 다양한 요소가 개입하여 내용이 변하는 경우가 많다.

2) 정책변동

정책변동은 정책학습의 효과에 대한 논의에서 이미 언급하였듯이 다양한 원인과 다양한 행위자에 의해서 정치적 동태성 속에서 이루어진다. 여기서는 호그우드와 피터스(Hogwood and Peters, 1983: 26-29; 남궁근, 2007: 552-557에서 재인용)의 4가지 정책변동의 유형을 소개한다.

정책혁신(policy innovation)은 정부가 관여하지 않고 있던 분야에 개입하기 위해 새로운 정책을 도입하는 것으로써, 새로 도입되는 정책을 시행하기 위해서는 사업, 예산, 조직 등이 수반되어야 한다. 연구개발사업에서 여성과학기술자만을 대상으로 하는 사업은 정책혁신의 한 예가 될 수 있다. 여성과학기술자를 대상으로 하는 연구개발사업은 클린튼 행정부에서 처음으로 시도한 것으로, 우리의 경우 김대중정부에서 이를 도입, 채택하였고 현재는 타 국가와 비교할 때 발전된 제도로 운영되고 있다.

정책유지(policy maintenance)는 현재 정책의 목표와 수단을 기본적으로 유지하면서 정책수단에 부분적인 변화만을 가하는 경우를 가리킨다. 정책유지에서는 정책, 사업, 조직이 그대로 유지된다. 정책유지는 관성에 의해서, 정책평가로부터의 명백한 결론에 따른 정책종결이 실패함으로써, 또는 정책승계가 실패함으로써 발생한다(Howlett and Ramesh, 2003; 남궁근, 2007: 554에서 재인용).

정책승계(policy succession)는 동일한 정책문제와 관련된 영역에서 정책목표는 유지되지만 이전의 사업이나 조직이 새로운 것으로 대체되는 것을 말한다. 정책승계는 크게 3가지의 형태—선형승계, 정책통합, 정책분할—를 지닌다. 선형승계(linear succession)는 기존의 사업이 완전히 폐지되고 새로운 것이 같은 목표, 혹은 새로운 목표를 위해 만들어지는 경우에 해당한다. 지방과학기술진흥에서 대응자금제도(matching fund)가 역대응자금제도(reverse matching fund)로 전환된 것은 하나의 좋은 예이다. 정책통합(policy integration)은 둘 이상의 정책이나 사업이 전체적으로나 부분적으로 종결되고 새로운 정책이 기존의 정책과 유사한 목표를 달성하기 위해 수립되는 경우이다. 대표적인 예는 이명박정부의 대 부처제에 의한 교육인적자원부와 과학기술부를 통합한 교육과학기술부의 신설이다. 정책분할(policy splitting)은 하나의 정책이 두 개 이상의 정책으로 분리되는 것이다. 과거에는 원자력의 안전과 발전업무를 단일 부처에서 담당하였으나, 국제원자력기구의 권고에 의해 원자력안전과 원자력발전 담당부처를 분리한 것이 그 예이다.

정책종결(policy termination)은 정책(목표, 수단)을 완전히 종료하는 것으로, 정책을 담당하는 사업, 예산, 조직이 없어지는 경우이다. 이명박정부의 출범으로 노무현정부의 균형발전사업이 종결된 것이 하나의 예가 될 수 있다.

CHAPTER 11

정책과정 사례분석

제11장에서는 정책과정에 대한 고찰을 토대로 정책과정에 대한 사례분석을 시도한다. 대상정책은 제2차 과학기술기본계획(577전략)의 정책과정이다. 첫째, 제2차 과학기술기본계획의 주요내용을 간략히 살펴본다. 둘째, 과학기술기본계획의 수립과정과 행위자를 분석한다. 셋째, 과학기술기본계획의 형성과정으로 국가중점과학기술 선정과정을 논의한다. 넷째, 과학기술기본계획의 집행에 대해 자세히 검토한다. 마지막으로 과학기술기본계획에 대한 정책평가로 실적 점검의 과정과 주요내용을 살펴본다.

11.1 제2차 과학기술기본계획(577 전략)의 주요 내용

이명박정부 출범 후 수립된 제2차 과학기술기본계획('08~'12: 577 전략)[1]은 '잘사는 국민, 따뜻한 사회, 강한 나라 등 선진 일류국가 비전을 실현하기 위해 과학기술의 역할을 강화하고 있다. 신정부의 국가연구개발 투자전략('08.5)과 국가연구개발사업 중장기 발전전략('08.7) 등의 정책방향을 반영한 동 계획은 국가 총연구개발투자(정부+민간)를 2012년에는 GDP 대비 5% 수준으로 확대하고, 투자를 효율화하는 한편, 7대 기술분야(R&D)를 중점 육성하고, 7대 시스템을 선진화 · 효율화하여 2012년 과학기술 7대 강국을 달성하기 위한 50개 범부처 중점추진과제를 제시하고 있다.

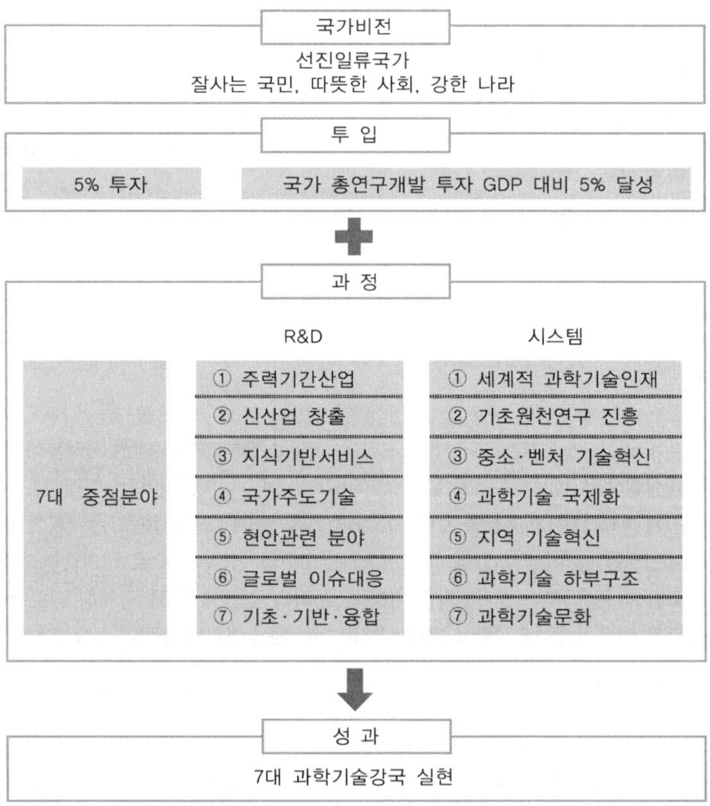

출처 : 제2차 과학기술기본계획

〈그림 11-1〉 제2차 과학기술기본계획(577 전략)의 비전, 목표 및 정책 과제

1) 577이란 ① 5% 투자: 국가 총연구개발투자 GDP 대비 5% 달성, ② 7대 중점분야, ③ 7대 과학기술강국 실현을 의미한다.

11.2 과학기술기본계획의 수립과정과 행위자

1) 기본계획의 수립과정

과학기술기본계획은 국가 과학기술의 방향을 제시하는 범부처 참여계획으로 과학기술관련 최상위 계획이다. 과학기술기본계획은 국가적 차원의 과학기술진흥 및 중장기 발전전략이므로 기획과정에 많은 노력이 투입된다. 현재 추진 중인 제2차 과학기술기본계획(577 전략)의 경우 기획의 역할은 3개 형태의 위원회를 거쳐 수립되었다. 이들 3개 위원회는 사전기획위원회, 추진위원회 그리고 총괄위원회이다.

사전기획위원회는 과거 과학기술기본계획의 분석 및 국내외 동향파악을 통해 과학기술기본계획(안)의 기본방향을 설정한 후 이를 국가과학기술위원회를 통해 최종 심의 · 의결하는 과정까지를 담당하였다. 기본방향에 대한 심의가 끝나면 관계부처로부터 추천을 받은 민간위원을 중심으로 중점정책 부문별 위원회 및 추진위원회가 구성되어 세부 계획시안이 마련되었다. 이러한 과정 후 타 부문 및 일반인을 대상으로 한 포럼 및 공청회를 거친 후 최종(안)이 국가과학기술위원회의 심의 · 의결을 거쳐서 과학기술기본계획이 확정되었다.

수립된 중장기과학기술정책이 5년 동안 원안대로 시행된다는 것은 빠르게 변화하는 경제사회환경을 고려할 때 적합하지 않다. 따라서 시행계획이 매년 연동계획(rolling plan)으로 수립되어 추진 · 운영이 이루어진다. 시행계획은 매년 12월에 제출되며, 관계 중앙 행정기관들이 합의하여 다음 연도에 시행될 정책조치들을 구체화한 것이다. 시행계획에는 국정운영방안을 구체화하여 중점방향 및 추진방안을 제시하고, 이에 따른 목표 달성을 위한 주요시책들이 제시된다. 아울러 범부처 중앙행정기관이 시행하고 있는 국가연구개발사업과 관련하여 각 사업의 예산배분 방향 및 투자규모가 명시된다.

이와 같은 과정을 거쳐 기획된 시행계획을 통해 추진 · 운영되는 과학기술기본계획의 성과는 차기 연도 연말에 이루어진다. 수립 공표된 과학기술기본계획의 큰 기본방향의 범위 내에서 이러한 과정은 매년 계속 이루어진다. 환경변화를 반영한 시행계획의 존재는 과학기술기본계획의 실효성을 높이는 기능을 수행하게 된다.

〈표 11-1〉 과학기술기본계획의 정책과정

단계	기능 및 역할	비고
정책형성 (정책수립 · 기획)	국내외 주요 환경변화 파악, 새로운 국정운영방안 반영, 미래환경전망, 주요국의 과학기술정책 분석 등을 통해 국가 차원의 과학기술정책 수립	사전기획위원회-추진위원회-부문별위원회(범부처 및 민간전문위원 참여) 국가과학기술위원회 최종 심의, 공청회(일반시민 참여)
↓		
정책집행 (추진 · 운영)	광범위한 과학기술정책의 실현성을 제고하고자 년도별로 관리·지원	범부처 참여, 시행계획 이용
↓		
정책평가 (평가 · 확산)	조사·분석·평가를 통해 다음 년도 시행계획의 방향 조절에 활용	국가과학기술정보서비스(NTIS), KISTEP

과학기술기본계획의 형성 및 집행, 평가의 단계, 즉 정책형성(정책수립 · 기획), 집행(관리 · 지원), 평가(평가 · 확산) 과정은 〈표 11-1〉과 같다.

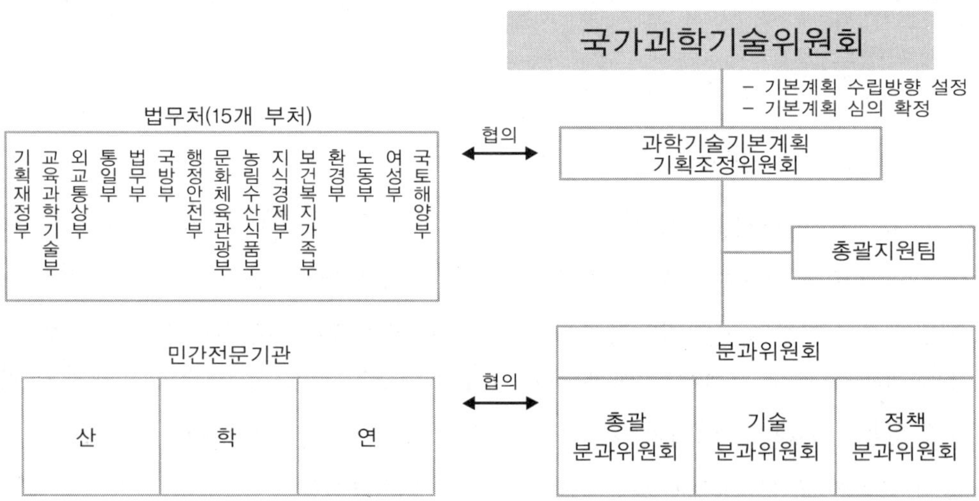

출처: 2차 과학기술기본계획 추진체계 재구성

〈그림 11-2〉 과학기술기본계획 추진체계도

참여정부의 과학기술기본계획('03년~'07년)이 만료됨에 따라, 2차 과학기술기본계획을 2008년도부터 시행하기 위해 각 위원회, 각 부처, 민간전문가가 참여한 계획 수립과정이 시작되었다. 2006년도 하반기부터 사전기획위원회가 운영되어, 2차 과학기술기본계획에 반영해야 할 기본방향 및 주요국 해외 동향조사 및 분석이 이루어졌다. 사전기획위원회에서 도출된 기본방향(안)이 국가과학기술위원회의 최종심의를 거친 후, 추진위원회(분과별 위원회 포함)가 구성되어 구체적인 2차 과학기술기본계획의 주요 내용 및 중점부문들의 세부 시안을 도출하였다. 2007년 12월 국가과학기술위원회의 최종심의 · 의결을 거쳐 2차 과학기술기본계획(참여정부[안], 이하 PG 구상)이 수립되었다.

그러나 확정된 제2차 과학기술기본계획(PG 구상)은 2008년에 수립된 새로운 정부인 이명박정부의 과학기술정책 기조 및 국정운영방안과 일치하지 않아 2008년 총괄위원회를 구성하여 제2차 과학기술기본계획(PG 구상)을 수정하는 절차를 밟게 되었다. 이러한 과정 후, 2008년 8월 국가과학기술위원회를 거쳐 확정된 계획이 제2차 과학기술기본계획(577 전략)이다. 비전과 목표지표에 대한 수정과 신규 과제발굴 및 기존과제의 통합조정이 새롭게 반영되었으나, 기존의 10대 정책부문은 그대로 유지되었다.

2) 과학기술기본계획 수립주체

(1) 국가과학기술위원회(NSTC: National S&T Council)

국가과학기술위원회는 2011년 3월 상설화 이전까지는 국가 과학기술정책의 최고 의사결정조직기구로, 1999년 1월 〈과학기술혁신을 위한 특별법〉을 개정한 과학기술기본법이 제정되면서 기존의 과학기술장관회의를 개편하여 설립한 기구이었다. 동 위원회는 대통령을 위원장(현재 장관급 위원장)으로 하고 관계부처 장관과 민간 전문가로 구성된 민 · 관 합동 형태의 국가 과학기술정책 최고 심의 · 조정기구로 과학기술기본법 제9조에 의거 과학기술기본계획에 관한 사항을 심의 · 의결한다.

국가과학기술위원회에서는 사전기획위원회에서 작성한 제2차 과학기술기본계획(PG 구상)의 수립방향과 주요 내용, 추진체계 및 향후 일정 등을 심의 · 의결하여 확정하였다. 국가과학기술위원회의 심의 절차를 거친 후 과학기술기본계획은 본격적인 수립과정에 들어가게 되었다.

과학기술기본법 제9조에 의거 국가과학기술위원회는 2007년 4월, 사전기획위원회를 거쳐 도출된 2차 과학기술기본계획의 수립방향, 주요 내용, 추진체계, 향후 일정계획 등을 검토 · 의결했으며, 2007년 12월에는 추진위원회 및 부문별 위원회가 작성한 2차 과학기술기본계획('08년~'12년: PG 구상)에 대하여 최종 심의 · 의결하였다.

또한 이명박정부가 수립되고 새로운 위원으로 구성된 국가과학기술위원회는 기수립된 2차 과학기술기본계획(PG 구상)을 수정하여 작성한 제2차 과학기술기본계획(577 전략)을 2008년 8월에 심의 · 의결하여 확정하였다.

(2) 사전기획위원회(2006년 6월~2007년 2월)

사전기획위원회는 과학기술기본계획의 '사전기획'을 위한 위원회로 2006년 6월부터 2007년 2월까지 운영되었다. 사전기획위원회의 구성목적은 제2차 과학기술기본계획 수립의 전체적인 방향과 관련된 과학기술기본계획의 기본방향을 설정하는 것이었다. 동 위원회는 현황 진단 및 동향 파악을 통해 문제점을 도출하고, 처방 프레임워크를 도출하는 역할도 수행하였다.

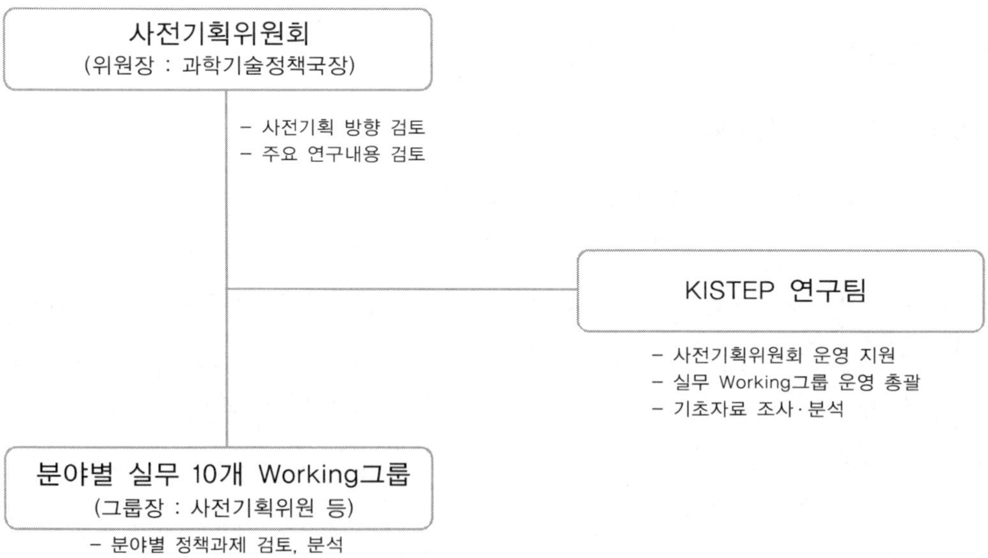

출처: 제2차 과학기술기본계획('08~'12) 사전기획 추진(안)

〈그림 11-3〉 사전기획위원회 구성

이러한 기능을 수행하기 위해 사전기획위원회는 우선 향후 5년의 과학기술 및 경제 · 사회 등 여러 가지 여건 변화를 고려하여 이에 대한 분석 및 전망을 민간 산 · 학 · 연 전문가를 통해 도출하였다. 또한 과학기술기본계획의 전반적인 기본방향 및 구성 체계를 도출하기 위하여 국내외 동향을 분석한 후 현재 우리의 과학기술에 대한 진단 및 처방을 제시했다. 동 위원회에서는 1차 과학기술기본계획의 분석 및 해외 주요국 정책동향에 근거하여, 2차 과학기술기본계획에서 다뤄져야 할 10가지 중점 정책사항을 도출하고 각 정책사항별로 구체적인 논의를 전개하였다.

위원회의 하부행위자는 관계부처 고위공무원(당시 과학기술부 국장, 기획과장), 한국과학기술기획평가원(KISTEP: 간사기관 역할), 산 · 학 · 연 민간전문가(12명) 등으로 구성되었다. 민간전문가들의 역할은 과거 정책에 대한 분석, 환경 · 이슈 변화를 파악하고 향후 대응방안을 모색하는 것이었다. 주요 활동으로는 첫째, 환경 변화 분석, 둘째, 현황 진단 및 제1차 과학기술기본계획에 대한 분석, 셋째, 제2차 과학기술기본계획의 기본방향 및 주요 과제 도출 등이었다. 이러한 분석과 과제도출 결과에 따라 각 주요 정책부문별 기본 방향 및 내용이 작성되었다. 위원회 구성 후 매월 공식 모임을 갖고 위원회별로 발제와 토론이 이루어졌다. 그리고 위원회의 운영과 자료수집, 총괄적인 내용 분석을 위한 실무지원 기관으로 국가과학기술기획평가원(KISTEP)이 역할을 수행하였다.

(3) 추진위원회 및 부문별 위원회(2007년 5월~2007년 12월)

추진위원회는 2차 과학기술기본계획 중 총괄부문을 담당했다. 총괄부문이란 5년간의 비전, 발전목표, 추진전략, 중점과제 등을 말한다. 추진위원회는 총괄분석 및 지원역할을 담당한 한국과학기술기획평가원(KISTEP)의 실무지원을 받아 과학기술관련 핵심니즈(needs)에 부합하는 미래전략기술을 도출하여 기본계획의 핵심부문 중의 하나인 중점과학기술 개발에 반영하였다. 또한 추진위원회는 2차 과학기술기본계획이 국가과학기술위원회의 심의를 거쳐 최종 확정(2007. 12)되기 전까지 부문별 계획시안에 대한 검토를 하고, 전체 기본계획 시안을 완성했으며, 공청회를 개최하는 등 계획수립에 대한 대표기능을 수행하였다.

부문별 위원회는 추진위원회의 실무 그룹으로 과학기술기본계획 10대 정책부문에 대한부문별 현황, 기본방향, 실천과제 및 세부사업계획 등에 대한 부문별 계획시안을 작성

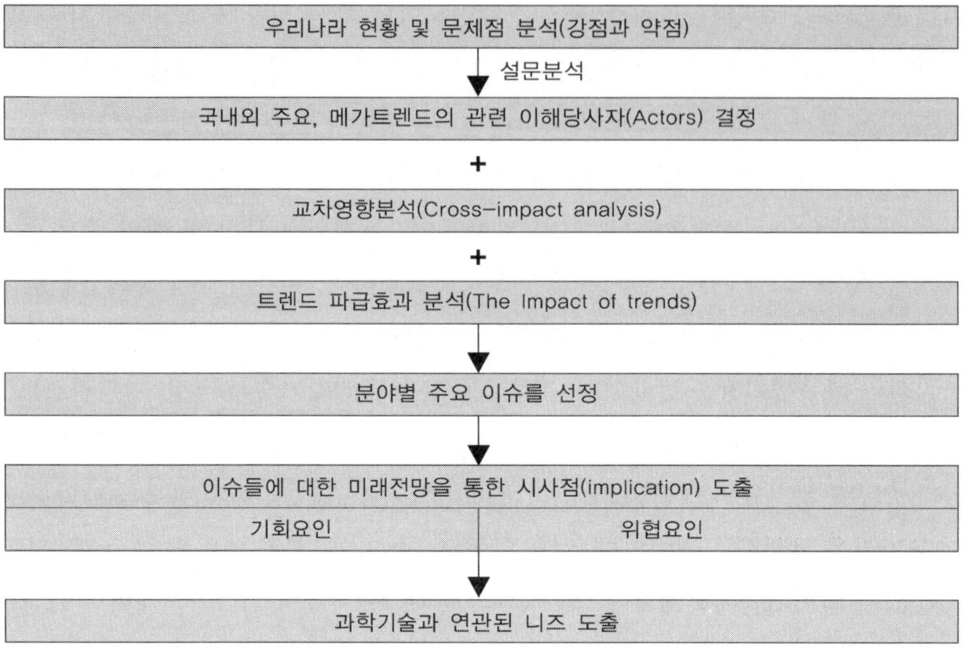

출처: 과학기술기본계획 추진위원회 자료(2007)

〈그림 11-4〉 추진위원회의 이슈 및 니즈 도출 프로세스

하였다. 총 10개 부문 중 과학기술 역할 증대 및 과학기술 문화 확산 부문은 통합 운영되어 총 9개의 부문별 위원회가 운영되었다.

추진위원회는 위원장과 위원 등 민간전문가 총 13명으로 구성되었으며, 민간전문가들은 산 · 학 · 연 분야에서 고르게 선출되었다. 반면 부문별 위원회는 10대 중점분야에 따라 관련 부처관료와 분야별 민간전문가 5~8명이 참석하여 민 · 관 협력체계를 구성하였다. 추진위원회와 부문별 위원회는 약 5개월간 운영되었으며, 정기적인 회의 및 워크샵을 통해 기본계획의 구체적 내용을 결정하였다. 추진위원회에서는 미래전략기술 도출법을 이용한 메가트렌드 분석을 통해 국가과학기술의 비전 · 목표 및 정책방향을 제시하였다. 부문별 위원회는 10대 중점 분야별 국내외 현황 진단, 과거 5년간의 성과 및 문제점 분석을 바탕으로 새로운 목표 및 정책방향, 중점추진과제의 세부 추진전략 등을 설정하였다.

〈표 11-2〉 부문별 위원회의 구성(2007년)

10대 정책부문	위원 구성체계		
	민간위원	정부위원	간사
중점과학기술 개발	외부전문가 5-8명	과기부, 산자부, 정통부, 복지부, 환경부, 기획예산처	한국과학기술기획평가원
기초연구진흥	〃	교육부, 과기부, 국방부, 농림부, 산자부, 해양부	한국과학재단 한국학술진흥재단
과학기술인력	〃	교육부, 과기부, 산자부, 노동부	과학기술정책연구원
민간기술혁신	〃	재경부, 과기부, 산자부, 정통부, 복지부	산업기술진흥협회
과학기술하부구조	〃	과기부, 농림부, 산자부, 정통부, 복지부, 건교부	한국기초과학지원연구원
과학기술국제화	〃	과기부, 통일부, 외교통상부, 산자부, 해양부	대외경제정책연구원
지역혁신	〃	교육부, 과기부, 행자부, 산자부, 기획예산처	한국과학기술기획평가원
투자확대 · 효율화	〃	재경부, 교육부, 과기부, 산자부, 정통부, 기획예산처	한국개발연구원
과학기술 역할증대 및 과학문화*	〃	교육부, 과기부, 문화부, 산자부, 정통부	한국과학문화재단

* 과학기술 역할 증대와 과학문화 확산 2개부문을 통합하여 운영.
출처: 2차 과학기술기본계획 추진위원회 자료 재구성

(4) 총괄위원회(2008년)

과학기술기본계획이 적용되는 시기는 5년 단위이기 때문에 새로운 정부가 출범하는 경우 지난 정부 말기에 수립된 기본계획을 추진해야 하는 문제점이 부각되었다. 제2차 과학기술기본계획(PG 구상)이 수립된 것은 2007년 12월 참여정부의 말기였다. 이러한 문제에 대응하여 2008년에 출범한 이명박정부는 새로운 국정 운영방안을 기본계획에 반영하고 정부조직 개편에 따른 교육과학기술부 및 지식경제부 등 관련부처의 역할을 고려한 새로운 범부처 계획을 수립하기 위해 2008년에 2월에 총괄위원회를 구성하고 제2차 과학기술기본계획(PG 구상)을 수정하는 과정을 밟게 되었다.

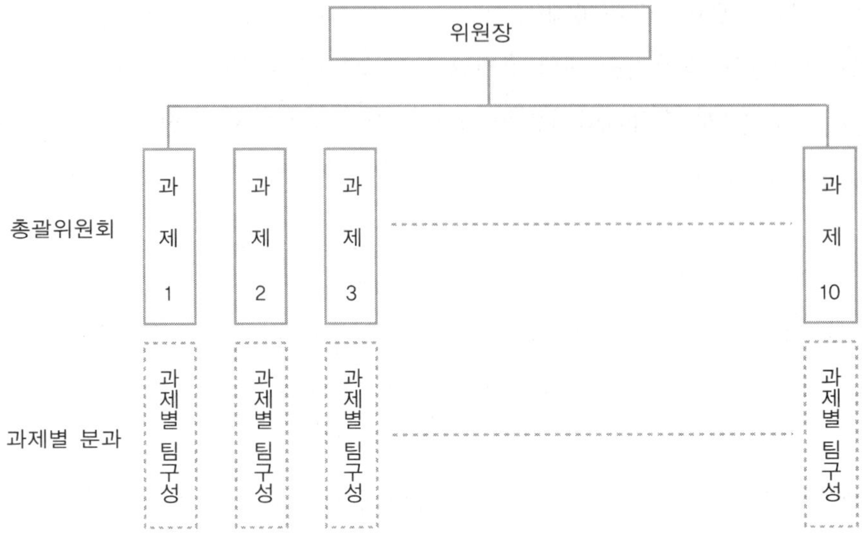

〈그림 11-5〉 과학기술기본계획 수립 총괄위원회 구성(2008년)

〈표 11-3〉 국가중점과학기술의 구분 및 예시

국가중점과학기술	기술의 예
미래 · 원천기술 분야	USN(유비쿼터스 센서 네트워크)기술 등
리스크가 큰 기술분야	바이오칩(디지털융합)기술 등
국가 안위나 위상 및 국민복지와 관련된 대형 · 복지기술	차세대항공기개발, 신약개발 등
성장동력 관련 기술 (cash cow 공급원 기술)	IT 고도화 분야 등
미래시장 창출가능성이 높은 다학제 융합기술분야	서비스사이언스, NBIC[NT · BT · IT · CS(인지과학)] 융합기술분야 등
파급효과 큰 기초기술분야	생명공학, 소재 · 나노 분야 등

577 전략의 기본골격으로 10대 중점분야는 유지하면서 비전, 목표, 정책 방향 및 중점 추진과제에 대해서 수정 · 보완작업을 추진하였다. 특히, 과학기술기본계획의 실행력을 제고하기 위해 부처 업무 보고자료 등 관련자료를 수집 · 분석하여 10대 부문별 계획의 목표치 및 지표 변경 등을 수정 · 보완하는데 반영하였다. 구체적으로는 신 정부의 신규

과제[2])를 추가하였으며, 기존 과제(과학기술투자 확대, 세계적 과학인재 양성 · 유치, 과학기술인 사기진작, 과학기술 생활화 확대 등)의 내용을 수정 · 보완하였다. 또한 PG 구상에서 선정된 100개 중점과학기술을 최종 90개로 조정하고 중점육성기술(50개)과 중점육성후보기술(40개)로 구분하여 제2차 과학기술기본계획(577 전략)의 국가 중점과학기술 개발 부분에 반영하였다.

총괄위원회는 민간위원장을 포함하여 총 12명의 전문가로 구성되었다. 하위위원회로 과학기술기본계획 10대 중점부문을 중심으로 10개의 분과팀을 구성하였다. 분과팀은 위원별로 세부분과를 맡아 담당 과제에 대해 4명 내외로 실무팀을 자율적으로 구성하여 운영하였다. 동 실무팀들은 제2차 과학기술기본계획(PG 구상) 수립에 참여하였던 간사(과학재단, 기초과학지원(연), 산기협, 한국개발연구원, 과학문화재단 등)들과 위원장이 선정한 전문가 2~3인, 그리고 한국과학기술기획평가원(KISTEP)의 전문인력으로 구성되었다. 이들 전문가들은 분과별로 전문가 이슈 레이징(issue raising) 과정을 통해 대안을 모색한 후 이슈페이퍼(issue paper) 형태로 결과물을 도출하였다.

이러한 과정을 거친 총괄위원회의 작업결과는 제2차 과학기술기본계획(PG 구상)의 수정 과정에 반영되었다. 그리고 위원들이 발표한 이슈페이퍼 및 활용 참고자료(reference)는 각계 오피니언 리더들이 과학기술정책 자료 등으로 활용할 수 있도록 과학기술정책정보시스템(www.now.go.kr)에 올려 이를 재활용할 수 있도록 하였다.

11.3 과학기술기본계획의 형성과정: 국가중점과학기술 선정

제2차 과학기술기본계획(577 전략)에 명시된 국가중점과학기술 개발목표는 혁신주도형 지식경제의 건설과 미래사회 수요의 해결로 나타나고 있다. 국가중점과학기술은 '국가 차원의 전략적 개입 및 중점 투자가 필요한 기술분야'를 가리키며, 총 6개 분야로 구성되어 있다. 이를 살펴보면, 첫째, 산업 적용 분야나 기능 · 효용이 불확실하고, 기술표준이 급변하나 새로운 시장(blue ocean)을 창출할 수 있는 미래 · 원천 기술 분야이다.

2) 국제과학비지니스벨트 조성, 신성장동력의 발굴 및 육성, 고등교육과 R&D의 유기적 결합 등

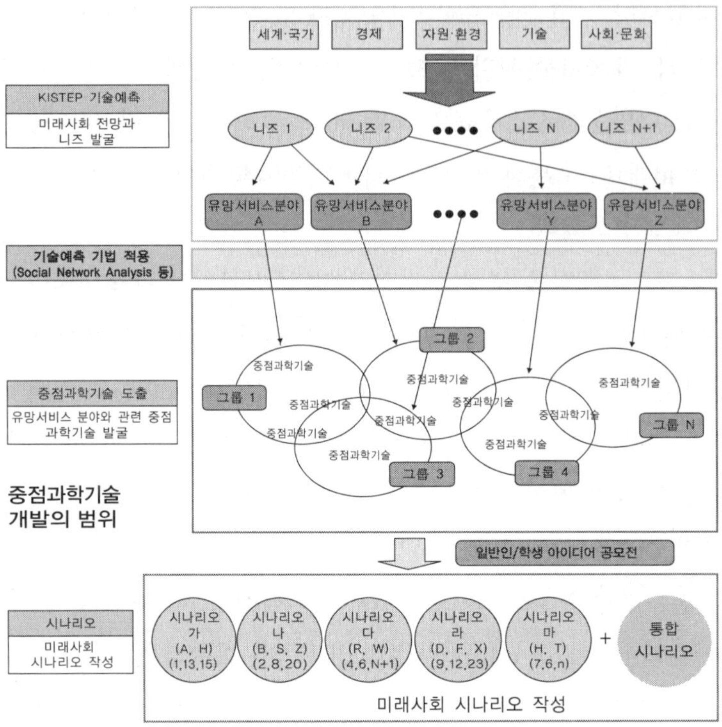

출처: KISTEP 기술예측센터(2007)

〈그림 11-6〉 기술예측과 연계된 중점기술 분석 과정

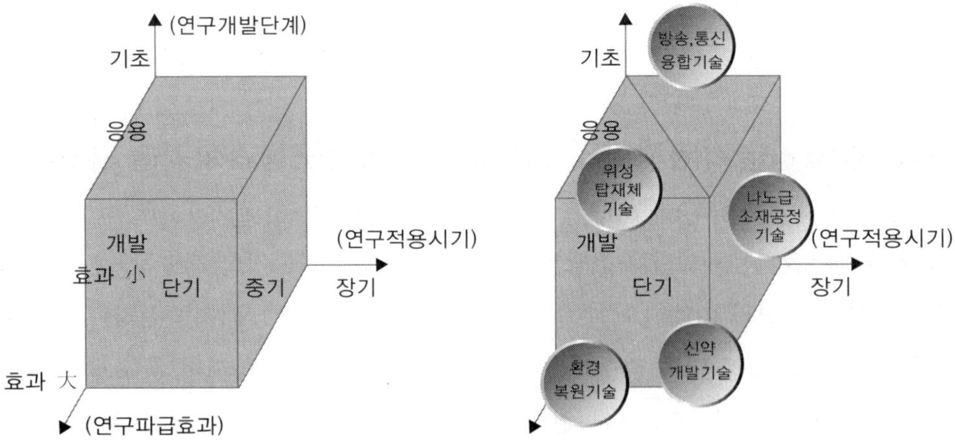

출처: KISTEP 기술예측센터(2007)

〈그림 11-7〉 R&D innovation cube 및 기술별 분포도(사례)

둘째, 불확실한 시장 등의 원인으로 인해 실패가능성이 높아 민간의 독자적 투자만으로 연구개발이 힘든 기술분야이다. 셋째, 국가 안위 · 보안과 국가 위상 및 국민의 삶의 질 향상과 관련된 대형 · 복지기술분야이다. 넷째, 성장동력 관련 기술 등 현재의 기술경쟁력을 단계적으로 이어가면서, 새로운 캐시 카우(cash cow)[3] 공급원으로 역할을 할 기술분야이다. 다섯째, 미래시장의 창출가능성이 높고, 기존 산업의 효율성을 획기적으로 증대시킬 수 있는 다학제 융합기술분야이다. 여섯째, 기술적 파급효과가 큰 기초기술분야이다. 이러한 국가중점과학기술의 분야는 신규성, 정책성, 기대효과 측면에서 적절성 정도를 판단하여 최종 확정하였다.

국가중점과학기술분야의 선정절차는 시간적 프로세스 순서에 따라 크게 네 단계로 구분되어 진행되었다. 첫째, 중점기술 후보기술 목록의 구성단계이다. 중점기술 후보기술 목록은 Total Roadmap의 8대 기술분야(정보전자, 생명공학, 기계 · 제조 · 공정, 에너지 · 자원, 우주 · 항공 · 해양, 환경, 나노 · 소재, 건설 · 교통 · 안전 기술분야 등)의 국가중점육성기술(90개)을 토대로 기존 부처별 중장기 R&D 계획의 중점기술목록을 정리한 것이다.

둘째, 후보기술의 크기 및 수준을 재조정하여 분야별 '기술군', 국가중점과학기술(안), 그리고 세부요소기술(안)을 선정 및 도출하는 단계이다. 이를 위해 거시환경(STEEP)분석[4]을 통한 니즈(needs) 및 트렌드 파악 → 유망분야 A,B,C … 도출 → 그룹화된 중점과학기술 도출 → 시나리오 작성의 과정을 거쳤다.

셋째, R&D 이노베이션 큐브를 통해 3차원적으로 3개 축을 설정해 국가중점과학기술의 세부요소 기술에 대해 분야별 산 · 학 · 연 전문가 검토를 거치는 단계이다(〈그림 11-7〉 참고). 후보기술군별 R&D 이노베이션 큐브 분석 후 정부가 추진해야 할 중점과학기술 최종(안) 도출하였다. 이때 도출된 중점과학기술을 미래유망서비스와 연계도를 작성하여 미래전략기술을 선정하게 된다.

3) BCG매트릭스(X축: 상대적 시장점유율, Y축: 시장성장률)

별(star)	물음표(question mark)
캐시 카우(cash cow)	도그(dog)

※성공하는 방향 : 물음표 → 별 → 캐시 카우

4) 미래의 트렌드를 분석하고자 할 때 미래학자들의 가장 기본적인 접근 방식이 거시환경분석(Macroenvironmental analysis)이다. 고려해야 할 5가지 유형의 앞자리를 따서 STEEP 분석이라고 하며, 이는 사회(Society), 기술(Technology), 경제(Economic), 생태(Ecology), 정치(Politics)이다.

11.4 과학기술기본계획의 집행

1) 정책집행

과학기술기본계획은 5년 단위로 이루어지는 중기계획이므로 환경변화를 반영하여 기본계획을 집행하기 위해 매년 연동계획(rolling plan)인 과학기술기본계획 시행계획이 수립된다. 시행계획은 과학기술기본계획의 중기적 성격을 보완해 당해 연도의 과학기술기본계획의 집행과정을 관리 · 지원하기 위한 계획서인 것이다.

시행계획에서는 시행계획 수립의 의의, 대상기관 및 대상사업 명시, 해당 연도의 중점방향, 중점방향 추진을 위한 세부 시책 그리고 정책부문별 예산 투자규모, 부처별 투자규모 등이 주요 항목으로 제시되고 있다. '2009년도 과학기술기본계획 시행계획'을 살펴보면, 2009년도 중점 추진방향은 577전략 구현, 신성장동력 발굴 및 녹생성장 R&D 지원, 기초연구 강화 등으로 나타나고 있다.

과학기술기본계획과 부처별 중장기 계획이 상호 연동되도록 부처별 중장기계획 수립 시 과학기술기본계획과의 부합성을 사전에 검토하도록 시스템적으로 제도화하였다. 그리고 국가과학기술정보서비스(NTIS) 등의 웹사이트를 통해 부처별 사업들의 중복성 제거 및 연계성을 강화할 수 있도록 지식베이스 시스템을 구축 · 운영하여 정책집행시 용이하게 활용할 수 있도록 하였다. 또한 시행계획에는 매년 변화하는 정치 · 사회 · 경제적 상황이 반영된다.

과학기술기본계획을 바탕으로 중점분야별 세부 추진목표가 매년 시행계획을 통해 제시되고, 당해연도의 부처 예산 계획이 명시되어 매년 추진되는 시행계획은 과학기술기본계획을 실천하는 연동계획으로서의 기능을 잘 수행하도록 체계화되어 있다.

과학기술기본계획의 시행계획은 2010년 현재 22개 중앙행정기관(14부 · 8청)이 작성하여 제출하고 있다. 〈표 11-4〉은 제 2차 과학기술기본계획의 2010년도 시행계획에서 나타난 7대 집중육성 R&D에 대한 추진기관 및 부처별 한 해 예산을 나타낸 것이다. 이러한 구체적 시행계획을 통해 7대 집중육성 R&D의 해당부처, 예산규모, 구체적 활동 등을 파악할 수 있다. 예를 들면, 7대 중점 R&D 중 '신산업창출을 위한 핵심기술개발 강화'

〈표 11-4〉 국가 중점과학기술 개발 – 7대 집중육성 R&D 부처별 예산 (단위: 백만원)

	주력기간 사업기술 고도화	신산업 창출을위한 핵심기술 개발강화	지식기반 서비스 산업기술 개발확대	국가주도 기술핵심 역량확보	현안관련 특정분야 연구개발 강화	글로벌 이슈관련 연구개발 추진	기초, 기반, 융합기술 개발활성화	소 계
교과부	10,000	76,100		350,671		45,700	169,854	652,325
국토부	37,752	25,000	3,000	422,466		59,974		548,192
기상청						45,083		45,083
농림부		18,294			157,153			175,447
농진청		33,989			245,813	16,401		296,203
문화부			76,450					76,450
방위청				1,294,017				1,294,017
복지부		167,441			56,109		5,132	228,682
산림청					33,388	3,419		36,807
소방청						20,559		20,559
식약청					52,161			52,161
지경부	417,263	670,078	154,859	357,958	373,537	623,374	183,584	2,780,653
환경부						155,866	10,000	165,866
총합계	465,015	990,902	234,309	2,425,112	918,161	970,376	368,570	6,372,445

출처: 2차 과학기술기본계획 2010 시행계획

부분에는 2010년 한 해 동안 약 9,900억 원이 투입될 것이며, 동 투자는 5부 1청(교육과학기술부, 국토해양부, 농림수산식품부, 보건복지가족부, 지식경제부, 농촌진흥청)이 참여하여 신산업창출 핵심기술개발을 위한 연구개발을 추진하겠다는 의미이다.

(1) 중점정책부문별 집행주체

과학기술기본계획이 범부처 계획이므로 집행주체는 중앙행정기관의 모든 정부부처 및 부처 산하기관(agency), 정부출연연구소, 대학, 기업 등이 된다. 과학기술기본계획은 중기적 과학기술발전의 미래 방향을 제시하면서, 정부의 과학기술정책 기조를 반영하므로 추상적으로 표현되는 경우가 많다. 따라서 시행계획에서는 각 부문별 정책을 추진하기 위한 구체적인 예산 규모와 집행주체를 명시해 과학기술기본계획의 실효성을 높이게 된다.

과학기술기본계획의 집행주체는 크게 중심행위자, 주변행위자로 구분될 수 있다. 정책부문별 참여비중 및 R&D 예산 규모면에서 볼 때, 중심행위자는 기초 · 원천분야를 담당하는 교육과학기술부와 산업진흥 등 혁신정책을 수행하는 지식경제부, 그리고 예산을 담당하는 기획재정부와 이들 3부처의 산하기관들이 된다. 주변행위자로는 나머지 부처 · 청 및 관련 기관 등이라고 할 수 있다. 중심행위자와 주변행위자의 구분은 국가의 정책 및 과제에 대응하여 수행하는 기능 및 역할을 기준으로 할 때 나타나는 것으로 기능의 중요성을 구분하는 것은 아니다. 또한 핵심적으로 국가중점정책부문에 참여하고 있거나 R&D 규모가 크다고 해서 타 부처의 사업이나 과제를 추진하는 과정에서 선도적 역할을 수행하거나, 중심행위자를 중점으로 협력네트워크가 구축되는 경우가 드물어 이들 행위자간의 연계를 위한 다양한 협력대안들이 필요한 것으로 나타난다.

국가연구개발의 대부분이 교육과학기술부와 지식경제부로 양분되어 있고, 총 22개 중앙기관이 연구개발 및 과학기술 활동에 참여하는 상황에서 과학기술정책 집행 시 국가적 차원의 조정과 통합기능을 수행하는 컨트롤타워의 중요성이 부각된다.

(2) 정책집행자의 거버넌스

과학기술기본계획이라는 최상위 종합계획과 연계하여 정부부처의 과학기술정책을 집행하도록 하기 위해 각 부처의 과학기술관련 중기(3년 이상)계획들은 국가과학기술위원회의 최종 심의를 거쳐 확정되게 된다. 또한 매년 작성되는 과학기술기본계획 시행계획은 각 부처가 작성한 부처별 과학기술기본계획 시행계획을 종합하여 작성한 집행(안)이다(표 11-5).

과학기술기본계획의 거버넌스는 수평적 거버넌스와 수직적 거버넌스가 혼합된 형태로 나타난다. 수평적 구조로서 각 부처들과 기관들이 동등한 입장에서 각 부문별로 정책에 참여하고 있으며, 과학기술기본계획은 국가과학기술위원회의 조정 및 시행계획 작성 등 메커니즘을 통해 수평적 네트워크를 구성하고 있다. 반면, 과학기술기본계획은 상위정책으로서 각 부처와 기관들의 정책에 적용되는 수직적 구조를 형성하고 있다.

〈표 11-5〉 2차 과학기술기본계획 시행계획 중점정책부문별 참여부처(2009~2010년)

<table>
<tr><th rowspan="2">577 전략</th><th rowspan="2" colspan="2">10대 중점정책부문</th><th rowspan="2">과제수</th><th colspan="2">참여부처(추진기관)</th></tr>
<tr><th>2009년</th><th>2010년</th></tr>
<tr><td>5% 투자 달성</td><td colspan="2">과학기술 투자의 확대 및 효율화</td><td>4</td><td>재정부, 교과부, 지경부, 국토부, 중기청</td><td>교과부, 국토부, 재정부, 문화부</td></tr>
<tr><td>7대 R&D 집중 육성</td><td colspan="2">국가 중점과학기술 개발</td><td>7</td><td>교과부, 국방부, 문하부, 농림부, 지경부, 복지부, 환경부, 국토부, 방위청, 소방청, 농진청, 산림청, 식약청, 기상청</td><td>교과부, 국토부, 기상청, 농림부, 농진청, 문화부, 방위청, 복지부, 산림청, 소방청, 식약청, 지경부, 환경부</td></tr>
<tr><td rowspan="8">7대 시스템 선진화</td><td colspan="2">세계적 과학기술인재 양성·활용</td><td>6</td><td>재정부, 교과부, 지경부, 노동부</td><td>교과부, 문화부, 복지부, 산림청, 식약청, 지경부, 환경부</td></tr>
<tr><td colspan="2">기초원천연구 진흥</td><td>5</td><td>재정부, 교과부, 지경부</td><td>교과부, 국토부, 방위청</td></tr>
<tr><td colspan="2">중소·벤처기업 기술혁신 지원</td><td>4</td><td>재정부, 교과부, 지경부, 중기청</td><td>교과부, 식약청, 중기청, 지경부</td></tr>
<tr><td colspan="2">전략적 과학기술 국제화</td><td>5</td><td>재정부, 교과부, 외교부, 통일부, 지경부</td><td>교과부, 국토부, 외교부, 지경부</td></tr>
<tr><td colspan="2">지역 기술혁신역량 강화</td><td>5</td><td>재정부, 교과부, 행안부, 문화부, 지경부</td><td>교과부, 국토부, 복지부, 산림청, 지경부, 환경부</td></tr>
<tr><td colspan="2">과학기술 하부구조 고도화</td><td>5</td><td>재정부, 교과부, 지경부, 복지부, 특허청</td><td>교과부, 농림부, 농진청, 복지부, 산림청, 식약청, 지경부, 특허청, 환경부</td></tr>
<tr><td rowspan="2">과학기술 문화확산</td><td>생활화</td><td>6</td><td>재정부, 교과부, 문화부</td><td>교과부</td></tr>
<tr><td>사회적 역할 증대</td><td>3</td><td>교과부, 복지부</td><td>교과부</td></tr>
<tr><td></td><td colspan="2">합 계</td><td>50</td><td>관계중앙행정기관</td><td></td></tr>
</table>

출처: 제2차 과학기술기본계획 2010년도 시행계획 추진기관 재구성

또한 각 부처는 소관 관리전문기관을 통해 구체적인 정책집행 지침을 내리고, 이들은 정부출연연구기관, 대학, 기업 등 연구수행주체들을 통해 과제를 수행하도록 한다. 이러한 과정에서 각 사업(program) 및 과제(project)들의 중복성이 검토되게 된다. 수평 · 수직적 구조는 과학기술기본계획을 둘러싼 국가과학기술위원회와 부처간 합의 및 연계를 필요로 하는 상호협력적 및 상호의존적 구조를 형성하고 있다.

한편, 우리의 과학기술정책 집행구조는 부처의 독자적 역할이 강조되는 한편, 각 부처들은 산하 관리전문기관(agency)을 설립하고 있는 집행구조로, 정책집행과 관련된 기획 및 설계가 부처 내에서 이루어지고 있다. 이러한 형태는 핵심 집행기구를 중심으로 한 폐쇄적 거버넌스 구조라 할 수 있다.

따라서 단기적 추진력이 강한 구조로 경제성장을 위한 기술개발이라는 단일 목표를 중심으로 주어진 문제를 효율적으로 해결하는데 유리하다(성지은, 2010). 반면, 광우병 사태, 신종인플루엔자 판데믹(pandemic) 등 이슈별 정책에 대한 국민참여의 확대 및 탈추격형(post catch-up) 전략 등이 필요한 시점에서 폐쇄적인 거버넌스에서부터 개방 · 상호협력적 거버넌스로의 전환이 요구된다.

2) 연구개발 관리 동향의 변화

현재 국가연구개발사업의 관리과정에서 나타나고 있는 변화의 방향은 첫째, 연구개발 생산성 향상을 위한 기초연구에서 응용, 개발, 상업화까지의 연계, 둘째, 핵심 원천과학기술개발의 추구, 셋째, 대규모 연구개발 수행 시 범부처 협력 연구개발 수행 추진 등으로 나타나고 있다.

먼저, 연구개발의 생산성 향상을 위해 기초연구에서부터 상업화까지를 연계하는 연구개발 시스템 개편이 진행되고 있다. 전 주기적 연구개발 관리시스템의 도입과 PM (Project Manager)제도[5]의 강화 전략이 모색되고 있다. 또한, 조기 유망기술 발굴 및 성과 창출을 위해 기술이전전담조직(TLO: Technology Licencing Office)을 강화하는 등 연구관

5) PM제도는 연구개발의 비가시성, 결과에 대한 불확실성 등의 단점을 극복하기 위해 철저한 프로젝트 관리의 개념을 도입하기 위한 노력이다.

리시스템의 체계화를 추구하고 있다. 아울러 토너먼트형 경쟁구도의 R&D 시스템을 통한 '중간탈락'(early exit)제도 도입이 추진되고 있다. 다음으로 원천기술 개발을 위해 탈추격형 전략을 추구하는 동시에 신성장동력의 가능성을 가진 핵심기술 발굴 및 개발에 노력하고 있다. 이를 위한 지식재산권과 연계한 원천특허 확보, 특허 보호전략, 지식재산기본법 등이 국가 차원에서 준비되고 있다. 또한 원천기술 개발시 성실실패(honorable fail) 용인 제도를 도입하는 등 연구자의 창의성을 제고하는 노력을 기울이고 있다. 마지막으로 연구개발 수행 시 실질적인 협력을 촉진하기 위해 타 부서 사업과 연계방안을 제시하는 경우 예산배분 시 가산점을 주도록 하는 등 새로운 제도적 장치를 마련하는 중이다.

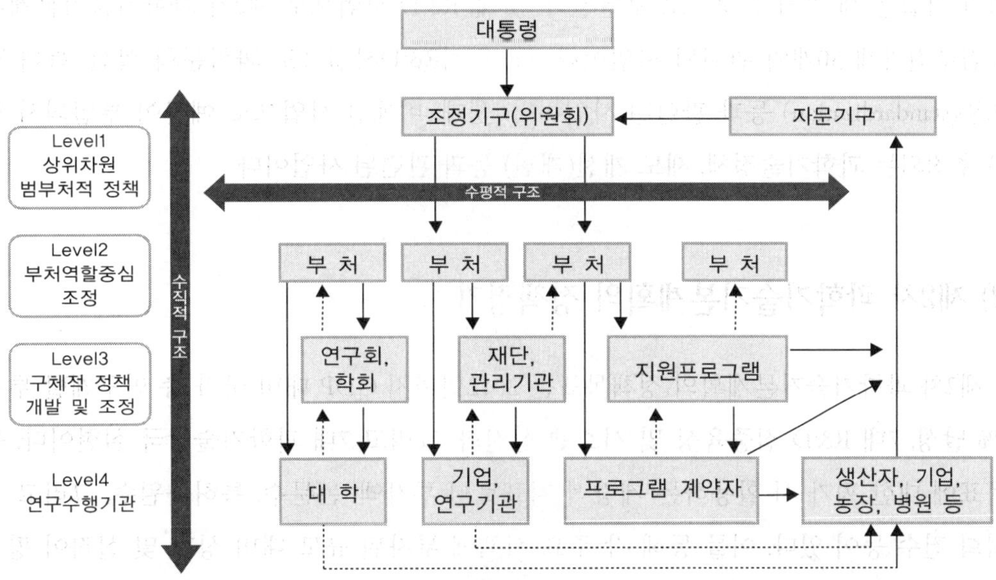

출처: Erik Arnold et al.(2003). Research and Innovation Governance in Eight Countries. Technopolis. 28. 재구성

〈그림 11-8〉 수평 · 수직 거버넌스

11.5 과학기술기본계획의 정책평가

1) 정책평가의 대상기관 및 사업

과학기술기본계획의 정책평가 대상기관은 정책집행 추진기관이며, 대상사업은 시행하기로 계획된 사업들이다. 따라서 일정 기간 동안 22개 중앙행정기관(14부 8청) 및 산하 기관들이 집행한 중점과제의 투입 규모, 주요 성과 및 실적, 목표 달성을 위한 세부사항 등을 기준으로 정책평가가 이루어진다.

정책평가의 대상이 되는 과학기술기본계획(577 전략)의 50개 중점추진과제 관련 정책과 사업은 세 가지 유형으로 구분된다. 첫째, R&D 사업으로 제2차 과학기술기본계획 중점추진과제 50개와 관련된 사업이다. 둘째, 비R&D사업으로 과학문화 확산, 특허 및 표준(standardization) 등과 관련된 사업이다. 셋째, 비예산 사업으로 예산이 투입되지 않고 추진되는 과학기술정책, 제도 개선(개편) 등과 관련된 사업이다.

2) 제2차 과학기술기본계획의 정책평가

제2차 과학기술기본계획의 정책목표는 2012년까지 GDP 대비 국가 총 연구개발 투자 5% 달성, 7대 R&D 집중육성 및 시스템 선진화, 그리고 7대 과학기술강국 실현이다. 동 목표에 대한 평가 시 활용하는 계량적 지표로써 투자액, 논문수, 특허출원수, 그리고 사업화 건수 등이 있다. 이를 통해 각 주요 시책에 투자된 규모 대비 성과 및 실적이 평가된다.

2009년 추진실적에 따르면, 과학기술기본계획은 해당 연도 시행계획의 투자계획 대비 99.4%를 집행했다. 성과로 국내 특허출원 18,154건(등록 6,772건), 국외 특허출원 3,824건(등록 1,035건)이었고, 논문발표 82,518건 중 국외 논문발표는 62,361건이었다. 그리고 2009년도 한 해 사업화 건수는 12,350건으로 나타났다.

〈표 11-6〉 제2차 과학기술기본계획의 추진실적(2009년): 7대 R&D 정량적 지표

7대 R&D	투자 (억원)	총논문수 (국외비중)	총특허출원 (국외비중)	사업화건수
주력기간산업 고도화	7,052	2,659 (46.5%)	2,459 (11.3%)	295건
신산업창출 핵심기술	4,413	3,364 (74.6%)	1,516 (33.8%)	188건
지식기반서비스산업	1,253	554 (49.6%)	440 (61.8%)	60건
국가주도기술	17,601	3,092 (52.4%)	1,277 (10.7%)	510건
현안관련 특정분야	7,941	3,673 (44.4%)	1,629 (13.3%)	1,058건
글로벌 이슈대응	10,219	3,465 (50.6%)	1,665 (10.2%)	236건
기초 · 기반 · 융합기술	2,813	2,612 (78.7%)	928 (24.1%)	39건
합 계	51,292	18,969 (56.6%)	9,914 (18.3%)	2,386건

출처: 이명박정부의 과학기술기본계획 2009년도 추진실적

〈표 11-7〉 제2차 과학기술기본계획의 추진실적(2009년): 7대 시스템 정량적 지표

(단위: 억 원, 건수)

7대 시스템	투자 (억원)	총논문수 (국외비중)	총특허출원 (국외비중)	사업화건수
세계적 과학기술인재양성	7,497	5,451 (74.2%)	841 (19.3%)	50건
기초원천연구 진흥	7,001	52,588 (86%)	8,862 (18%)	4,668건
중소 · 벤처기술혁신	7,613	1,079 (8%)	764 (6.3%)	3,853건
과학기술국제화	1,084	1,133 (57.3%)	272 (22.1%)	12건
지역기술혁신	7,566	2,149 (42.1%)	1,190 (11.5%)	1,336건
과학기술하부구조	2,589	1,149 (64.8%)	135 (6.7%)	39건
과학기술문화	699	0	0	6건
합 계	34,050	63,549 (81.3%)	12,064 (16.7%)	9,964건

출처: 이명박정부의 과학기술기본계획 2009년도 추진실적

정책집행의 달성 정도(정책평가)를 자세히 살펴보면 다음과 같다.

첫째 GDP 대비 국가 총연구개발 투자 5% 달성을 위한 연구개발투자 확대 추진 실적으로 정부연구개발 투자규모는 전년 대비 11% 확대되었으며, 민간 연구개발 투자 또한 '신성장동력펀드' 조성(2008.9)을 통해 민간 투자 5,400억 원을 유도하여 투자재원을 조성하였다. 그리고 조세특례제한법 제10조에 의거 조세지원을 확대하였다.

둘째, 7대 R&D 집중육성 및 7대 시스템 선진화 · 효율화를 위하여 정부가 투자한 액수는 총 8조 5,342억 원(7대 R&D: 5조 1,292억 원, 7대 시스템: 3조 4,050억 원)의 실적을 기록하였다.

성과로는 논문실적이 7대 R&D와 7대 시스템 각각 189,969건(국외 56.6%), 63,549(국외 81.3%)건으로 나타났다. 이는 전년도 실적 20,684건(국외 51.1%), 89,104건(국외 46.3%)보다 상당히 증가하였고, 국외 비중도 많이 증가하였다. 반면, 총 출원 특허수는 각각 9,914건(국외 18.3%), 12,064건(국외 16.7%)으로 전년도 실적 10,862건(국외 24%), 11,065건(국외 17.1%)보다 소폭 감소 및 비슷한 수준을 나타냈다.

또한 7대 R&D 중점투자분야의 10억원당 투자성과는 다음과 같다(〈그림 11-9〉 참고). 10억 원당 논문 및 특허출원이 많은 분야는 2008년과 2009년 모두 신산업창출 핵심기술 분야와 기초 · 기반 · 융합기술 분야이었으며, 10억 원당 사업화 실적이 가장 양호한 분야는 2008년의 경우 지식기반서비스 산업분야, 2009년은 현안관련 기술분야로 나타났다.

제2차 과학기술기본계획의 목표인 7대 과학기술강국 실현 대비 2009년 집행평가 결과를 살펴보면 SCI 논문 발표건수는 38,613편으로 증가했으나 세계 순위는 변동이 없으며, SCI 피인용도(5년 주기)는 3.28로 세계 순위가 소폭 상승했다. 국제특허출원(PCT 출원 기준)은 8,048건으로 출원 건수가 증가하고 있으며, 기술무역수지비는 0.45로 소폭 증가한 것으로 나타난다. 그리고 과학 · 기술 경쟁력을 살펴보면 과학경쟁력은 4위로 소폭 상승했으나, 기술경쟁력은 18위로 다소 감소하였다.

3) 정책평가의 한계

과학기술기본계획에 대한 평가는 논문 · 특허 수를 기반으로 한 정량적 지표와 및 기술이전 실적 및 관련연구 성공사례 등 정성적 지표를 토대로 이루어지고 있다. 그러나

2008년

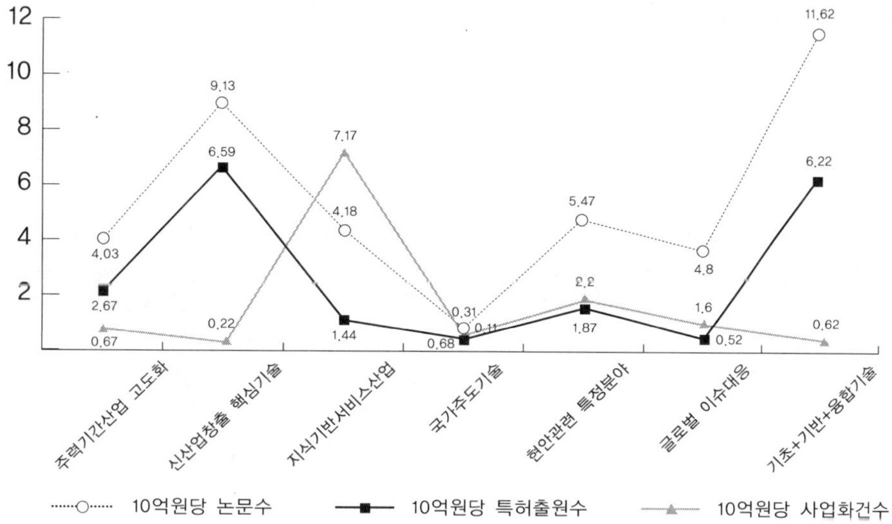

2009년

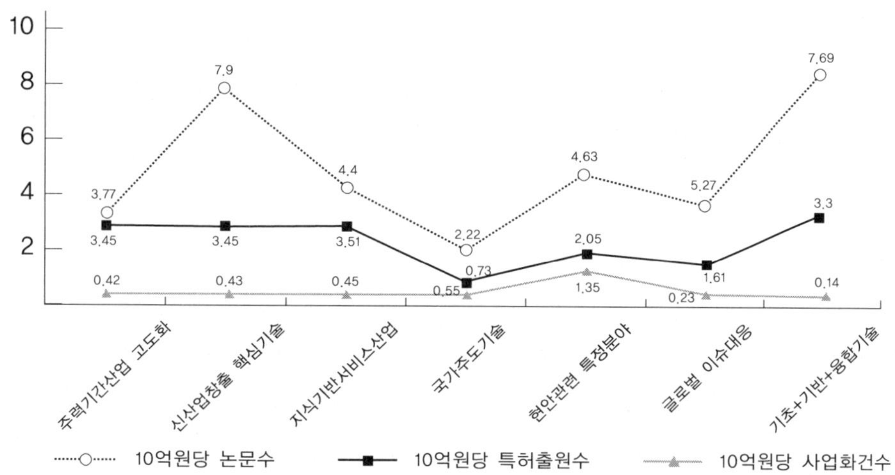

〈그림 11-9〉 7대 R&D 중점분야별 10억원당 논문, 특허, 사업화건수(2008, 2009년도)

이러한 정책평가는 정책에 대한 평가이기보다 투입(input)대비 산출(output)의 결과라는 지적이 많다. 현실적으로는 과학기술기본계획의 방향에 따라 실행되는 각 부처별 사업 및 세부과제들의 집행결과에 대한 평가에는 한계가 따른다. 각 세부 정책들이 상위 정책과 얼마나 부합하는가를 측정한다거나 정책집행의 성공 정도를 가늠하는 것 등은 주관적일 가능성이 많으며, 이러한 평가에는 상당한 전문성이 요구되기 때문이다.

통합적인 선순환 과학기술정책 관점에서 볼 때, 정책평가는 평가 그 자체에 의미를 두기보다는 형성 · 집행 · 평가라는 전주기적 관점에서 효율적인 연구지원을 위한 단계로 고려하여야 할 것이다.

〈표 11-8〉 제2차 과학기술기본계획 추진실적(2009년): 주요 정량적 성과

주요 성과지표	기준년도 (세계순위)	현재	비고	2012년 목표
SCI논문 발표건수	2006년 28,316편, 12위	2009년 38,613편, 12위	양은 증가 순위 변동없음	35,000편
SCI논문 피인용도 (5년주기)	2006년 2.93회, 31위	2008년 3.28회, 30위	소폭 상승	4.5회, 20위 내
국제특허출원 (PCT출원 기준)	2007년 7,064건	2009년 8,048건	양 증가	10,000건
기술무역수지비	2006년 0.39	2008년 0.45	소폭 상승	0.7
과학 · 기술 경쟁력	2008년 5위, 14위	2010년 4위, 18위	과학경쟁력소폭상승 기술경쟁력감소	5위, 5위

출처: 이명박정부의 과학기술기본계획 2009년도 추진실적 재구성

PART Ⅳ

주요국의 과학기술정책

'주요국의 과학기술정책'에서는 미국, EU, 일본, 그리고 중국의 과학기술정책을 개괄적으로 살펴보고자 한다. 이들은 세계의 과학기술을 선도하고 있는 국가들로 이들 국가의 과학기술정책의 구조와 동향은 중요한 시사점을 제공하고 있다. 각 국가의 과학기술행정시스템, 예산편성 절차, R&D 투입, 연구시스템, 인적자원, R&D 산출, 그리고 주요 정책이슈 등을 살펴본다. 이들 주요국의 실태와 동향은 UNESCO에서 발간한 Science Report 2010에서 주요 내용을 발제하였다.

Part Ⅳ의 내용 구성은 다음과 같다.

제 12 장 미국의 과학기술정책	제 13 장 유럽연합(EU)의 과학기술정책	제 14 장 일본의 과학기술정책	제 15 장 중국의 과학기술정책
12.1 과학기술 행정시스템 12.2 행정부의 예산편성 절차 12.3 R&D 투입 12.4 대학연구시스템 12.5 인적자원 12.6 R&D 관리의 변화 12.7 국제협력	13.1 유럽연합의 주요 정책이슈 13.2 제도 개혁 13.3 유럽의 협력과 통합 13.4 국가와 지역의 차이	14.1 과학기술 행정시스템 14.2 예산편성 절차 14.3 정책환경 14.4 R&D 투입 14.5 R&D 산출	15.1 과학기술 행정시스템 15.2 예산조정체계 15.3 2020 혁신계획 15.4 국가 과학기술프로그램 15.5 R&D 투입 15.6 R&D 산출 15.7 하이테크 산업

CHAPTER 12

미국의 과학기술정책

제12장에서는 세계 최강의 과학기술국가인 미국의 과학기술정책 구조와 실태 그리고 주요 동향을 고찰하고자 한다. 첫째, 미국의 과학기술 행정시스템을 간략히 살펴본다. 둘째, 행정부의 예산편성 절차를 통하여 R&D 예산이 편성되는 과정을 소개한다. 셋째, R&D 투입 규모와 행정부의 R&D 예산 그리고 과학기술 관련 주요 투자내용을 논의한다. 넷째, 과학기술적 기반을 제공하는 대학의 연구시스템의 현황과 특성 그리고 주요 동향을 고찰한다. 다섯째, 과학기술 인적자원의 구성과 주요 흐름을 소개한다. 여섯째, 최근 R&D의 성과와 책무성을 제고하기 위한 관리방식에서의 변화와 현실적 적용사례를 다룬다. 마지막으로 과학기술 국제협력 실태를 살펴본다.

12.1 과학기술 행정시스템

미국은 전통적으로 다양성을 인정하는 국가로서 연방정부 차원의 독립적 과학기술 전담부처없이, 개별 부처별로 분산된 R&D 시스템을 운영하는 체제로 부처 또는 연방기관의 임무(mission)에 따른 과학기술정책이 이루어진다. 연방정부기관의 임무와 관련된 고유정책들이 진행되며, 이러한 정책들은 다른 기관과 연계하여 프로그램을 조정하거나 연구분야와 과제간의 균형 추구 등이 쉽지 않아 연방차원에서 진행되고 있는 정책 및 연구의 건전성을 평가하기가 어렵다.

미국의 과학기술관련 주요조직으로는 국가과학기술위원회(NSTC)와 대통령과학기술자문회의(PCAST), 이들 조직의 사무국 역할을 담당하는 대통령 산하 과학기술정책실(OSTP), 그리고 의회와 행정부서, 공공연구기관과 대학 등이 있다. 여기서는 과학기술정책실을 중심으로 살펴보고자 한다. 과학기술정책실(Office of Science and Technology Policy: OSTP)은 연방정부 수준의 국내 · 외 과학기술업무와 관련하여 대통령의 자문을 담당하고 있다. 주로 연방정부의 주요정책, 계획, 프로그램에 대한 과학기술적 분석 및 판단을 위한 자료 및 의견을 제공한다. OSTP는 국가과학기술위원회(National Science and Technology Council: NSTC)[1] 와 대통령과학기술자문회의(President's Council of Advisors on S&T: PCAST)[2] 의 사무국 역할을 담당하며, 1개 실장실(Director's office)과 5개 부서(과학, 기술, 국가안보 및 국제 업무, 에너지 및 환경, 예산 및 행정)로 구성되어 있다. 그리고 NSTC의 조정결과가 R&D예산 편성에 반영되도록 관리예산처(Office of Management and Budget: OMB)[3] 와 상시적으로 협의하며, 연방 R&D예산 편성과정에서 OMB와 함께 차차기(2년 후) 연도 연구개발 투자의 우선순위를 공동으로 발표한다.

국가과학기술위원회(NSTC)는 범부처 차원의 R&D 투자 우선순위 제시 및 부처간 사업

1) NSTC의 주요기능은 ① 연방정부 차원의 과학기술정책 결정과정 조정, ② 대통령의 국정목표와 일치하도록 과학기술정책과 프로그램에 대한 일관성 확보, ③ 대통령의 과학기술정책 의제에 따른 정책 통합지원, ④ 과학기술이 연방정책 및 프로그램을 개발 · 이행하도록 지원, ⑤ 과학기술 분야의 국제협력 등이 있다

2) PCAST의 주요 기능은 대통령과 NSTC를 위한 민간부문의 의견을 정책결정과정에 반영하도록 자문하는 것이다.

3) OMB는 예산집행의 감독과 통제, 행정조직 및 관리절차 검토, 연방정부 및 기관과의 조정 · 협조 증진 등의 기능을 수행하며, 연방정부기관에서 제출한 예산요구서를 대통령의 정책적 우선 순위에 따라 검토하고 대통령의 예산안을 작성하여 의회에 제출한다. 그리고 연방정부기관이 예산요구서를 준비하는데 필요한 지침 및 가이드라인을 제공하고, 각 부처로부터 부처의 우선순위와 관심사항에 대한 정보를 제공 받고 있다.

(Interagency R&D Programs)을 중심으로 조정을 실시하며 모든 R&D예산에 대한 의사결정은 하지 않는다. 미연방정부에서는 부처 수준에서 예산조정을 실시하는 한편, 의회는 예산관련법을 결정하는 주체로서 R&D를 포함한 재량 프로그램들은 관련 소위원회와 상원위원회에 의해 영향을 많이 받는다.

미국의 경우 R&D 예산은 각 연방정부기관의 일반예산에 포함되어 있기 때문에 비R&D예산 편성과정과 분리되지 않는다. 통상적으로 연방정부기관은 R&D 및 비R&D예산이 포함된 예산요구서를 작성하여 관리예산처에 제출한다. 관리예산처는 이를 취합·조정하여 대통령의 예산(안)을 확정하여 의회에 제출하면 의회는 세출위원회를 통해 심의하게 된다. 따라서 R&D 예산은 각 부처의 비R&D예산과 동일하게 심의과정을 거치기 때문에 부처내 비R&D사업과 경쟁하며, 해당 의회의 세출위원회에서는 타 부처 사업과 경쟁하는 구조를 갖는다.

12.2 행정부의 예산편성 절차

미국 연방정부의 R&D예산 편성은 과학기술정책실(OSTP) 및 국가과학기술위원회(NSTC)가 관리예산처(OMB)와 협의하여 추진하고 있으며 이를 살펴보면 다음과 같다(〈표 12-1〉 참고).

첫째, 3월에서 5월 기간 동안 OMB는 재무부(Department of Treasury) 및 경제자문위원회와 협의하여 경제 및 재정전망을 작성한다. 아울러 연방정부 프로그램, 정책 및 절차의 효과성 검토, 정부기관들 간의 경쟁자금에 대한 평가, 투자 우선순위를 설정하고, R&D 프로그램의 이슈, 예산규모 등에 대하여 대통령에게 의견을 제시한다. 대통령은 OMB 국장, 관계 각료 등과 협의하여 일반적인 예산지침과 각 부처의 목표를 수립하며, 부처별 지출한도를 설정하여 OMB에 전달한다. R&D 관련 연방정부기관은 과학기술정책실의 지침에 따라 전년도 예산집행의 평가, 현행 정책의 문제점, 차기연도 예산 관련 프로그램의 계획 등을 검토하고 그 결과를 예산요구계획서에 반영하여 OMB에 제출한다.

〈표 12-1〉 미국 행정부의 예산편성 절차

시기	담당기관	업무내용
3~5월	OMB	재무부(Department of Treasury) 및 경제자문위원회와 협의하여 경제 및 재정전망을 작성하고, 연방정부 프로그램, 정책 및 절차의 효과성 검토, 정부기관들 간의 경쟁자금에 대한 평가, 투자우선순위 등의 기능을 수행하며, R&D프로그램의 이슈, 예산규모에 대하여 대통령에게 의견 제시
	대통령	OMB 국장, 관계 각료 등과 협의하여 일반적인 예산지침과 각 부처의 목표를 수립하며 부처별 지출한도를 설정하여 OMB에 전달
	연방정부 기관	전년도 예산집행의 평가, 현행 정책의 문제점, 차년도 예산 관련 프로그램의 계획 등을 검토하고 그 결과를 예산요구계획서에 반영하여 OMB에 제출
6~9월	OMB	부처별 지출한도 및 OSTP와 공동으로 작업한 투자우선순위 지침을 발표하며, 예산요구서 작성과 관련된 '예산안 편성지침'을 연방정부기관에 하달. 또한 각 부처의 예산책임자와 함께 Summer Review*를 함으로써 각 부처에서 요구된 계획간의 예산에 대한 영향을 협의
	연방정부 기관	OMB가 작성한 "예산안 편성지침"과 기 제시된 투자 우선순위에 근거하여 내부지침을 마련하여 예산요구서를 작성하며, 이를 9월 15일까지 OMB에 제출
9~11월	OMB	예산사정관(examiner)은 각 부처 및 기관으로부터 제출된 예산 요구서에 대하여 예산사정 작업을 실시하며, 예산사정관들의 보고서는 사정위원회에 의해 심의된 후 각 부처 및 기관에 예산조정 결과를 통보하고 의견 청취 후 대통령에게 의견을 제시
	대통령	예산의견을 검토하여 각 부처의 예산규모 및 총예산을 결정
11월 ~ 차기연도 2월	대통령 OMB	대통령의 결정사항을 각 부처 및 기관에 통보하며, 각 부처 및 기관은 이를 반영하여 수정된 예산요구서를 OMB에 제출 OMB는 최종 대통령 예산안을 마련하고 대통령의 검토 · 승인을 받은 후, 매년 2월 첫째 주 월요일 이전에 의회에 제출

* 과거에는 봄에 수행한 검토(Spring Review)였으나 최근 OMB는 이를 7월부터 시작하는 여름 검토(Summer Review)로 일정을 수정함

출처: KISTEP(2010a), 재구성

둘째, 6월에서 8월 기간 동안 OMB는 부처별 지출한도 및 OSTP와 공동으로 작업한 투자 우선순위 지침을 발표하며, 예산요구서 작성과 관련된 '예산안 편성지침'을 연방정부기관에 하달한다. 또한, 각 부처의 예산책임자와 함께 Summer Review를 함으로써 각 부처에서 요구한 계획의 예산에 대한 영향을 협의한다. 연방정부기관들은 OMB가 작성한 "예산안 편성지침"과 이미 제시된 투자 우선순위에 근거하여 내부지침을 마련하여 예산요구서를 작성하며, 이를 9월 15일까지 OMB에 제출하게 된다.

셋째, OMB는 예산사정관(examiner)을 통해 각 부처 및 기관으로부터 제출된 예산 요구서에 대하여 예산사정 작업을 실시한다. 예산사정관들의 보고서는 사정위원회에 의해 심의 후 각 부처 및 기관에 예산조정 결과를 통보하고 의견 청취 후 대통령에게 의견을 제시한다. 예산사정 과정에는 전문가 및 각 기관의 대표로부터 정책, 예산 및 관리의 문제에 대하여 설명을 듣는 청문회 절차가 포함된다. 이를 토대로 대통령은 예산의견을 검토하여 각 부처의 예산규모 및 총예산을 결정하게 된다.

마지막으로, OMB는 대통령의 결정사항을 각 부처 및 기관에 통보하고, 각 부처 및 기관은 이를 반영하여 수정된 예산요구서를 OMB에 제출하면, OMB는 최종 대통령 예산안을 마련하여 대통령의 검토 · 승인을 받은 후, 차기연도 2월 첫째 주 월요일 이전 의회에 예산(안)을 제출하게 된다.

12.3 R&D 투입

미국의 정부와 민간을 포함한 총 연구개발지출(GERD)은 2007년 현재 3,681억 달러에 이르고 있으며, 이중 민간이 67%, 연방정부가 27%, 주정부 · 대학 · 비영리조직들이 약 7%를 투입하고 있다(UNESCO, 2010)[4].

GDP 대비 GERD의 비율은 2007년 현재 2.67%로 2003년 2.81%로 최고를 기록한 이후 점차 낮아지는 추세이다.

4) 반올림으로 인해 총 101%로 집계됨

〈표 12-2〉 미국의 부처별 R&D 예산

부처(기관)	2008년	2009년 본예산	2009년 경기 부양예산	2009년 총계	전년대비 증가율
국방부(Defense)	79,347	82,379	200	82,579	4.1%
보건복지부(HHS)	29,966	29,816	11,100	40,916	36.5%
항공우주국(NASA)	12,251	12,188	950	13,138	7.2%
에너지부(Energy)	9,724	9,661	5,500	15,161	55.9%
국립과학재단(NSF)	4,501	4,479	2,980	7,459	65.7%
국토안보부(Homeland Security)	992	1,085	-	1,085	9.4%
농무부(Agriculture)	2,359	2,412	176	2,588	9.7%
상무부(Commerce)	1,138	1,138	600	1,738	52.7%
교통부(Transportation)	820	820	-	820	-
보훈처(Veterans Affairs)	891	952	-	952	6.9%
내무부(Interior)	676	676	-	676	-
환경보호청(EPA)	548	548	-	548	-
기타	1,140	1,140	-	1,140	-
합 계	144,354	147,295	21,506	168,800	16.9%

출처: 교육과학기술부(2010)

〈표 12-3〉 미국의 과학기술관련 투자 주요내용

기관 및 사업	투자액(천달러)
국립통신정보관리청	5,350,000
- 미래 광대역 프로그램	4,350,000
- 광대역 매핑	350,000
- 디지털TV 쿠폰	650,000
국립표준기술연구소	600,000
- 과학기술 연구 및 서비스	220,000
- Health IT	20,000
- 건설 비용	360,000
국립해양기상청	836,000
- 실험, 연구 및 장비	230,000
- 구매, 조달 및 건설 비용 등	606,000

국립항공우주국	1,002,000
- 과학	400,000
- 항공	150,000
- 탐사	400,000
- 기관간 지원(건설 비용) 등	52,000
국립과학재단	3,002,000
- 연구 및 관련 활동	2,500,000
- 교육 및 인력양성	100,000
- 주요 시설 및 장비 마련 등	402,000
에너지부	28,583,000
- 응용연구, 개발, 실험 등	2,500,000
- 바이오매스	800,000
- 지열에너지	400,000
- 인터넷&웹매체(IC&T) 효율성 제고 및 표준 향상 연구	50,000
- 에너지 효율 보조금	3,200,000
- 기후변화 적응	5,000,000
- 주정부 에너지 프로그램	3,100,000
- 미래 전지 제조	2,000,000
- 대체 연료 전지 시험 보조금	300,000
- 운송기관 충전	400,000
- 에너지 절약 제품 면세	300,000
- 전기 수송 및 신뢰성	4,500,000
- 전문가 훈련	100,000
- 화석 에너지 R&D	3,400,000
- 청정 석탄 프로그램	800,000
- 탄소 포집 에너지 효율 개선	1,520,000
- 미래 수요 및 요구 자원 추정	80,000
- 환경 정화	483,000
- 우라늄 농축 정화 기금	390,000
국립보건원	10,000,000
- 국립 연구 자원 센터	1,300,000
- 기술이전센터	7,400,000
- 건물, 장비 등	1,300,000

출처: 교육과학기술부(2010)

미 연방정부는 2009년도 R&D 예산을 1,473억 달러로 책정했는데, 사회경제목적에 따라 구분하여 살펴보면, 전체 R&D 예산 가운데 국방부문이 845억 달러로 절반 이상을 차지하고 있다. 보건분야 R&D 예산이 308억 달러로 비국방예산의 약 50%를 차지하고 있다. 이는 미국이 OECD 국가 가운데 국방 및 보건부문의 R&D 비중이 가장 높은 국가임을 나타내고 있다. 연방정부의 R&D 예산 중 기초연구를 수행하거나 지원하는 대표적인 기관으로는 국립보건원(NIH), 국립과학재단(NSF), 에너지부(DoE), 항공우주국(NASA), 국방부(DoD), 농무부(DoA), 국토안보부(DoHS)[5] 등이 있으며, 전체 기초연구 수행기관 예산(303억 달러)의 약 96%(294억 달러)를 이들 7개 기관에서 관리하고 있다.

2009년 2월 오바마 대통령은 미국의 경제위기 극복과 일자리 창출, 중산층 지원 및 미래 성장잠재력 확충 등을 목표로 한 경기부양법(ARRA)[6] 에 서명하였다. 동 법의 주요 목표에는 청정 · 효율적 에너지, 과학기술을 통한 경제전환, 도로 · 교량 · 운송 · 운하의 현대화, 21세기를 위한 교육, 소득과 일자리 창출을 위한 감세, 의료비 인하, 경제적 어려움을 겪는 노동자 지원, 공공분야 일자리 지키기 및 필수 서비스 보호 등이 포함되었다. 동 법을 집행하기 위한 총 8,000억 달러의 예산 가운데 300억 달러 이상을 과학기술과 관련된 부분에 배분하였다. 여기에는 청정(clean)에너지, 교육, 기초연구, 보건, 광대역통신, 의료, 인프라 등이 포함되어 있다.

12.4 대학연구시스템

미국의 대학은 2006년 국가전체 R&D의 14%를 차지하는 역할을 수행하였으나, 점차 국가연구시스템에서의 비중이 낮아져, 최근에는 지역의 기초연구 57%를 담당하는 주체로 역할을 전환시켜 가고 있다. 특히, 기업의 자체적인 기초연구가 소홀해지고, 점차 단

5) NIH: National Institutes of Health, NSF: National Science Foundation, DoE: Department of Energy, NASA: National Aeronautics and Space Administration, DoD: Department of Defense, DoA: Department of Agriculture, DoHS: Department of Homeland Security

6) 주요 목표: ① Clean, Efficient, American Energy, ② Transforming our Economy with Science and Technology, ③ Modernizing Roads, Bridges, Transit and Waterways, ④ Education for the 21th Century, ⑤ Tax Cuts to Make Work Pay and Create Jobs, ⑥ Lowering Healthcare Costs, ⑦ Helping Workers Hurt by the Economy, ⑧ Saving Public Sector Jobs and Protect Vital Services

기 응용 R&D에 집중하는 경향이 확산됨에 따라 대학은 기초연구 수행에 더욱 중요한 주체로 기능을 수행하고 있다. 1995년에서 2002년 사이, 대학의 특허 출원은 증가하여, 2002년 3,300건으로 최고점에 이르렀고, 2005년에 2,700건으로 하락하였다. 반면, 대학이 특허를 통해 벌어들인 로열티는 2002년 60만 달러에서 2005년 90만 달러로 상승하였다.

대학원 수준에서의 학술연구나 고급교육은 비교적 적은 수의 대학에서 이루어지고 있으며, 현재 3,400개의 학위수여기관에 1,450만 명의 학생이 분포되어 있다. 이 중 127개는 연구대학으로 분류되며, 이들 대학에 매년 1,550만 달러 이상의 예산이 투입되고 있다. R&D를 기준으로 상위 100개 대학이 전체의 80%, 상위 200개 대학이 96%의 예산을 차지하고 있다. 2006년 현재 미국 대학에는 총 478억 달러의 R&D 예산이 투입되고 있으며, 연방정부가 2/3, 민간부문에서 1/5을 분담하고 있다.

사립대학은 연구 및 교육 예산을 기부금에 의존하고 있는데 매년 줄어드는 추세를 보이고 있다. 일반적으로 신규 교수들은 그들이 외부 연구자금을 획득할 때까지 2년 정도 소속 대학에서 지원해 주는데, 최근 경기 불황의 여파로 대학이 지원할 수 있는 한도가 점차 줄어들고 있다.

이러한 상황은 주립대학에서도 비슷하게 나타난다. 사립대학의 기부금 감소에 따른 문제와 동일한 양상이 주립대학의 경우 예산삭감으로 인해 발생하고 있다. 주립대학의 경우 대부분의 연구비를 연방자금이나 비영리조직(주로 소규모임)으로부터 지원을 받지만, 의존율이 큰 재원은 주정부의 예산이다. 최근 주정부의 재정위기에 따른 주립대학 지원문제의 해결책으로 연방정부의 경기부흥프로그램에서 파생된 자금을 여기에 투입하는 상황이 나타나고 있다.

미국 연구대학에서 수행되는 과학 및 공학 분야 연구의 질적 수준은 매우 높다. 2006년 과학기술분야 SCI 논문 890,000여편 가운데 약 44%가 미국저자가 참여한 논문이며, 이 중 약 74%가 대학에서 발표한 것이다. 또한 대학 순위의 경우 2008년 25개 세계 상위 대학 중 미국 대학이 19개 포함되어 있다. 나머지 대학으로는 케임브리지대학(4위), 옥스포드대학(10위), 도쿄대학(19위), 교토대학(23위), 스위스 연방대학 · 토론토대학(24위)이 있다.

이러한 높은 질적 수준에도 불구하고 미국 연구대학은 국제적인 경쟁에 지면해 있다. 2002년 세계에서 발표된 과학기술분야 논문 중 미국의 비중이 30.9%, 일본 10.0%, 그리고 전체 OECD 국가의 비중은 84%인 반면, 2008년의 경우 미국의 비중은 27.7%, 일본 7.6%, 그리고 OECD 국가의 비중은 76.4%로 감소되는 추세를 나타내고 있다. 특히, 중국의 경우 2002년 5.2% 비중에서 2008년에는 10.6%로 급격한 상승세를 나타내고 있다는 점이 매우 주목할 만하다.

현재 미국의 연구대학이 당면하고 있는 문제는 연구가 첨단화됨에 따라 점차 특성화되고 있다는 것이다. 미국 대학의 특성화 문제란 많은 대학조직들이 세부 전공분야별 독립조직으로 파편화되고 있는 현상을 가리킨다. 이는 지식의 전달과 탐구 기관으로서 연구대학 본연의 역할을 약화시키는 문제점을 발생시킨다. 또한 과거 기초학문의 중심에 있었던 많은 대학들이 최근 법학 및 의학 전문대학을 설립하고, 재무나 마케팅 같은 실용적인 전공을 추가하는 등 대학의 학문적 지향성이 떨어지는 현상이 나타나고 있다. 이러한 현상 자체는 문제가 되지 않는다 해도, 연구대학의 파편화를 더욱 촉진시키는 원인을 제공해 왔다.

12.5 인적자원

미국의 과학과 공학분야의 인적자원을 살펴보면, 2006년 기준 약 1,700만 명이 과학이나 공학분야에서 학사 이상의 학위를 받은 것으로 나타난다. 여기에 보건이나 기술 등 관련 분야를 포함하면 2,140만 명으로 증가한다. 2004년 이전에 과학 또는 공학분야에서 학사 이상의 학위를 받은 15,530명을 대상으로 조사한 결과를 보면, 이 중 5,120명(33%)이 직접적으로 엔지니어나 과학과 관련된 직업에 종사하는 것으로 나타나고 있다. 나머지 10,410명은 과학기술과 관련이 없는 직업에 종사하고 있으나, 이중 약 2/3가 본인이 받은 학위와 다소 유사한 직종에 근무하는 것으로 조사되었다. 또한 과학 · 공학분야의 학위 보유자 중 59%는 영리조직, 13%는 정부, 비영리단체, 대학 · 교육기관 등에 소속되어 있으며, 박사학위자의 경우 44%가 대학, 33%는 영리조직, 9%는 정부기관에서 일하고 있는 것으로 나타났다.

대학 입학연령 집단은 점차 줄어들고 있으나, 대학 입학자는 1986년 1,270만 명에서 2004년 1,690만 명으로 증가추세에 있다. 그리고 20세에서 24세 연령 인구는 2050년까지 꾸준히 증가추세를 보일 전망이다. 반면, 2004년 대학입학생 약 1,690만 명 가운데 과학과 공학 전공자는 전체 3.5%인 58.3만명에 불과하고, 박사학위자의 숫자는 2005년에 3만 명으로 가장 높은 수치를 기록했는데, 이는 공학이나 생명 및 농업과학 분야에서의 높은 증가율 때문이다.

박사학위자의 증가는 외국 유학생들의 유입 때문으로 수학, 컴퓨터 과학, 물리학, 공학분야의 경우 전체 박사학위자의 50% 이상이 외국 유학생이며, 생물과학(biological scicnecs) 26%, 의학 및 생명과학(life sciences) 22% 비중을 외국 유학생들이 자시하고 있다. 지난 20여 년간 미국의 과학기술분야에서 박사학위를 받은 외국 유학생들 중에는 중국, 대만, 인도, 한국 출신들이 약 50% 이상을 차지하고 있다. 2005년 경우 이중 약 3,500명의 중국 출신 학생들이 모국으로 돌아갔으며, 1,250명의 인도 및 한국출신이 모국으로 돌아간 것으로 나타났다.

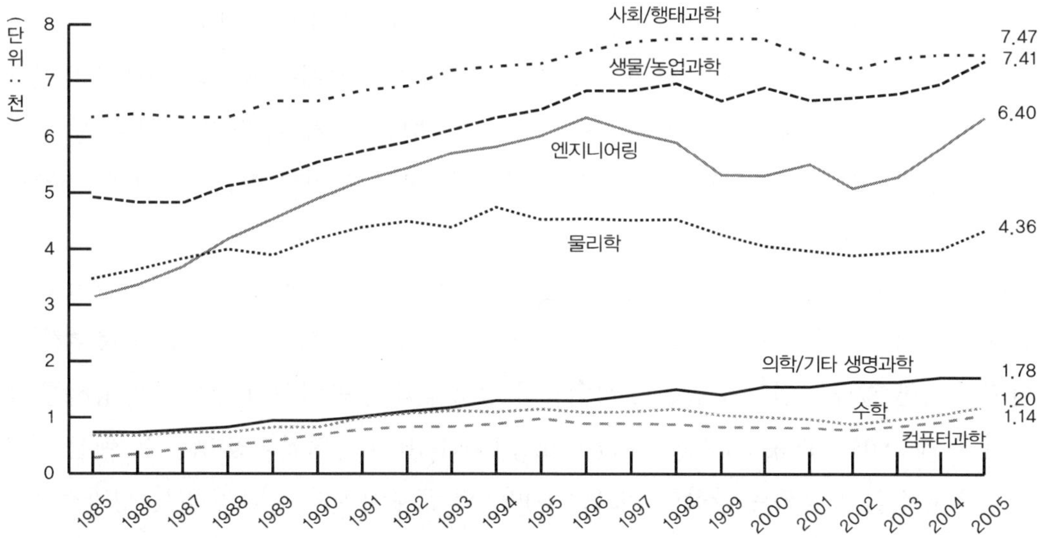

출처: UNESCO(2010), UNESCO Science Report 2010. p.52

〈그림 12-1〉 미국에서의 과학기술분야 박사학위자 추세: 1985-2005

12.6 R&D 관리의 변화

공공부문의 R&D는 사회적 수익(social return)를 최대화하는 것을 목적으로 하고, 민간부문의 R&D는 투자의 단기 경제적 수익 극대화를 목적으로 하기 때문에 공공부문의 R&D 관리는 민간부문과 다른 방식을 적용해야 한다.

미국 정부는 기초연구와 수학 및 과학교육에 대한 정부투자의 효과성을 측정하는데 어려움을 경험해 왔다. 연방 투자에 대한 책무성 요구에 대응하여 연방정부는 1993년 정부성과결과법(GPRA: Government Performance & Results Act)을 제정하였고, 국립과학재단(NSF)에서는 이를 기초연구 프로그램의 평가에 적용하였다. 결과는 기대와 달리 '측정방법의 개발'로 나타나 많은 문제점이 제기되었다. 이에 대해 'GPRA 성과평가를 위한 NSF 자문위원회'는 GPRA를 NSF 사업에 적용할 때 달성여부에 초점을 두어야 하는 4개의 목표—발견(discovery), 학습(learning), 연구인프라(research infrastructure), 그리고 개인적 책무(stewardship)—를 제시하였다. 이와 같은 광범위한 목표의 진보 여부를 정량화한다는 것은 쉽지 않음에도 불구하고 이러한 주장의 근거에는 평가과정이 NSF 연구 포트폴리오의 질을 평가하고 개선하는데 효과적이었다는 사실이 담겨져 있다. 동 위원회에서는 위원회 권고사항에 대한 집행여부를 파악하고, 이러한 기준에 위배된 평가사례를 선정하는 등의 노력을 기울이고 있다.

GPRA는 연방정부기관의 성과지표 확보율을 높이는 등 성과지향적인 사업관리 문화를 확산시키는데 일정한 기여를 하고 있으나, 실질적으로 적합한 성과지표가 충분히 개발되지 못한 결과 사업평가 현실과 사업평가 정보에 대한 불일치의 문제가 발생하게 되었다. 이에 2003년 Program Assessment Rating Tool(PART)이 도입되었다. 이는 예산과 성과를 통합적인 개념으로 확장한 것으로 GPRA의 운용결과가 신뢰성 있는 성과정보를 제시하지 못한 결과 도입된 것이다. PART는 연방정부 전체 사업평가에서 하나의 일관성 있는 접근방법을 제공하기 위한 일련의 질문서이며, 객관적인 자료에 기초한 진단도구로 사업성과와 예산을 연계하는 도구라 할 수 있다. PART 지침은 사업의 효과를 분명하게 증명할 수 있는 기준을 제시하고 있으며, 매년 실행과정에서의 문제점을 개선한 지침 개정을 통해, 연방정부기관의 사업평가 역량 강화와 성과지표 개발의 방향을 제시해 가고 있다.

12.7 국제협력

국제 연구협력은 비전유적(non-proprietary) 연구, 특히 기초연구에서 오랜 기간동안 중요하게 인식되어 왔다. 그리고 인터넷의 발달은 세계적인 대학간의 연구 협력을 유인하였으며, 개인연구자뿐만 아니라 기관간의 협력도 활발하게 하였다.

2005년 과학기술분야 SCI 논문 중 약 27%가 미국과 미국 이외의 기관에 소속된 과학자와 엔지니어들의 논문으로 1995년의 17%와 비교하여 매우 높은 증가세를 나타내고 있다. 기술분야별로 볼 때 천문학은 42%(1995년)에서 58%(2005년)로, 물리학은 28%(1995년)에서 38%(2005년), 그리고 지구과학은 28%(1995년)에서 33%(2005년)로 증가하였다.

최근 소규모 개별연구(small science)에서 정부의 역할은 협력을 촉진하는 형태로 정책방향이 진행되고 있으며, small science에서 협력은 당연한 형태로 자리잡고 있다. 대규모 연구(Megascience)는 고가의 장비가 필요하거나 거대 규모의 연구프로젝트에 따른 기초연구에 초점이 맞추어져 있기 때문에 단일 지역에서 진행하는데 어려움을 겪고 있다. 따라서 정부의 폭넓은 투자와 조직화된 과학기구들의 지원이 요구됨에 따라 OECD에서는 전지구과학포럼(GSF: Global Science Forum)을 설치 · 운영하고 있다. 또한 미국은 유럽입자물리학연구소(CERN: Conseil Europeen pour la Recherche Nucleaire)의 강입자가속기(LHC) 건설을 지원하여 공동실험을 진행하고, 프랑스 남부의 국제핵융합실험로(ITER) 건설에 참여하고 있다.

CHAPTER 13

유럽연합(EU)의 과학기술정책

제13장에서는 유럽연합(EU)의 과학기술정책 구조와 주요특성을 살펴보고자 한다. 첫째, 유럽연합의 주요 정책이슈를 간략히 다루고자 한다. 둘째, 유럽연합이 추진한 제도 개혁의 주요내용을 소개한다. 셋째, 다양성을 가진 유럽의 협력과 통합에 대해 고찰한다. 마지막으로 유럽연합 국가와 지역의 차이에서 나타나는 특성을 분석한다.

13.1 유럽연합의 주요 정책이슈

유럽연합(EU)은 27개국으로 구성되어 있으며, 총인구는 2008년 현재 4억 9,550만 명이다. 이 중 11개국이 연구와 기술개발을 위한 EU 제7차 프레임워크 프로그램(FP: Framework Program; 2007~2013)에 예산을 투입하기로 한 과학기술 협력협정에 참가하고 있다. 유럽연합은 2000년의 리스본 전략(Lisbon Strategy)과 2002년 바르셀로나 회의를 통해 2010년까지 총 연구개발 지출(GERD)을 GDP 대비 3.0%로 높이기로 한 목표를 설정하고 노력해 왔으나 현재 이러한 목표는 달성되지 못하고 있다.

유럽의 연구와 관련한 개념인 유럽의 연구영역(European Research Area)은 이미 2000년의 리스본 전략 채택 이전부터 시작된 것으로 아래 여섯 가지 영역을 대상으로 집행위원회(European Commission), 각료이사회(Council of Ministers), 의회(European Parliament)를 통해 재활성화된 것이다(〈표 13-1〉 참고).

〈표 13-1〉 유럽의 연구영역 개념

1. 유럽은 잘 훈련되고 유동성이 있는 충분한 연구자를 보유해야 한다.
2. 연구 인프라는 과학기술의 모든 영역에서 연구를 촉진하는데 필수적이다.
3. 학습과 연구의 질이 높은 우수 연구기관이 필요하다.
4. 민간을 포함한 모든 연구주체간의 지식공유는 성공에 필수적이다.
5. 조정된 연구 프로그램은 각 국가간 노력의 집합체로서 만들어져야 한다.
6. 유럽은 과학기술혁신 노력을 세계에 대해 개방하여야 한다.

그리고 EU와 각 국가별 자금이 포함된 계획인 '공동기술구상(Joint Technology Initiatives)'은 유럽연구회(ERC: 2006년 설립)와 연구인프라에 대한 집중적 논의가 결합되어 이루어진 것이다. 동 구상은 현재 프레임워크 프로그램(FP)에 대한 근본적인 재검토와 함께, 수많은 소규모 과제에서부터 소수의 주된 연구사업에 자금을 제공하는 등의 변화를 가져오고 있다.

13.2 제도 개혁

연구개발에서 EU의 역할은 유럽연합에 의해 형성된 다양한 협약에서 정의되어 왔다. 이러한 역할들은 1950년대의 석탄과 철강 그리고 핵 연구에서부터 1980년대와 1990년대의 산업경쟁력에 이르기까지 다양한 형태로 나타났다. 2009년 EU의 최종 27개국이 인준한 리스본 조약(the Lisbon Treaty)에서는 새로운 주된 역할이 첨부되었다. 이는 EU가 유럽우주정책을 도출하고 유럽우주프로그램을 만드는 것이었다. 현재 정부간 유럽우주기구(intergovernmental ESA)와 연계하여 어떻게 이 일을 추진해 나갈 것인가가 향후 5년간의 주된 이슈가 되고 있다.

유럽의 제도개혁 중 첫 번째는 특허에 대한 것으로 특허에 대한 중요성을 전제로 유럽에서의 특허 출원과 등록은 유럽특허사무소(EPO)에서 담당하고 단일 법원을 통해 소송절차를 진행하도록 합의하였다. 과거 언어와 사법권의 문제로 인해 각 국가들은 특허에 관한 번역문을 준비하는 과정이 필요했으나, 현재 27개국의 합의[1]를 통해 이러한 과정이 더 이상 필요하지 않게 되었다.

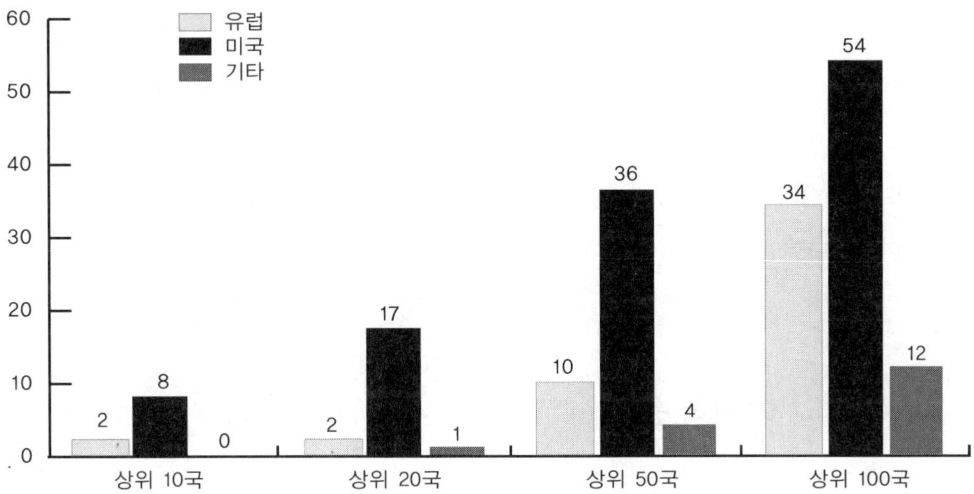

출처: UNESCO(2010), p.151

〈그림 13-1〉 유럽과 미국의 우수 대학 순위

1) London Agreement(2008)

〈표 13-2〉 미국과 유럽의 주요 연구대학 비교(2006년)

	MIT (미국)	스탠포드 (미국)	ETH (스위스)	케임브리지 (영국)	카롤린스카 (스웨덴)
학문범위	다양	다양	과학/공학	다양	의학
예산 (건축비 제외)	14억 달러	26억 달러	7억 5천만 유로	7억 8천만 유로	4억 4천만 유로
학생수(명)	10,200	14,900	12,700	17,800	8,000
대학원생대 대학생의 비율	2:3	45:55	2:3	2:1	3:1
연구예산	6억 6천만 달러	9억만 달러	4억 3천만 유로	2억 85백만 유로	3억 7천만 유로
산업체로부터의 연구계약	~15%	< 5%	~9%	10~15%	~9%

출처: UNESCO(2010), p.151

다음으로는 대학교육의 개혁인 '볼로냐 과정(Bologna Process)'이다. 이는 2010년까지 자금제공 구조와 대학과 기업의 연계에 대한 변화를 추구하는 것으로 대학의 다양성과 자율성, 질적 확보 및 평가, 대외지향성, 유연성을 강조하고 있다.

연구역량을 중심으로 세계 대학 순위를 측정[2)]한 결과를 비교해 보면 유럽대학은 미국의 대학에 비해 순위가 낮게 나타나고 있다. 자세히 살펴보면 유럽 대학들의 연구예산 규모도 상당한 수준이나 미국 대학과 비교할 때 절대적인 규모에서 뒤떨어지고 있다. 미국의 경우 약 200개 대학이 미국 전체 대학연구의 대부분을 차지하고 있기 때문에 이러한 현상이 나타나고 있다.

13.3 유럽의 협력과 통합

유럽의 거대 연구조직들은 제2차 세계 대전 이후 나타나기 시작했는데, 막대한 R&D 비용을 단일 국가가 감당하기 어렵기 때문에 이들 연구조직들이 유럽차원에서 설립되었다.

2) 상하이 지아통 대학(Shanghai Jiatong University)

〈표 13-3〉 유럽 내 국제연구조직

명칭	연구분야	설립연도	예산 (백만유로, 2007)
European Organization for Nuclear Research(CERN)	소립자 물리학	1954	700
European Space Agency(ESA)	우주, 극미중력, 지구관찰	1975	800
European Southern Observatory(ESO)	천문학	1962	148
Institut Laue Langevin(ILL)	중성자	1967	79
European Molecular Biology Laboratory(EMBL)	분자생물학	1974	71
European Synchrotron Research Facility(ESRF)	방사광	1984	80
European Fusion Development Agreement(EFDA)	융합R&D	1999	-

출처: UNESCO(2010), p.157

새로운 연구인프라에 대한 정책적 관심이 증가되면서 유럽의 R&D 경쟁력을 강화하기 위해 2002년 EU 회원국과 집행위원회(European Commission)는 고위 공직자들로 구성된 '연구인프라에 관한 유럽전략포럼(ESFRI)[3]'을 설립하고 35개의 주요 프로젝트를 포함한 로드맵[4]을 발표하였다.

유럽과학재단(ESF)은 정부간 연구조직이나 미국의 국립과학재단과는 다른 특징을 가지고 있다. 약 30개국의 펀딩기관, 대학, 연구수행기관 등 80여 개 조직으로 구성되어 있으며, 매년 약 5,000만 유로의 예산으로 운영되고 있다. 주요 기능으로 유럽 과학분야의 미래예측을 통한 의제설정과 이러한 과학의제가 수행될 수 있도록 연구자들간 협력을 촉진하는 다양한 프로그램 운영 등을 들 수 있다. 그리고 COST 프로그램을 통해 범정부간 연구협력을 촉진하고 있으나, 연구협력 강화 프로그램을 자체적으로 운영하는 국가들이 많기 때문에 효과가 한계적으로 나타나고 있다.

3) European Strategy Forum on Research Infrastructure
4) 2008년 44개 신규 프로젝트가 추가됨

〈표 13-4〉 2010년 EUREKA 프로젝트

진행 프로젝트 수	722건
프로젝트 예산	13억 유로
프로젝트 참여 조직	2,640개
대기업	476
중소기업	1,174
대학	459
연구기관	491
정부	40

출처: UNESCO(2010), p.160

EUREKA는 1985년 유럽 18개국이 미국에 대응해 중소기업 중심의 시장 지향적인 산업기술개발 공동체 조성을 목표로 설립한 상용화 중심의 공동 R&D 협력 체제이다. EUREKA에서는 개별 기업이 공모하는 상향식(bottom-up) 프로젝트와 특정분야에서 제안서를 제출한 국가들간의 협력을 통해 수행되는 전략적 프로젝트를 운영하고 있다.

EU는 유럽의 정보통신 분야 개발을 위해 10여 개 기업이 참여하는 정보통신분야 공동연구 프로그램인 ESPRIT을 시작으로 다양한 형태의 협력 프로그램들을 추진하였다. 이러한 여러 형태의 프로그램을 종합하여 1984년부터 시작한 '프레임워크 프로그램(Framwork Programme: FP)'은 에너지, 정보통신, 환경, 공업기술, 농업, 식품, 생물공학, 신소재 등으로 범위를 확대한 포괄적인 프로그램이다. 순수기초연구에서 응용개발연구, 기술이전사업까지 다양한 연구개발 프로그램들과 체계적인 협력 활성화 정책들이 초국가적 차원에서 추진되고 있으며, 2007년 현재 '제7차 프레임워크 프로그램(2007~2013)'이 진행 중에 있다. '제7차 프레임워크 프로그램'은 크게 여섯 가지 항목[5] 으로 구성되어 있으며, 예산 규모는 약 537억 유로이다(각 항목별 예산 분포는 〈표 13-5〉 참고).

제7차 프레임워크 프로그램에서 만들어진 연구지원기관인 유럽연구이사회(ERC)는 정책설정, 과학적 전략 정의, 연구자 지원에 대한 평가방법 도출 등의 역할을 수행한다.

5) 협력(Co-operation), 창의(Idea), 인간(People), 역량(Capacity), 핵연구(Civil Nuclear Activity), 공동연구센터의 비핵활동(Non-nuclear Activity of the Joint Research Centre)

〈표 13-5〉 제7차 프레임워크 프로그램(2007~2013) 예산 구조 (단위: 백만 유로)

협력	32,413
보건	6,100
식품, 농 · 수산, 생명공학	1,935
정보통신기술	9,050
나노기술 및 신소재	3,475
에너지	2,350
환경(기후변화 포함)	1,890
운송(항공 포함)	4,160
사회경제과학 및 인류	623
우주	1,430
안보	1,400
창의	7,510
인간	4,750
역량	4,750
연구 인프라 조성	1,715
중소기업 지원	1,336
지방연구능력 강화	126
연구 잠재력 강화	340
사회과학	330
연구개발정책	70
국제협력	180
핵연구	1,751
비핵활동	2,700

출처: UNESCO(2010), p.162

유럽연구이사회의 지원 유형은 크게 젊은 연구자를 위한 Starting Grants와 연구리더를 위한 Advanced Grants로 구분된다. 첫 번째 유형은 독립된 연구팀을 설립하거나 강화하려는 유망한 연구리더들을 지원하는 것을 목표로 하며, 두 번째 유형은 프론티어 연구를 추구하고자 선택한 과학, 공학 분야의 뛰어난 연구리더를 지원하고 있다.

또한 유럽의 산 · 학 · 연 협력을 통해 추진되는 사업인 공동기술구상(JTI)[6]은 6차 프레임워크 프로그램의 경쟁적 토대 위에 구축된 기술 플랫폼을 기반으로 설립된 것이다. 총 6개의 공동기술구상—혁신적 신약 구상(IMI), 임베디드 컴퓨팅(Artemis), 우주항공(Clean Sky), 나노 전자공학 기술 2020(ENIAC), 수소와 연료전지 구상(FCH), 환경과 안보를 위한 글로벌 모니터링(GMES)—이 진행 중에 있다.[7]

13.4 국가와 지역의 차이

EU의 남성연구자 대비 여성연구자 비율은 국가별로 상이하나 보통 25%에서 50% 사이로 나타나고 있다. 유럽에서의 여성연구자는 현재 소폭 증가하고 있으며, 2004년 이후 EU에 가입한 발트 해 지역 국가와 체코를 제외한 동유럽 국가들에서 빠른 추세로 성장하고 있다. 반면, 독일과 프랑스와 같이 전통적으로 R&D가 강한 국가들에서의 여성연구자의 참여율은 다른 국가들에 비해 낮은 수준이다.

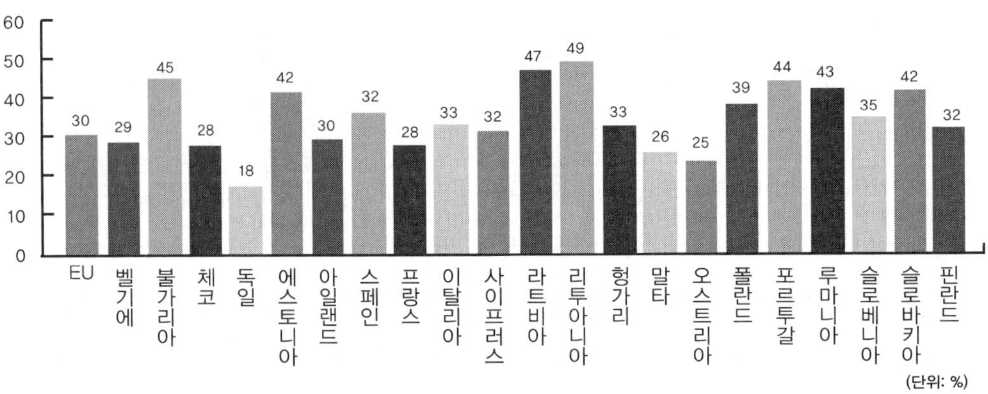

출처: UNESCO(2010), p.164

〈그림 13-2〉 유럽의 국가별 여성 연구자 비율(2006년)

6) Joint Technology Initiative

7) IMI: Innovative Medicines Initiative, Artemis: Embedded Computing Systems, Clean Sky: Aeronautics and Air Transport, ENIAC: Nanoelectronics Technologies 2020, FCH: the Hydrogen and Fuel Cells Initiative, GMES: Global Monitoring for Environment and Security

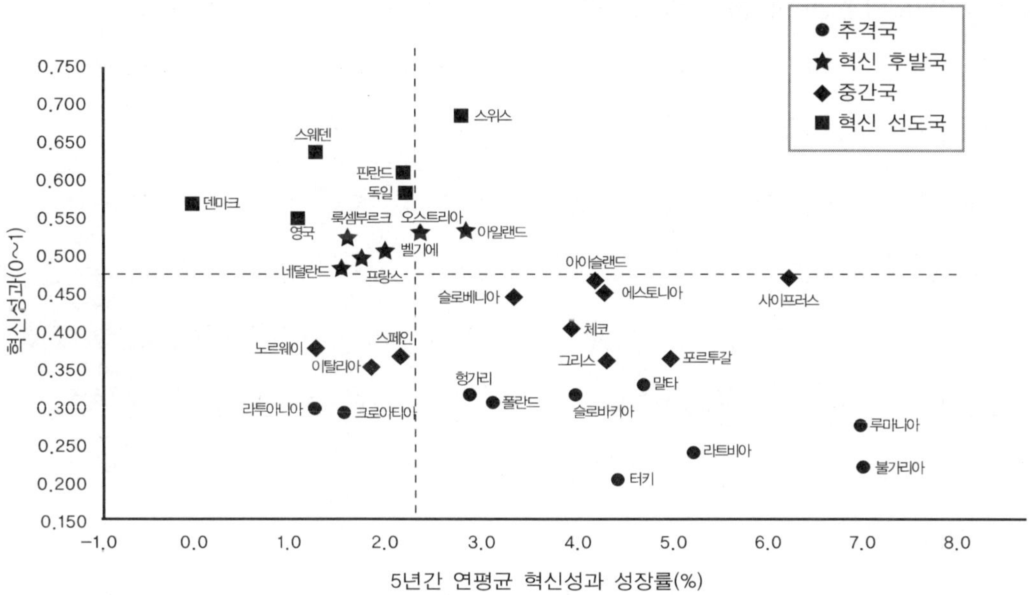

출처: UNESCO(2010). p.167

〈그림 13-3〉 EU의 혁신지수

총연구개발지출(GERD)에서도 국가간 많은 차이가 나타나고 있다. GDP 대비 총연구개발비 비율은 불가리아, 사이프러스, 슬로바키아와 같이 0.5% 미만인 국가에서부터 핀란드나 스웨덴과 같이 3.4% 이상인 국가들도 있다. 또한 산업부문의 R&D 참여도의 경우 30% 미만에서부터 70%까지 다양하게 분포되어 있다.

유럽은 지리적 여건 및 역사적 배경을 토대로 광범위한 지역적 차이를 나타내고 있다. 이러한 이유로 모든 유럽국가나 지역들이 연구기반 대학과 연구기관이 토대가 되는 독자적 연구 시스템을 구축한다거나 거대한 연구시설을 유치하고자 하는 노력을 기울이고 있다. 그러나 지역적 차이로 인해 이러한 시도는 지속될 수 없다는 실정이다. 유럽국가의 과학기술정책의 핵심 주제가 되는 지식기반 시스템의 균형 및 차별화 이슈가 여기에서 비롯된다.

이러한 차이들은 혁신성과에서도 명확하게 드러나며 EU를 구성하는 다양한 국가들의 혁신에 대한 노력의 결과는 다양한 모습으로 나타나고 있다(〈그림 13-3〉 참고).

〈표 13-6〉 EU의 총연구개발비(2004, 2007년)

	GDP대비 총연구개발비 (2004)	GDP대비 총연구개발비 (2007)	산업부문 참여율 (2007)
유럽연합-27	1.82	1.82	54.5
오스트리아	2.26	2.56	47.7
벨기에	1.87	1.87	59.7
불가리아	0.50	0.48	30.6
사이프러스	0.37	0.45	15.9
체코	1.25	1.53	54.0
덴마크	2.48	2.55	59.5
에스토니아	0.86	1.14	41.6
핀란드	3.45	3.47	68.2
프랑스	2.15	2.08	52.4
독일	2.49	2.53	68.1
그리스	0.55	0.57	31.1
헝가리	0.88	0.97	43.9
아일랜드	1.24	1.31	59.3
이탈리아	1.10	1.14	40.4
라트비아	0.42	0.63	36.4
리투아니아	0.75	0.82	24.5
룩셈부르크	1.63	1.63	79.7
말타	0.53	0.60	45.4
네덜란드	1.78	1.73	59.0
폴란드	0.56	0.56	33.1
포르투갈	0.77	1.18	36.3
루마니아	0.39	0.53	26.9
슬로바키아	0.51	0.46	35.6
슬로베니아	1.40	1.58	60.3
스페인	1.06	1.27	47.1
스웨덴	3.62	3.64	65.7
영국	1.69	1.76	45.2

출처: UNESCO(2010), p.166

CHAPTER 14

일본의 과학기술정책

제14장에서는 일본의 과학기술정책 구조와 실태, 그리고 주요 특성을 살펴보고자 한다. 첫째, 과학기술 행정시스템에 대해 고찰한다. 둘째, 과학기술 관계 예산편성 절차를 소개한다. 셋째, 과학기술정책 환경에 대해 분석한다. 넷째, R&D 투입의 실태와 주요 특성을 논의한다. 마지막으로 R&D 투입의 결과로 나타나는 R&D 산출의 실태와 추이를 분석한다.

14.1 과학기술 행정시스템

일본의 과학기술 관련 예산편성 과정에는 종합과학기술회의(CSTP: Council for S&T Policy, 내각부), 재무성 및 R&D를 수행하는 각 성청들이 유기적인 협조체제를 유지하고 있다.

종합과학기술회의[1]는 우리나라의 국가과학기술위원회와 비슷한 역할을 담당하고 있으며, 일본정부의 R&D 예산 편성과정에서 중추적인 기능을 수행하고 있다. 의장은 내각총리대신이 맡고 있다. 동 회의는 국가 차원에서 과학기술을 조감하며, 각 성보다 상위에서 종합적이고 기본적인 과학기술정책을 기획 · 입안하고 종합적으로 조정하게 된다. 이 밖에 중요한 사항에 대해 전문적인 의견을 신속히 제공할 수 있도록 전문조사회를 두어 운영하고 있으며, 각 전문조사회는 필요시 프로젝트팀 또는 워킹 그룹을 활용하여 보다 전문적이고 심층적인 자문을 활성화하고 있다.

내각부는 과학기술정책 · 혁신담당 정책총괄관과 산 · 학 · 관에서 구성된 100명 규모의 직원들이 종합과학기술회의의 사무국 역할을 수행하며, 종합과학기술정책 관련 기획 · 입안과 종합조정을 지원하게 된다. 내각부는 R&D를 수행하고 있는 각 성청과는 독립하여 상위에 위치한다.

재무성은 건전한 재정의 확보, 적정하고 공평한 과세의 실현, 세관 업무의 운영, 국고의 관리, 통화에 대한 신뢰 유지 및 외환의 안정적 확보를 주된 임무로 하고 있으며, 정부예산 및 결산은 본 성의 회계국(주계국)에서 담당하고 있다.

일본 정부의 R&D 활동 중 상당 부분을 수행하고 있는 문부과학성은 공식적인 종합과학기술회의의 사무국은 아니나, 과학기술진흥조정비의 관리 등 종합과학기술회의 및 내각부의 업무를 후방에서 지원하는 등 매우 밀접한 역할을 수행하고 있다. 재무성에서는 R&D 예산을 전담하여 편성하기 위한 기구를 따로 두고 있지 않으며, 각 성청별로 예산계를 두어 예산편성 업무를 지원하도록 하고 있다.

1) 의장은 내각총리대신이 맡으며, 관계부처 대신(내각관방장관, 과학기술 정책담당대신, 총무대신, 재무대신, 문부과학대신, 경제산업대신)과 전문가 14명의 위원으로 구성됨

14.2 예산편성 절차

일본은 과학기술 관련 예산을 '과학기술관계예산'으로 분류하여 관리하며, 예산회계년도는 4월 1일부터 다음해 3월 31일까지로 규정되어 있다. 과학기술관계예산은 크게 일반회계와 특별회계로 구분되며, 과학기술 진흥에 기여한 모든 경비를 포함하고 있어, OECD 지침에 따른 R&D 활동만을 다루는 우리나라와는 약간의 차이가 있다.

일본의 과학기술관계예산 편성은 과학기술관계예산 자원배분방침 결정(종합과학기술회의), 관계 성청의 예산 요구(각 성청), 과학기술관계 시책에 대한 우선도 판정(종합과학기술회의), 차년도 과학기술관계예산의 편성 방향 결정(종합과학기술회의), 정부예산안 결정(재무성) 등의 절차로 이루어져 있다.

이 밖에 중요한 절치 중 하나로 연구개발 평가주체(각 부처 또는 연구개발법인)는 정부정책이나 기관 등의 설치목적에 따라서 사업의 필요성, 목표나 계획의 타당성 등을 파악하고, 예산 등 자원배분과 관련된 의사결정을 하기 위한 평가를 수행한다. 또한 이들 주체들은 사업이 종료되면 목표의 달성과 성과 등을 파악해서 향후 정책에 활용하기 위한 노력을 기울이게 된다.

〈표 14-1〉 일본의 과학기술관계예산

	회계	구분	성격
과학기술관계예산	일반회계	과학기술진흥비	일반회계 예산 중 세출의 목적이 주로 과학기술의 진흥에 있는 경비
		기타 경비	일반회계 중 과학기술진흥비 이외의 연구관계비로, 에너지대책비, 교육진흥구성비, 경제협력비, 중소기업대책비, 기타 사항 경비 등이 포함됨
	특별회계	과학기술관계예산	국립학교 특별회계, 전원개발촉진대책 특별회계, 석탄 및 석유, 석유대체에너지 대책 특별회계, 산업투자 특별회계 등 특별회계 중 연구관계비

자료: KISTEP(2010a)

14.3 정책환경

2006년 발의된 제3기 과학기술기본계획(2006~2010)은 과거 계획과 유사하지만 R&D 우선순위 설정분야에서 차이가 나타난다. 기술개발 분야의 경우 우선적으로 개발할 중점 추진 4개 분야(생명과학, 정보통신, 환경, 나노 · 재료)와 기타 4개 분야(에너지, 제조기술, 사회기반, 프론티어)로 구분되고 있다. 인적자원 부문에서는 연구자들의 유동성을 촉진하고, 청년 연구자 · 여성 연구자 · 우수한 외국인 연구자 등이 의욕과 능력을 발휘할 수 있는 환경을 형성하는 데 초점을 맞추고 있다. 또한 중점 추진분야 가운데 62개 전략 중점 과학기술과 5대 국가 기간기술,[2)] 273개 중요 R&D 과제를 선정하였다.

동시에 세계 최고 수준 연구거점 프로그램(WPI)[3)]을 2007년에 시행하여 첫째, 세계 최고 수준 연구자들의 거점 및 우수 인재 양성, 둘째, 세계 수준의 우수한 연구성과의 지속적 창출, 셋째, 매력적인 연구 환경의 세계적인 연구거점 형성 등을 목적으로 운영 중이다. 또한 과학과 사회와의 관계를 강조한 '과학의제—행동을 위한 기초(Science Agenda-Framework for Action)[4)]'를 기반으로 사회와 국민에게 지지받는 과학기술 개발을 추진하고 있다.

2006년 일본정부는 2025년을 목표로 사회시스템 개혁과 기술혁신을 위한 장기적인 계획으로서 'Innovation 25'를 발표하고, 이를 실현하기 위한 기술혁신전략 로드맵을 제시 · 추진하였다. 그리고 같은 시기에 경제산업성(METI)에서는 Innovation Superhighway

〈표 14-2〉 일본의 산 · 학 협력 추이

	공동연구과제 (건)	공동연구를 통한 수익 (백만 엔)	계약연구과제 (건)	계약연구를 통한 수익 (백만 엔)	대학의 start-up (개)
2002년	6,767	15,773	6,584	40,618	190
2007년	16,211	40,126	18,525	160,745	131

출처: UNESCO(2010), p.404

2) 차세대 슈퍼컴퓨터, 우주 수송 시스템, X선 자유전자 레이저, 해양지구 관측 탐사시스템, 고속 증식로 사이클 기술
3) 도호쿠대학, 도쿄대학, 교토대학, 오사카대학, 물질·재료연구기구
4) 1999년 헝가리 부다페스트에서 개최된 세계과학회의(World Conference on Science)의 채택 의제

Initiative를 채택 산 · 학협력을 통한 혁신을 가속화하였다. 이러한 협력활동의 예로 공동연구과제(joint research project)와 계약연구과제(contract research project)의 수와 규모가 급속하게 증가하여 2002년에서 2007년 사이에 두 배 이상 확대되었다. 결과적으로 특허등록과 기술이전도 활발하게 진행되었다. 그러나 신생기업(start-up) 설립의 경우 2004년 245개로 최고치를 기록하고 이후부터는 감소추세에 있다.

대학에서는 2004년 국립대학들이 준민영화 또는 법인화 형태로 변화하면서, 재정적 자율성과 대학운영의 유연성을 확보한 결과 산 · 학협력을 더욱 촉진하게 되었다. 그러나 국립대학의 법인화 과정에서 재정적인 문제점들이 발생하게 되었다. 도쿄대학이나 교토대학과 같은 유수의 대학들은 경쟁자금이 풍부해 문제가 없었으나, 그 외의 대학들은 신규 교수 모집이나 R&D 자금의 축소가 불가피한 상황에 이르렀다. 이러한 상황은 2007년 사립대학에 대한 정부 보조금의 축소와 맞물려 많은 대학들이 폐쇄되거나 합병되는 상황이 발생하고 있다.

종합과학기술회의(CSTP)는 국제협력의 강화를 위해 2008년 '과학기술 외교의 재강화 방안(Towards the Reinforcement of Science and Technology Diplomacy)'을 제안하면서 과학기술과 외교의 연계방안을 모색하였다. '과학기술 외교'를 통해 지속가능한 발전과 동반자의 상호이익 관계 구축을 강화하고, 아울러 일본의 'soft power'를 증진하고자 노력하고 있다. 또한 2008년 문부과학성(MEXT)과 외무성(MoFA)은 공동으로 '지속가능한 발전을 위한 과학기술연구 협력' 프로그램을 설치하여 환경, 에너지, 자연재해, 전염병 등과 같은 문제를 해결하기 위한 국가간 협력을 촉진 · 진흥하고 있다.

14.4 R&D 투입

2002년부터 2007년 사이 일본의 총 연구개발비는 점차 증가하였고, GDP 대비 GERD의 비율 또한 증가하여 2007년 3.67%로 최대치를 기획한 바 있다. 그러나 같은 기간 정부 R&D 예산은 감소하고 있는데, 이는 과거 경기부양을 위한 특별예산으로 인한 현상으로, 2003년 이후 이러한 특별예산 지출은 안정세를 보이고 있다.

또한 정부 R&D 예산이 긴축재정에 따라 더 이상 증가하지 않게 됨에 따라 R&D 자금의 증가는 민간부문에 의존하고 있다. 정부 R&D 예산은 주로 기초연구 강화에 투입[5] 되고 있는데, 이는 제2기 및 제3기 과학기술기본계획에서 강조하고 있는 중점 추진 4대 분야에서 나타나고 있다. 같은 시기에 기초연구를 제외한 타 분야의 예산은 전반적으로 감소하고 있으며, 특히 중점 추진분야 가운데 에너지와 프론티어 분야가 감소되는 등의 변화가 나타나고 있다.

기타 중요한 변화는 경쟁적 자금규모의 급속한 증가로, 2002년 3,440억 엔 규모에서 2007년에는 4,770억 엔 규모로 확대되었다. 문부과학성(MEXT)과 일본과학진흥회(JSPS)에서 관리하는 규모가 가장 큰 경쟁적 자금인 '대학연구를 위한 보조금(Grants-in-Aid for Academic Research)'의 경우 지난 5년간 1,700억 엔에서 1,910억 엔으로 증가하였다.

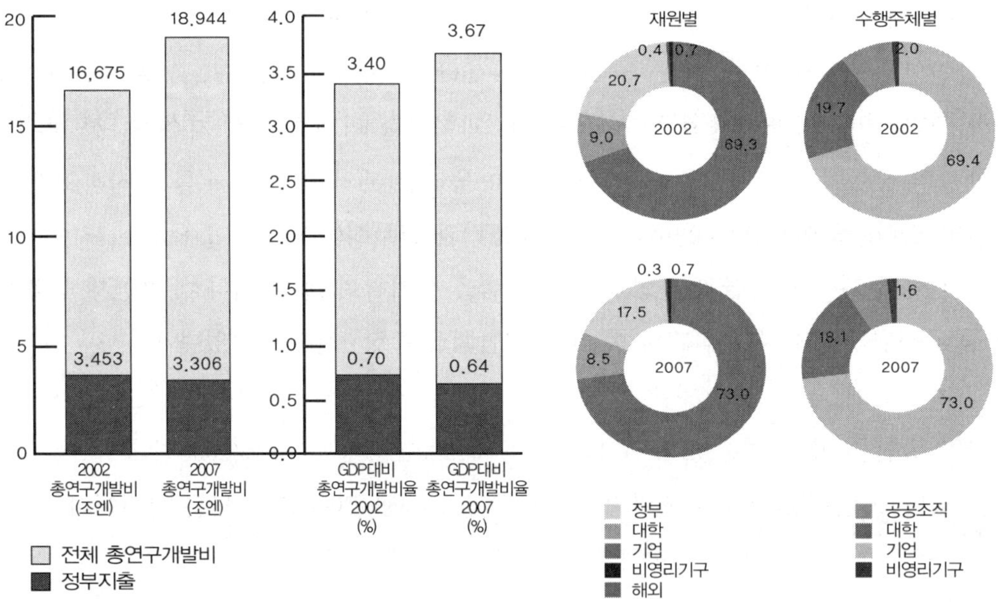

출처: UNESCO(2010), p.405

〈그림 14-1〉 일본의 총연구개발비 및 부문별 연구개발비 추이

5) 전체 정부 R&D 예산 대비 기초연구 비율은 39.6%(2002년) → 42.3%(2007년)로 상승

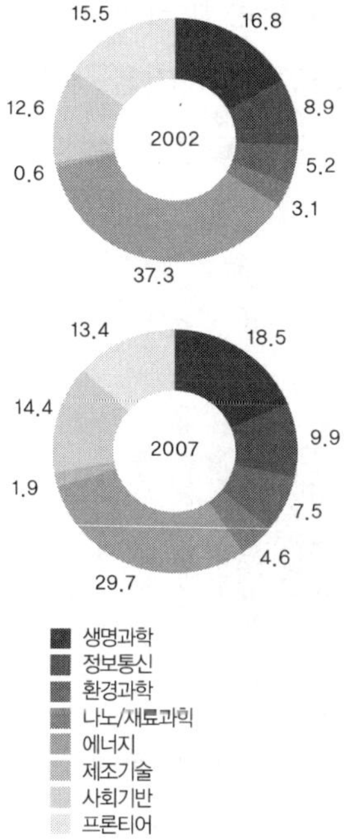

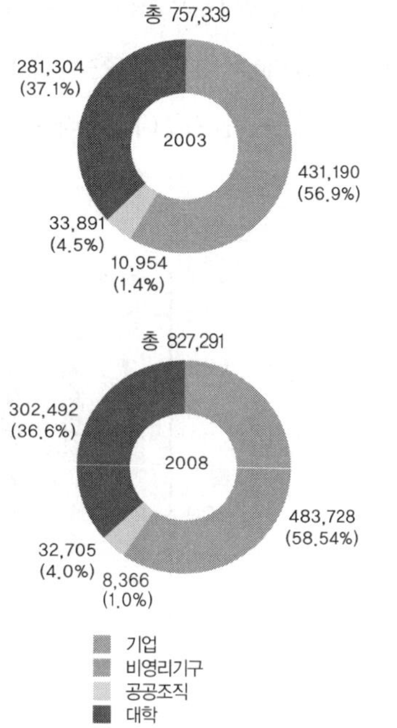

출저: UNESCO(2010), p.406

〈그림 14-2〉 일본의 주요분야 정부 R&D 예산 추이 (기초연구 제외)

〈그림 14-3〉 일본의 연구자 수 변화 추이

인력부문에서 일본은 2008년 현재 총 82만 7,291명의 연구자가 있으며, 이는 2003년 대비 9.2% 증가한 것으로 대부분은 산업부문에 소속되어 있다. 인구 1만 명당 연구원 수는 64.8명으로 세계 최고 수준을 유지하고 있으며, 여성 연구자는 성장추세에 있으나 다른 국가들과 비교하여 아직 낮은 상황이다. 이를 위해 종합과학기술회의(CSTP)에서는 다양한 방안을 마련하고 있으나, 비율은 11.2%(2003년)에서 13.0%(2008년)로 소폭 상승하고 있다. 또한 대학소속의 해외 연구인력 비율도 3.5%(2008년)로 낮은 실정이다.

일본은 1990년대부터 18세 이하 인구가 감소추세에 접어들면서 2002년까지 증가하던 대학 입학 인구가 줄어들고 있다. 또한 학부과정의 입학생보다 박사과정 입학생의 급격한 감소가 더욱 큰 문제로 나타나고 있다. 이러한 과학기술역량 확대의 기반이 되는 젊은 세대의 감소는 현재 중요한 국면에 접어들고 있다.

지식사회로의 변화에 따라 고급 인적자원의 필요성으로 인해 1990년대 일본의 대학원 수는 급격하게 증가되었으나 실제 대학이나 공공 · 민간부문에서는 이러한 요구, 특히 박사학위자에 대한 수요가 나타나지 않았다. 결과적으로 많은 박사학위자들은 불안정한 상태로 남게 되었다. 또한 정부의 R&D 사업 자금 중 경쟁적 연구 자금[6] 의 증가도 비정규직의 확대를 가져왔다. 따라서 정부의 재정지원에도 불구하고 많은 학생들은 박사과

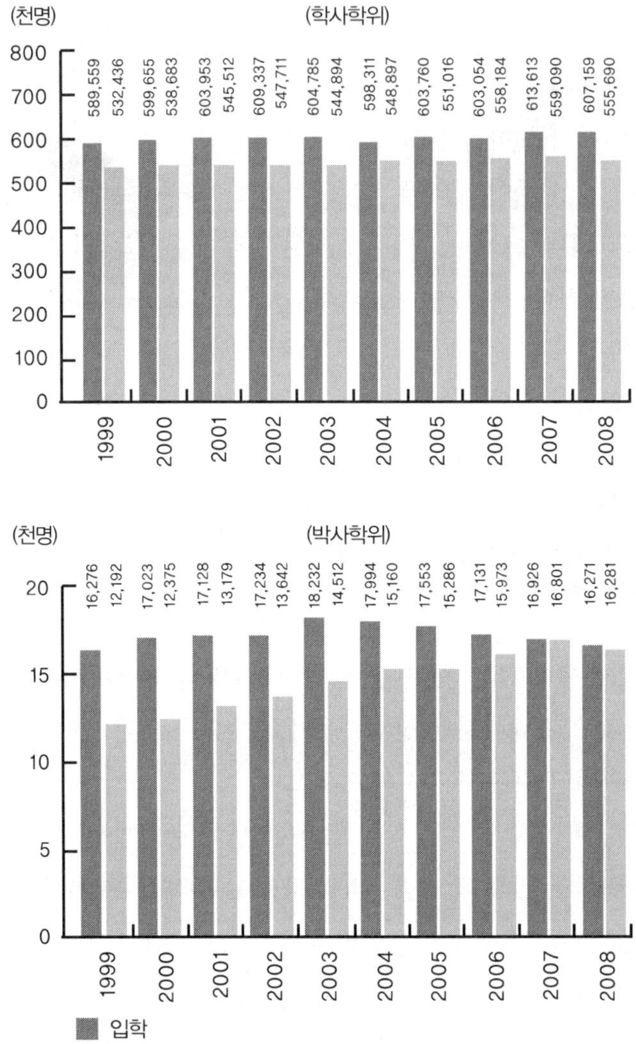

출처: UNESCO(2010), p.407

〈그림 14-4〉 일본의 대학 입학 및 졸업자 추이

6) '경쟁적 연구 자금'이란 정부가 연구개발 과제를 지원할 때 연구주체들의 연구계획과 연구능력을 중심으로 경쟁을 유발하여 연구자금을 배분하는 방식을 가리킴.

정에 들어가는 것을 꺼리는 상황이 나타났다. 이를 해결하기 위해 일본정부는 박사과정생과 박사학위자들의 경력경로를 개발하는 다양한 구상을 출범시켰다. 각 프로그램들은 박사과정생 및 학위소지자들이 민간부문으로 용이하게 이동할 수 있도록 다양한 기술 획득역량육성과 인턴십(internship)의 경험을 제공하고 있다. 일본 정부는 대학의 지식재산조직에서 과학기술전문가의 수요가 증가하자 이러한 조직을 강화하는 조치를 통해 산 · 학협력의 촉진과 혁신을 유도하였다. 그러나 아직 박사학위자에 대한 수요와 공급의 균형이 이루어지기는 어려운 실정이다.

국제교류의 경우 2001년 이후 외국 학생들을 위한 지원의 결과로 많은 외국 학생들이 일본으로 유입되고 있다. 그러나 30일 이상 일본에 체류하는 외국 연구자들의 숫자는 감소하고 있다. 또한 해외 체류기간이 30일을 넘는 일본 연구자들의 숫자도 줄어들고 있는데 이러한 추세는 일본 연구자들의 내향성을 보여주는 것이다.

문부과학성(2007)의 조사결과 일본 연구자들은, 특히 젊은 연구자들의 경우 일본으로 돌아왔을 때 그들의 직업 불안정성을 걱정하여 해외에 나가는 것을 꺼려하는 것으로 나타나고 있다.

〈표 14-3〉 일본의 연구자 국제교류 현황 **(단위: 명)**

	일본내 외국 학생	일본내 해외 연구자 (30일 이내 체류)	일본내 해외 연구자 (30일 이상 체류)	해외 유학학생	일본연구자의 해외 근로 (30일 이내 체류)	일본연구자의 해외 근로 (30일 이상 체류)
2001년	78,812	17,037	13,030	78,151	96,261	6,943
2002년	117,927	22,565	12,518	80,023	132,588	4,163

출처: UNESCO(2010), p.408

14.5 R&D 산출

일본의 학술논문 발표는 2002년 세계 전체의 10% 비중을 차지했으나, 2007년 7.6%로 지난 몇 년간 하락추세에 있다. 중국의 급격한 성장세에 영향을 받기도 했으나, 일본은

OECD 국가 중 가장 큰 하향곡선을 그리고 있다. 이는 R&D 투자의 감소가 큰 원인으로 작용하고 있다. 2002년에서 2007년 사이 정부R&D 예산의 감소와 함께 대학 내 연구인력의 감소가 동시에 나타나고 있다. 그러나 화학, 재료과학, 물리학, 우주과학 분야에서는 일본이 강세를 보이고 있으며, 상위 10위권 학술지에서도 높은 순위를 차지하고 있다.

또한 최근 세계적인 추세인 학술논문 공동저술의 경우 일본은 2007년 23.9%로 비교적 높지만, OECD 국가들과 비교할 때는 낮은 것으로 나타난다. 이는 미국이나 특히 유럽 국가들과 비교할 때 일본 연구자들의 경우 연구자 네트워크를 형성하는데 지리적 · 제도적 약점을 가지고 있기 때문이다.

〈표 14-4〉 일본의 학술저널 점유율(2007년) (단위: %)

학문분야	전체 점유율	상위10위권 학술지 점유율
화학	9.1	10.0
재료	9.3	11.5
물리/우주	11.4	11.7
컴퓨터/수학	5.2	4.5
엔지니어링	7.2	7.1
환경/지구	5.1	5.5
의학	6.7	5.3
생명	8.3	7.2

출처: UNESCO(2010), p.409

〈표 14-5〉 일본의 특허 출원 및 등록의 변화 (단위: 천건)

	일본		미국		유럽		중국	
	출원	등록	출원	등록	출원	등록	출원	등록
2002년	369 (87.7%)	109 (90.4%)	58.7 (17.6%)	34.9 (21.3%)	15.9 (15.0%)	8.2 (17.4%)	15.4 (19.1%)	5.9 (27.6%)
2007년	333 (84.2%)	145 (87.9%)	78.8 (18.0%)	33.4 (21.2%)	22.9 (16.3%)	10.7 (19.5%)	32.9 (13.4%)	16.2 (23.8%)

출처: UNESCO(2010), p.410

학술논문 발표와 함께 특허의 경우도 최근 감소하는 경향이 나타나고 있다. 2002년 42만 1,000건의 출원에서 2007년 39만 6,000건으로 하락하였다. 이는 일본 기업들이 특허전략에서 근본적인 변화를 시도했기 때문이다. 기업들이 핵심 비즈니스를 개발하기 위해 양에 치중한 특허전략을 버리고, 질적 특허전략으로 전환을 시도한 결과인 것이다. 이와 함께 일본은 해외 특허에 관심을 보이면서, 국내 특허가 감소하고 해외 특허는 증가하고 있다.

또한 1999년 정부 R&D 자금에 대한 대학의 지적재산권 활성화를 위한 법안이 통과되면서, 대학에서의 특허활동이 촉진되기 시작했다. 일명 '일본식 Bayh-Dole Act[7]'로 불리는 이 법안으로 대학의 특허 출원 및 등록, 기술이전이 2002년과 2007년 사이에 급속하게 증가했다. 그러나 아직 일본 내 대학에서 특허를 통한 수익은 낮게 나타나고 있다.

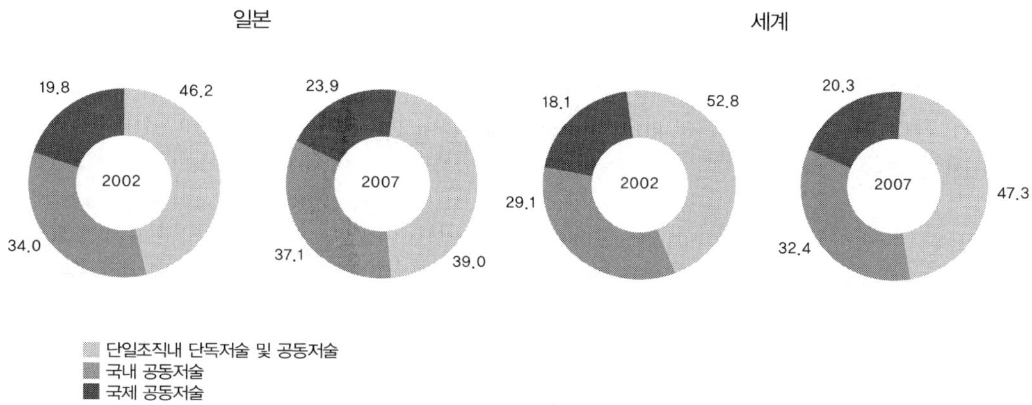

출처: UNESCO(2010), p.409

〈그림 14-5〉 단독 저술과 공동 저술 비교(2002, 2007년)

7) 1980년 미국에서 대학과 중소기업을 대상으로 정부의 재정지원을 통해 발생한 연구결과에 대한 지적재산권을 이들에게 부여하기 위한 법안의 일본식 버전(version)을 가리킴.

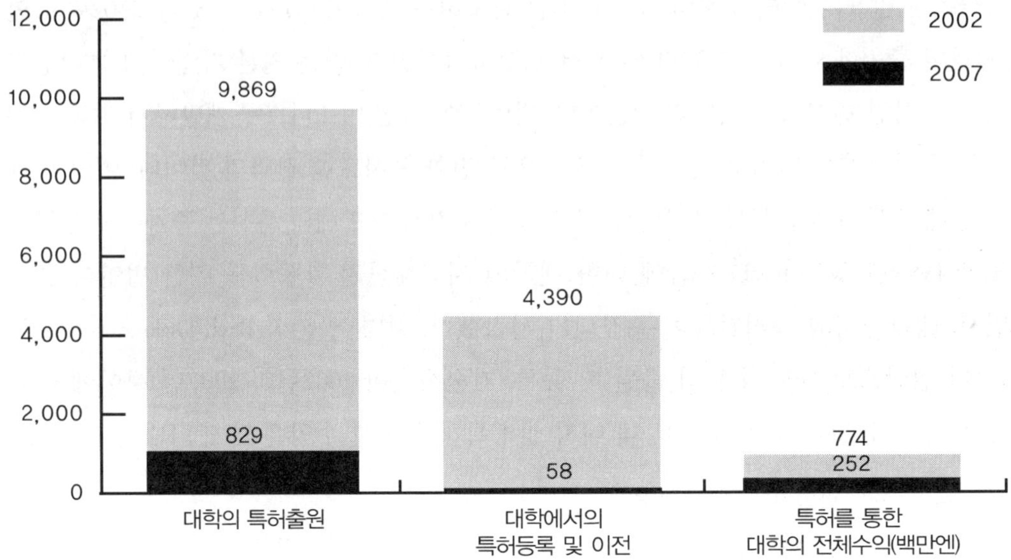

출처: UNESCO(2010), p.411

〈그림 14-6〉 일본 대학의 특허활동

CHAPTER 15

중국의 과학기술정책

제15장에서는 중국의 과학기술정책 구조와 실태 그리고 주요 특성을 살펴본다. 첫째, 과학기술 행정시스템을 소개한다. 둘째, 과학기술 예산조정체계를 고찰한다. 셋째, 중국이 수립한 2020 혁신계획을 자세히 분석한다. 넷째, 중국의 국가 과학기술프로그램의 주요 내용과 특성을 다룬다. 다섯째, R&D 투입의 실태와 주요 특성을 논의한다. 여섯째 R&D 투입의 결과로 나타나는 R&D 산출의 실태와 추이를 분석한다. 마지막으로 중국 하이테크산업의 실태와 주요 특성을 분석한다.

15.1 과학기술 행정시스템

중국에서는 과학기술부와 교육부 외에도 중국과학원 등의 연구기관과 연구비 지원기관인 중국자연과학기금위원회가 국무원 직속의 재정예산 기구의 역할을 수행한다. 과학기술부는 1958년 과학계획위원회와 국가기술위원회를 통합하여 설립되었으며, 국가과학기술정책의 최고 담당기관으로 과학기술관련 주요 정책기관인 동시에 대학 · 연구기관 등에 폭넓은 연구개발 자금을 배분하고 있다.

중국과학원은 1949년 11월에 설립된 전국 자연과학 및 하이테크 기술의 종합연구 · 발전을 위한 조직으로 첫째, 국가발전 전략목표 및 국가 과학기술 발전에 초점을 둔 기초연구 및 전략적 연구, 중국현대화 건설과정 중 발생하는 과학기술문제 연구, 둘째, 과학 종합연구 및 창조적 과학기술 고급인력 양성, 셋째, 중국의 하이테크 산업의 발전 및 전통산업의 기술혁신 추진, 넷째, 중국정세에 부합하는 국제수준의 과학연구기관 시스템 구축 등을 수행하고 있다.

1994년 설립된 중국공정원은 엔지니어링 분야의 자문 기관으로, 국가의 중요한 엔지니어링 과학기술 문제를 연구하고 정책 자문을 제공함으로써 중국엔지니어링 과학기술 사업의 발전을 추진하고 있다. 주요업무로는 첫째, 관련 대학학과와 업계를 포함하는 중대한 정책결정, 둘째, 첨단기술산업 발전전략의 연구 · 평가를 통한 국가와 지방정부의 우선발전 분야 및 중점투자 방향 건의, 셋째, 중대 공정과학기술의 방향성 연구를 통해 공정기술 혁신능력 향상, 넷째, 광범위한 국내외 학술교류를 통한 개방적 학술환경 조성, 다섯째, 과학 보급 및 과학기술 출판사업 등의 업무를 수행하고 있다.

중국자연과학기금위원회는 1986년 2월에 설립된 국가자연과학기금을 관리하는 국무원 산하기관으로, 기초연구 및 핵심과학기술 프로젝트, 기초과학연구 및 과학기술인재 양성 측면에서 중요한 역할을 담당하고 있다. 주요 직무로 첫째, 국가가 지원하는 자연과학기금 운용, 자연과학 기초연구 및 응용과학 연구자금 지원, 과학기술 인재양성, 둘째, 국가 자연과학기금 관리, 기초연구 및 일부 응용연구 지침 제정, 셋째, 과학기술부의 국가 기초연구 관련 방침 · 정책 및 발전계획 수립 협조, 넷째, 외국정부의 과학기술 부처, 과학기금단체 및 학술관련기관과의 연계 및 국제협력 전개 등이 있다.

〈표 15-1〉 중국과학기술부의 주요 프로젝트

하이테크연구발전계획(863계획) (1986년~)	하이테크 산업기술 개발을 목적으로 하여 1986년 3월 시작된 프로그램으로, 21세기 초 바이오, 우주, 정보, 레이저, 자동화, 에너지, 신소재 등 7개 분야에서 세계 수준을 따라잡기 위한 과학기술기반 정비(1996년에 해양 분야 추가)
국가과학기술지원계획 (2006년~)	1982년 시작된 과학기술공관(난관 돌파) 계획의 후속계획으로 2006년에 새로 시작된 경쟁적 자금 계획
국가중점기초연구 발전계획(973계획) (1997년~)	국가의 장래 발전에 도움이 되는 기초연구 강화를 목적으로 1997년 3월 제정된 기초연구 진흥 프로그램(중점영역으로 농업, 에너지, 정보, 자원환경, 재료, 첨단 · 복합분야 지정)

자료: KISTEP(2010a), 재구성

과학기술교육영도소조는 국가과학기술정책을 협의 · 조정하는 공식적인 최고위급 의사결정기구로서 국무원 총리가 위원장, 과학기술교육담당 국무위원이 부위원장, 기타 과학기술관련 국무위원이 참여하고 있다. 초기 설립 목적은 종합조정기능을 가진 기구였으나, 실질적인 기능을 수행하지 못하고 있다.

중국 국가과학기술 예산배분 및 행정관리는 하나의 시스템으로 운영되어, 과학기술 활동 관련 중앙부서는 중앙 예산기구인 동시에 관리예산 항목의 실행 및 관리기구의 역할을 하고 있다. 1998년 각 중앙부서간 중대사업에 협력하는 기능을 갖춘 '국가과학기술교육지도'가 설립되었으나 실질적 역할을 수행하지 못하고 있다. 현재 중국의 경우 중앙정부급 과학기술예산을 총괄기획 · 조정하는 행정기구가 존재하지 않는 실정이다.

15.2 예산조정체계

중국의 중앙과 지방의 예산(안) 및 예산집행의 경우 전국인민대표대회(이하 전인대)와 지방 각급 인민대표대회(이하 지방인대)의 심사 및 승인이 필요한데, 중앙과 지방의 예산조정과 결산에 대해서는 전국인민대표대회 상무 위원회와 지방인대 상무위원회의 심사 · 승인을 거쳐야만 한다. 부처예산은 정부 각 부문이 직접 편성하고, 재정부의 심사를 거친 뒤 전국인민대표대회를 통과한 후 확정한다.

과학기술예산 조정 주요 기구인 예산업무위원회는 전인대 상무위원회의 기구로 재정

〈표 15-2〉 중국의 예산 편성 절차

시기	단계	주요내용
8월 10일 이전	부처별 예산편성 및 예산 건의 (1차 상달, 건의보고)	• 과학기술활동 지출부문은 각 부처가 과기예산 제안액을 편성하여 재정부문에 제출 • 중앙위원회에서 배포한 5개년 개발계획 지침에 따라 매년 예산안 마련 • 연구개발 관련 하부 단위기관의 단계별로 취합된 예산안에 대해서 심사와 수정을 거쳐, 중앙 예산단위가 이를 총괄해 부처의 예산 건의서를 만들어 재정부에 보고
10월 31일 이전	재정부 하달 예산 통제 (1차 하달, 통제한도 하달)	• 제출한 과기예산 제안액에 대해서 재정부는 재정법에 근거하여, 초심과 조율을 거치며, 예산국(司)이 취합하여 중앙본급 예산초안 구성 • 과기부가 상부에 보고하는 예산 건의는 재정부 교과문사(教科文司)가 일차 심사한 뒤 예산사(豫算司)가 심사 결정 • 국무원에 제출하여 심사허가를 받은 후 재정부가 각 중앙부문에 예산 통제액을 전달 • 재정부 내부의 업무 절차를 통해 마지막 예산사가 예산 초안을 총괄하여 국무원에 보고, 허가 후 예산 통제 한도 하달
12월 10일 이전	예산 보고 (2차 상달, 예산 보고)	• 재정부가 하달한 예산 통제액에 근거해 부처 예산 초안을 편성하고 이를 재정부에 보고 • 부처 자율에 따라 예산범위 내에서 예산 편성
차년도 2월 15일 이전	재정부 예산 비준 (국무원 심의비준, 전인대 재경위 보고비준)	• 재정부는 전국인민대표대회가 비준한 중앙 예산 초안에 근거해 부처에서 보고한 예산 초안을 심사 • 국무원의 허가를 거쳐 전인대의 예산업무위원회와 재정경제위원회에 보고 • 예산에 대한 심사가 통과되면, 전국인민대표대회는 최종적으로 심의 · 확정
전인대 비준 후 30일 이내	부처 예산 통보 (2차 하달, 예산 회신)	• 재정부는 전인대 비준 중앙 예산 초안에 근거해 각 부처에 예산을 회신하고 각 부처 예산을 집행

자료: KISTEP(2010a), 재구성

경제위원회와 협력해 전인대 상무위원회의 예결산 심사, 예결산 조정방안 심사, 예산집행 감독 등의 구체적인 업무를 수행한다. 부서 예산 개혁으로 인해 각 중앙부처의 과학 관련사업비는 과학기술부에 귀속되어 관리 · 배분되지 않고 각 부처의 예산으로 직접 배분되어 운용되고 있다.

15.3 2020 혁신계획

'국가과학기술발전 중장기계획(2006~2020)'에서는 에너지 · 수자원 · 환경보호분야 기술, 정보기술, 바이오기술, 우주 · 해양기술, 기초과학 및 프론티어 기술 등 다섯 가지 주요 기술을 우선순위로 하여 16개의 프로젝트를 선정하였다. 이들 프로젝트는 전략산업의 증진을 위해 사회경제적 요구에 대응할 것, 산업경쟁력에 영향을 줄 수 있는 주요 공통기술을 중시할 것, 사회경제 발전의 병목현상을 해결할 것, 국가안전을 보호 · 증진할 것, 정부에 적합할 것 등과 같은 5가지 기본원칙을 전제로 수행된다. 동 계획에 따라 중국은 2012년 달착륙 계획의 일환으로 2003년 러시아와 미국에 이어 세 번째로 유인우주선을 발사하였으며, 정보기술 분야의 경우 2009년 중국과학기술대학에서 세계 최초로 광양자전화망을 개발하였다.

이러한 '국가과학기술발전 중장기계획'은 혁신정책에서 기업중심의 국가혁신체제 구축과 2020년까지 혁신기반국가를 수립하기 위한 중국의 노력을 엿볼 수 있다. 특히 혁신역량 구축을 위한 중국정부의 정책 변화가 담겨 있으며, 이러한 변화는 8가지의 정책 추진 방향을 통해 살펴볼 수 있다(〈표 15-3〉 참조).

15.4 국가 과학기술 프로그램

중국의 국가 과학기술 프로그램은 크게 하이테크 R&D, 주요기술 R&D, 기초 R&D로 구분할 수 있으며 이는 앞서 살펴본 '국가과학기술발전 중장기계획(2006~2020)'에서 제시한 다섯 가지 주요 기술분야에 따라 우선순위를 설정하고 있다.

〈표 15-3〉 중국의 8대 과학기술 정책추진 방향

추진방향	주요내용
① R&D 투자 촉진	• 다양한 과학기술분야의 투자체제 구축 • 기초연구, 프론티어기술에 초점을 맞춘 R&D 예산구조의 최적화 • 효과성 및 효율성 증진을 위해 새로운 R&D 예산 관리 방안 마련
② 과학기술혁신(STI) 투자에 대한 세제 혜택	• 기업이 실험설비를 증가시킬 수 있도록 우대정책 개발 • 기업의 기술개발센터, 국립공학연구센터, 과학기술 메가프로젝트, 국가R&D프로젝트에 대한 세제 혜택 • 국가연구소의 기업 이전을 원활히 하기 위한 재무부 및 국가세무총국의 소득세 철폐 정책
③ 혁신 증진을 위한 정부조달정책	• 내생적 혁신제품 구매 시스템 구축 • 기업의 투자 촉진을 위해 내생적 혁신제품의 우선 구매 단계 구축 • 중국에 대한 기술이전 해외기업에 우선순위 부여
④ 해외우수기술의 흡수를 기반으로 한 혁신	• 해외 우수기술 도입을 기반으로 혁신역량 구축 계획 수립 • 기술에 대한 우선순위 설정, 기업의 설계 및 제조를 위한 우수기술 도입 촉진 • 우수기술 도입을 위한 산 · 학협력 촉진
⑤ 지식재산권(IPR) 보호를 위한 역량 구축	• 기술표준 설정 지원 • IPR 보호를 위한 법 · 제도 정비 등 환경 구축 • 특허 시험 기간 단축
⑥ STI 인프라 구축	• 과학시설, 거대장비, 데이터베이스 등 R&D 인프라 구축 • 산 · 학협력을 통한 주요 기술분야의 기술개발센터 및 정부 연구소 건설 지원 • 사용자들간 과학기술 · 혁신 플랫폼 공유 및 평가 메커니즘 개발
⑦ STI 연구자 육성 및 활용	• 세계 최고 수준의 인재육성을 위한 해외 우수 연구자 유치 • 해외 거주 중국 과학자의 복귀를 위한 수익 및 인센티브 구조 개혁
⑧ 내생적 혁신 지원	• 국가 프로젝트의 우선순위 부여를 위한 정책중심 지원기관 지도 • 중소기업의 재정적 부담을 줄이기 위한 금전적 서비스 지원, credit 시스템 구축 및 벤처자금 확대 • 내생적 혁신을 지원하기 위한 다양한 자본시장 설치

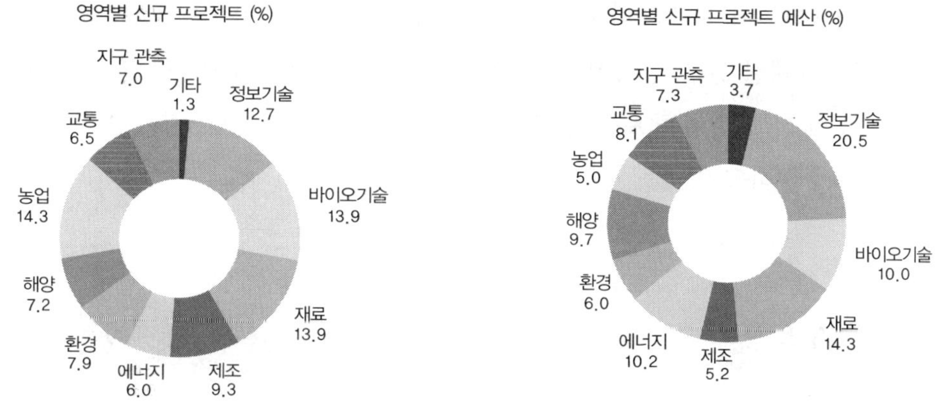

출처: UNESCO(2010), p. 387

〈그림 15-1〉 중국 국가 하이테크 R&D프로그램에서의 우선순위(2008년)

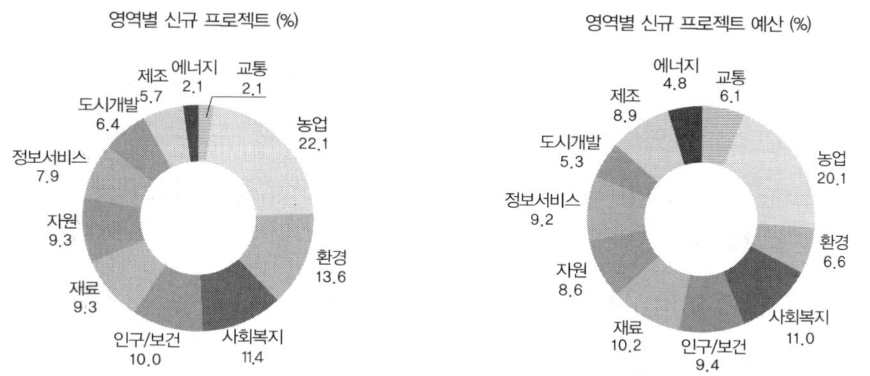

출처: UNESCO(2010), p.388

〈그림 15-2〉 중국 국가 주요 기술 R&D프로그램에서의 우선순위(2008년)

우선 하이테크 분야의 R&D를 살펴보면 총 10개의 기술분야에 걸쳐 863개 프로그램, 1,220개의 프로젝트가 포함되어 있으며 주로 농업, 재료과학, 바이오기술, 정보기술 등으로 구성되어 있다. 이 가운데 57.9%가 대학에 의해 수행되고 있으며 연구기관이 28.5%, 기업이 13.5% 등을 차지하고 있다.

주요기술 분야의 R&D는 11개 분야 140개의 프로젝트가 진행 중에 있으며, 중앙정부 예산 가운데 농업분야가 20.1%로 가장 많은 부분을 차지하고 있다. 수행주체로는 기업이 44.4%로 가장 높으며 대학(26.4%), 연구기관(18.1%) 순으로 나타나고 있다.

기초분야의 R&D는 총 8개 분야 973개 프로그램이 진행되고 있으며, 나노 연구, 개발 및 재생산 연구, 단백질 연구, 양자 연구 등으로 구성된 국가특별과학연구프로그램에 의해 지원을 받고 있다. 수행주체로는 대학이 54.5%로 가장 높으며, 연구기관이 41.9%, 기업이 3.1% 등을 수행하고 있다.

15.5 R&D 투입

지난 10여년간 중국의 연구개발 예산은 896억 위안(108억 달러, 2000년)에서 4,616억 위안(665억 달러, 2008년)으로 급격히 확대되었으며, 매년 평균 22.8%의 성장률을 나타내고 있다. GDP 대비 총연구개발지출(GERD)도 2000년 0.9%에서 2008년 1.54%로 상승하고 있으나, 미국(2.67%)이나 일본(3.40%)보다는 아직 낮은 수준이다. 분야별 R&D예산을 살펴보면 개발연구가 83%로 가장 높으며 응용연구가 12%, 기초연구가 5%로 가장 낮게 나타나고 있다. 기초연구가 다섯 가지의 주요 전략과제 중 하나임에도 불구하고 총액은 2004년 이후 117억 2천 위안에서 220억 8천 위안으로 증가하였으나 상대적인 비율은 낮아지는 추세이다.

연구인력의 경우에서는 2000년에서 2008년 사이에 약 두 배 이상 증가하였으며, GDP

〈표 15-4〉 중국의 연구인력 추이 (2000년-2008년)

	2000	2001	2002	2003	2004	2005	2006	2007	2008
연구인력 (천 명)	695.1	742.7	810.5	862.1	926.2	1,118.7	1,223.7	1,423.4	1,592.4
GDP 대비 연구인력 (백만 위안)	14.2	14.7	14.8	15,7	17.26	16.3	17.3	17.5	18.8
GERD 대비 연구인력 (천 위안)	128.8	140.3	158.8	178.5	212.3	219.0	245.4	260.6	289.8

출처: UNESCO(2010), p.390

대비, GERD 대비 연구인력 모두 증가하고 있다. 이러한 증가추세에도 불구하고 아직 연구인력의 밀도는 다른 선진국에 비해 상대적으로 낮은데, 2007년 인구 백만 명당 연구원 수의 경우 중국은 1,071명인데 비해 일본은 5,573명, 미국은 4,663명(2006년), 독일은 3,532명, 영국은 4,181명으로 아직 많은 차이가 나타나고 있다.

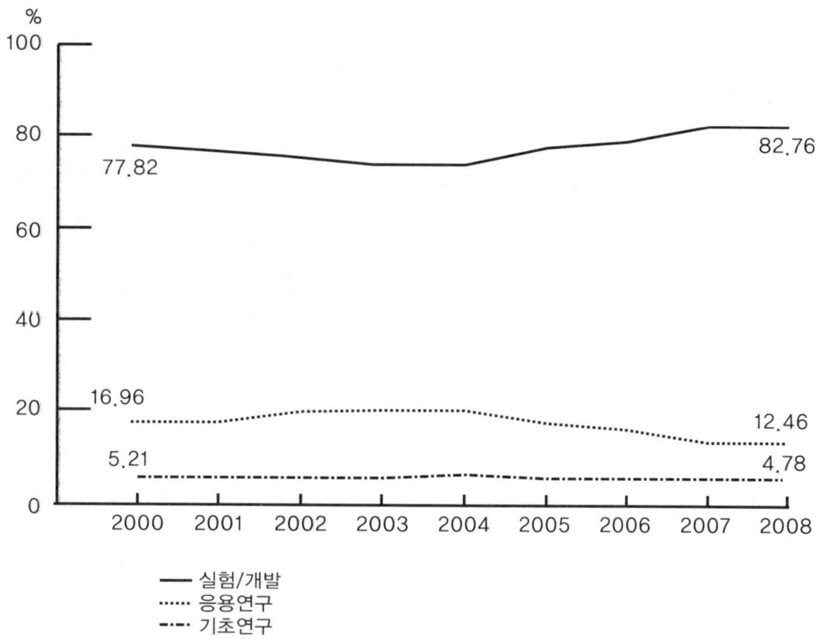

자료: UNESCO(2010), p.390

〈그림 15-3〉 중국의 연구개발 단계별 투자 비중 추이

15.6 R&D 산출

중국은 논문저술 측면에서 세계적으로 가장 빨리 성장하는 국가 중 하나로 SCI급 논문발표 수의 경우 2000년 세계 8위에서 2007년 세계 3위로 상승하였으며, 같은 기간 SCI 논문 수는 30,499편에서 89,147편으로 약 3배(연평균 17.3%) 증가하였다. 그러나 논문인용의 질을 나타내는 ESI(Essential Science Indicators) 논문 인용률은 4.61로 미국(14.28)이나 영국(12.92), 독일(11.47)과 비교할 때 아직 낮은 편이다.

〈표 15-5〉 중국 학술논문의 인용률(1998년~2008년) (단위: 건, %)

	미국	일본	독일	영국	중국	프랑스	한국
ESI 논문	2,959,661	796,807	766,146	678,686	573,486	548,279	218,077
인용	42,269,694	7,201,664	8,787,460	8,768,475	2,646,085	5,933,187	1,256,724
인용률	14.28	9.04	11.47	12.92	4.61	10.82	5.76

출처: UNESCO(2010), p. 391

또한 특허 출원과 등록 숫자도 증가하고 있으나, 연구자 대비 특허 등록 건수는 연구자 천 명당 22.4건으로 한국(412.9건), 일본(204.3건)과 비교하여 매우 낮을 뿐 아니라, 특허협력조약(PCT)에서의 특허출원도 연구자 천 명당 3.8건으로 독일(62.7건), 일본(39.1건), 미국(36.0건)보다 낮게 나타나고 있다.

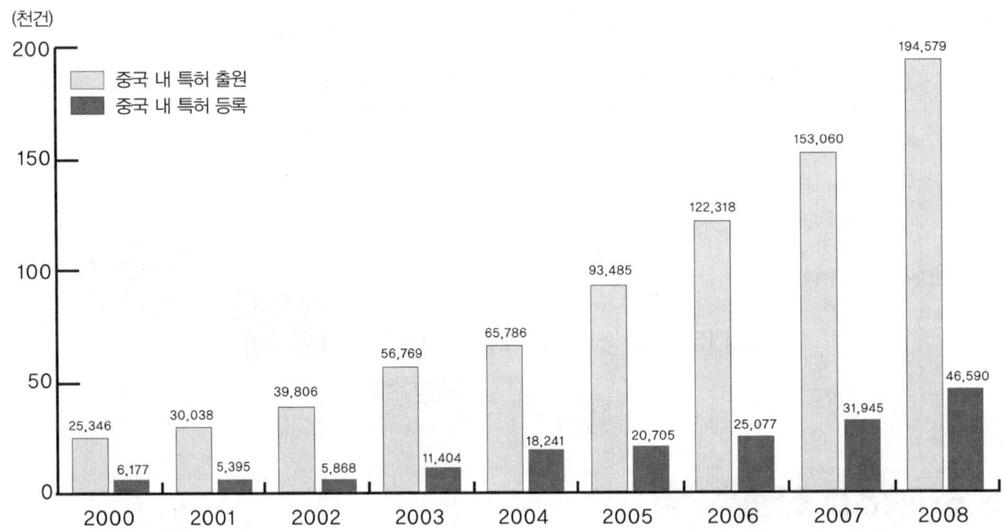

출처: UNESCO(2010), p.392

〈그림 15-4〉 중국 내 특허 추이

15.7 하이테크 산업

지난 10년간 중국의 하이테크 산업은 의학장비 및 측정기구, 우주항공, 전자장비, 통신장비, 컴퓨터 등 부문에서 중점적으로 발전되었다. R&D 예산투입 또한 2003년 222억 위안에서 2008년에는 655억 위안으로 동 기간중 약 3배나 증가했다. 이러한 양적 성장에도 불구하고 하이테크 산업에 대한 R&D 집중도는 미국, 영국, 일본, 한국 등에 비해 아직 낮은 수준이다. 하이테크 산업의 연구인력 부문에서는 2008년 현재 상시 연구자가 285,100명으로 2003년에 비해 약 두 배 가량 증가하였으며, 이 가운데 전체 인력의 60.4%(2008년)가 전자통신 분야에 종사하고 있다.

특허 건수의 경우 2003년에서 2008년 사이 매년 36.8% 증가해 왔고, 전자통신 분야가 전체 특허건수의 65.3%를 차지하고 있다.

국가혁신개발지수(NIDI)는 산업화, 정보화, 도시화, 교육 및 보건, 과학기술혁신 등의 다섯 가지 영역을 측정하는 것으로 중국은 2000년에서 2006년 사이 매년 5.3% 성장해 왔으나 1위인 스웨덴(67.01)에 비해 매우 낮은 20.94로 34개 국가 중 32위 수준이다. 다

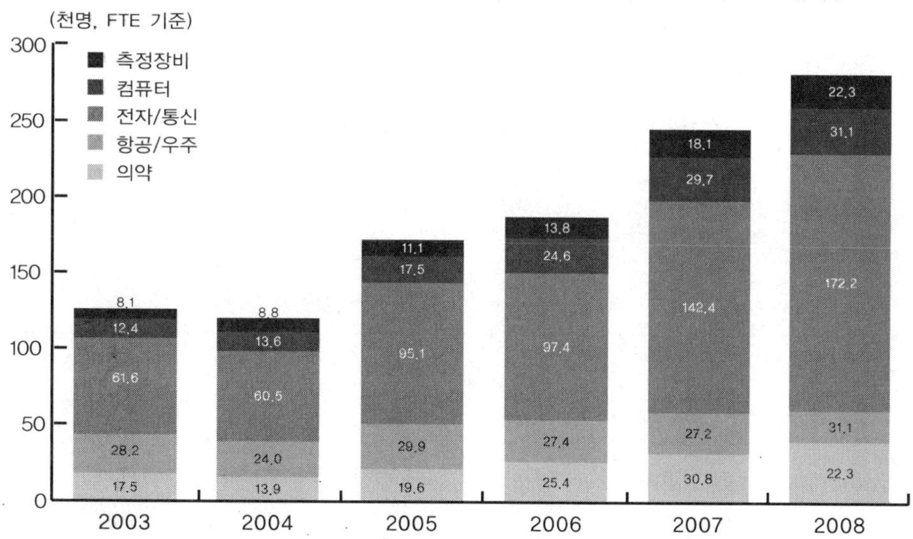

출처: UNESCO(2010), p.394

〈그림 15-5〉 중국 하이테크 산업에서의 R&D 인력

음으로 국가혁신역량지수(NICI)는 혁신의 효율성과 집중도 그리고 규모를 측정하는 것으로 중국은 6.96(2000년)에서 19.59(2007년)로 증가하여 17위를 기록하고 있다. 이러한 성장률에도 불구하고 중국의 수준은 미국(56.96), 일본(36.75), 스웨덴(26.63)과 비교할 때 아직 낮다.

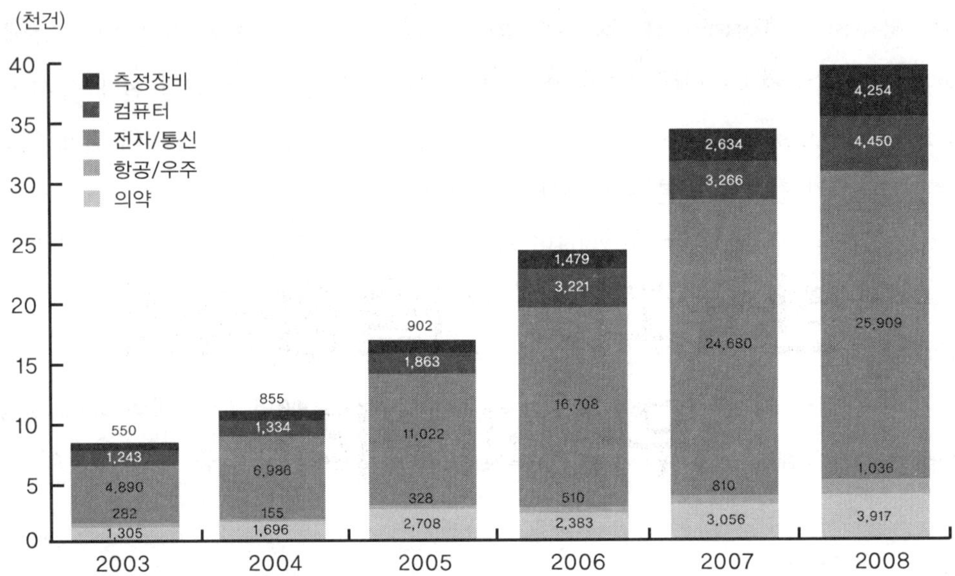

출처: UNESCO(2010), p.394

〈그림 15-6〉 중국 하이테크 산업에서의 특허 등록

PART Ⅴ

한국 과학기술정책의 위상과 미래

한국 과학기술정책의 위상과 미래에서는 우리의 과학기술정책의 위상과 미래 그리고 향후 과제를 고찰하고자 한다. 우리의 과학기술 수준은 과거추격형(catch-up) 전략을 통해 선진국의 기술을 도입하고 이를 모방 · 흡수한 결과 현재 일부 기술분야에서는 세계 선두권에 도달하고 있다. 과학기술정책 위상을 살펴보고 이를 통해 과학기술정책의 미래와 과제를 도출하고자 한다.

Part Ⅴ의 내용 구성은 다음과 같다.

CHAPTER 16

과학기술정책의 위상

제16장에서는 우리 과학기술정책의 위상을 살펴본다. 첫째, 과학기술 투입과 산출 현황에 대한 분석을 통해 우리의 과학기술 수준을 주요국들과 비교한다. 둘째, 과학기술정책이 전개되어온 과정을 시대별로 구분하여 고찰하면서 주요 특징을 도출한다. 셋째, 과학기술정책의 방향 분석을 통해 향후 과학기술정책의 전환 경로를 진단하고자 한다.

16.1 과학기술 투입과 산출

1) 과학기술 투입

우리나라의 총 연구개발비(달러 환산)는 2000년대 초반부터 지속적으로 상승하다가 2007년 330억 달러 대를 기점으로 이후 다소 하락하고 있다. 총 연구개발비 중 정부재원의 비율은 2000년대 중반까지 약 25%대 수준을 유지하다가 중반 이후 정부 비율은 다소 증가하여 2009년 현재 28.7% 수준에 이르고 있다.

미국과 일본의 경우 총 연구개발비는 2000년대 이후 지속적으로 상승하는 추세로 이들 국가들이 연구개발에 많은 노력을 기울이고 있음을 간접적으로 파악할 수 있다. 우리와 규모를 비교해 보면 미국은 12.7배, 일본은 5.4배 수준이다. 한편, 이들 국가의 정부재원의 비율은 우리와 대조적으로 다소 감소하는 추세를 나타내고 있다. 이들 국가의 경우 최근 민간의 연구개발 활동이 정부부문보다 더욱 활발해지고 있음을 알 수 있다.

연구원 수의 경우 우리는 2000년 초반부터 상당히 증가하는 추세인 반면, 미국의 경우는 하락 추세에서 정체하는 현상을 보이고 있으며, 일본의 경우 2007년까지 증가하다가 최근 감소하는 추세를 나타내고 있다. 연구원 수를 국가별로 비교해 보면 미국은 우리의 6.4배, 일본은 2.9배 수준이다. 이러한 지표는 우리의 연구원 1인당 연구비의 규모가 상대적으로 작다는 사실과 연구개발비 확보와 관련한 경쟁율이 상대적으로 높다는 것을 의미하고 있다.

〈표 16-1〉 국가별 총연구개발비 대비 정부재원 비율 변화 추이 (단위: 억 달러, %)

		2003	2004	2005	2006	2007	2008	2009
한국	전체	160.0	193.7	235.9	286.4	336.8	313.0	297.0
	정부재원비율	25.6	24.5	24.3	24.3	26.1	26.8	28.7
미국	전체	2,897.4	3,002.9	3,230.5	3,478.1	3,731.9	3,981.9	
	정부재원비율	35.7	36.3	35.7	34.7	33.8	32.7	
일본	전체	1,352.8	1,458.8	1,512.7	1,485.3	1,507.9	1,681.2	
	정부재원비	25.1	24.9	23.5	22.6	22.0	21.4	

※ 정부재원비율은 OECD 재원별 자료 중 정부와 기타 재원의 합계임

출처: OECD(2010-1), Main Science and Technology Indicators, 교육과학기술부 · KISTEP(2010). 연구개발활동조사보고서

〈표 16-2〉 주요국의 연구인력 수 (단위: 천명)

	2003	2004	2005	2006	2007	2008	2009
한국	151.2	156.2	178.8	199.9	221.9	236.1	244.0
미국	1,430.5	1,384.5	1,375.3	1,414.3	1,412.6		
일본	675.3	677.2	704.9	709.6	709.9	682.7	

※ 상근상당연구원 수 기준

출처: OECD(2010-1), Main Science and Technology Indicators

교육과학기술부 · KISTEP(2010). 연구개발활동조사보고서

1인당 국민소득 수준이 1만 달러에서 2만 달러로 증가하는 기간 동안 과학기술의 역할은 중요한 의미를 내포하고 있다. 미국은 1978년에 1인당 국민소득 1만 달러로 시작하여 11년이 지난 1988년 1인당 국민소득 2만 달러를 달성하였고, 일본은 그보다 짧은 1981년부터 1987년까지 7년만에 1인당 국민소득이 2만 달러에 이르렀다. 우리나라는 1995년 1인당 국민소득 1만 달러를 달성하고 13년 후인 2007년에 1인당 국민소득 2만 달러를 달성하였다.

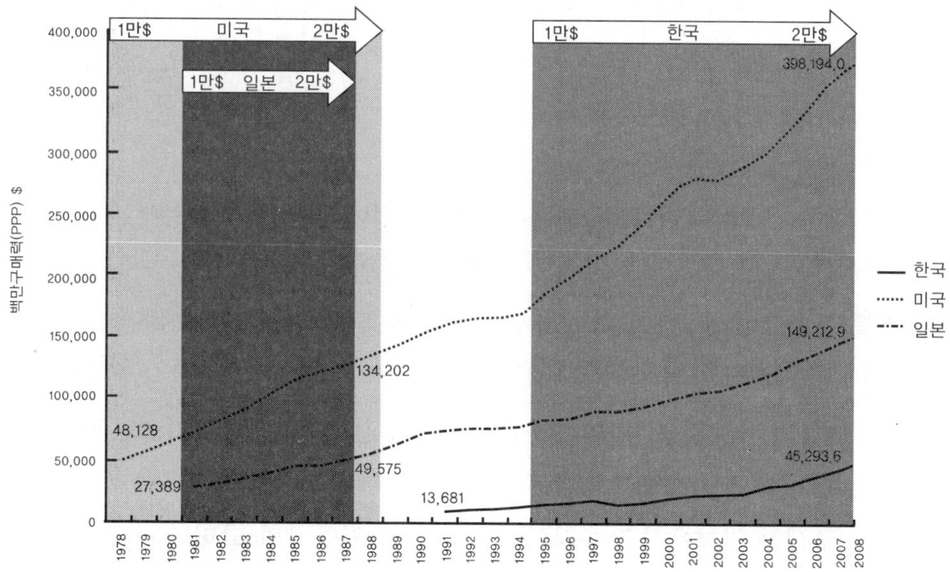

출처: OECD(2010-1), Main Science and Technology Indicator. 재구성

〈그림 16-1〉 주요국의 국민소득과 총 연구개발비의 변화 추이

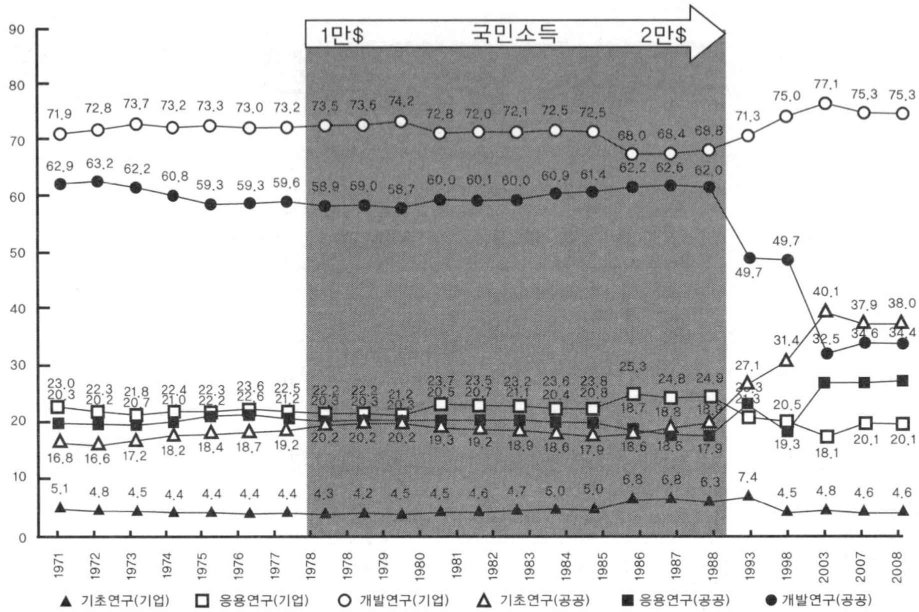

출처: NSF (2010), Science Resources Statistics. 재구성

〈그림 16-2〉 공공부문과 민간부문의 연구단계별 연구비 구성비 추이(미국)

각국의 1인당 국민소득 2만 달러을 달성를 기간동안 연구개발에 대한 투자 변화를 살펴보면 미국은 48,128백만 달러에서 134,202백만 달러로 약 2.7배가 증가하였고, 일본은 27,389백만 달러에서 49,575백만 달러로 약 1.8배, 한국은 13,681백만 달러에서 41,742백만 달러로 약 3배의 증가추세를 보이고 있다.

중요한 사실은 1인당 국민소득 2만 달러 달성과정에서 나타난 공공부문과 민간부문의 역할변화이다. 우선 미국의 경우 1만 달러 이후 2만 달러 달성 시기까지의 연구단계별 구성비를 살펴보면 개발연구와 응용연구에 대한 투자가 소폭 증가하는 모습을 보이는 반면, 기초연구에 대한 투자가 줄어들고 있다. 그러나 2만 달러 달성 이후 공공부문에서의 개발연구와 응용연구에 대한 연구비는 대폭 감소하는 반면, 기초연구에 대한 투자가 매우 높은 비율로 증가하고 있다.

이와 같은 추세는 일본에서도 유사하게 나타나고 있다. 1만 달러 이후 2만 달러까지 단계에서 개발연구에 대한 투자가 매우 높은 비율로 증가하고 있으며, 응용연구에 대한 투자도 높게 나타나고 있다. 또한 기초연구에 대한 투자는 상대적으로 낮아지는 형태를

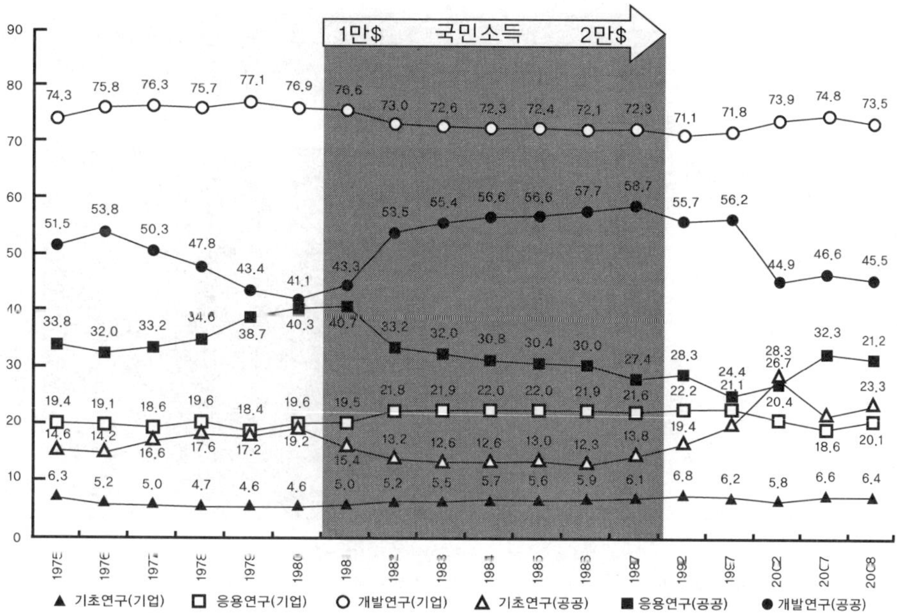

출처: 통계국 (2009), 과학기술연구조사보고. 재구성

〈그림 16-3〉 공공부문과 민간부문의 연구단계별 연구비 구성비 추이(일본)

나타낸다. 그리고 1인당 국민소득 2만 달러 달성 이후에는 공공부문에서의 개발연구와 응용연구에 대한 투자가 기초연구에 대한 투자로 전환되고 있다.

미국과 일본의 경우 국민소득 증가 시기에 공공부문의 역할에 주목할 필요가 있다. 국민소득 1만 달러에서 2만 달러로 증가하는 과정에서 응용연구 및 개발연구와 같이 시장에 직접적인 영향을 미칠 수 있는 기술 개발에 공공부문이 직접적으로 참여함으로서 국민소득 향상에 적극적으로 개입하였다. 그리고 2만 달러 이후 시점부터 응용 및 개발 부문보다 기초연구에 집중하는 장기적인 연구개발 전략을 통해 3만 달러 시대로 도약할 수 있었던 것이다.

우리나라의 경우 1인당 국민소득 1만 달러 달성 이후 공공부문에서의 개발연구 비중이 줄어들고 기초연구에 대한 비중은 소폭 상승한 것으로 나타난다. 반면, 1인당 국민소득 2만 달러 이후에는 공공부문에서의 개발연구 비중이 증가하고 기초연구에 대한 투자가 감소하고 있는 현상이 나타나고 있다. 향후 공공부문의 연구개발전략에 대한 세밀한 검토가 요구된다.

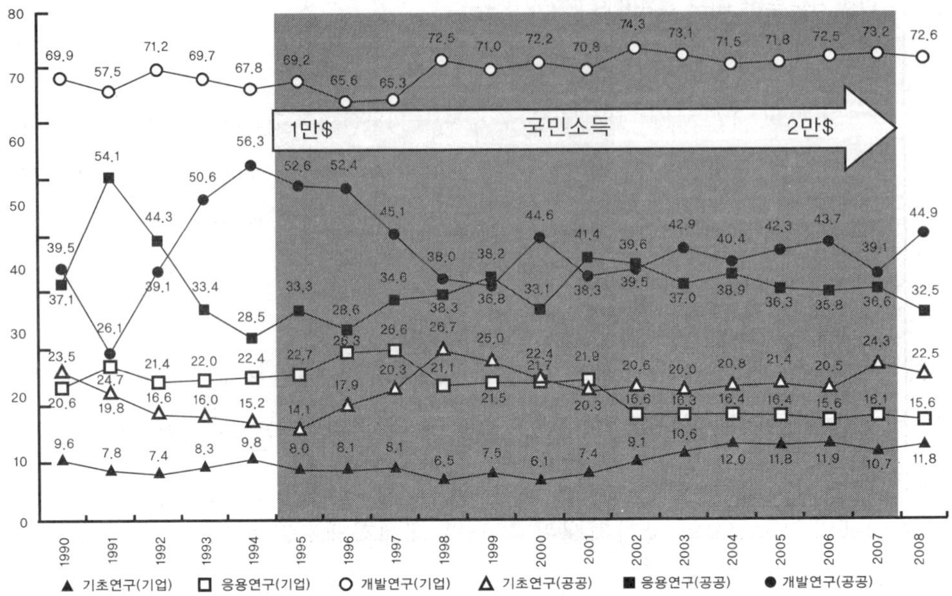

출처: 교육과학기술부 · KISTEP (2010), 2010 연구개발활동조사보고서. 재구성

〈그림 16-4〉 공공부문과 민간부문의 연구단계별 연구비 구성비 추이(한국)

2) 과학기술 산출

과학기술 투입에 따른 산출은 크게 논문과 특허로 구분하여 살펴볼 수 있다. 우선 과학기술분야의 학술적 활동 결과인 논문의 경우 우리나라는 매년 10% 정도 증가하여 2000년 초반과 비교할 때 2007년 현재 2배에 가까운 증가 추세를 보이고 있으며, 미국은 매년 1.5% 정도 소폭 증가하고 있는 반면, 일본의 경우 매년 하락하는 추세로 나타난다.

기술의 상용화와 직접적으로 연계된 특허의 경우 우리나라, 미국, 일본 3개국 모두 매년

〈표 16-3〉 과학기술분야의 논문 수 (단위: 건)

	2000	2001	2002	2003	2004	2005	2006	2007
미국	192,743.0	190,592.6	190,496.1	196,431.6	202,084.3	205,516.3	209,237.2	209,694.7
일본	57,100.9	56,081.7	56,346.5	57,228.2	56,535.4	55,501.9	54,455.8	52,895.7
한국	9,571.8	11,007.2	11,734.5	13,400.9	15,254.6	16,395.7	17,909.9	18,467.2

출처: NSF (2010), Science and Engineering Indicators: 2010. 재구성

〈표 16-4〉 과학기술분야 미국 특허(US PTO) 출원 수 (단위: 건)

	2000	2001	2002	2003	2004	2005	2006	2007
미국	164,795	177,511	184,245	188,941	189,536	207,867	221,784	241,347
일본	52,891	61,238	58,739	60,350	64,812	71,994	76,839	78,794
한국	5,705	6,719	7,937	10,411	13,646	17,217	21,685	22,976

출처: NSF (2010), Science and Engineering Indicators: 2010. 재구성

증가하는 추세를 보이고 있다. 미국은 자국내 특허 출원이 매년 평균 5% 증가하고 있으며, 일본도 비슷한 추세로 증가하고 있는 반면, 우리나라는 미국 특허청 특허 출원 수가 매년 평균 20% 이상 증가하고 있다.

국제경영개발원(IMD)의 국가경쟁력 분석과 세계경제포럼(WEF)의 세계경쟁력보고에서 2010년도 우리나라의 국가 경쟁력은 23위(IMD)와 22위(WEF)를 차지하고 있다. 과학기술부문에 관한 평가항목을 살펴보면 IMD 경쟁력의 경우 과학인프라는 4위, 기술인프라는 18위이며, WEF의 경우 기술수용성분야는 19위, 기업혁신분야는 12위로 나타나고 있다. 전체 순위를 비교하여 볼 때, 과학기술부문이 비교적 높은 경쟁력 수준을 유지하고 있음을 보여주고 있다.

우리의 경우 과학인프라에서의 순위는 최근 상승하고 있는 반면, 기술인프라는 최근 10위권 밑으로 내려가고 있다. 또한 기술수용성 및 기업혁신분야에서는 국민소득 2만달러를 달성한 2007년까지는 상승세를 유지하다가 이후 순위가 낮아지고 있다.

우리나라는 정보통신과 관련된 분야(법률, 광대역 통신망 가입자 등)에서는 높은 경쟁력을 가지고 있으나, 과학연구기관의 질적 수준과 과학자 및 엔지니어 보유 정도, 그리고 기업수준의 지원 및 혁신역량, R&D에서의 산 · 학협력에서의 수준은 낮은 것으로 나타난다.

OECD 30개국을 대상으로 한 2010년 과학기술역량평가(COSTII)의 경우 우리나라는 11위 수준으로 2006년부터 지속적으로 상승세를 나타내고 있다[1]. 부문별로 살펴보면 자원

1) 과학기술역량평가(COSTII: Composite Science and Technology Innovation Index)는 IMD와 WEF의 세계경쟁력 보고에서 나타난 과학기술분야의 경쟁력이 갖는 한계를 보완하기 위해 교과부와 KISTEP이 공동개발한 과학기술혁신 역량을 객관적으로 평가하기 위한 방법이다. 2004~2005년 2년간 사전연구를 거쳐 2006년부터 본격적인 평가를 실시해 오고 있다.

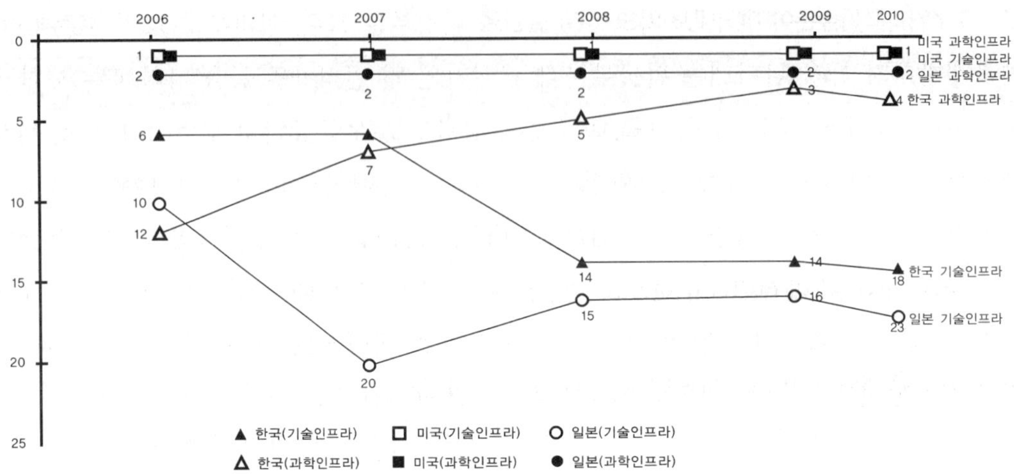

출처: IMD, The World Competitveness Yearbook. 2006~2010

〈그림 16-5〉 IMD의 과학기술분야 순위 변화

〈표 16-5〉 과학기술역량평가(COSTII)의 부문 및 지표별 순위(2010년)

		우리나라 순위	상위 3국
자원		11	미국, 일본, 독일
	인적자원	14	
	조직	8	
	지식자원	8	
활동		7	미국, 핀란드, 스웨덴
	연구개발투자	6	
	창업활동	18	
네트워크		12	룩셈부르크, 스위스, 벨기에
	산 · 학 · 연 협력	3	
	기업간 협력	24	
	국제 협력	15	
환경		21	캐나다, 네덜란드, 아이슬란드
	지원제도	22	
	물적 인프라	8	
	문화	28	
성과		12	미국, 스위스, 일본
	경제적 성과	10	
	지식창출	15	

출처: KISTEP (2011), 2010년도 국가과학기술역량평가

부문 11위, 활동부문 7위, 네트워크 부문 12위, 환경부문 21위, 성과부문 12위 수준이다. 연구개발투자 등을 나타내는 활동부문과 지식자원 및 인적자원 등을 나타내는 자원부문 그리고 경제적 성과 및 특허를 나타내는 성과부문은 중상위권에 위치하고 있으나, 제도적 지원 및 문화를 나타내는 환경부문의 수준은 상대적으로 낮은 실정이다.

마지막으로 국가간 기술력의 차이를 살펴보면 2010년 현재 우리나라의 기술수준은 세계 최고 수준 대비 60.2% 수준으로 미국과 일본과 비교할 때 각각 18%, 13% 정도 차이가 나고 있다. 기술격차 기간의 경우 세계 최고 수준 대비 5.4년 정도 뒤지고 있으며, 이러한 격차는 향후 감소될 것으로 예상된다(〈표 16-6〉 참고).

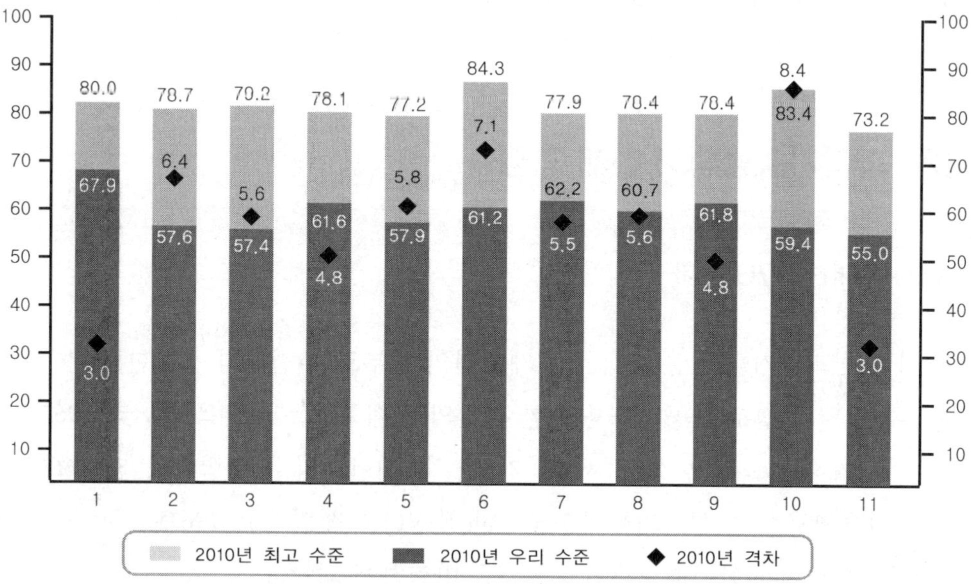

1. 정보·전자·통신분야
2. 의료분야
3. 바이오분야
4. 기계·제조·공정 분야
5. 에너지·자원 분야
6. 우주·항공·해양 분야
7. 환경·기상 분야
8. 나노·소재 분야
9. 건설·교통 분야
10. 재난·재해 분야
11. 융합 분야

출처: 국가과학기술위원회(2011), 2010년도 기술수준평가결과

〈그림 16-6〉 11대 중점 기술분야의 수준 및 최고기술국 대비 기술격차 변화('08~'09)

〈표 16-6〉 국가별 기술수준 및 기술격차

기술수준 / 기술격차 / 국가	2008년		2010년	
	기술수준(%)	기술격차(년)	기술수준(%)	기술격차(년)
한국	56.4	6.6	60.2	5.4
미국	76.6	0.0	78.7	0.0
일본	70.4	1.7	73.0	1.6

※ 기술수준 : 해당 기술이 향후 이룰 수 있는 궁극의 기술수준(이론적 상한치, 미래 이룰 수 있는 최상의 발전상태)을 100%로 하여 각국의 기술수준을 %로 표시

※ 기술격차 : 세계최고기술보유국(0년)과 각 국가의 기술격차(년)

출처: KISTEP(2008), 2008년 기술수준평가 보고서. 국가과학기술위원회(2011), 2010년 기술수준평가 결과

16.2 과학기술정책의 전개 과정

1) 1960년대~1970년대

우리나라가 과학기술 진흥을 국가 경제발전의 일부로 추진하기 시작한 것은 1960년대부터 이다. 당시 정부는 공업화를 통한 산업의 근대화라는 기본목표 아래 1962년 '경제개발5개년계획'의 착수와 함께 '제1차 기술진흥5개년계획'을 수립하였다. 1966년에는 한국과학기술연구소(현 한국과학기술연구원: KIST)를 설립하고, 1967년에는 과학기술처를 발족함으로써 과학기술정책의 태동기를 마련하게 되었다.

1960년대와 1970년대에 이르는 경제성장 과정에서 우리의 기술획득 전략은 선진국으로부터 일괄방식(turn-key base)으로 도입된 생산설비와 운전기술의 학습에 의존하는 전형적인 후진국형의 기술개발전략이었다. 이 기간 중 과학기술정책은 민간부문의 초보적인 연구개발 능력을 높이고, 과학기술 공급기반을 확충하기 위한 것으로 정부 주도의 연구개발 활동에 초점을 맞추고 있었다. 과학기술 기반을 조성하기 위한 정부의 정책은 정부출연연구기관의 설립과 이들 기관을 중심으로 한 연구개발활동의 활성화에 두어졌다. 정부출연연구기관은 외국기술의 도입과 소화 · 개량 그리고 자체 개발 과정을 통해 산업계로 기술확산을 도모하였다. 이러한 노력들은 점차 산업계와 학계의 연구개발 활

동을 자극하는 계기가 되었다. 동 시기의 중점지원 산업분야는 경공업과 중화학공업 부문이었다.

2) 1980년대

1980년대에 들어오면서 과학기술을 둘러싼 국제적 환경 변화는 국가적으로 새로운 전략을 요구하였다. 선진국을 중심으로 전개되었던 기술보호주의의 확산과 첨단기술을 가진 선진국간의 상호협력은 우리에게 있어서 산업발전을 위한 기술획득 및 기술개발에 새로운 장벽으로 작용하기 시작하였다. 이와 함께 중국을 포함한 신흥 개발도상국가들의 급격한 경제성장과 시장에서의 경쟁력 향상은 우리의 생존에 중요한 위협요소로 등장하였다.

이러한 환경하에서 국제적 경쟁력 확보와 지속적인 경제성장을 이룩하기 위한 국가적 차원의 독자적 기술개발 대책이 절실하다는 인식이 확산되었다. 정부는 이에 대응하여 정부출연연구기관의 체제정비와 함께 1960~70년대에 부분적으로 구축된 과학기술 기반을 토대로 하여 국가 전략적 관점에서의 연구개발에 착수하였다. 출연연구기관의 역할은 장기적이고 규모가 크며 기초적 연구개발사업에 주력하면서 정부가 주도해 나

〈표 16-7〉 시대별 국가 R&D의 특징과 성격 변화

구분	1960~70년대	1980년대	1990년대	2000년대
과학기술 전략	선진기술 소화 · 개량	선진국 추격형	선진국 추격형	창조형 전환 도모
R&D 성격	산업현장 애로기술 지원	수출주력 산업 기술개발	첨단산업 기술개발	기초 · 원천 기술개발
연구수행 주체	출연(연) 주도	출연(연) 주도	출연(연) 기업 · 대학	기업 주도 대학 · 출연(연)
중점 지원 산업	석유 화학 가전 철강	조선 자동차 철강 반도체	반도체 첨단가전 휴대폰	이동통신 바이오

출처: 국가과학기술위원회·KISTEP(2009), 국가 R&D 성과분석 및 시사점, p.9

가야 할 공공복지기술을 개발하고 첨단산업기술 중에서도 시장경쟁 원리에만 맡기기에는 적합하지 않은 중장기 대형과제를 기업과 공동으로 개발하는 것이었다.

정부출연연구기관은 기업들과의 공동연구를 통해 우리나라의 연구개발 역량을 결집하고 협동 연구개발체제를 구축하는데 이바지했으며, 기업의 기술개발 투자를 유도하는 기폭제의 역할을 수행하였다. 아울러 국내 기술자립 역량을 배양함으로써 수입대체와 수출촉진에 중요한 공헌을 하였다.

1980대 중반부터는 기업의 연구개발 활동이 급속히 활성화되었고 이에 따라 연구개발 주체간의 연구영역에 대한 논의가 시작되었다. 정부는 기술드라이브정책의 일환으로 산업기술개발을 지원하기 위해 각종 금융 · 세제 측면의 지원정책과 신기술제품 수요촉진을 위한 정부구매제도의 개선, 그리고 연구요원의 병역특혜제도 등을 시행하였다.

3) 1990년대

1990년대는 지구촌 무한경쟁시대 돌입과 환경라운드 및 WTO 체제의 본격적 출범 등으로 기술을 둘러싼 경쟁이 더욱 심화되었다. 이에 대응하여 정부에서는 전략적 차원에서 국가연구개발사업을 목적 지향적으로 개편하는 동시에 투자규모의 지속적인 확대를 추구하였다. 또한 정보통신부, 환경부, 건설교통부, 보건복지부 등이 새로운 국가연구개발사업을 출범함에 따라 연구개발비가 급속히 확대되어 연구개발 투자의 효율성과 연구생산성 제고가 중요한 과제로 제시되었다.

민간 연구개발에 미치는 파급효과(spillover effect)를 고려할 때 국가연구개발사업의 추진방식도 민간과의 협력을 통한 체계적인 연구사업의 기획 및 관리가 중요한 요소로 부각되었다. 이를 구체화하기 위해 신규사업을 위한 기획이 폭넓게 이루어졌고 사업의 효율적인 연구관리 및 평가를 위한 제도가 확립되기도 하였다. 아울러 생산성 제고 노력과 개혁의 추진 등 연구경쟁력의 제고를 위한 다양한 시책이 전개되었다.

1990년대의 국가연구개발사업체계는 각 부처별 분산형 연구개발체계 형태로 전환되었고, 연구개발의 우선순위는 과학기술처의 경우 국가의 원천 · 핵심첨단기술 개발에, 통상산업부 등 사업관련 부처의 경우 산업계의 수요를 반영한 산업기술개발에 두었다.

4) 2000년대~현재

과학기술을 둘러싼 국가간의 경쟁이 치열하게 전개되자 우리나라도 이러한 경쟁에서 우위를 점하고 산업을 포함한 국가경제의 경쟁력 강화를 위한 독창적인 기술, 상품 및 시장을 확충하기 위한 연구개발의 필요성이 고조되었다. 이러한 수요에 대응하여 세계 시장을 선도할 수 있는 기초원천기술의 확보가 시급하다는 인식 하에 우리나라의 강점 기술분야를 선정하여 집중 지원하는 21세기 프론티어사업이 출범하였다. 또한 차세대 먹거리 창출을 위한 차세대성장동력사업이 5년 한시적으로 시작되었고, 기존 연구개발 성과의 전주기적 사업화 지원을 통해 새로운 성장동력으로 성장이 가능한 대형국책사업을 발굴하고자 하는 대형국가연구개발실용화 사업 등이 시작되었다.

이와 같이 정부의 연구개발 투자가 급속히 확대되고 여러 부처에서 다양한 형태의 연구개발사업을 추진하게 되면서 국가의 과학기술 관련 주요 정책 및 계획을 수립하고 국가연구개발사업 간 우선순위 설정, 중복 투자의 방지, 부처간 역할 분담 등 종합적인 조정의 필요성이 절실하였다. 이에 정부는 조정을 통한 투자 효율성을 높이기 위해 대통령을 위원장으로 하는 국가과학기술의 최고 의사결정기구인 국가과학기술위원회를 1999년 1월에 설치하여 운영해오고 있다. 이에 따라 각 부처의 연구개발 기획기능이 강화되었고, 국가연구개발사업은 보다 체계적인 모습을 갖추고 운영의 효율화를 추구하게 되었다.

2004년 과학기술행정체제 개편의 일환으로 과학기술부가 부총리 부서로 승격하면서 과학기술 부총리 산하에 정부차원의 혁신정책 조정을 위한 공식적 기구로 과학기술혁신본부가 설치되었다. 혁신본부 설립 이전의 조정형태는 종합과학기술심의회(80년대 말 설치)와 국가과학기술위원회(NSTC, '99년 설치) 등에 의해 진행되는 이른바 회의체에 의한 조정이었다. 혁신본부는 과학기술 부총리하에서 국가과학기술위원회의 사무국 위상을 가지면서 기초과학, 인력개발, 기술개발 등과 관련된 조정 및 자원배분 그리고 산업, 인력, 조세, 금융정책 등이 포함된 미시경제를 총괄하는 역할을 수행하였다.

2008년에는 이명박정부의 출범과 동시에 정부조직이 대 부처 체제로의 전환하는 과정에서 국가혁신체제가 변화되었다. 국가과학기술위원회의 사무국 역할을 수행하였던 과학기술혁신본부가 폐지되고, 교육과 과학기술을 결합한 교육과학기술부가 출범하고,

정보통신분야를 대표하는 부처였던 정보통신부가 해체되어 동 기능들이 방송통신위원회와 지식경제부로 분할되었다. 따라서 과학기술행정은 교육과학기술부와 지식경제부 중심으로 추진되는 구조로 개편되었다. 교육과학기술부의 경우 한국과학재단과 한국협력재단 그리고 학술진흥재단을 통합하여 한국연구재단으로 연구자원업무를 통합하고, 장학업무는 한국장학재단의 설치를 통해 일원화 하였다. 지식경제부의 경우도 산하 다양한 관리전문기관들을 한국산업기술진흥원(KIAT)과 한국산업기술평가관리원(KEIT)으로 통폐합 하였다.

과학기술 거버넌스 측면에서도 변화가 있었다. 국가 과학기술의 최고 의사결정 조직이었던 국가과학기술위원회 운영과 관련된 간사역할은 대통령실의 교육과학문화 수석이 담당하도록 하였고, 교육과학기술부 장관이 국과위 부위원장으로써 사무국 역할을 병행하도록 하였다. 아울러 헌법기구인 국가과학기술자문회의를 교육부문과 결합하여 국가교육과학기술자문회의로 역할과 기능을 변화시켰다.

이러한 거버넌스는 2010년에 다시 변화되어 대통령실에 미래전략기획관(수석급)이 신설되어 국가과학기술위원회 운영과 관련된 간사역할을 수행하게 되었다. 그리고 제2장에서 언급했듯이 2010년 12월의 국가과학기술기본법의 개정으로 국가과학기술위원회는 2011년 3월 말에 장관급 상설조직인 대통령 행정위원회로 개편되었다.

정부출연연구기관의 거버넌스에도 변화가 있었다. 과학기술혁신본부의 폐지에 따라 기초, 공공, 산업 등 3개 연구회의 지배구조를 재조정한 것이다. 기초기술연구회는 교육과학기술부 산하로, 산업기술연구회는 지식경제부 산하로 이관되었고, 공공기술연구회는 폐지 후 산하 출연(연)을 기초와 산업기술연구회로 각각 분할 배치하였다.

16.3 과학기술정책의 방향 분석

국가혁신체제 관점에서 과학기술정책은 다음과 같은 점을 반영하면서 분석되어야 한다. 첫째, 우리의 국가혁신체제가 민간 중심이라는 사실을 기반으로 정책 분석 및 정책 수립이 이루어져야 한다. 2010년 11월 현재 민간연구소 숫자가 21,000개를 돌파하고 있고, 2009년 현재 민간기업의 사용 R&D 규모는 26조 9,612억원으로 국가 전체의 71.1%를 차지하고 있다.[2] 우리의 경우 정부부문이 민간부문의 연구개발 활동에 미치는 영향력이 매우 크다 하여도 정부부문, 즉 공공부문 중심의 과학기술정책은 많은 한계를 가질 수 밖에 없다. 따라서 과학기술정책은 민간부문이 반드시 포함되는 정책체계하에서 이루어져야 한다.

둘째, 과학기술정책의 지향성이 녹색성장 패러다임으로 전환하고 있다는 사실이다. 향후 이러한 방향으로 R&D 포트폴리오의 변화를 포함한 부문별 정책시스템에서의 많은 변화가 요구되며, 이를 위한 정교한 설계와 실천 노력이 요구되고 있다.

셋째, 국가혁신체제에서 정부가 시스템 실패의 치유자 역할을 수행하기 위해서는 민간의 혁신활동에 대한 많은 정보 수집과 연구가 필요하다. 현재 주요정책 의제로 제시되고 있는 투자 확대 및 국가 R&D 사업 관리제도 개선 및 사업체제 개편 등의 정책으로는 정부가 시스템 실패를 치유할 가능성이 낮다.

실질적으로 시장 중심 국가혁신체제의 운영을 위해서는 정부의 역할은 미래 예측 및 시장 조성 그리고 간접적 · 수요지향적 지원 중심으로 수행되어야 한다. 그러나 현재 제시되고 있는 과학기술정책 의제들은 직접적 지원 및 공급 지향적 정책지원에 초점을 두고 있는 실정이다.

넷째, 민간의 기술혁신을 촉진하기 위한 과학기술 역량 제고에서부터 사업화에 이르는 전 과정을 효과적 · 효율적으로 연계할 국가혁신체제 상의 연결망 구축이 필요하다. 교육과학기술부와 지식경제부 역할의 조정 및 연계, 그리고 기술혁신 전 과정을 효과적, 효율적으로 연계할 규제 철폐, 지원제도의 연계, 이와 연결된 산 · 학 · 연 · 관의 역할 재정립이 요구된다. 특히 이를 위한 미시정책과 거시정책의 통합적 접근이 요구된다.

마지막으로 성과관련 계량적 지표에 대한 수요 대응 노력이다. 이를 위해서는 연구개발 성과 및 효율화 수준을 제시할 수 있는 모형 및 지표 구축과 정기적 측정 및 발표 등의 노력이 필요하며, 이러한 지표 및 모형에 대한 국민의 합의도출도 중요하다. 아울러 연구개발 혹은 기술혁신 성과 제고를 위해서는 기업의 기술 습득 역량 제고에도 정책적 초점이 두어져야 한다.

2) 외국재원이 0.2%인 783억원 규모이다.

이러한 분석을 전제로 한 과학기술정책은 우선적으로 총체적(holistic) 과학기술혁신정책으로 전환될 필요가 있다. 과학기술정책 영역을 미시와 거시경제정책간의 접점(interfaces)까지 확대하는 동시에 R&D 정책 중심에서 혁신의 전 영역을 대상으로 하는 혁신정책(Innovation Policy)으로 정책이 전환되어야 한다. 현재 취약한 정책영역이라 할 수 있는 성과확산 분야의 경우 세제, 금융, 규제와 관련된 영역으로의 정책 확대가 필요하다. 그리고 정책과정에서 점차 지속가능한 발전을 지향하는 목표의 비중이 확대되어야 할 것이다. 이 과정에서 특히, 환경정책 영역과의 밀접한 연계가 필요하다. 그리고 범부처적 과학기술혁신정책의 수립과 집행 체계의 구축이 필요하며, 다양한 정책간의 정합성 확보 및 조정 · 통합을 위한 정책위계를 구축하여야 할 것이다.

아울러 과학기술혁신정책 주기(cycle)상 전반부인 기획에 대한 역량 강화를 통해 정책의 수준을 향상시켜야 한다. 과학기술혁신정책의 기획단계에서 관련 정책영역간의 조정 및 평가를 통해 혁신성과의 제고를 추구할 수 있기 때문이다. 정책기획 수립을 위한 관련 의사결정지원시스템 구축방안으로 서지정보학(bibliometrics), 미래예측 기법(scenario, foresight 등)을 활용한 정보지원 및 의사결정 지원 시스템도 필요하다.

다음으로 과학기술혁신정책 제도에 적합한 거버넌스 모색이 요구된다. 과학기술혁신정책의 영역확대를 고려한 적절한 거버넌스는 정책영역 확대에 따른 정책의 정합성, 조정, 통합 등의 문제와 정책영역별 전문지식 등을 고려하여 결정되어야 한다. 정책과정에서 다양한 분야의 전문가 및 이해관계자의 참여기회 확대 및 조정을 위한 새로운 규범 및 조정체제의 필요성이 대두되기 때문이다.

마지막으로 과학기술혁신정책 관련 학습을 위한 제도가 마련되어야 한다. 과학기술혁신정책의 수립 및 효과적 조정, 다른 영역의 정책과의 정합성을 높이기 위해서는 체계적인 학습 및 관련 제도가 필요하기 때문이다. 평가를 통한 학습의 제고 노력과 혁신 과정과 정책에 대한 상시적 학습제도 구축 등이 고려되어야 한다.

CHAPTER 17

과학기술정책의 미래와 과제

제17장에서는 우리의 과학기술정책의 미래와 과제를 도출한다. 첫째, 새로운 국가발전 패러다임으로 제시된 녹색성장과 관련된 과학기술정책을 살펴본다. 특히, 녹색성장형 과학기술 패러다임의 과학기술정책상의 의미를 고찰하고자 한다. 둘째, 탈추격형 전략으로 경로의 전환이 요구되는 과학기술정책의 미래를 진단하고 이를 기반으로 과학기술정책에서 필요로 하는 주요 과제를 제안한다.

17.1 녹색성장과 과학기술정책

'저탄소 녹색성장'은 이명박정부에서 새로운 국가발전 패러다임으로 제시되었다. 세계경제 침체 속에서 지속가능한 국가발전과 새로운 일자리 창출 등을 조화롭게 추구할 수 있는 돌파구로 동 패러다임이 제안된 것이다.

우리나라는 그간 급속한 산업화 추구 과정에서 에너지 및 환경문제에 대한 준비가 부족한 실정이었다. 이 과정에서 기후변화 문제와 자원위기가 현실적 위협으로 등장하면서 에너지와 환경문제는 국가미래를 결정하는 주요변수로 등장하였다. 아울러 IT 산업을 이어갈 새로운 성장동력이 약화되고, 고용없는 성장이 지속되고 있는 상황에서 에너지와 환경문제는 지속가능한 성장을 위한 필수불가결한 요소로 인식되었다.

이러한 상황하에서 제안된 녹색성장 패러다임이 갖는 과학기술정책상의 의미는 정부 R&D의 녹색화와 융합 그리고 창의성과 개방성의 조화를 추구하는 것이다. 구체적 내용으로는 첫째, 정부 R&D를 기초 · 원천연구 중심 배분구조로 개선하여 개인 · 소규모 창의적 연구, 고위험 · 고수익 기초 · 원천연구 확대, 장기 · 안정적 연구에 대한 지원을 강화하고, 둘째, 미래 먹거리 · 일자리 창출을 위한 녹색기술 및 융합 신산업 · 서비스업에 대한 투자를 확대하며, 셋째, 글로벌 인재영입 · 활용, R&D 추진방식 · 제도 전환 등 글로벌 개방형 혁신(global open innovation)을 촉진하는 것이다.

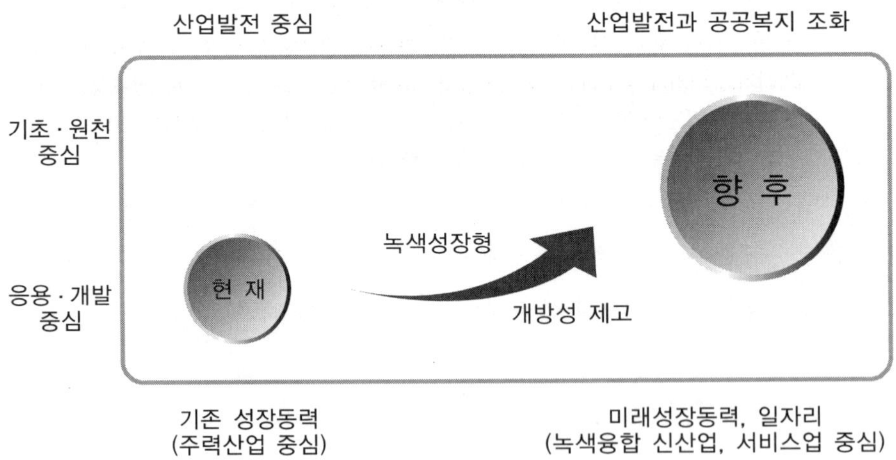

출처: 이장재(2009), 글로벌 위기극복을 위한 국가 R&D 전략과 방향

〈그림 17-1〉 과학기술 패러다임의 변화 방향: 녹색성장형

녹색기술 발전 전략은 크게 4가지로 제시되었다. 첫째, 녹색기술의 융합화 촉진이다. 융합녹색기술에 대한 투자를 촉진하고, 미래 녹색성장을 주도할 연구개발 프로그램의 추진을 확대하며 융합연구 지원체계 구축 및 관련 연구환경을 조성한다. 창의적 · 도전적 녹색융합연구 지원 강화, 녹색융합기술 과제도출을 위한 기획체제 구축, 융합녹색기술 관련 사업단 신설 및 융합녹색 원천기술 개발 등이 주요한 실천과제들이다.

둘째, 기초 · 원천연구의 확대이다. 녹색기술에 대한 기초연구 투자를 확대하고, 녹색기술 관련 기초 · 원천기술의 전략적 확보 및 중장기적인 에너지 자립을 위한 미래형 에너지 개발 투자, 기후변화 대응 R&D의 기초 · 원천연구 확대를 추구한다. 정부 녹색기술 관련 R&D 투자 중 기초연구 비중을 2012년까지 35%로 확대한다. 개인 기초연구 중 녹색기술 분야 연구과제에 대한 인센티브 부여로 신진과학자 진입과 창의적 연구 유도 등이 주요 과제로 제시되었다.

셋째, 기존산업의 그린화 및 신성장 동력화이다. 친환경 에너지 저소비형 산업 구조를 지향하고, 녹색 신성장동력의 육성을 추구한다. 산업 전반에 걸친 에너지 효율 개선을 추진함으로써 에너지 절감, 온실가스 저감 등의 정책적 효과와 수입대체, 에너지 · 환경 관련 서비스 R&D 육성 및 서비스산업의 그린화를 통한 제조업의 환경친화적 전환 기반 제공 등이 주요 과제이다.

넷째, 녹색기술 인프라 구축이다. 녹색기술 연구개발 인력 양성, 연구거점 조성, 기술이전 및 사업화 지원, 국제협력체계 구축 등의 전략이 마련되었다. 구체적 과제로는 수요지향적 녹색기술 고급 전문인력의 유치 · 양성, 녹색기술 전문인력에 대한 기술분야별 · 수준별 중장기 수요조사 및 예측 강화, 녹색기술 클러스터 및 테스트베드 조성 등이 제시되었다.

이러한 전략들이 향후 정부 R&D 프로그램을 통해 실천되면, '저탄소 녹색화' 수준을 의미하는 환경지속성 지수의 향상은 물론 녹색기술 개발과 녹색산업의 육성을 통한 지속가능한 경제성장과 미래일자리 창출에도 크게 기여할 것으로 전망된다.

17.2 과학기술정책의 미래와 과제

국가경쟁력 확보와 경제발전에서 과학기술의 주요역할에 대해서는 오랜 기간 논의되어 왔다. 우리나라와 같이 정부주도의 성장전략을 구가했던 국가는 선진국으로부터 기술을 도입하여 이를 경제적 부가가치로 연결시키는 특성을 가지고 있으며 이와 같은 방법은 지금까지의 경제성장에 결정적인 요인으로 작용하였다.

선진기술에 의존하는 기술개발방식은 자국의 기술역량이 증대되지 않는 경우 종속과 낙후라는 결과를 낳게 되나, 선진기술의 흡수 및 학습역량을 획득한 경우 수입기술의 적응 또는 자국에 적합한 기술로 개발할 수 있는 이점을 지닌다. 한국은 첨단기술의 도입 및 적용을 통해서 빠른 경제성장을 달성하였고 이러한 전략은 급속한 경제발전과 더불어 반도체 및 LCD 등과 같은 특정 분야에서의 기술수준이 세계 선두로 나가면서 국가 경쟁력 확보에 밑바탕이 되었다.

그러나 우리나라의 과학기술발전 과정에서 나타난 문제점은 단기적인 경제발전을 위해 특정영역에 치우친 투자가 이루어져 과학기술의 비대칭적 발전을 가져왔고 이는 장기적이고 지속적인 발전에 저해요인으로 작용하고 있다는 사실이다. 특히 이와 같은 특정영역에 의존하는 기술개발 전략은 새로운 첨단 · 융합기술의 출현에 대한 대응능력을 저하시켜 궁극적으로 기술혁신활동에 제한적 요소로 작용하였다(Utterback, 1994; 송위진 외, 2006).

이러한 한계를 극복하고 지속적인 성장을 달성하기 위해서는 지금까지의 추격형 과학기술전략에서 탈추격형 과학기술전략으로의 전반적인 전환이 요구되고 있다. 또한 새로운 과학기술 진화경로를 개척할 수 있는 국가혁신체제의 전환이 필요하다.

그러나 과학기술체제의 전환은 주변을 둘러싼 사회 · 정치 · 문화 · 환경체제 등과 복잡하게 얽혀 있으며, 특성상 경로 의존성(path dependency)을 내포하고 있기 때문에 쉽지 않은 문제점을 가지고 있다. 이를 위해서는 우리의 과학기술역량을 파악하고 이에 따른 전략적인 기술선택 전략이 요구된다.

현재 이명박정부는 과학기술기본계획(2008~2012)을 통해 2012년까지 국가 총 R&D 투자를 GDP 대비 5% 수준까지 증가시키며, 정부 총 R&D 중 기초연구비 비중을 2012년까지 35%(기초와 원천연구를 포함할 때 50%) 수준까지 제고할 계획이다. 이러한 R&D 투자 전략은 지금까지의 추격형 전략을 전환하고자 하는 의지를 담고 있으나 향후 구체적인 전술이 논의되어야 한다. 탈추격형 전략에 영향을 미치고, 영향을 받는 모든 정책주체 및 정책 대상 주체들을 중심으로 경제성장을 비롯하여 삶의 질 향상, 지속가능한 발전 등을 포함한 과학기술의 장기적 전략과 이를 실천할 수 있는 제도적 방안(institutional arrangements) 모색에 주안점을 두어야 한다.

탈추격형 전략은 비전과 규범 등을 공유한 상태에서 분야별 모형을 구축할 필요성이 있다. 즉, 과학기술 수준, 전문인력, 산업의 발전단계, 과학기술의 변화 속도, 개방성의 정도 등을 고려하여 분야별로 최적화하여야 하며 이를 위해 관련 자료 수집, 정보 분석, 정보시스템 구축 · 운영, 전문가 육성 등을 담당할 분야별 전문기관의 운영도 필요하다.

탈추격형으로의 연착륙은 경로의존성을 고려할 때, 국가혁신체제와 사회적 역량에 대한 미세조정이 요구되는 어려운 과제임은 사실이나 국가과학기술위원회를 비롯한 과학기술, 교육, 산업, 인력, 금융, 지역 등 미시경제 관련 조직간 정책연계 및 조정을 통해 이행되어야 한다.

탈추격형으로의 전환은 국가혁신체제의 변화가 요구되므로 이를 위한 정부의 역할과 기능의 확대(선도 및 조정자 역할 등)가 요구된다. 그러나 정부가 직접적으로 전환을 주도하는 경우 성공의 가능성이 낮기 때문에 정보 수집과 분석, 가공, 제공 등의 정부기능의 확대가 필요하지만 전환 과정에서의 정부 역할은 유인, 관련 제도 구축, 조정 등에 두는 것이 바람직하다. 따라서 산업체를 중심으로 한 산 · 학 · 연 혁신주체의 적극적인 참여를 바탕으로 새로운 형태의 정부-민간 협의체(파트너십)의 구축이 필요하다.

이와 같은 참여자들의 연계와 함께 총체적 과학기술정책(holistic S&T policy) 체계 구축을 통해 여러 분야에서 다양하게 추진되고 있는 탈추격형 정책들을 상호 연계 · 조정하여야 한다. 탈추격형을 추구하는 정책 속에는 다양한 형태의 경로 및 궤적의 창출을 위한 정책대안이 존재하므로 비전을 공유 · 연계 · 조정할 수 있는 기제(mechanism) 구축이 우선되어야 한다. 아울러 국가과학기술위원회가 중심이 되어 다양한 정책조정체 및 자문기구, 관련 부처들의 전략과 전술을 연계 · 조율하는 새로운 기제를 마련해야 할 것이다.

이와 함께 국가적 차원에서 탈추격형으로의 전환을 논의할 수 있는 담론의 장(예: 국가전략 포럼)을 마련하고 이를 추진하여야 한다. 탈추격형으로의 연착륙은 장기적 시야와 문제의식을 갖고 접근해야 하며 다양한 혁신주체간의 비전 공유가 필수적이기 때문에 이명박정부에서 추진되고 있는 다양한 정책들은 탈추격형이라는 개념틀(framework) 속에서 연계 · 조율되어야 한다. 따라서 장기적 경제성장과 과학기술을 포괄 · 연계하는 국가전략의 방향 및 구체적 대안들은 국론 차원에서 논의되어야 하며 정부, 산 · 학 · 연 전문가, 전략전문가 등의 적극적 참여가 필요하다.

그리고 단기적인 담론이 아니라 장기적인 관점에서 융복합형 최적 경로를 탐색하기 위한 통섭 혹은 문진형 협의체 구성을 촉진하여야 하며 최근 강조되고 있는 개방형 혁신(open innovation) 흐름을 고려할 때 동아시아권 차원의 탈추격형 전략 공조체계의 구축도 고려할 필요가 있다.

탈추격형으로의 연착륙 과제는 우리의 국가발전 단계를 고려할 때 국가적 차원에서 체계적인 담론이 요구되는 중요한 주제이며, G20 정상회담의 의장국 역할, 글로벌 경제 위기에서의 조기 탈출과 높은 경제성장 달성 등을 전제로 할 때 시급히 논의 · 추진되어야 할 과제로 볼 수 있다. 이러한 탈추격형 관련 의제(agenda)는 현재 국가적으로 양산되고 있는 실정으로 이를 공유할 수 있는 국가 비전 및 가치관[1]과의 연계가 무엇보다 중요하다.

독일과 일본의 사례에서와 같이 과거 경제적 추격 과정에서는 정부의 역할이 매우 중요했다. 정부가 전략적으로 민간 중심의 경제 성장을 추진한 결과 현재 양국은 선진국으로 위상을 확립하게 되었다. 그러나 과거 추격과정에서의 정부 역할과 최근 과학기술의 발달 양상 및 국제환경의 변화하에서의 정부 역할은 매우 다르며, 다른 관점에서 접근이 필요하다.

특히 최근 일본이 당면하고 있는 여러 위기 상황은 우리에게도 다양한 시사점을 제공하고 있다. 자원시장의 압박과 온난화 문제, 고령화 사회, IT 기술을 통한 발전의 한계는 일본에 국한된 문제가 아니라 전세계적인 위기상황이라 할 수 있으며 경제발전을 저해하는 요인으로 작용하게 된다. 일본은 위기상황을 극복하기 위한 돌파(breakthrough)전략으로 '이노베이션 25' 계획을 수립하고 이를 통해 새로운 경로를 창출하려 노력하고 있다.

우리나라는 다양한 지표를 통해서 알 수 있듯이 연구개발 투자나 인적자원과 같은 투입

1) 녹색성장 패러다임과 신성장 동력 추진, 고위험·혁신적 연구 강화, 기초연구비 비중 확대 등

부문의 경우 비교적 양호한 반면 지적재산권의 보호, 부문간 협력, 문화와 같은 환경부문에서는 취약한 구조를 가지고 있다. 또한 기술역량평가에서 중상위권 수준을 유지하고 있어 앞으로의 발전가능성이 충분한 기반을 갖고 있다. 이와 같이 객관적 사실을 통해 통해 현재 우리나라의 상황을 정확하게 분석한 후 적절한 대응 전략을 마련하여야 한다.

탈추격형 과학기술전략에서 요구되는 정책적 과제는 다음과 같이 제시할 수 있다. 우선 민간부문과 공공부문과의 차이에서 시작하여야 한다. 민간부문은 직접적으로 이익을 산출하는 기술을 추구하는 구조를 가지고 있기 때문에 공공부문에서 장기적인 관점과 거시적인 틀을 가지고 과학기술분야를 바라볼 필요가 있다. 특히 민간부문의 경우 단기간에 이익을 산출해 낼 수 없는 기술을 공공재로 인식하고 이에 대한 투자를 소홀히 하는 경향이 있기 때문에 정부는 이와 같은 불균형적인 투입을 조정하는 역할을 수행해야 한다. 과거 미국이나 일본의 사례에서 볼 수 있듯이 민간부문에서 수행하지 못하는 기술영역을 대상으로 정부가 기술개발의 균형을 맞추는 역할을 담당해야 한다는 것이다.

다음으로 직접적 지원정책보다는 환경 및 기반 조성에 정책의 초점을 맞추어야 한다. 이는 정부의 역할은 '노젓기(rowing)'이 아닌 '방향잡기(steering)'라는 거버넌스 관점에서 정부가 주도적으로 예산을 투입하는 것이 아니라 영역간 협력이 이루어질 수 있도록 조정하는 역할을 수행해야 한다는 것이다. 그리고 민간 기술혁신을 위한 최적 시스템을 구축하기 위한 노력으로 과학기술 역량 제고에서부터 사업화, 경쟁력 제고에 이르는 전 과정을 효과적, 효율적으로 연계한 연결망을 마련하기 위한 산 · 학 · 연 · 역할 재정립 및 관련 제도 정비가 요구된다.

마지막으로 경제, 산업, 인력, 복지, 기술혁신 등 분야별로 수집 · 분석되고 있는 각종 통계를 통합하는 작업이다. 과학기술 및 경제적 · 복지적 성과 사이의 상관성에 대한 이해는 적절한 통계 및 지표의 이용가능성에 달려 있다. 이를 통해 새로운 지표를 개발하여 국가혁신체제를 통합적 관점에서 분석하고 진단한다면 더욱 바람직한 국가혁신체제의 미래방향과 정책적 대안을 도출할 수 있다. 향후 요구되는 통계 및 지표설정의 방향은 혁신의 확산, 무형투자 및 구성요소, 세계화 및 다국적 기업 등을 포함하는 기업, 금융시장, 개방형 혁신에 대비하는 국가혁신제도와 다부문과의 상호작용, 구조적 경쟁력 및 기술혁신과 경쟁력 등에 두어야 할 것이다.

참고문헌

권기창 등 (2002) 과학기술진흥을 위한 국회의 역할제고 방안 연구, STEPI.

강근복, 신열, 최영훈 (2007) 「평가를 통한 예산절감(창출) 효과 측정 방법론 연구」. 과학기술부.

경제산업성 (2009) 「기초연구에 대한 산업계의 기대와 책무」, 일본 경제산업성.

고용수, 이장재 (2005) "한국의 과학기술정책 기획과정과 결정구조의 특성분석: 참여정부의 과학기술기본계획 사례를 중심으로", 정부학연구, 11(1): 353-372.

국가과학기술위원회 · KISTEP (2009) 「국가 R&D 성과분석 및 시사점」.

김갑수 외 (1998) 국가연구개발사업의 연구기획 시스템, 과학기술정책관리연구소.

김기국 (1992) 정책 형성단계의 우선순위 결정과정. 과학기술정책동향(35). 과학기술정책연구원.

김동건 (1988) 현대 재정학: 공공경제의 이론과 정책.

김석관 (2009) 개방형 혁신이 공공부문에 주는 전략적 시사점, STEPI.

김석준 (2003) 「거버넌스의 이해」. 서울: 대영문화사.

김석준 외 (2000) 「뉴 거버넌스 연구」. 서울: 대영문화사.

김순양 (1995) 의료보험 정책영역에서의 참여자 특성변화에 관한 연구, 한국행정학보, 9(2), pp.415-434.

김지나 (2003) 온라인행정학사전.

김창경 (2010) 「창조적 패러다임하에서 공공 R&D 성과확산에 대한 제고방안 연구」(KISTEP 발간예정).

김현구 (2002) 정부업무 기관평가제도의 분석적 조명. 정책평가위원회, 한국행정연구원. '정부기관평가제도의 성공적 정착과 발전방향' 학술세미나 발표논문집.

김형주 · 이정협 · 손동원 (2008) 정부의 R&D 정책과 연구개발 네트워크의 구조 및 공간적 특성 : 한국의 국가연구개발사업 사례를 중심으로. 「한국경제지리학회지」 11(3): 319-333.

노화준 (2003) 「정책학원론」. 서울: 박영사.

문미성 (2000) 〈필립 쿡의 지역혁신체계〉, 월간국토 2000년 12월호.

박소영 · 송선영 (2006) '수시모집제도 집행분석: Lipsky의 일선관료모형을 중심으로', 교육행정연구, 24(2): 403-424.

변도영 · 손병호 (2002) 주요국가의 정부연구개발 투자현황 및 우선순위 분석연구. 한국과학기술기획평가원.

송위진 · 성지은 · 김연철 · 황혜란 · 정재용 (2006) 「탈추격형 기술혁신 체제의 모색」. 서울: 과학기술정책연구원.

신태영 (2004a) 「연구개발투자의 경제성장에 대한 기여도」, 서울: 과학기술정책연구원.

신태영 (2004b) 「기초연구투자의 경제적 효과분석」, 서울: 과학기술정책연구원.

이우성 (2005) 혁신정책의 범위설정과 분석체계 정립에 관한 연구, STEPI.

윤상오, 최영훈, 이기식 (2009) 「국가정보화사업 성과측정방법론 연구」. 한국정보사회진흥원.

이윤식 외 (2002) 「지식기반사회에서 정책평가결과의 활용 촉진을 위한 IT의 역할과 과제」. 정보통신부. 정보통신 학술 연구과제 자유단위 02-10 연구보고서.

이장재 (1988) 〈배분정책의 성공적 집행에 관한 연구: 사례분석을 중심으로〉, 서울대학교 행정대학원 석사학위 논문.

이장재 (1993) 국가연구개발사업 비교연구, STEPI.

이장재 (1999) 국가 첨단기술개발프로그램의 정책네트워크 분석: 생명공학 · 자동차 부문을 중심으로, 국민대학교 대학원 행정학과 박사논문.

이장재 (2003) 정부 연구개발 투자 효율화 방안 연구, 국가과학기술자문회의.

이장재 (2003) 지역발전과 지역혁신체제(RIS), 개념적 유용성과 한계, 지역개발논총, Vol.15.

이장재 (2004) 공공연구프로그램의 성과기반관리(PBM): 정부성과결과법(GPRA) 사례와 시사점, KISTI 포럼.

이장재 (2004) 정부성과결과법(GPRA)하에 나타난 미연방연구기스템 변화분석 연구, KISTEP.

이장재 (2005) 국가 R&D 프로그램평가의 이론과 사례, KISTEP 국가기술경영전문가 양성과정.

이장재 (2005) 국가연구개발기획제도 발전방향, 한국기술혁신학회.

이장재 (2006) 국가 R&D 프로그램 평가, KISTEP 과학기술혁신정책 과정.

이장재 (2006) 국가 R&D 프로그램의 二重奏: 기획과 평가, 기술과 경영.

이장재 (2006) 기술기획 측면에서 본 국가연구개발사업의 현황과 발전 방향. STEPI 과학기술정책 포럼 발표 자료.

이장재 (2008) 최근 NIS 재편과정에 대한 이해와 정책의제: 총론적 관점에서, 「과학기술정책」.

이장재 외 (2004) 국가R&D 기획과 평가체계, KISTEP 내부 자료.

이장재 외 (2004) 성과중심의 공공 연구프로그램 평가, 기술혁신학회 추계대회.

이장재 외 (2007) 「제3세대 혁신정책 패러다임의 등장과 정책과제」, KISTEP Issue Paper 2007-4.

이장재 외 (2008) 「새 정부 과학기술정책 이슈와 과제」, KISTEP Issue Paper 2008-3.

이장재 외 (2010) 「탈추격형 과학기술전략의 연착륙과 향후 정책 방향」, KISTEP Issue Paper 2010-4.

이장재 · 박병원 외 (2006) 기술기획의 이론과 전략에 관한 연구.

이장재 · 양희승 (1992) '기술혁신 과정과 이론 그리고 정책', 과학기술정책, 제4권 제2호, pp. 13-33.

이재근 · 김한주 (2003) 경험있는 기술추격국의 기술역량 축적과정: 한국의 이동통신산업. 「기술혁신연구」 11(1): 215-236.

이재억 (1992) 우선순위 결정의 기준과 문제점. 과학기술정책동향(35). 과학기술정책연구원.

이찬구 (2010) 「국가 R&D 패러다임 전환 연구: 추격형에서 창조형으로」(KISTEP 발간 예정).

정정길 (2004) 「정책학원론」. 서울: 대명출판사.

조성한 · 서진완 (2008) 규제개혁 집행의 개선방안 연구, 한국경제연구원.

조현대 (2000) 기술역량의 네가지 요소와 기술추격 주자의 기술역량 발전양상: 분석의 틀과 한국 반도체 산업의 기술발전사례. 「기술혁신연구」 8(2): 171-202.

최영락 (2009) 창조형 차세대 혁신을 위한 제언. 과학기술정책연구원, 「과학기술정책」 2009년 여름호: 3-7.

최영훈 (1997) 행정규제와 기술혁신: 다양한 선택의 길들. 1997년도 한국행정학회. 동계학술대회, 1997. 12. 서울.

최영훈 (1997) 행정기관의 관할중복현상: 과학기술분야를 중심으로. 1997년도. 한국행정학회 하계학술대회 1997. 6. 20-21 춘천 강원도.

최영훈 (2001) 사전 · 사후평가의 장단점과 통합적 활용방안. 한국정책분석평가학회 발표논문.

최영훈 (2004) 기술예측과 국가연구개발사업의 연계: 정보통신기술분야를 중심으로. 광운대학교 인문사회과학 논분집 33.

최영훈 (2009) 과학기술과 공익: 장애인 과학기술자의 함의. 현대사회와 행정 19(1): 111-133.

최영훈 외 (2007)「정책평가론」. 서울: 법문사.

최영훈 · 이강춘 (2009) 과학기술계 정부출연연구기관의 성과개념의 재구성을 위한 작은 논의. 한국공공관리학보 23(4): 401-430.

최영훈 · 신열 (2001) 과학기술정책 지표의 개발과 과제. 2001년도 한국정책분석평가학회 하계학술발표대회. 서울. 세종대학교. 2001. 9. 8.

최영훈 · 신열 (2001) 행정환경변화와 과학기술정책의 관리: 지역협력연구센터 사업을 중심으로. 한국정책학회 하계학술대회. 2001. 6.14~15. 한국통신 지리산 수련원.

최영훈 · 이장재 (1998) 기술이전의 효과성 결정요인: 중소기업기술무상양허사업을 중심으로. 한국정책학회보. 7(3): 353-372.

통계국 (2009)「과학기술연구조사보고」. 일본 총무성 통계국.

현병환 (2008) 연구생산성 향상을 위한 제언, 충북티피 이슈페이퍼

현병환 (2009) "국가연구개발 효율성 제고 사례 및 개선방안" 국가재정운영계획보고서

현병환 (2010) "3P분석을 이용한 -국가연구개발 생산성 향상방안" 과총 발표논문

현병환 (2010) 국가의 지식재산 정책 방향, 농업기술실용화재단

현병환 외 (2006) 신연구개발기획론 – 특허, 시장, 논문분석의 통합을 중심으로. 경문사

현병환 외 (2007) "연구기획평가실무자를 위한 R&D 기획". 한국산업기술진흥협회

현병환 외 (2010) "R&D 프로젝트관리" 생능출판사

홍형득 (2008) 아시아 지역 과학기술혁신기반에 관한 비교분석: 한국, 일본 및 대만을 중심으로.「한국행정논집」 20(4): 1105-1132.

황용수 외 (2008)「과학기술 혁신활동 측정의 과학화와 대응 과제」. 과학기술정책연구원.

황혜란 (2006) 탈추격 체제에서 부품업체의 기술혁신 활동: 휴대전화 부품업체 사례 연구.「기술혁신학회지」 9(3): 435-450.

KISTEP (2008) 2008년 기술수준평가 보고서

KISTEP (2009)「우리나라연구개발비 현황분석」, 통계브리프 2009-20호

KISTEP (2009) 2008년도 국가과학기술역량평가.

KISTEP (2009) 2009 연구개발활동조사보고서.

KISTEP (2009) 2009년도 국가연구개발사업 조사 · 분석 보고서.

KISTEP (2010) IMD 2009 세계 경쟁력 연감 분석: 과학 및 기술인프라 중심.

KISTEP (2010) 세계경제포럼(WEF)의 세계경쟁력보고서 2009-2010분석: 과학기술 관련 부문 중심.

KISTI (2006) 국가 연구기획 강화를 위한 정보분석 · 활용체제 구축방안.

Abramovitz, M. (1989) Thinking About Growth: And Other Essay on Economic Growth and Welfare. Cambridge, UK: Cambridge University Press.

Amin, A., N. Thrift (1993) Neo-Marshallian Nodes in Global Networks. International Journal of Urban and Regional Research 16(4): 571-587

Amsden, A., W. W. Chu (2003) Beyond Late Development: Taiwan's Upgradeing Policies. Cambridge, MA: MIT Press

Baumol, W., S. Blackman, E. Wolff (1989) Productivity and American Leadership: the Long View. Cambridge, Mass: MIT Press.

Bennett, C. J., M. Howlet (1992) The Lessons of Learning: Reconciling Theories of Policy Learning and Policy Change. Policy Sciences 25(3): 275-294.

Beyer, J. M., H. M. Trice (1982) The utilization process: A conceptual framework and synthesis of empirical findings. Administrative Science Quarterly 27(4): 591-622.

Birkland, T. A. (2005) An Introduction to the Policy Process: Theories, Concepts and Models of Public Policy Making. NY: M.E. Sharp.

Branscomb, L. (1992) Empowering Technology : Implementing a U.S. Strategy, Cambridge, MA, MIT press, 1992.

Browne, W. (1986) Policy and Interests: Stability and Change in a Classic Issue Subsystem, In Cigler and Loomis. (eds.) Interest Group Politics, 2nd edition,

Caiden, N., A. Wildavsky (1974) Planning and Budgeting in Poor Countries. New York: John Wiley and Sons.

Chandler, A. (1991) Scale and Scope: the Dynamics of Industrial Capitalism. Cambridge, MA: Harvard University Press

Chelimsky, E. (1989) Program Evaluation: Patterns and Directions . Washington D.C.: The American Society for Public Administration.

Chesbrough, H. (2003) Open Innovation: The New Imperative for Creating and Profiting from Technology, Harvard Business School Press, Boston.

Clark, N., C. Juma (1992) Long-Run Economics: An Evolutionary Approach to Economic Change. London: Pinter Publishers.

Clark, N., P. M. Allen, F. Perez-Trejo (1995) Evolutionary Dynamics and Sustainable Development: a Systems Approach. Aldershot: Edward Elgar

Cobb, R., C. D. Elder (1983) Participation in American Politics: The Dynamics of Agenda-Building. Baltimore: The Jones Hopkins University Press.

Cooke & Schienstock (1996) Structural Competitiveness and Learning Regions. Paper prepared for the EMOT Theme/Changing Forms of Organisation. Fourth workshop. "Economic performance Outcomes in Europe: The Role of National Institutions and Forms of Economic Organisation." Berlin, 30 January-1 Feburuary 1996.

Cooke et al. (1997) Regional Innovation System: Institutional and organizational dimensions. Research Policy 25: 475-491.

Edquist, C. (1997) Systems of Innovation: Technologies, Institutions and Organizations. London: Printer

Elzinga, A., A. Jamison (1995) Changing Policy Agendas in Science and Technology. In S. Jasanoff, G. Markle, J. C. Petersen & T. Pinch (Eds.), Handbook of Science and Technology Studies. Thousand Oaks, CA: Sage Publications.

Ernst, D. (2003) Pathways to Innovation in Asia's Leading Exporting Countries: Drivers and Policy Implications. East-West Center Working Papers 62.

Fagerberg, J., D. Mowery, R. Nelson (2006) The Oxford handbook of innovation. Oxford, New York: Oxford University Press.

Fisher, J. C., R. H. Pry (1971) A simple substitution model of technological change. Technological Forecasting and Social Change 3: 75–88.

Frantz, J., H. Sato (2005) The fertile soil for policy learning, Policy Sciences 38(2): 159–176.

Freeman, C., L. Soete (1997) The Economics of Industrial Innovation. MIT Press Books, The MIT Press.

Furman, J. L., R. Hayes (2004) Catching up or standing still? National innovative productivity among 'follower' countries, 1978–1999. Research Policy 33: 1329–1354.

Gassler et al. (2004) Priorities in science & technology policy – an international comparison. JOANNEUM RESEARCH.

Grant, W., W. E. Paterson, C. Whitston (1988) Government and the chemical industry: A comparative study of Britain and West Germany. Oxford: Clarendon Press.

Gusfield, J. R. (1981) The culture of public problems: Drinking–driving and the symbolic order. Chicago: University of Chicago Press.

Hagendijk, R. P., E. Kallerud (2003) Changing Conceptions and Practices of Governance in Science and Technology in Europe: A Framework for Analysis. STAGE Discussion Paper 2.

Heclo, H. (1978) Issue Networks and the Executive Establishment. In Anthony KIng(ed.). The New American Political System. Washington DC: American Enterprise Institute.

Heisler, M. O. (1974) Patterns of European politics: The European 'polity' model, In M.O. Heisler (ed.) Politics in Structure: Structures and Processes in Some Post–industrial Democracies. New York: David McKay.

Hicks, M. (1981) evaluating evaluation in today's government. The Institute of Public Administration of Canada.

Hobday, M. (1995) Innovation in East Asia: the Challenge to Japan. UK: Edward Elgar.

Hogwood, B. W., B. G. Peters (1983) Policy Dynamics. NY: St. Martin's Press.

Hogwood, B. W., L. A. Gunn (1984) Policy Analysis for the Real World. N.Y.: Oxford University Press.

Howlett, M., M. Ramesh (2003) Studying Public Policy: Policy Cycles and Policy Subsystems. Toronto: Oxford University Press.

Jacoby, W. G., S. K. Schneider (2001) Variability in state policy priorities: An Empirical Analysis. The Journal of Politics 63(2): 544–568.

Jessop, B. (2000) Governance failure, In G. Stoker(ed.) The New Politics of British Local Governance. Basingstoke: Macmillan.

Jordan, A. G., K. Schubert (1992) A Preliminary ordering of policy network labels. European Journal of Political Research 21(1–2): 7–27.

Kim, L. (1997) Imitation to Innovation: The Dynamics of Korea's Technological Learning. Boston: Harvard University Press.

Kingdon, J. W. (1984) Agendas, Alternatives and Public Policies. Boston: Little Brown and Company.

Koppenjan, J. F. M., A. B. Ringeling, R. H. A. te Velde (1987) Beleidsvorming in Nederland; een vergelijkende studie naar de totstandkoming van wetten,'s Gravenhage: VUGA

Lester, J. P., A. Bowman, M. L. Goggin, L. O'Toole (1987) Future Directions for Research in Implementation. Policy Studies Review 7(1): 200–216.

Lipsky, M. (1971) Street–level Bureaucracy and the analysis of urban reform. Urban Affairs Quarterly 6(4): 391–409.

Lipsky, M. (1980) Street–level Bureaucracy: Dilemmas of the Individual in Public Service. NY: Russel Sage.

Lundvall, B. (1992) National Systems of Innovation: Towards a Theory of Innovation and Interactive Learning. London: Pinter Publishers.

Lundvall, B. A., S. Borras (2003) Science, technology and innovation policy. TEARI working paper 22.

Marsh, D., R. A. W. Rhodes (1992) Policy Communities and Issue Networks: Beyond Typology. In D. Marsh & R. A. W. Rhodes(eds.) Policy Networks in British Government. Oxford: Oxford University Press.

McCool, D. (1990) Public Policy Theories, Models and Concepts: An Anthology. NJ: Prentice Hall.

McLaughlin, G. (2004) Using Logic Model in Newcommer et al.(eds.), Handbook of Practical Program Evaluation.

Mensch, G. (1979) Stalemate in technology : innovations overcome the depression. Cambridge, Mass. : Ballinger Pub. Co.

Millar, A. et al. (2001) Logic models: a systems tool for performance management, Evaluation and Program Planning 24 (2001) 73–81.

Mok, J., M. Kim, and Y. Choi (2008) Evaluation as a Means for Policy Coordination: The Case of Korean R&D Policies. Prepared for the 2008 Annual Institute Society of Policy Scientists. University of Colorado. Boulder, CO. October 23–25.

Mowery, D. C. (1983) Innovation, market structure, and government policy in the American semiconductor electronics industry: A survey. Research Policy 12(4): 183–197.

Mowery, D. C., N. Rosenberg (1979) The influence of market demand upon innovation: a critical review of some recent empirical studies. Research Policy 8(2): 102–153.

Mytelka, L. K., K. Smith (2002) Policy learning and innovation theory: an interactive and co–evolving process. Research Policy 31(8–9): 1467–1479.

Nachmias, D. (1979) Public policy evaluation: approaches and methods. NY: Martin's Press.

Nath (2007) National capability to catch–up: Lessons for India. Current Science 93(3): 303–307.

Nelson, R. (1993) National innovation systems: a comparative analysis. Oxford University Press.

Nelson, R., S. Winter (1977) In Search of Useful Theory of Innovation. Research Policy 6(1): 37–76.

NSF (2010) Science and Engineering Indicators: 2010.

NSF (2010) Science Resources Statistics.

OECD (2005) Governance of Innovation Systems, Vol. 1, Synthesis Report

OECD (2009) OECD Science, Technology and Industry Scoreboard 2009

OECD. (1991) Choosing Priorities in Science and Technology, OECD, Paris.

Polanyi, M. (1961) The Republic of science: Its political and economic theory. Minerva 1(1): 54–73.

Putnam, R. D. (1993) Making democracy work: civic traditions in modern Italy. Princeton University Press.

Raimondo, H. J. (1996) State Budgeting: Problems, Choices, and Money. In The State of The State, ed. Carl E. Van Horn. Washington, DC: Congressional Quarterly.

RAND (2006) The Global Technology Revolution 2020, In-Depth Analyses. RAND National Security Research Division.

Rhodes, R. A. W. (1988) Beyond Westminster and Whitehall. London: Unwin Hyman.

Richardson, J. J., A. G. Jordan (1979) Governing under Pressure. Oxford: Martin Robertson.

Rose, R. (1993) Lesson-Drawing in Public Policy: A Guide to Learning across time and Space. NJ: Chatham House Publisher, Inc.

Rothwell, R. (1985) Public Innovation Policy: to have or to have not. R&D Management 16(1): 25-36.

Rothwell, R., W. Zegveld (1985) Reindustrialization and technology. M. E. Sharpe.

Sabatier, P. A. (1988) Theories of the Policy Process. Westview.

Sabatier, P. A., C. Weible (2006) The advocacy coalition framework: Innovations and clarifications. In Sabatier, P. (ed.) Theories of the Policy Process. Boulder: Westview Press.

Sabatier, P. A., D. Mazmanian (1981) The Implementation of Public Policy: A Framework for Analysis. Policy Studies Journal 8.

Sabatier, P. A., H. Jenkins-Smith (1993) Policy Change and Learning: Advocacy Coalition Approach. Boulder: Westview.

Sahal, D. (1985) Technological Guideposts and Innovation Avenues. Research Policy 14: 61-82.

Schmitz, H. (1995) Collective Efficiency: Growth Path for Small-Scale Industry. Journal of Development Studies 31(4): 529-566.

Schmookler, J. (1966) Invention and economic growth. Cambridge: Harvard University Press.

Solow, R. (1957) Technical change and the aggregate production function. Review of Economics and Statistics 39(3): 312-320.

SPRU. (2004) A New Indicator of Technological Capabilities for Developed and Developing Countries(ArCo).

Stevens, F., F. Lawrenz, L. Sharp (1993) User-friendly handbook for project evaluation: Science, mathematics, engineering, and technology education. VA: National Science Foundation.

Stewart, J. (1995) Models of priority-setting for public sector research. Research Policy 24: 115-126.

Stokes, D. E. (1963) Spatial Models of Party Competition. American Political Science Review 57(3): 368-377.

Tatsuno, S. M. (1989) Created in Japan: From Imitators to World-Class Innovators. London: Harper & Row.

Tornatzky, L. G., M. Fleischer (1990) The Processes of Technological Innovation. Lexington, MA: D.C. Heath & Company.

UNDP (2002) Measuring Technology Achievement of Nations and the Capacity to Participate in the Network Age.

Utterback, J. (1994) Mastering the Dynamics of Innovation. Boston: Harvard University Press.

van Meter, D. S., C. E. van Horn (1975) The Policy Implementation Process: A Conceptual Framework. Administration and Society 6(4): 445-488.

van Raan, A. F. J. (2004) Measuring science. Capita Selecta of current main issues. In Moed, H.F., W. Glanzel, U. Schmoch,(eds.), Handbook of Quantitative Science and Technology Research, Dordrecht: Kluwer Publishers.

van Raan, A. F. J., T. N. van Leeuwen (2002) Assessment of the scientific basis of interdisciplinary, applied research. Application of bibliometric methods in Nutrition and Food Research. Research Policy 31(4): 611–632.

Vedung, E. (1995) Public Policy and Program Evaluation. Sweden: Uppsala University.

Waarden, F. V. (1992) Dimensions and types of policy networks. European Journal of Political Research 21(1–2).

Wang, J., C. Tsai. (2007) National Model of Technological catching up and innovation: Comparing patents of Taiwan and South Korea. the SASE 19th annual meeting.

Weinberg, A. (1989) Criteria for evaluation: a generation later. The Evaluation of Scientific Research. Chichester, UK: John Wiley & Sons.

Weiss, Carol H. (1982) Policy Research in the Context of Diffuse Decision Making. The Journal of Higher Education. 53(6): 619–639.

Yishai, Y. (1992) Interest Groups and Bureaucrats in a Party–Democracy: The Case of Israel. Public Administration 70: 269–285.

• ㄱ •

• ㄹ •

• ㅁ •

• ㅅ •

• 大 •

• ㅋ •

• ㅌ •

• ㅍ •

• ㅎ •

• 기타 •

지은이 소개

이장재

영남대학교 경제학과 졸업, 서울대학교 행정대학원 정책학 석사
국민대학교 행정학과 박사 (과학정책 전공)
조지워싱턴 대학교 국제과학기술정책센터 research fellow (2000년)
현재: 한국과학기술기획평가원 선임연구위원
한국기술혁신학회 부회장
한국과학기술단체총연합회 수석전문위원
저서: *UNESCO Science Report 2010* (공저)
Priorities for Science and Technology in Russia and Korea (공저)

현병환

고려대학교 농경제학과 졸업, 동 대학원 농업경제학 석사
충남대학교 농업경제학과 (경제학 박사)
현재: 국가생명공학정책연구센터장
국가과학기술위원회 지식재산전문위원회 전문위원
과학기술연합대학원대학교 (UST) 교수 (MOT Professor of UST)
저서: 《신연구개발기획론》(공저), 《R&D 기획》(공저), 《R&D프로젝트관리》(공저)

최영훈

미국시라큐스대학교 박사 (과학기술정책 전공)
현재: 광운대학교 행정학과 교수
저서: 《전자정부론》(공저), 《정책평가론》(공저)

본 기술경영교재 시리즈(전4권)는 지식경제부와
산업기술진흥원의 지원하에 개발되었습니다.

교재개발 책임자 박원구 (고려대 기술경영전문대학 교수)
편집위원장 송종국 (기술경영경제학회장)

기술경영교재 시리즈

1권 과학기술정책론
2권 R&D 관리
3권 기술재무회계
4권 기술마케팅과 사업화

과학기술정책론

현상과 이론

지은이 이장재 · 현병환 · 최영훈
펴낸이 조경희
펴낸곳 경문사
펴낸날 2025년 9월 1일 1판 4쇄
등 록 1979년 11월 9일 제 9-9호
주 소 121-818, 서울특별시 마포구 와우산로 174
전 화 (02)332-2004 팩스 (02)336-5193
이메일 kyungmoon@kyungmoon.com

값 25,000원

ISBN 978-89-6105-434-8

본 기술경영교재 시리즈(전4권)는 지식경제부와
산업기술진흥원의 지원하에 개발되었습니다.

교재개발 책임자 박원구 (고려대 기술경영전문대학 교수)
편집위원장 송종국 (기술경영경제학회장)

기술경영교재 시리즈

과학기술정책론

현상과 이론

지은이 이장재 · 현병환 · 최영훈
펴낸이 조경희
펴낸곳 경문사
펴낸날 2025년 9월 1일 1판 4쇄
등 록 1979년 11월 9일 제9-9호
주 소 121-818, 서울특별시 마포구 와우산로 174
전 화 (02)332-2004 팩스 (02)336-5193
이메일 kyungmoon@kyungmoon.com

값 25,000원

ISBN 978-89-6105-434-8